DIE KUNST, MIT MENSCHEN UMZUGEHEN

HORST CONEN

DIE KUNST, MIT MENSCHEN UMZUGEHEN

Ein Ratgeber mit Übungen für erfolgreiche
Kommunikation und Körpersprache
Mit Illustrationen von Gisela Naumann
und 125 Fotos von Günter Beer

Bechtermünz Verlag

Horst Conen ist ein bekannter Fachmann für Kommunikationstraining und Persönlichkeitsbildung. Als Referent mit praxisnahem Ansatz führt er seit vielen Jahren mit großem Erfolg Seminare und Trainingsprogramme durch, die sowohl in der freien Wirtschaft, als auch bei Fortbildungsinstitutionen der öffentlichen Hand sehr beliebt sind. Die Hauptthemen seiner Arbeit, der konstruktive Umgang mit Menschen, das positive Denken und die Entwicklung der Persönlichkeit, ziehen sich wie ein roter Faden durch seine Vorträge und Schulungen hindurch und stehen ebenso bei seinen Büchern im Vordergrund. Mit diesem umfassenden Handbuch, einem "Longseller" auf dem Gebiet der Kommunikation und Körpersprache, gibt er jene Geheimnisse, Tricks und Methoden weiter, die den Umgang mit anderen Menschen so erfolgreich machen. Horst Conen lebt und arbeitet in Köln.

Genehmigte Lizenzausgabe für
Bechtermünz Verlag im
Weltbild Verlag GmbH, Augsburg 1996
© by DuMont Buchverlag GmbH & Co. KG, Köln
Grafische Gestaltung und Illustrationen: Gisela Naumann
Fotos: Günter Beer
Umschlagmotiv: Maria Seidel, Teising
Umschlaggestaltung: Adolf Bachmann, Reischach
Gesamtherstellung: Druckerei Appl, Wemding
Printed in Germany
ISBN 3-86047-486-3

INHALT

TRAININGS

*Besonders kennzeichnend für den Menschen ist
das Suchen und Forschen nach der Wahrheit.
Deshalb suchen wir, sobald wir uns einmal von
dringenden Sorgen und Geschäften freimachen
können, etwas zu sehen, zu hören und dazu-
zulernen.
Wir sind der Meinung, daß die Erkenntnis ver-
borgener und bewunderungswürdiger Dinge ohne
Zweifel zu einem glücklichen Leben gehört.
Daraus erhellt, daß, was wahr, einfach und rein
ist, der Natur des Menschen am meisten entspricht.*

Cicero

*Wer andere kennt, ist klug.
Wer sich selber kennt, ist weise.*

Laotse

VORWORT

Der Umgang mit Menschen ist nicht immer ganz einfach! Das wissen alle, die im Beruf täglich mit Kollegen, Chefs, Mitarbeitern oder Verhandlungspartnern zu tun haben – das wird uns immer wieder von neuem deutlich, wenn es in zwischenmenschlichen Beziehungen nicht so läuft, wie wir es gerne hätten, und es sowohl in Partnerschaft und Ehe als auch beim Umgang mit Freunden, Bekannten oder Verwandten zu Mißverständnissen und Konflikten kommt. Warum das so ist, wissen wir im Grunde auch genau: Menschen sind verschieden! Jeder empfindet anders, hat eine andere Erziehung erhalten, andere Erfahrungen gemacht, einen anderen Charakter entwickelt und sieht die Dinge zuerst immer nur aus der eigenen Perspektive. Daß wir uns bei so viel Andersartigkeit überhaupt verständigen und verstehen können, das grenzt eigentlich an ein Wunder.

Dieses Buch möchte den Blick öffnen für die Hintergründe unserer täglichen Kommunikation, das erstaunliche Phänomen, ›warum man es mit den einen gut kann und mit den anderen nicht‹. Dabei wird von einem ganzheitlichen Menschenbild ausgegangen, dem Menschen als einer Einheit von Körper, Seele und Geist. Ganzheitlich deshalb, weil unser Denken, unser Fühlen, unser Verhalten, die Kriterien, nach denen wir andere Menschen einschätzen, wie wir auf sie zugehen und wie wir auf das, was sie zu uns sagen, reagieren, nicht voneinander zu trennen sind und alles miteinander verbunden ist. Dieses Menschenbild basiert auf den fundierten Erkenntnissen der modernen Wissenschaft. Trotzdem wurde bewußt auf eine schwerverständliche Terminologie verzichtet und statt dessen besonderes Gewicht auf praktikable Tips und Hinweise für die Anwendung in Alltagssituationen gelegt.

Bei meiner konzeptionellen Tätigkeit im Medienbereich sowie als Berater und Seminarleiter mache ich immer wieder die Erfahrung, daß Mißverständnisse und Konflikte lediglich das Ergebnis falsch interpretierter und unbedarft eingesetzter Botschaften sind. Jeder Mensch benutzt die Signale der Sprache und des Körperausdrucks, um mit anderen zu kommunizieren – meist jedoch ohne sich dessen wirklich bewußt zu sein und oftmals ohne die eigenen Verhaltensmuster einmal zu reflektieren. Für fast alle beruflichen wie privaten Kontakte ist ein überlegter und vorausschauender Umgang mit dem jeweiligen Kommunikationspartner sinnvoll und kann sehr von Vorteil sein. Betrachten Sie das vorliegende Buch als einen Ratgeber und Begleiter zu wichtigen Gesprächen und menschlichen Begegnungen. Es ist gedacht zum Selbststudium und Selbsttraining und damit sowohl zur eigenständigen Verbesserung der Kommunikationsfähigkeit als auch zur Vor- und Nachbereitung von unsicheren Alltagsmomenten, die Sie positiv bestehen wollen. Nehmen Sie es immer wieder zur Hand, wenn Sie Personen und Situationen genauer hinterfragen und bewerten wollen, wenn Sie Ihre eigenen Botschaften und Ihre Wirkung auf andere bewußter gestalten möchten.

Die Kunst, mit Menschen umzugehen, ist erlernbar! Sie setzt zu Beginn nur etwas mehr Bewußtheit beim Umgang mit anderen, vor allen Dingen aber mit sich selbst voraus. Bessere Gespräche, harmonische Beziehungen und der kommunikative Erfolg im Berufsleben, mehr Selbstbewußtsein und Selbstsicherheit folgen zwangsläufig, wenn am Anfang die positive Bereitschaft da ist, sich selbst einmal aufrichtiger anzuschauen, und hier und da etwas Mut zur Selbsterkenntnis aufgebracht wird. Der Umgang mit Menschen wird zusehends leichter und selbst mit schwierigen Charakteren erfolgreicher, wenn Sie diese Kunst zu einer ganz persönlichen Fähigkeit entwickeln, die sich tagtäglich einsetzen läßt, und führt zugleich zu mehr Zufriedenheit und Lebensfreude.

April 1991   Horst Conen

KOMMUNIKATION

1. DAS BEDÜRFNIS NACH MITTEILUNG

Kommunikation wird mehr und mehr zum wichtigsten Schlüsselbegriff des modernen Lebens. Niemals zuvor waren Menschen in der Lage, Informationen in Form von Sprache, Text, Bildern und Daten in solcher Geschwindigkeit einander mitzuteilen – und niemals zuvor wurde dazu so viel an Wort, Text und Bild produziert. Noch nie gab es ein Kommunikationsnetz, das es ermöglichte, jederzeit und an jedem Ort der Welt mit einem Ansprechpartner direkt Kontakt aufzunehmen.

Technische Begriffe wie Telex, Teletex, Telefax oder Btx sind heute in aller Munde; das Autotelefon ist nichts Besonderes mehr, und das Bildtelefon wird voraussichtlich auch schon sehr bald in unser tägliches Leben integriert sein. In geradezu atemberaubender Geschwindigkeit sind so sehr effektive Kommunikationssysteme geschaffen worden, an die jeder einzelne längst in irgendeiner Weise angeschlossen ist und ohne die unser kompliziertes Gesellschaftsgefüge gar nicht mehr lebensfähig wäre.

Die Anstrengungen, die unternommen werden, um den Informationsfluß in Zukunft noch besser und schneller funktionieren zu lassen und mittels neuer Medien noch mehr Menschen zu erreichen, sind enorm. Der technische Fortschritt eröffnet dazu immer neue, immer höher entwickelte Möglichkeiten. Doch wie sieht es an der Basis aus, bei der unmittelbarsten Form von Kommunikation, dem Gespräch von Mensch zu Mensch?

Um miteinander zu reden, braucht es zunächst nur zwei Personen, die Kommunikationspartner. Einer davon ist ›Sender‹ – er teilt eine Botschaft mit –, und der andere ist ›Empfänger‹ – er erhält diese als Nachricht. Wirkliche Kommunikation entwickelt sich erst, wenn beide Partner Informationen austauschen, sich in ihrer Funktion als ›Sender‹ oder ›Empfänger‹ also abwechseln. Dazu benutzen wir zunächst unsere körpereigenen Ausdrucksmittel, nämlich die Sprache (verbaler Ausdruck) und die Körpersprache (nonverbaler Ausdruck).

Alle Lebewesen haben sich entweder über Ausdruckslaute und Ausdrucksbewegungen oder durch ein bestimmtes Ausdrucksverhalten Signalsysteme geschaffen, durch die sie Kontakt miteinander aufnehmen können und die ihr Zusammenleben erst ermöglichen. Im Tierreich zählt man dazu insbesondere auch das Aussenden von Duftsignalen und das Einsetzen von Farbsignalen (an Haut, Gefieder oder Fell), um sich gegenseitig für die Paarung anzulocken oder um etwaigen Rivalen deutliche Zeichen für Angriffsbereitschaft oder Verteidigungswillen zu geben. Die Art und Weise der Verständigung wird bei jedem Lebewesen von der Beschaffenheit seines Lebensraums mitgeprägt. Durch die Fähigkeit, sich einander mitzuteilen, verbinden sich die Einzelwesen zu Paaren, Gruppen und Völkern. Kommunika-

tion ist also nicht nur für die Organisation des Lebens notwendig, sondern für die Erhaltung der Art überhaupt; dabei bildet die Spezies Mensch keine Ausnahme.

Damit Kommunikation zwischen zwei Menschen in Gang kommt, muß von beiden Seiten das Bedürfnis und der Wille bestehen, Informationen mitzuteilen und aufzunehmen. Voraussetzung dafür, daß der Mitteilungsprozeß funktioniert, ist, daß die Botschaft, die durch Sprache, Mimik, Gestik und Handlungen direkt oder mittels technischer Kommunikationssysteme gesendet wird, vom Empfänger so aufgefaßt und verstanden wird, wie sie vom Sender gemeint ist. Sinnesempfindung und Wahrnehmungsfähigkeit sind deshalb die Grundbedingungen des Sich-Verstehen-Könnens.

Eine alltägliche Szene in einem Straßencafé: Menschen sitzen zusammen, essen, trinken und reden miteinander. Das Gemeinschaftswesen ›Mensch‹ genießt es, in kommunikativer Gesellschaft etwas zu sich zu nehmen und sich zugleich mit anderen auszutauschen

Wahrnehmung

Schwingungen, Wellen und Ströme durchdringen unsere Welt. Seine verschiedenen Sinnesorgane befähigen den Menschen, diese Schwingungen als Impulse aufzufangen und wahrzunehmen. Jedes Lebewesen nutzt seine Sinne in mehrfacher Hinsicht: einerseits zum Begreifen des eigenen Körpers und Lebensraums, andererseits aber auch zur Verständigung: zur Kommunikation.

Die Reize, die wir Menschen wahrnehmen, stammen also sowohl von außen (Außenwelt) als auch von innen (Innenwelt). Indem wir sie erst als Information registrieren, dann reagieren oder handeln und damit schließlich neue Reize produzieren, sind wir Empfänger und Sender in einer Person.

Die Wahrnehmung der Außenwelt umfaßt all das, was wir sehen, hören, riechen, schmekken und ertasten können. Durch feinste Nervenfunktionen unserer Sinnesorgane haben wir die Möglichkeit, mit den unterschiedlichsten Gegebenheiten in der Natur und Vorgängen unseres Planeten in Verbindung zu treten.

Da sind zunächst einmal die Augen. Blitzschnell registrieren sie jeden durch Licht entstandenen Sinnesreiz und stellen sich automatisch und perfekter als jede Kamera auf Helligkeit und Dunkelheit, auf Nähe und

Im Laufe der kulturellen Entwicklung sind die körpereigenen Geruchssignale für die meisten Menschen vom ehemaligen Informationsträger zum Störfaktor geworden. Da der Duft jedoch seine Bedeutung bei der Wahrnehmung eines Menschen nicht verloren hat, greifen wir zu Parfüm, Deo und diversen kosmetischen Produkten, um auf diese Weise künstliche Signale für andere abzugeben

Ferne, auf Form und Farbe ein. Mit ungefähr 130 Millionen Sehzellen erfassen wir visuell unsere Umgebung. Die Informationen, die wir auf diese Weise verarbeiten, wenn wir z. B. lesen, Auto fahren oder fernsehen, sind enorm komplex. Weil unser Sinnesorgan Auge so zuverlässig funktioniert, bleibt uns jede Person oder Situation, die wir einmal gesehen bzw. erlebt haben, im Gedächtnis als Bild haften.

"Die Wahrnehmung bildet für jedes Lebewesen die ganz spezifische Grundlage für die Kommunikation mit seiner Umwelt."

Durch das Sinnesempfinden der Ohren sind wir fähig, Geräusche, Töne und Klänge in unserer Umgebung wahrzunehmen. Das Gehör ist in der Lage, auf Schallschwingungen und Vibrationen zu reagieren, die vom lautesten Knall bis zu feinsten Tonabstimmungen und Klangfarben wie z. B. denen eines Flötenspiels reichen. Anders als beim Sehen, wo wir wegschauen können, sind wir beim Hören den Reizen unausweichlich ausgesetzt. Je nach Stimmungslage und Bereitschaft kann der Hörnerv ähnliche Impulse als wohlklingend und angenehm oder als schrill und unangenehm empfinden. Die Tonlage einer menschlichen Stimme und die Art, wie bestimmte Worte betont werden, vermag es darüber hinaus, unseren Ohren zusätzliche Informationen dafür zu liefern, wie ein sprachliches Signal gemeint ist.

Mit der Nase als Geruchsorgan fangen wir über winzige Riechantennen Gerüche und Düfte auf, die wir wiederum optischen und akustischen Reizen unserer Umwelt zuordnen. Der Geruch von Menschen, Tieren, Pflanzen oder Dingen kann von der Nase als anziehender Duft oder abstoßender Gestank identifiziert werden. Empfängt der Geruchssinn die Duftsignale von anderen Menschen, so werden wir instinktiv darüber informiert, ob man sich gegenseitig ›riechen‹ kann oder nicht. Gleichzeitig bereitet das Innere unseres Riechorgans die Atemluft durch Erwärmen und Befeuchten vor, ehe sie in unsere empfindlichen Lungen

›Streicheleinheiten‹ braucht jeder Mensch – nicht nur im übertragenen Sinn. Berührung ist die intensivste Form nonverbaler Kommunikation

gelangt. Schließlich unterstützt die Nase noch den Vorgang des Schmeckens im Mund.

Der Mund, zum Teil eng mit den Sinnesfunktionen der Nase verknüpft, ist ein außerordentlich vielseitiges Sinnesorgan. Über die Geschmacksnerven der Zunge läßt sich bewerten, ob etwas bitter oder süß, salzig oder sauer schmeckt. Als ein Organ mit mehreren Funktionen dient uns der Mund gleichzeitig zum Sprechen und als Ausdrucksmedium für viele mimische Signale. Ob wir gähnen, lachen, die Mundwinkel nach unten ziehen oder die Lippen fest zusammenpressen, immer sagt auch der stumme Ausdruck des Mundes etwas über uns aus. Wie die Augen und überhaupt die gesamte Gesichtsmuskulatur hat auch der Mund die Funktion, Stimmungen, Gefühle und Absichten anzuzeigen, und ist damit symbolhaft an jeder Kommunikation beteiligt.

Über das Sinnesorgan Haut mit seiner Gesamtfläche von ein bis zwei Quadratmetern und seiner enger Verbindung zum zentralen Nervensystem stellen wir den umfangreichsten

Kontakt zur Außenwelt her. Durch viele winzige Tastkörperchen verfügt unsere Haut über ein komplexes Informationssystem, das einen ›direkten Draht‹ zu unserem Innern hat. Ob wir Wärme und Kälte von Luft und Wasser oder Berührungen wie Umarmen und Streicheln empfinden, alles, was von außen an uns herantritt, geht gleich ›unter die Haut‹. Sie nimmt aber nicht nur Informationen auf, sondern verfügt auch über eigene Ausdrucksmöglichkeiten. Plötzliches Erröten oder Bleichwerden, hektische Flecken oder schwitzende Hände sind Signale, die innere Zustände beschreiben. Als schützende Hülle trennt uns das Sinnesorgan Haut von der Außenwelt. Es gewährleistet die Abgrenzung des Außen vom Innen.

Welch ein außerordentliches biologisches Wunderwerk die menschliche Sinnesapparatur ist, darüber macht man sich im Alltag recht wenig Gedanken. Meist wird man erst dann darauf aufmerksam, wenn durch eine Krankheit – und sei es auch nur durch einen Schnupfen – ein Sinnesorgan beeinträchtigt ist und man merkt, wie sehr man auf seine genauen Informationen angewiesen ist. Tatsache ist, daß wir trotz vielfältiger Sinneseindrücke nur einen Ausschnitt der äußeren Welt wahrnehmen und registrieren. Weitergehende Informationen, die wir über mögliche andersartige Sinne erhalten könnten, deren Entwicklung jedoch für den Menschen offenbar nicht lebensnotwendig war, bleiben uns verborgen. Ein Teil davon ist für unsere Sinne mittels aufwendiger technischer Hilfsmittel dennoch erfahrbar.

So ist uns beispielsweise bekannt, daß Hunde, Katzen und andere Tiere Tonfrequenzen oder bestimmte Schwingungen (z. B. vor einem Erdbeben) wahrnehmen können, die wir nicht spüren. Auch wissen wir um die hohe Intelligenz, das Wahrnehmungsvermögen und die Kommunikationsfähigkeit von Delphinen oder von Walen, die in der Lage sind, unter Wasser blind Gegenstände aufzuspüren und sich durch Gesänge über enorme Entfernungen hinweg zu verständigen. In der Luft können wir z. B. die radarartigen Fähigkeiten von Tauben beobachten, mit denen sie ihre Flugstrecken

über Tausende Kilometer hinweg wiederzufinden in der Lage sind.

Was durch Meßgeräte und Apparaturen bei anderen Lebewesen oder in der Atmosphäre sichtbar und hörbar gemacht werden kann, dient der Weiterentwicklung der Technik und hilft, unser Sinnespotential zu ergänzen (z. B. Radar- und Sonarortung). Wir können uns auf diese Weise zwar viele Informationen zugänglich machen, manches jedoch entzieht sich weiterhin unserem wirklichen Verständnis.

Die Wahrnehmung der Außenwelt bildet für jedes Lebewesen die ganz spezifische Grundlage für den Kontakt mit seiner Umwelt und die Kommunikation mit seinen Artgenossen. Die Sinne, die man dazu benötigt, sind immer nur so gut, wie sie genutzt und eingesetzt werden. Werden sie nicht geschult oder trainiert, dann reduzieren sie sich und verkümmern.

Man könnte erstaunlich viel über andere Menschen in Erfahrung bringen, würde man stets – wie Sherlock Holmes – mit einer Art ›Sinneslupe‹ umhergehen, um jedem kleinen Detail und Indiz Aufmerksamkeit zu schenken. Da wir dies im Alltag gar nicht realisieren könnten, ohne unser jeweiliges Gegenüber stets von Kopf bis Fuß anzuschauen, zu betasten und zu beriechen, wählen wir in jeder Situation aus dem dichtgeflochtenen Netz möglicher Sinneseindrücke nur die heraus, von denen wir glauben, daß sie für den Moment, für die Person und für das gegenseitige Verstehen notwendig sind.

Was jeder einzelne von uns als wichtig ansieht, was er von seinem Gesprächspartner und dessen Ausstrahlung wahrnimmt und wie er dies deutet, ist immer subjektiv. Es wird beeinflußt von unserer ganz persönlichen Entwicklung, von der Erziehung, den Erfahrungen, den Bedürfnissen, den Erwartungen und von dem, was wir gerne in den anderen hineinlesen wollen. Wessen Gehör z. B. für bestimmte Betonungen und Worte geschärft wurde, der ›hat ein Ohr‹ für spezielle Töne in einem Gespräch. Unsere Sprache drückt es im Bild sehr sinnfällig aus, wie eng Wahrnehmung und kommunikatives Verhalten zusammenhängen: Wir haben ›ein Auge dafür‹ und ›einen Riecher

Delphine gehören zu den ältesten Säugetieren und zeichnen sich durch einen erstaunlich hohen Intelligenzgrad aus. Zudem verfügen sie über Wahrnehmungsmöglichkeiten, die für den Menschen immer noch rätselhaft sind und die selbst modernste technische Geräte weit in den Schatten stellen

für so etwas‹ oder möchten am liebsten ›aus der Haut fahren‹, weil uns etwas ›auf den Nerv geht‹.

Die Maßstäbe, nach denen wir unsere Sinneseindrücke aus der Außenwelt beurteilen und einordnen, beziehen wir vor allem aus unserer Innenwelt. Zur Wahrnehmung der Innenwelt gehören einerseits alle Informationen, die wir über den Zustand unserer Organe, Gelenke und Muskeln, über Bewegungen und das damit verbundene Gleichgewicht erhalten: ob wir Hunger spüren oder Durst, ob wir Kopfschmerzen haben oder eine nervöse Unruhe in uns empfinden, ob wir uns körperlich wohlfühlen oder nicht.

Andererseits gehört zur inneren Wahrnehmung der tiefe, schwer abgrenzbare Bereich unseres geistigen (mentalen) und seelischen Innenlebens. Er läßt in uns die Bilder unserer Gedankenwelt, unserer Phantasie und unserer Träume entstehen, hier sind unsere Emotionen und Triebe beheimatet.

Man weiß heute, daß das Sinnesempfinden für unsere innere Welt mit der Fähigkeit zur Wahrnehmung der äußeren Welt in den ersten Lebensjahren erst Stück für Stück zusammenwachsen muß. Farben zu unterscheiden, Entfernungen abzumessen, Gewichte einzuschätzen und das Vertrautwerden mit den Eigenheiten unserer Umwelt und den Menschen entwickeln sich mit der geistigen Entfaltung.

Die Qualität unserer Sinneswahrnehmungen ist von Anfang an entscheidend für das Bild, das wir uns von uns selbst, den anderen Menschen und allen Dingen machen. Bevor alle Informationen in unserem Kopf verarbeitet und zu Wissen und Erfahrung werden, ist diese erste Kontaktaufnahme zu uns selbst und zu allem, was außer uns vorhanden ist, auch der erste Schritt auf dem Weg zu einer Kommunikation.

Übungen

Sinnesbewußtsein · Einzelübung

Schauen Sie einmal aus Ihrem Buch auf, und versuchen Sie, alles um Sie herum ganz bewußt aufzunehmen. Beachten Sie dabei auch die Kleinigkeiten, über die man sonst schnell hinweggleitet.

Lassen Sie die Augen wie bei einem langsamen Kameraschwenk in einem Film durch den Raum schweifen. Betrachten Sie den Ort, an dem Sie sich gerade befinden, genau. Lassen Sie keine Farbe und keine Einzelheit der Gegenstände, Materialien und Oberflächen außer acht. Wenn es möglich ist, aus dem Fenster zu schauen oder andere Menschen wahrzunehmen, versuchen Sie, dies ebenfalls intensiv zu tun, und registrieren Sie dabei möglichst viel, so, als wollten Sie sich alles notieren. Führen Sie die ganze Zeit über eine Art stilles Selbstgespräch, in dem Sie feststellen, was genau Sie gerade sehen. Machen Sie nun das gleiche mit Ihrem Gehör. Nehmen Sie sehr aufmerksam Geräusche, Stimmen oder Klänge wahr, und definieren Sie für sich, woher sie kommen, was sie verursacht hat und wie sie sich anhören. Unterscheiden Sie das, was Sie hören, bewußt in angenehme und unangenehme Geräusche. Wenn Sie sich offen umgeschaut und umgehört haben, sensibilisieren Sie Ihren Geruchssinn: Versuchen Sie, Düfte aufzufangen und für sich zu analysieren, woher sie stammen. Danach könnten Sie einmal mit den Händen über das Papier dieses Buches streichen oder über andere Oberflächen. Finden Sie feinsinnig heraus, wie sich die Oberflächenstrukturen und

Stofflichkeiten anfühlen. Untersuchen Sie neugierig und etwas spielerisch, welchen Reiz das jeweilige Material den Tastkörperchen Ihrer Haut vermittelt.

Sie können diese Übung zur Wahrnehmung überall und jederzeit durchführen, gleichgültig, ob Sie gerade zu Hause sitzen, einen Spaziergang machen oder auf Reisen sind. Nehmen Sie sich hin und wieder etwas Zeit, um z. B. dem Regen zuzuhören, der draußen niederprasselt, oder dem Kaminfeuer, das behaglich knackt und dabei Wärme und angenehmen Geruch verbreitet. Freuen Sie sich am Gesang der Vögel morgens früh oder am Abend, wenn die Dämmerung kommt, genießen Sie es, barfuß über eine Frühlingswiese zu laufen oder sich in einer beschaulichen Landschaft aufzuhalten.

Vielleicht machen Sie bereits intuitiv oder ganz bewußt solche kleinen Meditationen. Wenn es Ihnen aber so geht wie vielen Menschen, die durch die alltägliche Reizüberflutung oft gar nicht mehr offen sind für diese ›Kleinigkeiten‹, dann versuchen Sie, Ihre Sinne wieder bewußt zu schärfen und Ihre Aufnahmefähigkeit zu erweitern. Eine wache und bewußte Sinneswahrnehmung versetzt uns in die Lage, unser gesamtes körperliches und geistiges Potential besser zur Entfaltung zu bringen. Für bestimmte kommunikative Situationen sollten Sie sich sogar ausdrücklich vornehmen, besonders aufmerksam zu sein, vor allem dann, wenn es für Sie insgesamt, ob beruflich oder privat bedeutsam sein kann.

Hinweis: Wenn Sie dieses Training einige Male bewußt und gezielt durchgeführt haben, ändert sich Ihre Wahrnehmung ganz von selbst. Automatisch werden Sie dann für das, worauf Sie sich konzentrieren und somit auch spezieller konditionieren, hellhöriger und aufnahmefähiger. Wer bewußter wahrnimmt, kann mehr erleben, ist immer etwas besser informiert als andere und kann sich von allem ein genaueres Bild machen.

Der neue Raum · Partnerübung / Gruppenübung

Suchen Sie sich mit einem Partner oder mit Freunden gemeinsam eine Räumlichkeit aus, in der Sie zuvor niemals gewesen sind. Dies kann z. B. ein größeres Zimmer, eine Wohnung, ein Veranstaltungsraum oder ähnliches sein. Bevor Sie den Ort betreten, lassen Sie sich die Augen verbinden, um nichts mehr sehen zu können.

Führen Sie diese Übung sehr wachsam und sensibel durch. Erkundigen Sie sich zuvor, ob speziell gefährdete Gegenstände entfernt wurden. Gehen Sie, wenn möglich, ohne Schuhe. Lassen Sie sich auf Ihrem Weg durch den Raum gegebenenfalls von einem Partner begleiten. Dieser soll Sie jedoch nicht führen und nichts zu Ihnen sagen. Sprechen Sie selbst während der Übung auch nicht, sondern richten Sie Ihre gesamte Achtsamkeit auf die Sinneswahrnehmung.

Gehen Sie nun in den ›neuen Raum‹ langsam hinein, und bewegen Sie sich vorsichtig unter Zuhilfenahme all Ihrer noch zur Verfügung stehenden Sinne durch ihn hindurch. Gleiten Sie mit den Füßen suchend über den Boden, und tasten Sie sich mit den Händen behutsam vorwärts, bis Sie auf Gegenstände oder Wände stoßen. Berühren Sie forschend alles, was Ihnen begegnet. Spüren Sie die Oberflächen und

Materialien der Dinge, die Sie berühren. Bükken Sie sich auch einmal, um den Fußboden zu betasten. Riechen Sie die feinen Unterschiede der Sachen, die Sie anfassen. Hören Sie auch auf Geräusche im Raum selbst. Versuchen Sie, sich allmählich ein Bild zu machen: Wie groß könnte der Raum sein? Welche Dinge befinden sich darin? Wie sieht es dort aus? Welche Stimmung und Atmosphäre herrschen dort? Bleiben Sie dann an einer Stelle, wo es Ihnen besonders gefällt oder von wo aus Sie glauben, den Raum überblicken zu können, stehen, und lassen Sie alles auf sich einwirken. Nehmen Sie dann die Augenbinde ab, und überprüfen Sie Ihr Sinnesbild an der Wirklichkeit.

Wenn Sie die Übung gemeinsam in einer Gruppe erleben wollen, sollten Sie sich zuvor alle gegenseitig die Augen verbinden. Wenn Sie sich bei Ihrem Spaziergang durch den dunklen Raum begegnen, können Sie versuchen, sich über die Hände wahrzunehmen. Sprechen Sie während der Übung nicht. Tauschen Sie anschließend die gemachten Einzelerfahrungen untereinander aus.

Zur Gruppenübung ist eine ruhige und entspannende Musik im Hintergrund von Vorteil. Empfohlene Aufnahmen z. B.: Brian Eno, ›Discreet Music‹, Seite 1, Steve Halpern, ›Eventide‹, oder Kitaro, ›Silver Cloud‹.

Gefühle und Gedanken

Die Basisstation für unsere Sinnesempfindungen und Wahrnehmungen ist das Gehirn. Hier laufen die Informationen sämtlicher äußeren und inneren Reize über die Nerven zusammen. Ein hochempfindliches Netz von mehr als 10 Milliarden Nervenzellen sorgt dafür, daß die eintreffenden Sinneseindrücke und Bilder aus der Innenwelt und Außenwelt gebündelt, überwacht und vor allem bewertet werden.

Ehe wir als kleine Erdenbürger beginnen, die Welt zu erfahren, ist in unserem Gehirn durch die Gene, die Erbanlagen, schon alles vorbereitet. Das, was uns beim ersten Probieren bitter oder sauer schmeckt, bekommt den Wert ›unangenehm‹, und die warme weiche Decke, in die eingehüllt man nicht friert, den Wert ›angenehm‹. Im Netzwerk des Gehirns bleiben die so erhaltenen Informationen und Eindrücke haften. Jedes Empfinden und jeder Eindruck erhält in uns unverzüglich eine Bewertung in Form von damit verbundenen Gefühlen, den Emotionen. Sie haben Ihren Sitz im Thalamus, einem bestimmten Bereich des Zwischenhirns. Hier werden unsere Wahrnehmungen mit den entsprechenden Wertungen wie Lust oder Wut, Trauer oder Glücksgefühl,

Angst oder Schmerz versehen und an anderen Erfahrungen gemessen.

Unser ›Biocomputer‹, das Gehirn, ist von Anfang an emsig damit beschäftigt, unsere Erfahrungen zu speichern. Auf der Basis dieser Informationen bevorzugen wir für unser weiteres Handeln als begreifendes Wesen die Zustände, in denen wir uns wohlfühlen, und verspüren wenig Neigung zu Dingen, die uns unangenehm sind. Die Gefühle sind maßgeblich daran beteiligt, wenn das Bewußtsein in einem Menschen heranreift und er seinen Verstand entwickelt. Von der Sinnesempfindung und Wahrnehmung angeregt, programmieren wir uns selbst und lernen, zu handeln und uns nach den erstellten Mustern zu verhalten.

Weil die Gefühle uns im zarten Kindesalter schon als eine Art Meßlatte für die ersten Lebenseindrücke dienen, bleiben sie auch für unser weiteres Leben mitbestimmend. Gefühle beeinflussen immerfort unser geistiges Innenleben. Oft sind sie alleiniger Motor für viele unserer täglichen Reaktionen, Verhaltensweisen und Entscheidungen. Ob wir uns einen Film ansehen, in einem Magazin blättern, Musik hören oder uns unterhalten und dabei jemanden anschauen und ihm zuhören, immer spielen dabei auch Ge-

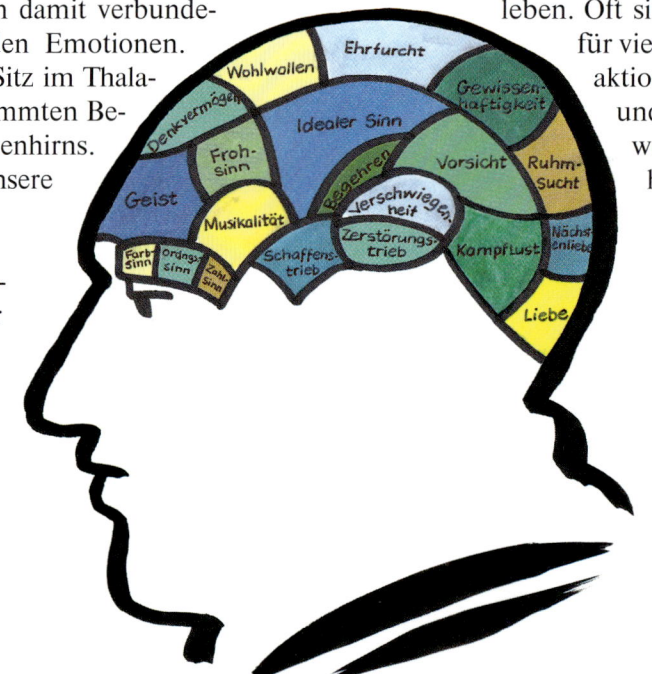

Schon vor 200 Jahren erstellte der deutsche Mediziner Franz Joseph Gall eine Hirnkarte, in der er versuchte, Geisteskräfte und Charaktereigenschaften des Menschen zu lokalisieren. Die moderne Psychologie teilt das Gehirn grundsätzlich in zwei Hälften, wobei in der linken primär die Verstandeskräfte, in der rechten die Gefühlskräfte angesiedelt sind

Starke emotionale Impulse äußern sich häufig ganz unmittelbar in Mimik und Gestik eines Menschen. Ärger, Freude, Besorgnis oder Nachdenklichkeit stehen solchen Zeitgenossen dann buchstäblich ›ins Gesicht geschrieben‹

fühle mit, oder es wird in irgendeiner Form an sie appelliert.

In fast jeder gebräuchlichen Kommunikation zwischen Menschen enthält eine Botschaft neben dem Informationsgehalt auch einen Gefühlsanteil. Der kann während einiger kurzer Worte oder in einem Sach- oder Fachgespräch verschwindend gering oder gar nicht erkennbar sein, ist aber in anderen Situationen sehr auffällig und kann den Verlauf eines Gesprächs, einer Begegnung usw. nachdrücklich bestimmen.

Starke Gefühle, ausgelöst durch extreme Reize, enden meist in direkten körperlichen Reaktionen. Herzklopfen, Pulsrasen, ein flaues Gefühl im Magen, Bleichwerden, zittrige Knie, rote Flecken im Gesicht und Stottern können deutliche Signale für innere Aufregung oder Angst sein und sind, wie Lachen oder Weinen, Ausdruck heftiger Gefühlsmomente.

Daß Gefühle nicht nur einen Einfluß auf den momentanen Körperausdruck haben, sondern daß sie auch unsere gesamte körperliche und seelische Verfassung mitdirigieren und beeinflussen, darüber besteht heute kein Zweifel mehr. Viele erkennen hingegen immer noch

nicht genau, daß auch die Art, wie wir uns anderen Menschen mitteilen und wie deren Ausdrucksweise auf uns wirkt, stark von den eigenen Gefühlsbildern mitbestimmt wird. Es liegt vielleicht daran, daß man immer gern daran glaubt, seine Gefühle ›im Griff‹ zu haben, und ihnen nur dort ›freien Lauf‹ läßt, wo die Situation es gestattet. Tatsächlich aber bilden sie eine Art permanenten Filter für das, was hereinkommt – die Wahrnehmungsinformationen –, und für das, was wir herausgeben – unsere Mitteilungen und die Form dieser Mitteilungen.

Täglich strömen tausendfach verschiedene Reize auf uns ein. Eine Vielzahl allein wird schon in uns selbst produziert. Der biologische Computer, das Gehirn, ist, technisch gesehen, die ›Hardware‹, die alle ankommenden Informationen als ›Daten‹ behandelt und verarbeitet. Als ein Zustand von besonderer Wachsamkeit hilft uns unser Bewußtsein dabei, diese Informationen aus Empfindungen, Wahrnehmungen und Gefühlen durch die Gedanken zu kontrollieren. Das Bewußtsein ist es auch, das uns Menschen befähigt, über unsere Erfahrungen zu reflektieren – durch Nachdenken, Vergleiche Anstellen und Beurteilen. Es ermög-

21

licht uns, die eigenen Erfahrungen in Zeichen zu übersetzen, das heißt, in eine Sprache zu übertragen und diese wiederum anderen Menschen mitzuteilen.

Wenn wir also etwas ›bewußt‹ sagen und ausdrücken wollen, so läuft es zuvor, währenddessen und nachher über die Kontrollstation unserer Gedanken. Das Bewußtsein bedenkt das Wenn und Aber, wägt das Für und Wider ab, stellt sich Fragen, auf die es sich selbst die Antworten gibt, und setzt alles in Beziehung zueinander.

Das, was wir ›unbewußt‹ mitteilen oder tun, steht außerhalb dieser Kontrolle durch das Denken. Das Unbewußte, so drückte es James G. Miller einmal aus, beschreibt einen Zustand, in dem man innerlich nicht mehr mit sich spricht oder Fragen beantwortet.

Wenn wir anderen Menschen begegnen, spielen sowohl bewußte als auch unbewußte Anteile im gegenseitigen Verstehen und Mitteilen eine Rolle. Bei der Beurteilung ihrer Erscheinung und ihres Verhaltens uns gegenüber, ihrer Art, sich zu geben und zu bewegen, ihrer Rede- und Ausdrucksweise, können wir nie ganz objektiv sein. Ein Teil von dem, was man sieht und hört, landet im ›Kopf‹, der andere Teil direkt und ungefiltert im ›Bauch‹ und verwandelt sich dort sofort in Gefühle, in Emotionen, die dann unverzüglich in einem aufsteigen können, ohne daß man sie gleich erklären könnte.

Das, was wir uns selbst nicht direkt klarmachen können, gehört zu der schwer durchschaubaren Welt des Unbewußten mit ihren tiefen Emotionen, Träumen, Wünschen, Ängsten und Trieben. Hier lagern sich erlebte Bilder, gemachte Erfahrungen, Gefühlssituationen und Gedanken ab, die nicht aktuell im Hirnspeicher gebraucht werden oder dort nicht verarbeitet werden konnten. Jeder kennt den Augenblick, in dem einem plötzlich Dinge wieder einfallen und Erinnerungen sich einstellen, Gesichter und Situationen vor unserem ›inneren Auge‹ deutlich wieder auftauchen, die längst verarbeitet und vergessen schienen. Dann können Gerüche, Geräusche, Melodien oder andere Erlebnismomente wie der Schlüssel zum Tor dieser scheinbar abgehandelten, längst erledigt geglaubten Erfahrungen sein und diese wieder lebendig werden lassen.

Weil uns nichts von dem, was wir im Laufe eines Lebens – ob bewußt oder unbewußt – an Eindrücken sammeln, in unserem Gehirn verlorengeht, bleibt alles abrufbar. Es befindet sich irgendwo in einer mit ›positiv‹ oder ›negativ‹ beschrifteten Ablage im Labyrinth unserer Hirnwindungen. Diese Eindrücke gefühls- und verstandesmäßiger Erfahrungen tragen wir mit uns herum, und sie machen einen Großteil der Persönlichkeit und des Charakters eines Menschen aus. Beim Umgang und beim Reden miteinander, beim gegenseitigen Einschätzen, beim Betrachten und Verstehen können sie als unbewußte Faktoren mitschwingen. Sie bilden zwischen den Kommunikationspartnern einen eigenen ›Code‹, der wie die Symbole unserer Sprache, nur persönlicher und subjektiver, Nachrichten abruft und übermittelt.

›› Für einen besseren kommunikativen Umgang miteinander genügt am Anfang schon etwas Selbstkritik. ‹‹

Hinter alledem steht ein allgemeingültiges Prinzip: Wahrnehmen – Bewerten – Verarbeiten – Mitteilen – wieder Wahrnehmen. Unser gesamter Körper und seine geistig-seelische Innenwelt sind daran beteiligt. Nichts ist vom anderen gänzlich zu trennen, weil es ohne ein Miteinander nicht funktionieren kann. Im Gehirn wird alles miteinander koordiniert. Wenn wir wahrnehmen, denken, lernen, sprechen und gestikulieren, wenn wir uns etwas vorstellen, Ideen haben, die Phantasie schweifen lassen oder träumen, werden diese Vorgänge vom Gehirn reguliert. Dabei erfüllen unterschiedliche Regionen auch unterschiedliche Funktionen.

Die beiden Hirnhälften bilden die Großbereiche ›Ratio‹ und ›Emotio‹. Mit ›Ratio‹ benennt man grob die linke Gehirnhälfte. Sie ist verantwortlich für alles Verstandesmäßige, Vernunftgesteuerte und für das bewußt reflektierte Denken. Von hier aus wird auch die rechte Körperhälfte befehligt, und durch sie sagen wir: »Bleib sachlich!« oder »Bilde dir nichts ein!« Mit ›Emotio‹ wird, vereinfacht, der Bereich der rechten Hirnhemisphäre umschrieben, der zuständig ist für die Kreativität, die Spontaneität und das Intuitive. Von dieser Seite aus wird wiederum die linke Körperhälfte gesteuert, und von dort aus werden wir manchmal veranlaßt zu sagen: »Ich habe so ein seltsames Gefühl« oder »Ich kann mir das gut vorstellen«. Beide Hälften sind wie Partner, die zusammenarbeiten. Nur durch ihre Verbindung sind wir fähig, zu denken und normal zu kommunizieren.

Das gesamte geistige Potential des Menschen ist zu beiden Seiten hin weit höher, als es tatsächlich genutzt wird. Nur schätzungsweise 20 bis 30 Prozent seines gesamten geistigen Vermögens ist der Mensch von heute in der Regel imstande zu gebrauchen. Unser Bewußtsein ist also noch enorm ausbaufähig. Jeder Mensch kann es erweitern und entfalten, wenn er nur will und in der Lage ist, seine bisherigen Programmierungen gegebenenfalls zu ergänzen.

Die selbst erstellten Programme sind mit dafür verantwortlich, wie wir unsere Mitmenschen betrachten und wie wir uns ihnen gegenüber verhalten. Für einen effektiveren kommunikativen Umgang miteinander genügt am Anfang schon etwas Selbstkritik, mit der man die immer wiederkehrenden Denkstrukturen und die Gefühlsmechanismen der alltäglichen Mißverständnisse zwischen sich und anderen Menschen einmal neu hinterfragt. Das heißt, das Prinzip ›Wahrnehmen – Verarbeiten – Mitteilen‹ funktioniert immer besser, wenn man versucht, seine Gefühle und Gedanken einmal hellwach und bewußt wahrzunehmen und sie ebenso zu verarbeiten. Wer beginnt, über sich selbst, über das, was man denkt, über das, was und wie man es sagt und wie man sich dabei verhält, mehr zu reflektieren, und im gleichen Zug seine Kommunikationspartner bewußter wahrnimmt, lernt seine eigenen Botschaften und deren Wirkung auf die anderen besser einschätzen. Hierin liegt der zweite grundlegende Schritt auf dem Weg zu einer besseren Kommunikation.

Die Kriterien, nach denen wir unsere Sinneseindrücke als ›angenehm‹ oder ›unangenehm‹ klassifizieren, bilden sich im frühen Kindesalter aus. Als ›denkende‹ Erwachsene können wir jedoch ursprünglich negativ besetzte Empfindungen wie ›sauer‹ oder ›kalt‹ als prickelnden Reiz neu bewerten

2. SPRACHE UND KÖRPERSPRACHE

Sprache sprechen, Sprache verstehen

Dieses Buch wäre nur ein Stapel zusammengeheftetes Papier mit seltsam anmutenden Zeichen, besäßen wir nicht die dem Menschen eigene Fähigkeit zur Sprache. Durch unsere Sprache sind wir in der Lage, den Dingen und Elementen, den Menschen, den Lebewesen und Organismen sowie den Funktionen und Zusammenhängen aus dem Blickfeld unserer Wahrnehmung einen Namen zu geben – mit einem Wort: alles zu benennen.

Das Wissen, das ein Mensch hat, seine Erlebnisse, Gedanken oder Absichten ließen sich entweder gar nicht oder doch nur sehr unpräzise seinen Mitmenschen darlegen, verfügte er nicht über die Möglichkeit, zu sprechen und zu schreiben oder auch über ein Sprachersatzsystem wie z. B. die Gebärdensprache der Gehörlosen. Indem wir mit einigen zu Worten geformten Lauten oder mit Schriftzeichen vieles bezeichnen können, wird es möglich, zu uns selbst gedanklich zu sprechen oder uns anderen Menschen mitzuteilen.

Wenn wir in einer Sprache denken, heißt das auch, daß man ein Bild von etwas durch allgemein vereinbarte Begriffe in einen Sinnzusammenhang setzt, der an die Erfahrung oder eine Vorstellung geknüpft ist. Sprechen wir zu jemandem, dann soll das, was wir sagen, bei unserem Ansprechpartner wiederum Bilder erzeugen, mit denen er etwas anfangen kann, d. h., die bei ihm einen bestimmten Gedankengang in Bewegung setzen oder ein Gefühl abrufen, wodurch diese Person unsere Absichten ihr gegenüber erkennen kann. Versteht uns die Person, die wir ansprechen, so sind die geäußerten Begriffe bis zu einem gewissen Grad identisch mit denen, die unser Ansprechpartner dafür erlernt hat, und es kommt zu einer Mitteilung. Reagiert die Person, indem sie daraufhin selbst

zu uns spricht, kommt es über das Medium Sprache zu einem Gedankenaustausch, einer Kommunikation.

Was aber macht Sprache möglich? Woher kommt es, daß einer spricht oder schreibt und ein anderer, der es hört oder liest, es auch wirklich begreift? Fortwährend denken und des öfteren reden wir in einer bestimmten, manch einer auch in verschiedenen Sprachen. Sprache sprechen und Sprache verstehen, das funktioniert in unserem Kopf offenbar ganz von selbst in einer Geschwindigkeit von millionstel Sekunden. Die verzweigten Zusammenhänge, die dazu nötig sind, machen wir uns selten bewußt.

Damit Sprache zustande kommt, sind zunächst einmal die normal entwickelten biologischen Voraussetzungen im menschlichen Gehirn notwendig. Bis heute konnten viele Einzelheiten und Details darüber, was und wie alles zusammenwirkt, von Gehirnforschern und Sprachwissenschaftlern noch nicht genau

Schon die großen Denker der Antike wie Sokrates und Platon beschäftigten sich mit der Sprache als einem Medium, die Wirklichkeit faßbar zu machen

In den verschiedenen Kulturräumen der Erde entwickelten sich im Laufe von Jahrtausenden zahllose Sprach-, Schrift- und Zeichensysteme, die für den Uneingeweihten meist eher verwirrend als erhellend sind. Die moderne Technologie hat sie durch weitere Chiffren und Codes ergänzt, mit deren Hilfe Menschen inzwischen z. B. via Satellit problemlos und ohne Zeitverlust von einem Ende der Erde zum anderen miteinander kommunizieren können

erkundet und erklärt werden. Hinreichend bekannt ist die Tatsache, daß das Sprachzentrum des Menschen zur Hauptsache in der linken Gehirnhälfte beheimatet ist. Von diesen Regionen aus wird das, was wir sagen, gesteuert. Infolge von Verletzungen in dieser Region, z. B. durch einen Unfall oder einen Schlaganfall, kann das sinnzusammenhängende Sprechen gestört sein oder die Sprache völlig ausbleiben.

Bevor ein Mensch erste sprachliche Leistungen wie »Mama«, »Papa« oder »Wauwau« vollbringt, läuft im Gehirn dafür schon alles auf Hochtouren. Die Fähigkeit, Sprache zu erwerben, in ihr zu denken und sich in ihr auszudrücken, ist genetisch festgelegt und somit im Menschen schon vorprogrammiert.

Schaut man sich einmal an, wie leicht es Kindern fällt, ihre Muttersprache oder fremde Sprachen zu erlernen, so erkennt man, daß uns eine spezielle Befähigung dazu offenbar vererbt

wird, die sich bei entsprechender Anregung mehr oder weniger gut, doch aber automatisch entwickelt. Diese biologische Anlage, daß wir die Sprache von unseren ersten Bezugspersonen aufschnappen und zu benutzen lernen, läßt aus anfänglichen Lauten und dem nachfolgenden ›Gebrabbel‹ ein geschlossenes Sprachsystem entstehen, durch das wir versuchen, das zu erfassen und auszudrücken, was uns betrifft und uns umgibt.

Das Sprachsystem, das dazu fähig macht, sich mitzuteilen und prinzipiell mit der ganzen Welt zu kommunizieren, entstand selbstverständlich nicht von einem Moment auf den anderen, sondern brauchte Jahrtausende, um heranzureifen.

In der langen Entwicklung des ›Homo sapiens‹ zum Menschen von heute waren es am Anfang auch zuerst nur Laute, die als Signale dienten. Mit ihnen verständigten sich die auf der Suche nach Nahrung und Schutz vor wilden

Tieren in Sippen umherziehenden Menschen untereinander. Sie allein machten jedoch noch keine differenzierte Kommunikation möglich.

Allerdings waren die Laute in Verbindung mit entsprechendem Körpergebaren schon ein Verständigungssystem, das erste Funktionen einer Sprache zu erfüllen in der Lage war. Ganz allmählich schuf sich der noch primitive Mensch zusammengesetzte Lautfolgen, die er für ein und dasselbe wiederholte und die sich vielleicht sogar schon wie Worte anhörten. Damit versuchte er, das begrifflich erfaßbar zu machen, was ihn in der Wildnis umgab und was sein Überleben betraf.

Auf dem langen Weg vom einfachen Laut zum kompletten Sprachsystem waren solche anfänglichen sprachlichen Fixierungen, so vermutet man heute, Bezeichnungen für die Elemente, für Feuer und Wasser, dann auch für Tiere und später für Dinge wie Waffen, Werkzeuge und Wohnplätze. Andere Begriffe, die den Umgang mit oder Absichten in bezug auf Dinge und Materialien festlegten, folgten. Noch später wurden dann komplexere Zusammenhänge, die einzelne menschliche Individuen betrafen und deren Beziehungen zueinander ›dingfest‹ machen wollten, in vokale Sprache gefaßt.

Der Mensch erlangte durch seine Fähigkeit zu sprechen die Möglichkeit, Erfahrungen und Absichten mitzuteilen und diese untereinander auszutauschen und abzustimmen. Weil er zunehmend erkannte, daß er durch Sprechen alles beziehungsreicher miteinander verbinden konnte als durch die pure Körpergebärde, begünstigte er die Sprache und versuchte, sie mehr und mehr zu einem System zu formen. Das Sprache-Sprechen und In-Sprache-Denken machte es dem Menschen möglich, über den aktuellen Augenblick und die Gegenwart hinauszugehen. Er war in die Lage versetzt, sein Überleben planen zu können und das Zusammenleben zu organisieren. Er schuf sich gleichzeitig eine Möglichkeit, seine Wirklichkeit zu bezeichnen, und begann, allem, was in Wahr-

heit ohne Namen ist, einen Namen zu geben. Erst durch die Sprache konnte der Mensch seine Kultur zur Entfaltung bringen.

Die Sprache lebt vom Wort. Doch das Wort allein kann ein sehr unstetes Kommunikationsmittel sein, weil es in dem Augenblick, in dem es ausgesprochen wird, auch schon wieder verflogen ist. Erst nach der Erfindung der Schrift und der Schriftverbreitung bekam Sprache in den Kulturen Festigkeit. Durch die Schrift konnte die Sprache als das Erfahrungspotential einzelner Personen zum Wissen eines ganzen Kulturvolkes und letztlich weiter Teile der Menschheit werden.

Die Sprachen der einzelnen Kulturkreise waren und sind von den ursprünglichen Lebensbedingungen der dort lebenden Menschen mitgeprägt. Früher wie heute unterscheiden sich die Völker nicht nur durch eine anders zusammengesetzte Sprache, sondern auch durch die Handhabung ihrer Stimme beim Sprechen. Sprachmelodien, harte oder weiche Laute, temperamentvolles und lautes Sprechen

Wie wichtig der sprachliche Austausch des Menschen mit seiner sozialen Umwelt ist, wird ganz besonders dann deutlich, wenn man auf jemanden trifft, der, wie z. B. ein Autist durch sein abnormes In-sich-gekehrt-Sein, zu dieser Art der Kontaktaufnahme nicht mehr in der Lage ist (Szene aus dem Film ›Rainman‹ mit Dustin Hoffman und Tom Cruise)

oder eine kühle und zurückhaltende Sprache lassen auch Schlüsse auf die Landschaft und den Lebensraum zu, in dem die dort lebenden Menschen ihr Verständigungssystem haben entstehen lassen. Natürliche Bedingungen wie Hitze, Kälte, rauhe Gebirgsgegenden oder sanfte Hügellandschaften, reiche Vegetationen oder karstig arme Landstriche haben eine Sprache und ihren Klang ebenso beeinflußt wie später vielleicht durchziehende Völker, die ihr eigenes Erfahrungspotential mit einbrachten.

Weil jeder Lebensraum eine sprachlich andersgeartete Verständigung förderte, entstanden Sprachbarrieren, die das Austauschen von Informationen eingrenzen. In allen bestehenden Kulturen und Gesellschaften gelten Regeln, die bestimmen, wie man seine Sprache miteinander spricht, wie spontan oder wie wohlbesonnen man den schöpferischen Ausdruck seiner Gedanken kundtut. Derartige Vereinbarungen können sehr konträr sein. Während eine bestimmte Art, mit dem Gesprächspartner zu reden, im einen Kulturkreis durchaus als angemessen gilt, wird sie vielleicht in einem anderen Siedlungsgebiet des gleichen Volkes oder in einem anderen Land als unhöflich oder aufdringlich verstanden. Wie unterschiedlich die Sprachen und ihre Art, sie zu äußern, auch sind, für alle und jeden gelten innerhalb seines Verständigungsraums drei sprachliche Regeln:

Sprache verstehen können!
Sprache ist ein Zeichensystem, das akustisch oder visuell nur dort als Kommunikationsmittel fungieren kann, wo die Benutzer, die diese Zeichen austauschen, alle über deren Sinngehalt und Bedeutung informiert sind.

Sprache verstehen wollen!
In einem Gespräch kann Sprache nur richtig verstanden werden, wenn der oder die Gesprächspartner es auch wollen. Zum einen sind unsere Gespräche voller halber Sätze, umgangssprachlicher Kürzel sowie Fremd- und Modewörter wie z. B. »Wollen mal sehen!«, »Alles klar!«, »Echt gut!«, »Kat«, »PC«. Zum anderen müssen Worte immer aus der Situation

Nicht nur die Sprache selbst, sondern auch die Art und Weise, wie sie vorgetragen wird, ist abhängig vom Kulturkreis, dem ihre Sprecher angehören. So sind Südländer dafür bekannt, daß sie gerne, viel, laut und gestikulierend reden, wohingegen buddhistisch geprägte Völker eher sprachliche Zurückhaltung kultivieren

heraus, in bezug auf die Personen und abhängig von direkten Wahrnehmungen und Handlungen betrachtet werden, ehe man sie einordnet, um zu wissen, was und wie etwas gemeint ist.

Sagt jemand z.B. »Nett hier!«, so kann es ebenso »Wirklich angenehm hier!« wie »Unangenehm hier!« bedeuten. Wer nur kurz fragt: »Hunger?«, kann meinen: »Hast du Hunger, soll ich dir etwas zu essen machen?« oder sich fast entrüsten: »Hast du schon wieder Hunger? Du hast doch schon so viel gegessen.«

Oft redet man auch nicht in der Art und Weise zu jemandem, die er üblicherweise gewohnt ist. Ein Wissenschaftler spricht z.B. anders als ein Arbeiter oder ein Manager anders als ein Musiker und ein Kind anders als seine Eltern. Ob man im ›Telegrammstil‹, ob man in einer ›Szene-Sprache‹ oder ob man ›hochgeistig‹ zueinander spricht, spielt keine Rolle – wer Sprache ganz ›wörtlich‹ nimmt, der kann vieles falsch und manches gar nicht mehr verstehen.

Sprachverständnis ist subjektiv!
Weil die Sprache für den Menschen eine Möglichkeit ist, seine äußere und innere Wirklichkeit durch Begriffe erfaßbar und begreiflich zu machen, denkt und spricht er in ihr. Trotzdem wird deutlich, daß Worte auch Grenzen haben. Nicht alles, was man ausdrücken will, läßt sich durch Sprache sagen, denn für manches sind keine Begriffe vorhanden. Zudem können in einem Gespräch die benutzten Worte beim Ansprechpartner etwas anderes bewirken als das Gewollte. Das Gesagte war dann vom Sender anders gemeint als das, was beim Empfänger angekommen ist. Der Grund dafür ist, daß wir zwar in der Schule alle den gleichen Begriff lernen, z.B. für ›Haus‹, ›Baum‹ oder ›Auto‹, jeder jedoch in seinem Kopf ein anderes Bild davon entwirft. Weil dieses Bild von einem Begriff, auf den sich alle geeinigt haben, erst durch die Erfahrungen und Vorstellungen des einzelnen geprägt wird, bleibt er zuletzt doch in einem gewissen Ausmaß verschieden.

Wer einen Roman liest und sich mit einem Freund oder einer Freundin darüber unterhält, wie man sich die Charaktere der Handlung oder einzelne Beschreibungen vorgestellt hat, sieht schnell, wie dieselben aneinandergereihten Worte bei jedem Menschen andere Visionen, Phantasien und Emotionen auslösen können. Wird dieser Roman zudem noch verfilmt, muß

man oft erkennen, daß ein Produzent und Regisseur wieder eine andere Vorstellung von dem hat, was man sich selbst beim Lesen ausgemalt hatte.

Die Wirklichkeit, die wir mit unserer Sprache zu erfassen und zu benennen versuchen, um uns den anderen mitzuteilen und um uns mit ihnen auszutauschen, bleibt also beim Sprechen und Verstehen persönlich gefärbt. Der allgemein sprachliche Begriff erzeugt in uns ein subjektives Bild, das wir im Gespräch mit jemandem blitzschnell immer wieder korrigieren müssen, um zu verstehen, was und wie es der andere gemeint haben könnte (von welchem Haus, Baum oder Auto er spricht).

»Die Sprache befähigt den Menschen, seine äußere und innere Wirklichkeit durch Begriffe erfaßbar zu machen.«

Um das Phänomen Sprache, mit dem wir täglich umgehen und das unsere Verständigung regiert, besser zu begreifen, muß man also die dichtverzweigten Verbindungslinien zu unserem ganzen menschlichen Dasein miteinbeziehen.

Unsere sprachliche Kommunikation gleicht insgesamt einem Baum. Seine Krone mit den Zweigen und Blättern wird gebildet aus den Lauten, den Worten, den Sätzen und den Formulierungen. Die biologischen Voraussetzungen des Gehirns und des gesamten Organismus sind der Stamm, die Stütze, die man braucht, um das komplexe System geistig-seelischer Zusammenhänge sprachlich zur Entfaltung zu bringen. In den tief verankerten Wurzeln ist die konzentrierte Kraft der menschlichen Entstehungsgeschichte mit den zuerst arterhaltenden und dann den kulturellen Funktionen beheimatet, aus denen unsere Sprache einst einmal erwuchs.

Der Ausdruck des Körpers

Immer dann, wenn Menschen in direktem Kontakt miteinander reden, spricht der Körper mit. Jede leichte Plauderei, jedes ernste Zwiegespräch, überhaupt jede Redeäußerung enthält zusätzlich zur sprachlichen Nachricht verschiedene nichtsprachliche, nonverbale Mitteilungen, die durch den Körperausdruck der Gesprächsteilnehmer übermittelt werden. Die Sprache des Körpers drückt sich durch vielfältige Gesten der Hände und Arme, durch die Augen und die Mimik des Gesichts, durch unterschiedliche Haltungen des Kopfes, der Schultern sowie des gesamten Rumpfes und durch ein spezielles Energie- und Dynamikverhältnis bei jeder einzelnen Körperbewegung – also auch beim Stehen, Gehen, Sitzen und Drehen – aus.

Wir alle senden beim Sprechen manchmal bewußt, meist jedoch unbewußt derartige ›stumme‹ Signale über den Körper an unsere Mitmenschen. Gleichermaßen bewußt oder unbewußt nehmen wir auch deren körpersprachliche Botschaften wahr, während wir sie anschauen und ihnen zuhören. Mit dem Ausdruck des Körpers als ›Sprachbegleitung‹ versuchen wir das durch Gesten und Mimik deutlicher und anschaulicher zu machen, was wir mit unserer Sprache begrifflich transportieren wollen. Dadurch setzen wir zunächst Akzente, die das Verständnis dessen, was wir sagen wollen, beeinflussen, z. B. wie wahr oder wichtig es ist, oder wie etwas gemeint ist. Zugleich zeigen wir mit dem Körperausdruck unsere Reaktion auf das, was eine Person sagt, z. B. wie wir es bewerten, ob es uns überrascht oder langweilt.

Trotzdem ist Körpersprache keine Nebensache der Sprache, sondern ein ganz eigenes Medium menschlicher Kommunikation, Körpersprache kann auch ohne ein Wort die Botschaft übermitteln. Ohne daß wir etwas sagen, kann es sein, daß wir unserer Umgebung die unterschiedlichsten Informationen mitteilen, z. B. »Ich mag Dich« oder »Ich will nichts mit Dir zu tun haben«, »Bitte sei mein Verbündeter und hilf mir« oder »Bitte tu mir nichts und laß mich in Ruhe«, »Schaut alle her und schenkt mir Eure Anerkennung« oder »Schaut alle weg, ich möchte nicht gesehen werden«.

Um solche und andere Mitteilungen machen zu können, haben wir ein ganzes Repertoire von unzähligen kleinen und großen Gesten, von Augenaufschlägen und Mundstellungen, von Körperhaltungen und Bewegungen zur Verfügung. Durch deren variierenden Einsatz und durch verschiedene Zusammenstellungen können wir fast alles ausdrücken, was mit unseren Erfahrungen, Gefühlen oder Absichten zu tun hat.

Hinzu kommt, daß unser gesamtes Körperverhalten, also auch die Art der Körpersprache, durch unterschiedliche kulturelle Verhaltensnormen, die man durch die Erziehung und durch Abgucken zu benutzen lernt, mitgeprägt wird. In manchen Ländern gibt es sehr genau festgelegte Gesten, deren Aussage in Verbindung mit Sprache oder ganz ohne sie nur von den Menschen dort verstanden wird. Wer z. B. im Mittelmeerraum die Körpersprache der Menschen etwas studiert, kann unter Umstän-

den schon aus der Entfernung erkennen, worüber sich zwei Personen unterhalten, zumindest um welche emotionalen Inhalte oder Standpunkte es dabei gehen könnte.

Die Körpersprache des Menschen funktioniert also wie ein wortloses Zeichensystem, durch das man entweder gekoppelt mit oder unabhängig von Sprache stillschweigend Mitteilungen machen und erhalten kann. Diese nichtsprachlichen Zeichen sagen losgelöst von ihrem konkreten Umfeld nichts aus. Sie können so viele Bedeutungen nebeneinander haben, daß sie als einzelnes Signal unverständlich bleiben. Erst wenn man einen Menschen und seinen Ausdruck insgesamt wahrnimmt, die kulturelle Herkunft dieser Person berücksichtigt, den Ort, die Zeit und die Situation miteinbezieht und seinen Blick auch auf begleitende Faktoren richtet, andere anwesende Personen etwa, deren gemeinsame Erfahrungen oder eventuelle Absichten zueinander, und danach alles in Beziehung setzt zu dem, was dieser Mensch sagt, drückt Körpersprache etwas Genaues aus.

Der Körper spricht immer, ob wir nun allein sind oder mit anderen zusammen, wenn wir uns unterhalten, wenn wir arbeiten, wenn wir uns entspannen und selbst dann, wenn wir schlafen. Unaufhörlich wird von unserem Körper eine Botschaft formuliert, die ausdrückt, was wir gerade erleben, was in uns geschieht oder wie wir von der Umwelt verstanden werden wollen. Paßt die Körpersprache gut zu dem, was wir mit Worten sagen, so produzieren wir klare und eindeutige Signale, zu denen andere Menschen Stellung beziehen können. Stehen die Worte und Gesten nicht im Einklang miteinander, kann es geschehen, daß wir denjenigen, der uns zusieht und zuhört, irritieren oder uns unglaubhaft machen, weil sich unsere Botschaften nicht klar einordnen lassen.

Wie ein Mensch schaut, wie und wann er den Mund verzieht, ob er hektische und fahrige Gesten beim Reden macht oder ganz ruhig und klar dabei gestikuliert, ob sich seine Sprache und Körpersprache entsprechen oder widersprechen – es geschieht nie ohne Grund. Die Motive, die einen Menschen dazu bringen, sich durch seinen Körper in einer bestimmten Weise auszudrücken, haben stets mit den ganz persönlichen Erfahrungen und der gesamten Lebenseinstellung dieser Person zu tun.

Ein alter Sinnspruch sagt: »Jeder Körper ist wie ein Haus. Wer darin wohnt, das drückt sich durch den Körper aus.« Mit dem Bild des ›Körperhauses‹ ist hier weniger der Körperbau eines Menschen gemeint, obwohl auch der manchmal in sehr direktem Zusammenhang zum Körperausdruck stehen kann. Vielmehr soll damit gesagt werden, daß unser ganzes Körperverhalten ein Ausdruck unserer Persönlichkeit ist. Denn durch die Handhabung unserer Gesten, durch die Mimik, die Körperhaltung und die Körperbewegungen bringen wir zum Ausdruck, wer wir sind.

Wer schweren Schrittes und mit hängenden Schultern daherkommt, mit gesenktem Kopf und mit niedergeschlagenem Blick sich umschaut, dem ist garantiert nicht fröhlich und frei zumute. Vielmehr läßt sich vermuten, daß diese Person innerlich von einer Last niedergedrückt wird und das auch nach außen ›verkörpert‹. Andersherum macht ein Mensch mit sehr aktiven Bewegungen, mit festen Schritten, erhobenen Schultern und unausweichlichem Blick nie den Eindruck, als wäre er deprimiert, obwohl diese Person durchaus wieder in sich zusammenfallen kann, wenn sie um die nächste Ecke gebogen und so aus unserem Blickfeld verschwunden ist, weil sie eben doch in einer schlechten Verfassung war, es aber nicht zeigen wollte.

Natürlich haben wir gelernt, uns manchmal zu verstellen, etwas vorzutäuschen und eine Maske zu benutzen, um dem Automatismus innerer Regungen, die sich im Körperausdruck äußern wollen, ganz bewußt entgegenzuwirken. Wer mit Körpersprache zu ›bluffen‹ versucht, kann sich jedoch nur darauf konzentrieren, was ihm an seinem Zustand wirklich bewußt ist. Was ihm nicht bewußt ist, bleibt an seinem Körperausdruck trotzdem ablesbar.

Das Gespür dafür, ob uns jemand mit Körpersprache etwas vorgaukelt oder ob seine Botschaften wahr sind, hängt mit davon ab, wie sehr wir nur auf die verbale Sprache konzen-

Schon im Vorübergehen oder im Menschengetümmel der Einkaufsstraßen einer Großstadt werden wir mit einer Vielzahl von Körpersignalen konfrontiert. Überall kann der aufmerksame Beobachter allein über den Körperausdruck eine Fülle von Informationen über Menschentypen, ihre Beziehung zueinander und etwaige Gesprächsinhalte aufnehmen

triert sind. Haben wir keinen bewußten und geschulten Sensus für die Signale der nonverbalen Kommunikation, können Eindrücke, Mitteilungen oder Absichten in ein Gespräch mit hineinwirken, deren Wichtigkeit und Bedeutung für uns nicht genauer definiert werden kann. Dann läßt sich im nachhinein oft nur noch rein gefühlsmäßig feststellen: »Der oder die schaute während unserer Unterhaltung manchmal irgendwie seltsam.«

Erweitert und trainiert man seine Aufnahmefähigkeit für Körpersprache bei der täglichen Kommunikation, läßt man also die unausgesprochenen Mitteilungen in das Bild, das man sich von einem Menschen macht, miteinfließen, erhält man umfassendere und damit bessere Informationen. Wer die Körpersprache als den Ausdruck eines Menschentypus, seines Charakters, seiner momentanen Stimmung oder seiner Absichten verstehen lernen möchte, der darf jedoch nie in Klischees denken. Der

Ausdruck des Körpers ist kein Alphabet aus Mienenspiel und Bewegungen, in dem ein Kratzen am Kopf immer gleich eine bedeutungsvolle Verlegenheitsgeste sein muß oder die Hände in den Taschen ein unbedingtes Zeichen für Nicht-offen-Sein. Zwar kann vieles von dem, was wir mit dem Körper ausdrücken, sehr aufschlußreich sein, doch so manche Geste ist lediglich Wortuntermalung. Sie würde für den Betrachter erst dann einen Sinn machen, wenn er in der Lage wäre, während des schnellen und flüchtigen Ablaufs einer Bewegung deren verzweigte, kommunikative Zusammenhänge in einem Menschen zu erkennen.

Ein kurzer Blick auf die Ursprünge menschlicher Kommunikation zeigt, wie innig das Verhältnis des Menschen zu seinem Körperausdruck immer schon gewesen ist. Körpersprache gibt es seit dem Anbeginn der Menschheit; was und wie der Körper etwas aussagt, hat sich im Verlauf der menschlichen Entwicklung je nach

31

Bedarf verändert. Lange bevor unsere Vorfahren in der Lage waren, verbale Sprachsysteme hervorzubringen, funktionierte bereits eine Art von Körperkommunikation. Der Urmensch benutzte dazu vermutlich grobe Gesten, Mimiken und körperliche Verhaltenszeichen, die ihn in Verbindung mit Lauten dazu befähigten, mit seinen Artgenossen Kontakt aufzunehmen und sich zu verständigen.

Eindeutige Drohgebärden, friedliche oder böse Blicke, bedrohliche oder desinteressierte Gesten waren existentiell wichtige Signale der körpersprachlichen Kommunikation, die damals wie heute menschliche Beziehungen mitregulierten. Um sich den dauernd wechselnden Lebensbedingungen seiner Umwelt anpassen zu können, mußte der frühe Mensch zum Verständigungssystem der Körpersignale, Lautsignale und Geruchssignale ein noch effektiveres und vor allem differenzierteres Medium erfinden. Dadurch, daß er die verbale Sprache hervorbrachte, ihr gegenüber den anderen Kommunikationsmöglichkeiten den Vorzug gab und sie zu einem Sprachsystem ausbaute, rückten sinnhafte Gebärden, Mienenspiel und Körperhaltungen in den Hintergrund. Doch nur zum Schein: In allen Völkern blieben die Momente, in denen ›Blicke mehr sagen können als tausend Worte‹, zeigte sich weiterhin durch Körperhaltung und Verhalten, ›wer im Körper wohnt‹. Es entstanden bestimmte Gesten, die ›die Worte ausschmücken‹ konnten. Doch was wir heute Körpersprache nennen, wurde nun in seiner Wertigkeit niedriger eingestuft als die vokale Sprache und verschwand deshalb aus dem bewußten Blickfeld menschlicher Kommunikation. Der Mensch fing an, sich bewußt nur noch auf die gesprochene Sprache zu konzentrieren, teilte sich aber weiterhin - unbewußt - auch über den Körper mit. Das Sprechen und das Denken in Sprache wurde zum alles in den Hintergrund drängenden ›Superzeichen‹ der menschlichen Rasse, das ihn angeblich über das Tier heraushob.

Die ›wilde‹ Gebärde wurde nicht länger als gesellschaftsfähiges Kommunikationszeichen akzeptiert, sondern dem Tierreich, insbesondere den Affen, zugeschrieben.

Einer der ersten, die versucht haben, dieses Bild von der Körpersprache wieder geradezurücken, war der englische Naturforscher Charles Darwin (1809–1882). Er versetzte mit seiner »Lehre von den Arten« und den Evolutionstheorien die Welt in Aufruhr, weil er damit nachwies, daß der Mensch eben von diesen ›gestikulierenden Affen‹ abstammt. Er folgerte aus seinen Erkenntnissen auch, daß Sprache die Gedanken eines Menschen, der Körper aber die Gefühle ausdrücke.

Seither ist der Ausdruck des Körpers wieder in unser Bewußtsein getreten. Die Beobachtungen, daß alle Lebewesen Informationen austauschen und dies mit den biologischen Gesetzen unzertrennbar verknüpft ist, auch wenn anstatt von Worten andere Verständigungssysteme benutzt werden, hat dazu beigetragen, daß die Kommunikation über den Körper auch beim Menschen wieder ernstgenommen wird.

Zunächst waren es nur die Anthropologen, Ethologen (Verhaltensforscher) und die Psychologen, die vertraten, daß Körpersprache zum menschlichen Kommunikationsverhalten gehört. Sie erkannten, daß diese nicht nur Gefühle, sondern auch damit in Verbindung stehende Gedanken ausdrücken und zudem soziale Prozesse unter Menschen regulieren kann. Heute bezeichnen wir mit dem wissenschaftlichen Begriff ›Kinesik‹ die Beobachtung und Erforschung der menschlichen Körpersprache. Lange Zeit stand sie im Schatten der Sprachforschung, hat sich jedoch inzwischen zu einer vollgültigen und allgemein anerkannten Wissenschaft emanzipiert.

Im täglichen Leben und beim kommunikativen Umgang miteinander gilt jedoch weiterhin, daß die meisten Menschen mehr auf die gesprochene Sprache konditioniert sind. Dies rührt zum nicht geringen Teil daher, daß in die normale Schulausbildung Körperkommunikation nicht miteinbezogen, beobachtet oder bewußt hinterfragt wird. Lediglich die Gebärdensprache der gehörlos geborenen oder der ertaubten Menschen ist ein erlernbares nichtsprachliches System, mit dem sich die Betroffenen untereinander verständigen können. Bei ihnen funktioniert eine stumme Sprache über

Nur durch den Einsatz des Körperausdrucks sind Stumme und Gehörlose in der Lage, ebenso differenziert wie über sprachliche Systeme miteinander zu kommunizieren. Wie in der gesprochenen sind auch in der Gebärdensprache die Bedeutungen einzelner Gesten genau festgelegt und müssen wie die Vokabeln einer Fremdsprache erlernt werden

festgelegte Handgesten und mimische Zeichen ohne ein einziges Wort ebenso perfekt wie eine gesprochene Sprache.

Wer beginnt, sich mit der Sprache des Körpers intensiver auseinanderzusetzen, der erweitert damit sein Bewußtsein für die kommunikativen Zusammenhänge, in denen die Signalfunktionen der Körpersprache eine wichtige Rolle spielen, und er kann sich selbst und seine Person in einem neuen Licht sehen. Dabei wird es erkennbar, daß Körpersprache nicht etwas ist, was sich leicht aufsetzen und überstülpen läßt, um damit Menschen indirekt, aber zielgerichtet zu beeinflussen. Selbst ein Schauspieler muß zuerst lernen, die Typen und Charaktere, die er darstellen soll, zu durchleben, um mit ihnen vertraut zu werden und dann in seinem Spiel echt zu wirken. Künstliches, antrainiertes Körperverhalten ist also wenig sinnvoll und kann als isoliertes falsches Signal niemals wirklich effektiv sein. Erst der organische Zusammenhang von Inhalten, angemessener Sprache und aufmerksamer Körpersprache kann überzeugende Reaktionen schaffen.

Wer Körpersprache selbst besser einsetzen möchte und sie an anderen Menschen weitsichtiger erkennen und beurteilen will, der ist gut beraten, zuerst sein Bewußtsein für echte, ihn betreffende Botschaften zu öffnen. Wirklich nachvollzogen und empfunden, entsteht dann ein angenehmes Verhältnis von Mimik, Gestik oder Haltung, das sich harmonisch über den Körper ausdrücken läßt. Jemand, der bewußt in seinem Körper ›wohnt‹, begreift weit mehr als nur die Ziele und Absichten seiner Mitmenschen oder ob jemand die Wahrheit oder Unwahrheit spricht. Dieser Mensch kann mehr und mehr zu einem geschätzten Kommunikationspartner werden, da er ein Auge für vielerlei Signale und Zeichen hat und gerade deshalb in der Lage ist, sich klug und vorausschauend zu verhalten.

3. WIR UND DIE ANDEREN

Das menschliche Verhalten

Jeder Mensch ist einzigartig. Jeder einzelne von uns ist ein außergewöhnliches Exemplar unserer Gattung. Grund dafür ist das genetische Muster, das uns mit auf den Weg gegeben worden ist in dem Augenblick, als sich die Eizelle unserer Mutter mit der Samenzelle unseres Vaters vereinte. Kein einziges dieser Erbmuster gibt es ein zweites Mal – von den Urzeiten bis in die fernste Zukunft. Eine solche Wiederholung wäre allein rein rechnerisch fast unvorstellbar. Außer den eineiigen Zwillingen, denen identische Erbanlagen gegeben sind, unterscheidet sich also jeder vom anderen.

Wer Menschen mit Interesse betrachtet, weiß, daß es trotz der genannten Tatsache in vielerlei Hinsicht verblüffende Ähnlichkeiten zwischen einzelnen Individuen geben kann. ›Doppelgänger‹ können einer anderen Person ›wie ein Ei dem anderen‹ zum Verwechseln ähnlich sein. Auch können sich Menschen durch bestimmte Charakter- und Wesenszüge gleichen. Selbst die Art, wie jemand kommuniziert – wie diese Person redet, welche Worte sie benutzt und welche Gesten sie einsetzt –, kann dem Ausdruck eines anderen, völlig fremden Menschen nahezu gleichkommen.

Doch wenn man genauer hinschaut, erkennt man, wo Übereinstimmungen bestehen und wo nicht. Wer Menschen beobachtet, um aus ihren Persönlichkeitsstrukturen und Handlungen Schlüsse ziehen zu können, der kommt nicht umhin, menschliches Verhalten als einen komplexen Ausdruck der persönlichen Wesensart jedes einzelnen anzusehen. Stets steht es in Verbindung zu den generellen Lebensumständen und einzelnen Situationen sowie zu der Art, wie Personen miteinander kommunizieren.

Menschliches Verhalten kann man überall studieren: im Restaurant, während gespeist wird, beim Autofahren, am Schreibtisch oder an der Werkbank bei der Arbeit, im Aufzug, auf dem Sportplatz, im Urlaubsort. Alles, was wir Menschen machen, und vor allem, wie wir es machen, zeigt Verhalten. Wie wir uns begrüßen, wie wir uns streiten, wie wir uns lieben, wie wir ausdrücken, zu welcher gesellschaftlichen Schicht wir gehören wollen und wie wir unsere Rolle als Mann oder Frau verstehen.

Unser Verhalten wird gebildet aus unseren Reaktionen und den dadurch entstehenden körperlichen Aktivitäten. Es ist vornehmlich geprägt von den Faktoren Erfahrung und Lernen. Findet ein Mensch heraus, daß er in einer bestimmten Situation durch eine bestimmte Form von Aktivität ein Resultat erzielt, von dem er meint, daß es ihm nutzt, wird daraus schnell ein Verhaltensmuster, das sich wie ein Programm immer wieder abspulen läßt, solange es zu funktionieren scheint.

Da der Mensch ein unbändig aktives Wesen ist, das sich immerfort auch über sein Tun und Handeln ausdrückt und so, wenn auch meist unbewußt, Mitteilungen über sich selbst macht, kann der aufmerksame Betrachter lernen, solche indirekten Botschaften zu entziffern. Unsere tägliche Kommunikation mit anderen Menschen ist voller Situationen, in denen sich das Verhalten, zu dem auch die Körpersprache gehört, im Verbund mit der Sprache darstellt. Weil die meisten Menschen in der Regel ihr Augenmerk mehr auf das richten, was durch Worte ausgesprochen wird, kann ihnen der Zusammenhang zwischen Sprache und Verhalten leicht entgehen.

Der Begriff ›Verhalten‹ wird im alltäglichen Sprachgebrauch häufig unbedacht eingesetzt: Geht jemand unerwarteterweise einer anderen Person aus dem Weg, ›verhält er sich anders‹ als

Das Verhalten menschlicher Individuen in der Gruppe oder Masse wird z. T. von urzeitlichen Mechanismen mitbestimmt. Einer davon lautet: Je mehr die Distanz zum anderen aufgehoben wird (wie hier bei einem Rock-Konzert), um so empfänglicher wird die Masse für reine Gefühlsbotschaften und reagiert heftig darauf

bisher. Wenn einem auffällt, daß er etwas getan hat, was er besser unterlassen hätte, so meint er, ›sich falsch verhalten‹ zu haben. Wer eine schwierige Situation gemeistert hat, dem spricht man anerkennend zu, ›sich gut verhalten‹ zu haben. Richtiges oder falsches, auffälliges oder aufdringliches, geschicktes oder unvorsichtiges Verhalten: Immer stehen unseren aktiven Handlungen die sehr persönlichen Erwartungshaltungen unserer Mitmenschen gegenüber sowie gesellschaftliche Regeln oder soziale Bewertungskriterien. An ihnen wird Verhalten gemessen.

Ursprünglich waren menschliche Verhaltensweisen reine Instinkthandlungen, die sich dann durch die unterschiedlichen Lebensbedingungen verschiedenartig auszuprägen begannen. Betrachten wir dazu kurz die Evolution, die Entwicklungsgeschichte aller Lebewesen von den niederen bis zu den höheren Formen, den Menschen nicht ausgenommen.

Auch der Kulturmensch der letzten Jahrzehntausende, der Wissenschaft, Technik, Philosophie und Kunst entdeckte, der heute auf den Mond fliegen, Herzen verpflanzen und Kathedralen ausmalen, Elektronengehirne, Wolkenkratzer und Vernichtungswaffen konstruieren kann, stammt entwicklungsgeschichtlich vom Tier ab. Zwar hat er sich im Laufe seiner langen Geschichte zur höchstentwickelten Art der Gattung der Primaten, zu der außer ihm noch die Affen gehören, und zur dominierenden Spezies des gesamten Planeten aufgeschwungen, doch bleibt er im Sinne der Evolution ein Säugetier, das sein ›tierisches‹ Erbe weiterhin in sich trägt.

»Wenn wir nicht bewußt die Augen davor verschließen, dann können wir mit unserem gegenwärtigen Wissen unsere Abstammung annähernd erkennen; und wir brauchen uns ihrer nicht zu schämen«, schrieb Charles Darwin als sehr genauer Beobachter der Natur, ihrer

35

Über den Nachahmungstrieb eignen wir uns im Kindesalter viele unserer späteren Verhaltensweisen an. Der heranwachsende, aber auch der erwachsene Mensch sucht sich später häufig Vorbilder, denen er nachzueifern versucht – und sei es auch nur in parodistischer Art

Lebewesen und des menschlichen Verhaltens 1857. So wie er suchten seither viele Verhaltensforscher auf den Spuren des frühen Menschen nach Erklärungen für sein heutiges Verhalten. Würde man sich bei solchen Untersuchungen nur auf den Menschen konzentrieren und nicht auf alle Lebensformen, die die Erde in den mehr als drei Milliarden Jahren ihrer Geschichte hervorgebracht hat, wären bis heute wichtige Zusammenhänge in unserem Verhalten ungeklärt.

Ein maßgeblicher Entwicklungsschritt in bezug auf das Verhalten des Menschen war der Übergang zur aufrechten Haltung. Damit verloren die vorderen Gliedmaßen ihre Fort-

bewegungsfunktion und wurden zu dem, was wir heute unsere Hände nennen. Ihr Funktionswechsel versetzte den Urmenschen vor ca. zwei Millionen Jahren in die Lage, erste Werkzeuge aus gefundenen Steinen oder Hölzern zu seinem Nutzen herzustellen. An diesem geschichtlichen Punkt begann die bis heute andauernde Veränderung menschlicher Lebensweisen durch künstlich geschaffene Hilfsmittel.

Die bis dahin gültigen starren Verhaltensprogramme, die dem reinen Überleben dienten, wie z. B. Beute aufzustöbern, Beute anzugreifen, sich in Sicherheit zu bringen, zu fressen, zu ruhen oder sich zu paaren, wurden nun nach

36

und nach durch differenziertere und flexible ersetzt. Der Mensch entwickelte sich zu einem Gemeinschaftswesen, das mit seinen Artgenossen zusammen die Beutejagd organisiert durchführte. Einer war zunehmend auf den anderen angewiesen. Das Zusammenleben machte ein Kommunikationssystem notwendig, das die bislang funktionierenden Verhaltensmuster effektiv ergänzen konnte. Der Mensch lernte, unter den verschiedensten Umweltbedingungen zu leben. Er stellte sein Verhalten so auf seine Umgebung ein, daß es ihm möglich wurde, sowohl in der Wüste als auch in der Arktis zu überleben.

Heute haben wir es mit Hilfe unserer freigewordenen Arme und Hände geschafft, fast den ganzen Erdball zu verändern. Lange Zeit nutzten unsere Vorfahren diese Möglichkeit dazu, in neuen und teilweise feindlichen Umgebungen zu überleben. Doch müssen wir heute schmerzhaft erkennen, daß der Mensch auf seinem Streifzug durch die Natur durch sein Verhalten manchen Schaden angerichtet hat, der sein zukünftiges Überleben nachdrücklich bedroht. Wir müssen unser Verhalten längst nicht mehr nur der Natursituation anpassen, sondern zunehmend den Dingen und Lebensumständen, die wir selbst geschaffen und mit denen wir unsere Umwelt immer weiter umgestaltet haben.

Das Naturprodukt ›Mensch‹ ist gezwungen, mit der von ihm selbst in Gang gesetzten rasenden technischen Entwicklung Schritt zu halten. Die sich schnell ändernden Lebensbedingungen fordern immerzu ein Umstellen auf ein anderes Verhalten, nicht nur darauf, wie man lebt, sondern auch dahingehend, wie man miteinander kommuniziert. Durch die Möglichkeit, über Computer zu kommunizieren, hat sich z. B. in einigen Lebensbereichen deutlich sichtbar auch die Art, sich von Mensch zu Mensch mitzuteilen, verändert. Der ›Kommunikationsdiener‹ Computer schafft neue, künstliche Realitäten in der Verständigung untereinander und erzeugt dabei ungekannte Handlungsmöglichkeiten: Computer können Kindern lesen und schreiben beibringen, können Spielgefährte und Gesprächspartner sein, kön-

nen den Rasen mähen und Bestellungen aufgeben. Sie sind freundlich, höflich, unendlich geduldig und gelehrig. Die Hochtechnologie, die der Mensch sich als einen Teil der Verwirklichung seiner Phantasien schafft, um alles günstig für sich herzurichten, erweitert und beengt zugleich die einzelnen Spielräume für sein Verhalten.

»_Das Wissen um die Abstammungsgeschichte des Menschen macht vieles an unserem heutigen Verhalten verständlich._**«**

Wer den Menschen heute anschaut, sich selbst miteinbezieht und darauf achtet, wie man sich benimmt und wie man sich in gewissen Situationen verhält, muß wissen, daß sich unser Verhaltensrepertoire aus verschiedenen Ansätzen zusammensetzt. Da sind zunächst einmal die Verhaltensmuster, die uns angeboren sind und die wir von unseren Urahnen mitbekommen haben. Welche körperlichen Handlungen alle dazu gehören, darüber streiten sich noch die Gelehrten, denn es ist schwierig, eine Grenze zu ziehen zwischen den Handlungsmustern, die uns bereits genetisch, also durch Vererbung, mitgegeben sind, und denen, die wir erst erlernen müssen.

Dazu gehören jene, die wir uns durch unseren Nachahmungstrieb aneignen, die typischen Bewegungsmuster von Männern und Frauen oder Verhaltensweisen, die für bestimmte soziale Gruppen typisch sind (z. B. Intellektueller oder Arbeiter, Popstar oder Börsenmakler, ›Macho‹ oder ›Softy‹). Andere Muster werden uns bewußt von anderen Menschen beigebracht, etwa solche, die auf überlieferten Höflichkeits- und Anstandsregeln basieren (z. B. Begrüßungssitten und Tischmanieren), oder jene, die mit besonderem Können und speziellen Fingerfertigkeiten zu tun haben.

Des weiteren reiht sich all das Verhalten mit ein, das wir uns selbst bewußt antrainieren in der Absicht, ein persönliches Ziel damit zu erreichen. Hierzu zählen z. B. große sportliche Leistungen, aber auch die ganz individuelle Art,

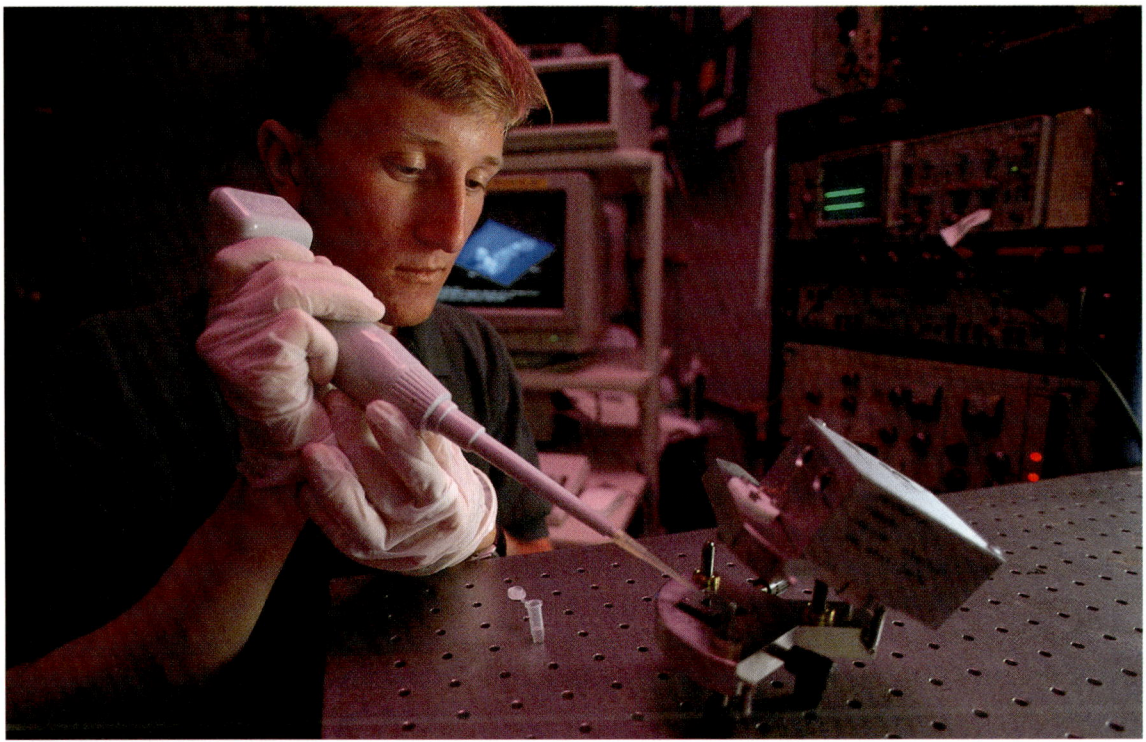

Viele menschliche Verhaltensmuster, vor allem solche, die auf die ehemaligen Instinkthandlungen unserer frühen Vorfahren zurückgehen, sind bereits in den Erbanlagen verankert. Die sich auf beunruhigende Weise rasch entwickelnde Gentechnologie ist vielleicht schon bald in der Lage, das ›tierische‹ Erbe des Menschen in bisher unvorstellbarer Weise zu verändern

auf Menschen zuzugehen und ihnen freundlich zu begegnen.

Schließlich gibt es auch noch die sogenannten ›Verhaltensauffälligkeiten‹. Hierunter versteht man z. B. Bewegungen, Handlungen und Taten, die sich aufgrund seelischen Erlebens in der Kindheit (z. B. Ungeliebtsein von den Eltern) oder des weiteren Lebenswegs als Jugendlicher oder Erwachsener (z. B. Ängste, Erlebnisse, Verluste) zu einem ganz bestimmten Verhaltensmuster verfestigt haben und immer wieder sichtbar werden. Körperliche Bewegungsmuster und Aktivitäten, die durch ein aktuelles inneres Geschehen (z. B. durch eine Absicht oder durch einen Schock) ausgelöst werden, können auch dazu zählen.

Selten treten Verhaltensweisen streng voneinander getrennt in Erscheinung. Im Alltag haben wir es meistens mit einer Mischung und Verwebung von Handlungen zu tun, die sich nicht immer gleich zuordnen lassen.

In den weiterführenden Kapiteln dieses Buches geht es in erster Linie um unser kommunikatives Verhalten. Teils genetisch verankert, teils bewußt erlernt, teils unbewußt übernommen und teilweise selbst antrainiert, kommunizieren wir im Rahmen der Bedingungen gesellschaftlich und kulturell geregelter Verhaltensweisen, oftmals ohne dabei viel zu überlegen oder die Art, wie wir uns verhalten, zu hinterfragen.

Wer es gelernt hat, sich selbst und seine Mitmenschen etwas mehr durch ein geschultes Auge zu betrachten, der kann aus den immer wiederkehrenden Verknüpfungen zwischen Kommunizieren und Handeln wichtige Mitteilungen herauslesen – nicht weil man Wissenschaftler oder Psychologe sein will, sondern weil man mit Menschen zu tun hat, deren Verhalten im Verhältnis zum eigenen man etwas besser und maßvoller beurteilen möchte.

38

Menschentypen und Charaktere

Fragt man andere Menschen nach ihrem Beurteilungsvermögen für Menschentypen und deren Charaktere, so glauben die meisten, sie seien gute Menschenkenner. In Anbetracht der Tatsache, daß man Menschenkenntnis nicht schon in der Schule mit dem Einmaleins beigebracht bekommt, stellt sich darauf die Frage: Worauf stützen die meisten denn ihr Wissen, und woher stammen die Bewertungskriterien, mit denen die Befragten ihr Einschätzungsvermögen untermauern könnten?

Tatsächlich zeigt sich im zwischenmenschlichen und kommunikativen Bereich tagtäglich geradezu das Gegenteil: Beim Umgang der Menschen miteinander sind Fehleinschätzungen, falsche Erwartungen, Enttäuschungen über den anderen und eine Reihe daraus resultierender Probleme eher die Regel. Überall wird falsch interpretiert, nicht erkannt, mißverstanden und aneinander vorbeigeredet, -gehandelt, -gedacht, -gefühlt. Kommunikations- und Lebensberater sowie Psychologen bestätigen das.

Ist jemand wirklich ein guter Menschenkenner, so besitzt er einen bedeutenden Vorteil. Eine ganze Reihe von Problemsituationen können sich schon im Vorfeld durch ein besseres Einschätzungsvermögen vermeiden lassen. In vielen beruflichen Situationen ist Menschenkenntnis sogar ›überlebenswichtig‹. Wenn es darauf ankommt zu wissen, mit wem man es zu tun hat und wie die Signale einer Person zu deuten sind, ist ein differenziertes Erkennen und Beurteilen unerläßlich.

Wie und woran erkennt man die Menschen? Durch welche äußerlichen Anzeichen können sich Typen und Charaktere ausdrücken? Schon in der Antike hatte man einen besonderen Hang dazu, im Ausdruck des anderen lesen zu können, um auf diese Weise etwas über seine Persönlichkeit und seinen wahren Charakter zu erfahren. Dabei sahen die Meister der antiken Wissenschaften anfänglich vor allem ins Gesicht. Aristoteles (384–322 v. Chr.) wollte im Rahmen seiner Theorien über den Menschen und seine Seele an den Zeichen des Gesichtsausdrucks innere Wesenszüge eines Charakters erkennen. Seine Lehre von der Physiognomik, der Ausdruckskunde, gründete sich in der Hauptsache auf Ähnlichkeiten mancher Menschen mit bestimmten Tieren. Noch heute spricht man von ›Hundeaugen‹, vom ›Schafskopf‹ oder der ›Adlernase‹ und bringt menschliches Aussehen wie gewisse menschliche Eigenschaften mit Tieren in Verbindung.

Ein weiterer Baustein der Menschenkenntnis und Charakterkunde ist die berühmte Lehre der Vier Temperamente, die auch auf einen Griechen, den Arzt Hippokrates (um 460–377 v. Chr.) zurückgeht. Seiner Vorstellung nach entsprechen die Elemente Luft, Wasser, Erde und Feuer menschlichen Charaktertypen, die sich durch unterschiedliche ›Körpersäfte‹ auszeichnen. Der römische Arzt Galenus (129–199) machte daraus die ebenfalls bis heute geläufige Typeneinteilung des Sanguinikers, Phlegmatikers, Melancholikers und Cholerikers.

Zu den interessantesten Charakterstudien aus dem Bereich der Kunst gehören die Büsten des Bildhauers Franz Xaver Messerschmid (1736–1783)

Nach dem Schweizer Erneuerer der Medizin Paracelsus (1493–1541), der sich am klassischen Altertum orientierte, war es vor allem Johann Kaspar Lavater (1741–1801) aus Zürich, der der Menschen- und Charakterlehre neue Erkenntnisfaktoren hinzufügte. Glaubte Paracelsus noch daran, daß z. B. eine breite Nase ein deutliches Zeichen für »trägen Stumpfsinn« sei oder eine spitze Nase für »Launenhaftigkeit und Jähzorn« stehe, differenzierte Lavater wesentlich genauer. Seiner Vorstellung nach treten durch den Wuchs von Nase, Mund und Stirn eines Menschen detailliert seine Charakterzüge und sein Seelenleben hervor. Lavaters Lehre beeinflußte nicht nur das Menschenbild Schopenhauers, sondern auch das von Goethe.

Die Forschungen von Charles Darwin (1809 bis 1882) und seine Beobachtungen in bezug auf das Aussehen und die mimischen Ausdrucksbewegungen verschiedener Völker förderten ebenfalls das Wissen um die menschliche Physiognomie. Andere Untersuchungen bauten darauf auf. Ein wissenschaftlich untermauertes Schema ist die Konstitutionslehre des deutschen Psychiaters Ernst Kretschmer (1888–1964). Er versuchte, am Körperbau von Menschen unterschiedliche Typengruppen zu erkennen, die sich durch ein ähnliches Charakterbild auszeichnen sollen. Kretschmer unterscheidet Männer wie Frauen in drei Körperbautypen: Pykniker, Leptosome (oder Astheniker) und Athletiker.

Der Forschungsansatz, menschliche Charaktere nach bestimmten Typologien einzuteilen, hat ebensoviele Anhänger wie Gegner. Die Vorstellungen, wie ein guter oder schlechter, dum-

DER SANGUINIKER mit dem Element ›Luft‹ und dem Körpersaft ›Blut‹ gilt als Genießer aller irdischen Freuden und wird als oberflächlich bezeichnet

DER PHLEGMATIKER mit dem Element ›Wasser‹ und dem Körpersaft ›Schleim‹ gilt als bequemer und lustloser Mensch

mer oder intelligenter Mensch auszusehen hat, sind hingegen in den Köpfen der meisten Menschen fest verankert. Daran hatten auch die Künstler zu allen Zeiten ihren Anteil. Die Menschendarstellungen Leonardo da Vincis, Albrecht Dürers oder William Hogarths sind alle nach den Lehren und Theorien der zeitgenössischen Philosophen, Mediziner und Forscher entworfen worden. Ihre Bilder vom gütigen Antlitz Jesu oder dem grobgeschliffenen des gemeinen Volkes sind in der Regel Idealbilder und Typisierungen, die ihren Vorstellungen von Gott, einem König, einem Krieger oder einem Bettler entsprachen.

Wenn wir heute das Gesicht und die Erscheinung eines Politikers im Fernsehen oder auf einem Wahlplakat betrachten, sind zum Teil solche überlieferten Charakterbewertungen mit ausschlaggebend dafür, welche Taten wir diesem Menschen zutrauen und welche nicht.

Wer ein besserer Menschenkenner sein möchte, muß sich vor zu allgemeinen Aussagen und pauschalen Mustern in acht nehmen. Typisierungen und Charakterbilder können als erstes Handwerkszeug und für den Anfang hilfreich sein. Doch um Vorurteile zu vermeiden, sollte man sie mehr als eine Spielmöglichkeit sehen, um individuelle Personen gegebenenfalls einmal versuchsweise auf diese Art zu betrachten und herauszufinden, ob es wirklich ›musterhafte‹ Übereinstimmungen gibt.

Zu guter Menschenkenntnis gehört ohne Frage auch eine richtige Einschätzung der eigenen Person. Das Bild, das wir selbst von uns haben, bestimmt das Bild mit, das wir uns von den Menschen machen, die uns begegnen.

DER MELANCHOLIKER mit dem Element ›Erde‹ und dem Körpersaft ›Schwarze Galle‹ gilt als schwermütiger und in sich gekehrter Menschentyp

DER CHOLERIKER mit dem Element ›Feuer‹ und dem Körpersaft ›Gelbe Galle‹ gilt als aufbrausender und leidenschaftlicher Herrschertypus

41

Dazu gehört auch die innere Einstellung zu sich selbst und zu seinem Leben. Ist jemand beispielsweise der Auffassung, daß alle Menschen schlecht seien und man jedem grundsätzlich mißtrauen müsse, so spricht eine hohe Wahrscheinlichkeit dafür, daß diese Person unbewußt nur nach Begegnungen Ausschau hält, bei denen sie ihre Meinung bestätigen kann. Personen, die in Wahrheit dieser Vorstellung nicht entsprechen, fallen automatisch durch das Raster. Trifft dieser Mensch trotz allem offensichtlich auf einen ›Guten‹, so versucht er, einen negativen Aspekt an ihm zu finden, um seine innere Haltung und Einstellung gegenüber Menschen im allgemeinen aufrechterhalten zu können.

Das Hinterfragen des Selbstbildes kann manchmal unangenehm sein, und eine Änderung festgefügter Bewertungsstrukturen kostet etwas Mühe. Bequemer ist es, seinem festgelegten Konzept bei der Menschenbeurteilung treu zu bleiben. Durch die Sprache, den Körperausdruck und das gesamte Verhalten zeigt man seine innere Haltung und trifft so unweigerlich wieder auf Gleichgesinnte. Ein starres Menschenbild kann aber wie ein Teufelskreis sein. Jede wirkliche Kommunikation und jede menschliche Annäherung an Personen außerhalb dieses Musters wird erschwert oder von vornherein ganz verhindert. Man bleibt so lange auf eine solche Beurteilungsschiene fixiert, wie man es nicht schafft, Sichtweise und Einstellung zu sich selbst zu ändern.

Unser Selbstbild und das damit gekoppelte Menschenbild entsteht während der Kindheit und Jugend. In dieser Zeit übernehmen wir kritiklos eine ganze Reihe von Bewertungskriterien. Eltern, Schule, soziales Umfeld, kulturelle und politische Einflüsse prägen unsere Vorstellungen mit. Sind wir nicht in der Lage, das übernommene Bild von uns und den anderen durch eigene Erfahrungen zu hinterfragen und gegebenenfalls zu berichtigen, bleibt es mitunter für ein ganzes Leben gleich. Die Fähigkeit, sich an-

  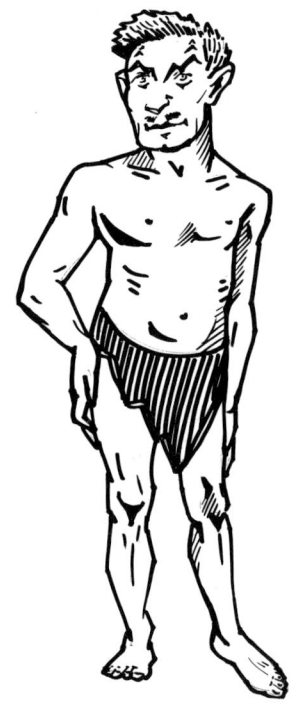

DER PYKNIKER, der sich durch einen mittelgroßen Körperbau und Fettansatz am Bauch auszeichnet, gilt als gefühlsbetonter, geselliger und gutmütiger Mensch

DER LEPTOSOM oder Astheniker ist schlank, hochgewachsen und wenig muskulös; ihm wird Ausdauer, hohe Empfindlichkeit und abstraktes Denkvermögen zugeschrieben

DER ATHLETIKER zeichnet sich durch einen besonders muskulösen Körperbau aus und wird als solide, zuverlässig und etwas schwerfällig beschrieben

deren Menschen mitzuteilen und zu kommunizieren, wird damit stark eingeschränkt.

Unser Selbst- und Fremdbild ist wie eine speziell gefärbte Brille, durch die wir Menschen sehen wollen und mit der wir Maßstäbe setzen. Unbewußt suchen wir mit ihrer Hilfe Lebenspartner, Freunde oder Bekannte aus und versuchen, unsere Sichtweise auf andere zu übertragen. Umgekehrt verfahren unsere Kommunikationspartner natürlich ebenso.

Die Beurteilung von Menschen ist keine leichte Aufgabe. Niemand läßt sich nur durch eine Formel erfassen und erkennen. Manche Person ist voller Gegensätze und gibt kein klares Charakterbild ab. Andere kann man an ihrem Gesichtsausdruck und Habitus schon von weitem erkennen. Ihnen ist ihre Wesensart und das Leben, das sie führen, geradezu ›ins Gesicht geschrieben‹.

Ein guter Menschenkenner braucht viel Einfühlungsvermögen und darf keine Angst haben, immer wieder neu hinzuzulernen. Nach einiger Zeit schon können aus subjektiven Urteilen handfeste und annähernd objektive Maßstäbe werden. Dazu gehört auch eine klare Abgrenzung von ›Charakter‹ und ›Persönlichkeit‹ eines Menschen. Während man den Charakter in inneren Werten und rein menschlichen Qualitäten finden kann, drückt sich Persönlichkeit auch in der äußeren Erscheinung und deren Wirkung auf andere Menschen aus.

Eine äußerlich sehr auffällige und faszinierende Persönlichkeit kann durchaus einen innerlich ›unschönen‹ oder ›schlechten‹ Charakter haben. Die Persönlichkeit ist die Art oder auch die Rolle, in der man sich den Mitmenschen gegenüber darstellt. Der Charakter steht für den sittlich zu bewertenden Kern des Menschen. Die Ausstrahlung, die Mimik, die Gesten, der Gang, die Art zu sprechen und noch mehr kann diesen innersten Kern sichtbar widerspiegeln.

Zum Erwerben von Menschenkenntnis gehört auch, daß man sich in möglichst unterschiedlichen menschlichen Begegnungen auf verschiedenen kommunikativen Ebenen versucht. Hinzu kommt das Trainieren der Kunst, in den Signalen der anderen zu lesen und seine eigenen Botschaften besser zu überschauen. Es ist nur dann möglich, aus den Reaktionen der Mitmenschen verwendbare Schlüsse zu ziehen und Bewertungen anzustellen, wenn man das Maß und die Wirkungskraft der eigenen kommunikativen Mittel genauer kennt. Letztlich gehört exaktes Hinhören und Hinsehen auf die Ganzheit einer Person dazu, um mehr darüber zu erfahren, wen man vor sich hat.

Dabei zählen die Worte, die jemand benutzt, die Sprechweise und die Stimme genauso wie die Körperhaltung, der Gang, der Blick, die Mimik, die Gestik und eventuell auch der Körperbau. Hinzu kommen das Verhalten in manchen Situationen und bestimmte Taten sowie der gesamte lebensgeschichtliche und aktuelle Hintergrund, der diesem Menschen gegeben ist. Je objektiver die ›Brille‹ wird und je mehr es die Situation zuläßt, auch Details mit in Betracht zu ziehen und zu deuten, desto näher kommt man dem wirklichen Charakterbild.

›Treue Hundeaugen‹: Noch heute werden zur Beschreibung bestimmter Ausdrucksvarianten der menschlichen Mimik Tiermetaphern herangezogen

4. SELBSTKOMMUNIKATION

Selbstgespräch

Selbstgespräche, so denkt man, führen im allgemeinen nur ältere Menschen, wenn sie sich einsam fühlen und niemanden mehr haben, mit dem sie reden können. In Wirklichkeit spricht ein jeder innerlich mit sich wie zu einer zweiten Person. Dazu teilt man sich gewissermaßen auf, in die Instanz der Gefühle, Gedanken, Erinnerungen und Vorstellungen – und in die der Betrachtung, die alles Wahrgenommene zu bewerten versucht, um darauf wie mit einer zweiten Stimme zu reagieren. Wenn man diese Position einmal als ›innersten Kern‹ unserer Person bezeichnet, führen wir also einen geistigen Dialog mit unserem Zentrum, das unsere wahre Persönlichkeit erst ausmacht, unserem Selbst.

Fortwährend sind wir mit diesem innersten Kern in Kontakt. Wir stellen uns Fragen, die wir zugleich zu beantworten versuchen. Nicht immer bestehen die gedanklichen Sätze aus Sprache. Manche sind zusammengesetzt aus visuellen Gedankenbildern, die durch andere bildhafte Eingebungen beantwortet werden. Nehmen wir einmal irgend eine Person auf der Straße, in einem Auto oder Büro, und stellen uns vor, was sie gerade zu sich sagt. Vielleicht: »Ich muß mich beeilen, sonst komme ich zu spät.« Oder: »Mensch, draußen ist so schönes Wetter, und ich sitze hier, um zu arbeiten.« Oder: »Wie schön war doch mein Urlaub.« Oder: »Wie wird es sein, wenn ich einmal älter bin?«

Wenn wir beim Selbstgespräch mit unserem Innersten kommunizieren, sind wir auch in Kontakt mit dem, was man seit der Antike die ›Seele‹ nennt. Wir wissen heute im 20. Jahrhundert ebensowenig wie damals, als man mit der Suche nach der menschlichen Seele begann, was und wo genau sie ist. Trotzdem können wir

sie als innere Stimme merklich vernehmen. Zeitweilig machen sich sogar ›mehrere Seelen in einer Brust‹ bemerkbar. Unsere Seele schaltet sich oft in das innere Gespräch des Wach- und Traumlebens mit ein. Vor allem nachts, wenn wir träumen, übernimmt sie eine bestimmende Rolle. Dann kann es geschehen, daß die im Gehirn hängengebliebenen Erlebnisse des Tages mit unverarbeiteten Gefühlen und Ängsten, Wünschen und Sehnsüchten ein sehr bewegtes Dialog- und Bildleben in uns entwickeln.

> **"** *Um geistige Kraft und Konzentration zu entfalten, muß man zuvor akzeptieren lernen, wer man wirklich ist.* **"**

Wenn auch nüchterne Zeitgenossen Träume als ›Schäume‹ abtun möchten, so wissen wir doch seit der Psychoanalyse Sigmund Freuds (1856–1939), daß Traumsymbole eine Art Schlüssel zu unserem Selbst, vor allem zum Unbewußten in uns sein können. Die berühmten Freudschen Versprecher machen sehr anschaulich, wie eigenmächtig eine Stimme des inneren Selbstgesprächs einem etwas auf die Zunge legen kann, obwohl man etwas ganz anderes zu sagen im Sinn hatte. Hilft uns das Bewußte, die inneren Impulse sichtbar zu vernehmen, so bleibt das Unbewußte während des Selbstgesprächs unsichtbar im Dunkeln, nimmt aber dennoch daran teil.

Wenn wir die Kommunikation mit uns selbst einmal kurz erfahren wollen, brauchen wir uns nur für einen Moment ruhig hinzusetzen, die Augen zu schließen, das Telefon und andere Geräuschkulissen abzustellen und darauf zu achten, was hinter unserer Stirn gerade vor sich geht. Dort tummeln sich farbenreich die Gedanken und quirlen im Kopf herum. Meist ist alles in Bewegung, fragt, antwortet, und selten ist es wirklich still. Was sich frei entfalten möchte, beschäftigt uns.

Ein klares Bewußtsein ermöglicht es, das Frage- und Antwortspiel in unserem Kopf einmal genauer zu beobachten. Ist die Gedanken- und Bildbewegung vor dem inneren Auge gegenwärtig freundlich oder streng, gestreßt oder gelassen? Sind Sie gerade ein ›Wenn-Denker‹, der über etwas grübelt und sich fragt was gewesen wäre, ›wenn‹ man dieses oder jenes anders gemacht hätte? Oder erkennen Sie sich eher als ›Wie-Denker‹, der sich überlegt, ›wie‹ man in Zukunft weitermacht, ›wie‹ sich auch aus ungünstigen Lebenslagen noch etwas Sinnvolles entwickeln läßt.

Worauf wir unseren inneren Dialog ausrichten, das füllt uns aus. Vor allem das negative innere Selbstgespräch kann wie das unaufhörliche Geplapper eines Tonbands sein, das sich nicht abschalten lassen will. Es kann zur Gewohnheit werden, sich täglich all die Dinge aufzusagen, die einen stören, nerven, schmerzlich berühren oder ängstigen. Drehen sich unsere Gedanken derart oft im Kreis schlechtmachender, aufreibender, trauriger oder einschüchternder Vorstellungen und läßt sich das innere Gerede belastender Sorgen, Probleme oder Erinnerungen nicht zeitweise durch erholsame Visionen erhellen, brauchen sich mehr und mehr unsere wichtigsten Energien auf. Das kann zur Folge haben, daß geistige und körperliche Erschöpfungszustände sich mit unkontrollierten Ausbrüchen abwechseln und ein geschwächtes Nervenkostüm wie Immunsystem unsere Gesundheit sowie den Spaß am Leben gefährlich strapazieren.

Unsere schnellebige Zeit tut das ihre dazu. Häufiger Streß oder Ärger im Beruf, ein Übermaß an alltäglichen Reizen wie Lärm, Straßenverkehr, Menschengedränge, steigende materielle Erwartungshaltungen, durch die der einzelne sich selbst immer wieder unter Druck setzt, schaffen den äußeren Rahmen der Ablenkung. Die innere Begrenzung legen wir uns

Augenblicke der Ruhe und Entspannung nutzen wir häufig ganz unwillkürlich, um einen kürzeren oder längeren Dialog mit uns selbst zu führen. Die Nase als Prüforgan für Sinneseindrücke benutzen wir dann manchmal auch, um damit unsere Gedanken zu beurteilen

selbst auf durch Selbstgespräche wie: »Das kannst Du nicht. Das schaffst Du nicht. Du hast keine Chance. Du bist nicht schön . . .«

Besonders intensiv können uns Selbstdialoge beherrschen, deren Inhalte wir als existentiell empfinden. Trennung, Scheidung, Krankheit, Lebenskrise oder tiefsitzender Schmerz aus Erfahrungen früher Kindheitsjahre können das innerliche Lamentieren zur dauernden gedanklichen Beschäftigung machen, von der man mehr und mehr aufgezehrt wird.

Wird ein Selbstgespräch fortwährend vom negativen Dialog regiert, wirkt es sich nicht nur auf die psychische und physische Verfassung nachteilig aus, sondern auf alles, was man tut. Da alle zur Verfügung stehende Aufmerksamkeit und Vitalität für die andauernde Umwälzung der inneren Situation aufgebraucht und eine objektiv gelassene Sichtweise dadurch schwieriger wird, kann es immer öfter zu Fehlverhalten beim kommunikativen Umgang mit anderen Menschen kommen. Man kann davon ausgehen, daß man ab einem gewissen Punkt täglicher negativer Selbstauseinandersetzung auch nur noch nachteilige Dinge erlebt, weil einem der Blick für das Schöne verstellt ist und man unschöne Erfahrungen auf diese Weise geradezu anzieht. Hat uns der ›kleine Mann im Ohr‹ bereits soweit gebracht, wird es dringend Zeit, etwas gegen ihn zu unternehmen.

> **„Jeder innere Dialog eröffnet einen beziehungsreichen Prozeß, der unser Dasein in ungeahntem Maße beeinflussen kann.“**

Eine magische Zauberformel, um dem Karussell miesmachender Selbstkommunikation zu entkommen, lautet: »Kultiviere Deine Gedanken!« Jede Vorstellung und jeder innere Dialog steht am Anfang einer langen, beziehungsreichen Kette, die unser Dasein in ungeahntem Maße beeinflussen kann. Die Macht der Gedanken kann so groß sein, daß davon nicht nur unser gesamtes Bewußtsein erfüllt wird. Gedanken können auch die unsichtbare Ursache für die sichtbaren Wirkungen von morgen sein.

Wer es schafft, das negative Selbstgespräch einzudämmen oder abzustellen und durch positive Wortlaute zu ersetzen, kultiviert seine inneren Stimmen, erweitert so sein Bewußtsein, wird lebensfroher, gesünder und erntet reichere zwischenmenschliche Beziehungen.

Eine wichtige Voraussetzung dafür ist es, mit seinem Selbst wirklich in Kontakt zu kommen. Seit Carl Gustav Jung (1875–1961) kennt man den Begriff ›Selbstverwirklichung‹. Viele Menschen möchten sich heute verwirklichen und dem natürlichen Drang nachgeben, ihre echten Interessen und ihre wahre Identität zur Entfaltung zu bringen. Glück haben diejenigen, die schon in jungen Jahren durch Erfahrungen und Ereignisse näher zu sich gefunden haben. Den meisten gelingt dies erst mit zunehmendem Alter. Einigen scheint es überhaupt niemals gegeben.

Manchmal können schon wenige Sätze in einem Buch, sofern sie auf fruchtbaren Boden fallen, eine Gedankenkette in Gang setzen, die das Denken verändert. Hier und da sind es auch gute Gespräche mit Menschen, die man akzeptiert und die einem etwas vorleben. Leider müssen oft erst einschneidende Dinge wie Unfall, Krankheit, Not oder der Verlust eines geliebten Menschen geschehen, um sich selbst ein Stück näherzukommen, um herauszufinden, wie zu leben man bisher versäumt hat. Auf diese Weise wird man vom Schicksal dazu gedrängt, in sich zu gehen, seine Einstellung zu sich und den Mitmenschen zu überdenken, um sich gegebenenfalls neue, eigene Maßstäbe dafür zu setzen, ›was wirklich zählt‹.

Um diese Erfahrung zu machen, kann man auch vorzeitig andere Wege gehen. Die Kultivierung der Gedanken des Selbstgesprächs kann auch durch eine Art inneren ›Frühjahrsputz‹ in Gang kommen. »Leermachen!«, »Lossagen von allem, was belastet!«, »Einkehr halten!« und »Tiefes Nachdenken in eine positive Richtung!« sollten die anvisierten Ziele dabei sein. Dazu muß man nicht unbedingt in die Wüste fahren, um allein zu sein. ›Selbstbesinnung‹ und ›Meditation‹ ist fast überall möglich. Qualifizierte Seminare oder Kurse verschiedener ›Seinspraktiken‹ können helfen, auf diesen Weg zu gelangen.

Doch kann man es auch aus eigenen Kräften schaffen, das gewohnte negative ›Wenn-und-Aber-Gespräch‹ in sich zur besseren Selbstbotschaft zu machen. Dazu bedarf es lediglich der Disziplin, sich selbst beobachten und an sich arbeiten zu wollen. Wer es schafft, sich ehrlich ohne ›Selbstlüge‹ gegenüberzutreten, ohne neue Vorwürfe gegen sich und andere Menschen, sondern sich von einer klaren, neutralen Position aus einschätzt und bewertet, kommt sich näher und steigert seine geistige Wachheit. Im Kapitel »Trainings« werden wir einige erste, einfach anzuwendende Methoden kennenlernen, die bei der Beeinflussung und Erweiterung des eigenen Bewußtseins in diese Richtung äußerst hilfreich sind.

Jeder gesunde Mensch ist normalerweise in der Lage, sein Bewußtsein dahingehend zu beeinflussen, ein besseres Gespräch mit sich zu führen. Jeder hat es in der Hand, den inneren Horizont zu erweitern und seine Energien so zu harmonisieren, daß sie sich nicht gegen einen selbst richten. Menschen, die sich bereits in krankhaften Zuständen innerer Dialoge und daraus resultierender Handlungen befinden oder die einfach nur spüren, daß sie ohne Hilfe von außen nicht aus ihrem negativen Denkschema herausfinden, sollten in keinem Fall versuchen, auf die erfahrene Beratung eines Psychologen und Therapeuten zu verzichten.

Eine Veränderung der Gedankenstruktur in eine positive Richtung ermöglicht es, mit Alltagskonflikten anders umzugehen. Das heißt nicht, daß man den Blick von allem Unschönen und Problematischen im Leben künftig abwenden soll. Vielmehr soll erreicht werden, nicht mehr daran festzuhalten und statt dessen zu lernen, das Schöne und Harmonische (das auch existiert) wieder zu schätzen.

Konzentrieren wir uns beim Selbstgespräch auf das negative Gestern, so sind wir davon erfüllt. Richten wir unsere Aufmerksamkeit auf das Jetzt, und sind wir voller positiver Wünsche und Vorstellungen für die Zukunft, so ist das, was wir selbst zu uns sagen, davon bestimmt. Es gibt uns täglich neue Kraft, damit aus eigenen Gedanken Wirklichkeit werden kann.

Geistige Kraft und Konzentration stellt eine echte Macht dar. Ihre Verfügbarkeit will schrittweise erarbeitet sein. Wer es schafft zu erkennen, wo seine Vor- und seine Nachteile liegen, kann lernen, seine Vorzüge richtig zu entfalten. Hierfür muß man sich zuvor akzeptieren lernen und sehen, wie man

wirklich ist. Falsche Selbstbilder schaffen nur weitere innere Zerrissenheit. Geistige Disziplin ist die Grundvoraussetzung, zu sich zu finden. Dabei muß man klar definieren und täglich neu formulieren, welche positiven Inhalte einem wichtig sind.

Das Denkmuster unseres inneren Selbstgesprächs ist dafür maßgeblich, ob wir uns selbst Beschränkungen auferlegen oder ob wir uns öffnen für die Dinge, die da kommen. Jeder Mensch befindet sich ununterbrochen in einem Zustand des ›Werdens‹. So, wie er mit sich redet und umgeht, wird er auch. Die Botschaft der eigenen Gedanken ist immer der Ausgangspunkt jedes Wortes und jeder sprachlichen Äußerung. Wenn der Mund ausspricht, was im Selbstgespräch diskutiert wurde, geht eine Information auf die Reise, deren Wirkung irgendwann wieder bei der Person anlangt, die sie einst im Kopf formulierte, aussprach und somit losschickte. Das macht das Denken zu einem verantwortungsvollen Prozeß.

Jeder Mensch möchte für sich wertvoll sein und das Gefühl haben, daß ihn seine Mitmenschen als wertvoll betrachten. Gut zu kommunizieren und fruchtbare menschliche Beziehungen zu haben, beginnt bei der eigenen Selbstachtung. Wer negativ mit sich selbst in Verbindung steht, braucht tausend äußere Dinge, die ablenken, um dieser Tatsache nicht ins Gesicht sehen zu müssen. Dies erschwert die aufrichtige und harmonische Gestaltung menschlicher Kontakte. Wer es lernt, seine Gedanken zu kultivieren, und versucht, auf seine inneren Fragen bedachte Antworten zu geben, trainiert sich zu einem neuen Bewußtsein und erhöht durch einen freundlicheren Umgang mit sich selbst sein Selbstwertgefühl.

Selbstkontakt

Als Seminarleiter mache ich häufig die Erfahrung, daß viele Teilnehmer zu Beginn eines Trainings-Seminars durch Selbstberührungen mit ihrem Körper ein Selbstgespräch führen. Bei der ersten Gesprächsrunde, die auch dem gegenseitigen Kennenlernen dient, halten einzelne Damen und Herren manche ihrer Körperpartien geradezu fest. Indem sie mit der einen Hand die andere umklammern, ihre Arme wie eine Barrikade vor der Brust verschränken, Kinn wie Mundpartie auf die Knöchel einer Faust stützen oder die Beine eng übereinanderschlagen und umeinanderhaken, wirken diese Personen, als wollten sie sich in ihrem Körper ›einigeln‹. Berührungskontakte dieser Art sind normal und in anderen alltäglichen Situationen ebenfalls geläufig. Der ›Selbstkontakt‹ mit dem eigenen Körper geschieht jedoch oft ohne die bewußte Ahnung davon, daß wir dabei öffentlich mit unserem Körper sprechen. Tatsächlich schafft man aus seinem Körper – wenn man sich selbst die Hand hält, das Kinn krault oder sich durch das Gesicht reibt – eine zweite Person, der man etwas mitteilt, mit der man kommuniziert.

Viele der unbewußten Berührungskontakte mit dem eigenen Körper stehen in einem engen Verhältnis zu momentanen Gefühlen. Von außen betrachtet, können sie aufschlußreiche Hinweise darüber liefern, welcher Art das körperliche Selbstgespräch ist.

Das Berühren des eigenen Körpers stellt – neben rein funktionellen Aktivitäten wie waschen, sich pflegen oder kratzen – eine Form der Auseinandersetzung und Kommunikation mit sich selbst dar, vor allem in Spannungsmomenten und neuen, unsicheren Situationen, um uns mit ihm gefühlsmäßig zu verbünden und eine Art ›Zweisamkeit‹ entstehen zu lassen.

Die Berührung eines Körperteils mit dem anderen hat einen beruhigenden Effekt. Die festgehaltene Hand, die gekreuzten Arme und Beine, die an die Schläfen gehobenen Finger geben uns ein gewisses Sicherheitsgefühl. Durch den eigenen Körperkontakt trösten wir uns ein bißchen und geben uns selbst etwas Zärtlichkeit und Geborgenheit, wenn wir spontan spüren, daß wir sie nötig haben.

In der Kindheit übernehmen gewöhnlich die Eltern diese Aufgabe. Sie geben uns Wärme, schützen und liebkosen uns und vermitteln uns das Gefühl, geliebt zu werden. Wenn wir heranwachsen, beginnen wir ihre Schutzhandlungen nachzuahmen. Als Erwachsener schließlich übernimmt man diese Aufgabe selbst und ersetzt durch Selbstkontakt die frühe Fürsorge und die körperliche Zuneigung der Eltern. Haben wir dann das Bedürfnis, uns anzulehnen, beschützt und gestreichelt zu werden, und kann kein Partner und keine Partnerin dies im Augenblick erfüllen, lehnen wir den Kopf schmiegend an die Schultern, streicheln uns selbst über das Haar oder setzen uns so hin, daß wir uns zusammen mit dem Körper behütet und geborgen fühlen.

> **"** *Durch Selbstkontakt geben wir uns ein wenig Zärtlichkeit und Geborgenheit, wenn wir spüren, daß wir sie nötig haben.* **"**

Auf diese Weise stellen wir für Momente das kindhafte Empfinden wieder her, ohne daß wir es reflektieren. Verschiedentlich übernehmen wir bei Selbstberührung auch den maßregelnden Teil von Erziehenden. Wer sich selbst einen Klaps auf den Hinterkopf gibt – in Augenblicken der Verärgerung oder der Unzufriedenheit über sich selbst – schlüpft für Sekunden selbst in die strafende Rolle des Vaters oder der Mutter.

In erster Linie wollen wir uns mit Selbstberührungen Wohlbehagen verschaffen. Die Seminarsituation, in die sich die einzelnen mit Neugier, doch auch mit Ängsten hineinbegeben, in der man sich Fragen stellt wie »Was kommt auf mich zu?«, »Werde ich das lernen können?«, »Wie werde ich von den anderen angenommen?« usw., fördert Selbstkontakte, die über die Unsicherheit und Anspannung hinweghelfen sollen. Nach ein paar Stunden und mit fortschreitendem Kennenlernen der Teilnehmer untereinander sowie der Anforderungen, die gestellt werden, löst sich der einzelne wieder aus seiner Selbstkontakt-Haltung. Ist das ›erste Eis gebrochen‹, hat die Selbstberührung ihren Zweck erfüllt und die Betreffenden bewegen sich offen und freier.

Auch in entspannten Situationen suchen wir den eigenen Körperkontakt. Dann versuchen wir, über Selbstberührungen unser entspanntes Wohlgefühl noch zu verstärken und es uns mit unserem Körper gemütlich zu machen.

Im Seminar zeigt sich dies sehr deutlich nach ein, zwei Tagen gemeinsamer Unterrichtsaktivitäten. Die Teilnehmenden tauschen bereits Erfahrungen aus und sind allgemein gelockerter. Vor allem sind es weibliche Teilnehmer, die

man mit seitlich oder vor dem Körper angezogenen Beinen sitzen sehen kann. Besonders wenn die Beine mit Armen und Händen umfaßt oder umschlungen werden, wird die Ersatzhandlung für den einst schützenden Körper der Eltern erkennbar, die hier durch eine angenehme Situation stimuliert wird.

Männer umgehen meist eigene Körperkontakte, die jene Kindheitsphase allzu offensichtlich machen würde, und sehen derartige Haltungen oft schlechtweg als feminin an. Doch auch simple Haltungen wie das Übereinanderschlagen oder Umhaken der Beine wollen in uns durch den warmen Druck ein Gefühl von Sicherheit und Zuspruch erzeugen und drücken das Verlangen danach aus.

Bei Männern und Frauen können vor allem solche Selbstkontakte vielseitig aussagefähig sein, in denen Finger und Hände mit dem Mund in Kontakt gebracht werden. Der Mund ist in mehrerlei Hinsicht ein bedeutungsvolles

In unsicheren Situationen und ungewohnten Umgebungen neigen viele Menschen dazu, sich durch Einigeln und andere Formen des Selbstkontakts das Gefühl zu verschaffen, geschützt und geborgen zu sein

Körperorgan für Selbstkontakt-Botschaften. Zunächst ›denken‹ wir als Kleinkind mit dem Mund, indem wir prüfend alles Mögliche zur Geschmacksdiagnose hineinstecken. Wer als Erwachsener die Fingerspitzen am und im Mund hat, darauf herumbeißt und daran lutscht, sucht sich unbewußt für Augenblicke auf diese Weise aus seinem Erwachsenendasein zu lösen. Der Finger im Mund des Erwachsenen hat oftmals etwas mit dem frühen kindlichen Lustgewinn beim Saugen an der Mutterbrust zu tun. Ähnliche Rückschlüsse lassen sich ziehen, wenn an Schreibstiften, Linealen, Brillenbügeln oder anderen Materialien gedankenverloren herumgebissen wird.

In einem weiteren Sinn ist der ›Hand-Mund-Kontakt‹ eine Selbstbotschaft: Sind der Zeigefinger oder die Fingerknöchel vor die Lippen gesetzt, kann dies der Effekt eines Impulses für Selbstbeherrschung sein. Der so verschlossene Mund soll bewirken, daß einem keine verbale Äußerung entschlüpft, die in der jeweiligen Situation unangebracht wäre, und wird auf diese Weise zurückgehalten.

Häufig sind die Finger am Mund auch nur reiner ›Selbstzärtlichkeits-Kontakt‹. In Verbindung mit der Weichheit der Lippen kann dies Streichel- und Kußersatz sein.

So wie der ›Hand-Mund-Kontakt‹ zeigen auch Handlungen, bei denen das Ohr oder die Nase befühlt werden, das körperliche Selbstgespräch. Wer am Ohrläppchen spielt, folgt ebenfalls einem kurzzeitigen Zärtlichkeitsbedürfnis. Wer daran zieht, nimmt bisweilen eine Selbstbestrafungsrolle ein.

Wer sich an die Nase greift oder sie reibt, zieht sein Riechorgan zu Rate, um etwas gründlich zu prüfen. Oft ist es eine sehr direkte Reaktion auf Unsicherheit und bringt zum Ausdruck, daß man gemeinsam mit seiner Nase erst etwas klären muß. Manchmal hat ein Nasenkontakt auch etwas mit dem Sagen der Unwahrheit zu tun. Dann folgt die Hand im Gesicht dem innerlichen Impuls, sein Mienenspiel zu bedecken, um so das Ertapptsein oder die Betroffenheit nicht nach außen zu verraten. Wer in der Nase bohrt, scheint auf den ersten Blick ein äußerst reinlicher Mensch zu sein,

doch stellt diese Art der Selbstbefühlung nur einen Mangel an Konzentration und die übermäßige Hingabe an äußere Reize dar.

Manchmal weisen wir durch Selbstkontakte darauf hin, daß man von anderen berührt werden möchte, oder selbst in jenem Augenblick eine andere Person gerne berühren würde.

Beim Schlußgespräch des Seminars analysieren wir noch einmal die einzelnen Entwicklungsschritte der Übungen und Trainings. Die intensiven Tage haben uns alle einander nähergebracht, Kontakte wurden geknüpft, und nicht selten sieht mancher der Verabschiedung mit ein wenig Wehmut entgegen. Oft ist zu beobachten, daß einzelne – während sie lachen oder wenn sie ihre Vorsätze für die nächsten Wochen mit Ausgelassenheit formulieren – sich in dieser Phase selbst umarmen und dabei bei

Personen, die in entspannten Momenten zuweilen an ihrem Ohrläppchen spielen, nehmen auf diese Weise zärtlichen Kontakt zu sich selbst auf

verschränkten Armen die Hände auf die Schultern legen. Diese Form der Selbstberührung ist symptomatisch für den aktuellen Wunsch, in einer überschwenglichen Gefühlssituation von einem Partner festgehalten zu werden. Die eigenen Arme auf den Schultern sind stellvertretend für die einer anderen Person, welche einen in der Vorstellung umarmt. Bei der Verabschiedung aus dem Seminar wird aus diesem Selbstkontakt oft übergangslos ein direkter ›Fremdkontakt‹, indem sich manche Personen nun wirklich wie freundschaftlich umarmen.

Berührungskontakte enthalten immer eine kommunikative Botschaft. Die ist an erster Stelle an uns selbst adressiert, wird jedoch zugleich von den Mitmenschen visuell registriert. In den meisten Fällen ist Selbstkontakt eine Verhaltensweise, durch die wir unserem naturgemäßen Bedürfnis nach Schutz und Sicherheit, Zuwendung und Zärtlichkeit nachgeben.

Einzelne Formen der eigenen Berührungskontakte schaffen nahezu eine Selbstintimität, bei der wir den Körper wie einen geliebten Partner betrachten. Im speziellen Fall des sexuellen Selbstkontakts wird der eigene Körper ganz offensichtlich in Ermangelung eines Partners berührt. Lange Zeit wurde demjenigen Menschen, der keinen Liebespartner hatte oder auch nicht wollte, die Sebstbefriedigung als ›unnatürlich‹ und ›krankmachend‹ angelastet. Heute weiß man mit Sicherheit, daß Masturbation oder Onanie völlig harmlose Methoden sind, um sexuelle Spannungszustände abzureagieren. Die einst vielbeschriebenen negativen Folgen für Körper, Geist und Moral gehören dem Reich der Legenden an.

Die zum Teil noch erhaltene Auffassung, daß körperlicher Selbstkontakt in seinem Kern etwas Narzistisches, Unreifes, oder Verweichlichtes bezeichnet, entstammt den Gehirnen von Menschen, die ihren Körper eher mißachten, als daß sie ihn als ein zeitlich begrenztes Geschenk natürlich und positiv annehmen können.

5. MASSENKOMMUNIKATION

Die Bildersprache der Medien

Der Mensch ist ein Augenwesen; Bilder ziehen ihn magisch an. Ohne diese Voraussetzung hätte das Visuelle niemals so weit in unser Leben vordringen können. Magazine und Zeitschriften, Film und Fernsehen transportieren neben dem Wort vorzugsweise das Bild als eigenständige Dimension der Mitteilung. Die optische Aufmachung einer Nachricht ist heute vielfach wichtiger als der Textinhalt. Was sich früher allein durch Printmedien wie Bücher und Zeitungen oder über den Rundfunk verbreitete, erhielt mit der Fotografie – vor allem dem bewegten Bild – eine sinnliche Erweiterung, die in die Erlebnisstruktur eines jeden Menschen eingreift. Die audiovisuellen Medien sind durch das Zusammenwirken von Tönen und bewegten Bildern imstande, uns mit Sinnesreizen zu versorgen, denen man sich nur schwer entziehen kann und deren Bildersprache wir tief in uns aufnehmen.

Die Anziehungskraft, die von Bildern ausgeht, hat etwas mit der naturgemäßen Neugier zu tun, von der alle höheren Säugetiere in ihrer Lernbereitschaft gekennzeichnet sind. Alles, was wir an visuellen Reizen geboten bekommen, wird aufgenommen, auch wenn es zunächst keine direkte Bedeutung für uns hat. Im ›visuellen Gedächtnis‹ bleibt es wie in einer perfekt organisierten Bildablage gespeichert und geht nicht mehr verloren. Denkt man z. B. an einen Spielfilm, den man sah, wird man sich kaum an einzelne Dialoge erinnern. Die Bildszenen aber können noch lange in uns weiterleben und nachwirken, auch dann, wenn die Handlung des Films bereits vergessen ist.

Unsere Art zu sehen ist immer noch die des ehemaligen Jägers, der Jahrtausende, nachdem er seßhaft wurde, seinen Wahrnehmungsinstinkt für Bewegungen nicht abgelegt hat und darauf anspringt. Dies bildet eine wichtige Voraussetzung für unsere Faszination an den laufenden Bildern des Kinos und des Fernsehens. In ihnen wird uns eine nachvollziehbare Realität vorgespielt, die das Auge zunächst für echt hält – es muß hinsehen, weil es glaubt, die Wirklichkeit vor sich zu haben. Das macht es möglich, daß wir zu ›künstlichen‹ Bildern ›wirkliche‹ Gefühle haben können, selbst bei der absurdesten Handlung eines Films.

> **"**Unsere Art zu sehen ist immer noch die des Jägers, der seinen Wahrnehmungsinstinkt für Bewegungen nicht abgelegt hat.**"**

Bei genußvoll entspannter Haltung vor dem flimmernden Fernsehgerät oder im abgedunkelten Saal eines Kinos nehmen wir visuelle Reize am intensivsten in uns auf. Die Guckkastensituation bei Mattscheibe und Leinwand und der auf das Bild konzentrierte Blick setzen das Wirklichkeitsbewußtsein herab und ermöglichen so ein tieferes Hineingehen in die Bildwelten. Der optische Eindruck kann geradewegs von unserem Gefühlsbereich aufgenommen werden ohne eine sofortige Kontrolle durch den Intellekt. Demgemäß trifft die Gefühlsbotschaft des Bildes direkt ins Schwarze. Autoren, Regisseure, Darsteller oder Kameraleute wissen das. Sie versuchen, den Zuschauer zu Gefühlsreaktionen hinzureißen, indem sie Szenen entwerfen, die die Bewußtseinsebenen ansprechen sollen, in denen Träume, Wünsche, Sehnsüchte, Triebe oder Urängste beheimatet sind.

Wenn auch nicht immer deutlich spürbar, übernehmen bei Film und Fernsehen die emo-

Mit der suggestiven Kraft des bewegten Bildes dringen Helden und Handlungen von Spielfilmen tief in unser Unterbewußtsein ein. Figuren wie ›Rambo‹ vermögen über Jahre, die Aufmerksamkeit eines bestimmten Publikums weltweit auf sich zu ziehen, da viele sich offenbar mit der Botschaft, die sie zum Ausdruck bringen – Freiheit, Tapferkeit, Stärke –, identifizieren können

tionalen Bereiche in uns die Oberhand. Der Körper spricht auf den visuellen Umweltreiz an, indem er mit steigender Spannung auch die Adrenalinproduktion erhöht. Die nervliche Erregung und muskuläre Anspannung in uns kann sich steigern, als wäre man wahrhaftig selbst von jener Bildrealität betroffen. Mal beginnt man zu lachen, mal schaudert es einen, dann wieder ist man zu Tränen gerührt. Bevor wir beginnen, eine Szene mit dem ›Kopf‹ zu bewerten, hat der ›Bauch‹ sie bereits geschluckt. Unser Sehen löst im Gehirn Impulse aus, die ihre Befehle an die Muskeln weitergeben, um aktiv zu werden und zu handeln. Nur können und brauchen wir nichts mehr zu tun, wenn wir uns dem Monster gegenübersehen, wenn Autos auf uns zurasen oder der Held bzw. die Schöne in Gefahr gerät. Die Bilder und Klänge umspielen und umhüllen uns, und wir können nicht eingreifen.

Audiovisuelle Medien haben eine Dimension geschaffen, die ähnlich dem Traumerleben ist. Der Abstand zwischen dem Fernseh- oder Leinwandbild und dem Zuschauer ist ebenso aufgehoben wie die Distanz zu den Ereignissen im Traum. Unser Ich befindet sich bei der Wahrnehmung einer Szene wie während des Traums in einem eigenen Bildraum. Da auch das Gehirn selbst Bilder produziert, die vor unserem inneren Auge ablaufen und wie mit ›Großaufnahme‹, ›Schnitt‹ oder gar ›Filmriß‹ nachwirken, können sich die Bilder von ›außen‹ leicht mit denen von ›innen‹ vermischen und damit ins reale Leben zurückwirken.

Die Botschaften der Medien dringen praktisch in alle Lebensbereiche ein und nehmen dort Einfluß auf die Art und Weise, wie Menschen miteinander umgehen und sich zueinander verhalten, auf das allgemeine Kultur- und Moralverständnis, auf die politische Einstellung. Das Fernsehen in seiner Vormachtstellung, aber auch der Rundfunk begleiten uns tagtäglich und bringen fremdes Leben in unseren eigenen Lebensraum hinein. Dadurch werden die Angelegenheiten anderer Menschen zu unseren eigenen, was bewirkt, daß wir anfangen, unser Denken und Handeln daran zu messen.

Über die Bildersprache der Medien erhält der Zuschauer einen Zugang zu Welten nach Maß und Wunsch, in die er sich hineinbegibt mit ähnlichen Gefühlsreaktionen wie im echten Leben, doch ohne sich wirklich auszusetzen. Er bleibt stets nur Beobachter von Ereignissen und kann sie durch die ›Tele-Vision‹ aus der Ferne miterleben. So wird es möglich, in Bildwelten einzutauchen, die der Alltag nicht bietet. Wichtig bleibt, daß die künstlichen Realitäten auf Bildschirm oder Leinwand glaubhaft im Sinne von nachvollziehbar bleiben. Sind sie es nicht, entsteht kein Anreiz.

Um uns in die Bildwelten richtig hineinversetzen zu können, brauchen wir Leitfiguren, die uns geleiten. Sie sind die Beziehungspunkte und Kanäle, durch die wir in eine Bildgeschichte hineingelangen. Als Leitfiguren wäh-

Das Angebot auf dem Zeitschriftenmarkt wird fortwährend umfangreicher und differenzierter. Auch die Printmedien setzen verstärkt auf die auffällige visuelle Präsentation von Informationen

len wir meist Charaktere, deren Eigenschaften wir bewundern und zuweilen auch selbst gerne hätten. Es sind in der Regel die ›Guten‹ und ›Gerechten‹. Sobald sie in einer Story auszumachen sind, fangen wir an, uns mit ihnen zu identifizieren, und agieren innerlich mit ihnen zusammen. Ihr Triumph wird auch der unsere, ihre Niederlage bedrückt uns. Ganz gleich, was sie verkörpern, sie müssen mit menschlichen Zügen ausgestattet sein – davon bleiben Trickfiguren oder Tiere wie Mickey Mouse, Alf usw. nicht ausgeschlossen. Vor allem sollen sie das haben, was uns selber fehlt. Durch das Bild wird es dann für uns erreichbar.

Bei Film und Fernsehen leiten uns vorrangig die Schauspieler und Schauspielerinnen. Durch ihre Rollen erzählen sie Geschichten über Menschen. Mit ihrer Verkörperung eines Charakters über Körperausdruck und Sprache übersetzen sie dem Zuschauer das, was ein anderer sich ausgedacht hat, und lassen es lebendig werden. Als Medium zwischen dem Stoff einer Handlung und dem Publikum verläßt ein Schauspieler seine individuelle Persönlichkeit, um in die vorgezeichneten Rollen zu schlüpfen. Das Handwerkszeug dazu ist die Fähigkeit, sich selbst zu verfremden und sich in andere Personen und deren Verhaltensweisen hineinzudenken, so, wie sie der Wirklichkeit entsprechen könnten.

Das Authentische in den Bildmedien entsteht vorrangig durch die Überzeugungskraft der Personen, die darin auftreten. Obschon die Botschaften der visuellen Medien den direkten Zugang zum Leben des Zuschauers durch eine echt wirkende Bildsprache gefunden haben, kann man nicht übersehen, daß viele Unterhaltungsstrukturen der Bildmedien aus dem Theater stammen. Früher lernten Darsteller ausschließlich für den Sichtkontakt mit dem Publikum. Die Medien schufen die neue Situation, vor dem Auge einer Kamera zu agieren, ohne feststellen zu können, wieviele Augenpaare gerade dahinter sind oder einmal sein werden. Das erzeugt für jeden Medienakteur – ob Darsteller oder Moderator, Musik- oder Showstar, Politiker oder Prominenter – eine ebenso diffuse wie unausweichliche Nähe zum Zuschauer.

Dieses Szenenfoto aus einer filmischen Dokumentation des Autors zeigt Formen des Körperausdrucks aus der Tradition des japanischen Butoh-Tanzes. So wie hier versuchen Regisseure häufig, durch Rückgriff auf Darstellungsformen anderer Kulturkreise in den Bildmedien neue visuelle Reize zu schaffen

Die kurze Distanz zwischen einer Bühne und dem Publikum macht es möglich, seinen Ausdruck anhand der Reaktionen der Masse fühlbar zu kontrollieren. Aus zu großer Entfernung wird es jedoch schwierig, echt zu wirken und eine Aussage glaubhaft zu transportieren. Das hat die Theatermacher in früheren Zeiten genötigt, ihr Spiel durch übertriebene Gesten und Mimiken sowie eine vereinfachte Bühnensprache so zu überzeichnen, daß auch der Besucher in der letzten Reihe mitbekam, was vorne gespielt wurde. Insbesondere die Ausdrucksformen der Commedia dell'arte, einer Art Stegreiftheater, das seit der Mittedes 16. Jahrhunderts von Italien ausgehend die Marktplätze und Theater ganz Europas eroberte, prägte durch pantomimische Gebärden und sprachliche Einfachheit einen volksnahen Stil, den das Publikum leicht verstand und der heute noch in der Komödie wiedererkennbar ist. Auch das alte japanische Kabuki-Theater basiert auf

einer dramatisch expressiven Darstellungsweise durch Körperausdruck, Tanz, Gesang und Akrobatik. Es wurde zum Theater für die Masse, weil es stilisiert typisch menschliche Situationen von Liebe und Schmerz über sprachliche Verständigungsgrenzen hinweg bildhaft und nachvollziehbar vorführte.

In Fernsehen und Kino wirkt überzogener Körper- und Sprachausdruck gekünstelt. Die nahe Distanz, die durch das Medium geschaffen wird, erfordert eine feinere Art der Übersetzung. In der Großaufnahme wird das leiseste Beben eines Nasenflügels oder das Zucken eines Augenlids zur großen Geste mit eindeutiger Mitteilung an den Zuschauer. Diese Art der ›Vortäuschung‹ nimmt ein Großteil des Publikums leichter als Wirklichkeit hin als die der Bühne. Deshalb haben Theaterleute in jüngster Zeit immer wieder neue Ansätze gesucht, um auch das Theater wirklichkeitsnah zu gestalten und ihm damit eine ähnliche

Fast überall sind wir heute den Botschaften der Werbung ausgesetzt. Vor allem in der Art der Produktpräsentation werden immer wieder neue Maßstäbe gesetzt, die auf unsere Verhaltensweisen Einfluß nehmen sollen und Geschmack und Zeitgeist unterschwellig mitprägen

Akzeptanz zu ermöglichen wie Film und Fernsehen.

Die Kunst des Schauspielers wird auch von anderen angewandt. Das Medium Fernsehen ist durch die kurze Distanz des Zuschauers zum Akteur vor der Kamera ein unerbittlicher Beobachter, dem immer ein Millionenpublikum zusieht und zuhört. Jedes Wort, jede Körpergeste, jeder mimische Ausdruck bekommt ein anderes, viel stärkeres Gewicht. Das, was für den Zuschauer bei einer Rede, einem Interview oder einem Auftritt so zufällig und natürlich wirkt, ist oft das Ergebnis ausführlicher Vorbereitung, nicht nur in Hinsicht auf Regie und Ablauf, Wort und Rede, sondern vor allem auch auf die Art sich zu geben, die Körpersprache, das Verhalten, die Gesamterscheinung, das Image. Dazu lassen sich viele von Profis beraten und trainieren, die damit vertraut sind, welche Argumentationsweise, welches Augenzwinkern, welches Lächeln, welches Outfit und welche Handlungen in den Medien wie ankommen und was den bestmöglichen Eindruck hinterläßt.

Was einer zum Ausdruck bringen will, steht und fällt damit, wie es vorgebracht wird. Kaum eine Person des öffentlichen Lebens kann es sich leisten, vor das Auge der Kamera zu treten und es dabei dem Zufall zu überlassen, welchen Eindruck sein Publikum gewinnt. Bei meiner Beratertätigkeit für das Fernsehen und für die, die sich darin besonders profilieren möchten, zeigt es sich immer wieder: Der Aufbau eines Images ist minuziöse Maßarbeit. Die Zuschauer erwarten von einem Star und Show-Menschen, einem Moderator oder Talkmaster eine bestimmte Rolle. Diese muß voll erfüllt werden, um damit Erfolg zu haben. Klischees und völlig künstliche Persönlichkeits-Stylings sind seit Beginn der 90er Jahre passé. Professionelles Können, gepaart mit Originalität, Natürlichkeit und Charisma kommen beim Publikum immer besser an. Daran wird bei vielen bis zur kleinsten Nuance gefeilt, beraten, geschult, trainiert und zurechtgerückt, bis man in der Art, sich zu präsentieren, das Positive wirkungsvoll herausgearbeitet hat und die Schwächen und unvorteilhaften Aspekte auf ein Minimum reduziert wurden. Alles geschieht unter der Prämisse, beim Publikum besser anzukommen und sich optimal zu präsentieren.

Jedes Publikum ist kritisch. Und weil das so ist, müssen zuweilen für eine Person und Darbietung großangelegte Konzepte erarbeitet werden, die sämtliche großen und kleineren Aktionen in der Öffentlichkeit miteinbeziehen und zu einem Ganzen verschmelzen. Zuvor wird genau analysiert, welches Image gefragt und welches machbar ist, Seriosität oder Schrillheit, Power oder Zurückhaltung, geheimnisvoll oder kumpelhaft. Wie die ›Medienrolle‹ ausfällt, hängt davon ab, was erreicht werden soll. Ein Leitsatz für Medienwirksamkeit heißt: »Der Erwartungshaltung des Publikums immer entsprechen und es trotzdem immer wieder neu überraschen.« Das richtige Auftreten, die passende Mixtur aus Äußerlichkeiten, Wiedererkennungszeichen und Signalen, alles soll Eindruck machen, muß auf Trends und Zeitgeist abgestimmt sein. Denn was heute gut ankommt, ist morgen oft schon wieder out.

Problematisch wird es, wenn sich ein Image mit der Person, die es repräsentiert, nicht deckt, d. h. wenn die Verpackung, in der man sich in den Medien zeigt, zu zwicken und einzuengen anfängt, weil sie nicht angepaßt, sondern von einem unsensiblen Berater einfach übergestülpt wurde. Ähnlich problematisch kann es sein, wenn ein Prominenter sein Image wieder loswerden will. Das Publikum ist in diesem Punkt gnadenlos, wird es doch von den Medien ständig in seiner Überzeugung bestärkt, daß ihre Akteure auch in Wirklichkeit so sind. Verändern sich ihre TV-Menschen zu plötzlich, werden sie im ›neuen Gewand‹ oft nie wieder akzeptiert. ›Coaches‹ analysieren immer ziemlich genau, was die Masse will. Sie werden niemanden aufbauen, beraten und betreuen, der sich mit seinem Können zu sehr an eine synthetische Rolle anpassen müßte. Viel eher versuchen sie, solche Leitfiguren zu schaffen, wie die Zuschauer sie sich wünschen. Nicht aalglatt und aufgesetzt, sondern menschlich und professionell.

Fernsehshows stehen hoch in der Gunst der Zuschauer und versuchen, unterschiedliche Menschengruppen anzusprechen. Shows und Entertainerauftritte werden deshalb oft von Medienfachleuten bis ins kleinste Detail geplant, um dem breiten Bedürfnis nach perfekt inszenierter Unterhaltung gerecht zu werden

Moderatoren und Talkmaster

Sie sind wichtige Vermittler und brauchen die Sympathien der Zuschauer. Shows, die hohe Einschaltquoten bringen sollen, erfordern Top-Leute, die sich nicht nur selbst gerne reden hören, sondern in der Lage sind, gute Stimmung zu verbreiten, im Saale und bis nach Hause in die Wohnzimmer. Das tun sie oft mit schauspielerischen Mitteln und einer guten Portion Individualität. Sie müssen nicht nur fähig sein, die Fragen zu stellen, die auch dem Zuschauer auf dem Herzen liegen, sondern sie sollen durch ihr Auftreten und im Umgang mit ihren Gästen etwas Persönliches und Gönnerhaftes haben, um vom Publikum als Leitfigur angenommen zu werden. Das setzt sowohl fundierte Menschenkenntnis und Einfühlungsvermögen voraus wie auch den gekonnten Einsatz des Wortes und des Körperausdrucks – nicht zuletzt deshalb, weil das Medium Fernsehen zunehmend auch beratende Funktionen in Alltagskonflikten (z. B. Lebenskrisen, Sexualität etc.) übernimmt.

Pop-Musiker, Bands und Show-Stars

Die meisten wollen ihre Fans hinreißen und längerfristig begeistern. Gleichgültig ob für den Live-Auftritt auf der Bühne oder für den Playback-Gesang in einer Fernsehsendung, werden auch für diese Gruppe oftmals weitausgreifende Gesamtkonzepte erarbeitet. Was die Massen begeistert, ist oft perfekt inszeniert. Jeder Tanzschritt, jeder schmachtende Blick, jede beschwörende Armgeste wird zuvor auf Video trainiert und auf seine Wirkung hin analysiert. Immer wieder müssen neue Anreize geschaffen werden, um die ›Neugier‹ des Zuschauers zu stillen. Mit außerordentlicher Genauigkeit werden die meisten Acts inklusive dem Umfeld aus Effekten, Background-Statisten, Requisiten, Kostümen und Stylings entworfen und abgestimmt. Gerade in diesem Bereich heißt es wie oft wie auch in der Werbung:»Die Leute über Bilder ansprechen, um dem Zielpublikum ein Lebensgefühl zu vermitteln, mit dem es sich gerne identifiziert.«

Prominente und Politiker

Wer Seriosität und Zuverlässigkeit, Selbstbewußtsein oder Souveränität demonstrieren will, wirkt glaubhafter, wenn Blicke, Sprechen, Lachen, Gehen, Stehen, Sitzen, Outfit und gestisches Betonen eine überzeugende Einheit ergeben. Große Worte und schlaffes Auftreten, ›wahre‹ Verlautbarungen und ›unwahre‹ Körperbotschaften schaffen Unglaubwürdigkeit. Deshalb bleibt auch hier wenig dem Zufall überlassen und ist eingeübt wie zu Zeiten der Redner im alten Rom. Die Aussagen mancher Parteienvertreter, Wirtschaftsführer, Spitzensportler beim TV-Interview oder vom Podium aus sind häufig wohldurchdacht und medienwirksam aufbereitet. Das Bild, das diese Personen abgeben, soll beim Publikum eindeutig und nachhaltig fixiert werden.

Der Faktor Kreativität

Jeder Mensch ist ein Künstler.« So formulierte es einst der Multi-Media-Künstler Joseph Beuys. Er, der die Gesellschaft als eine umfassende ›soziale Plastik‹ sah, die von jedem einzelnen in positiver Weise mitgeformt und gestaltet werden sollte, wollte mit seiner Äußerung ausdrücken, daß jeder Mensch eine Quelle der Kreativität in sich trägt.

Auch Pädagogen, Mediziner und Psychologen sind der Auffassung, daß Phantasie und Schöpfertrieb etwas ist, das jedes menschliche Individuum als Anlage mit in diese Welt bringt und ohne das niemand als Kind seine Umwelt spielerisch begreifen lernen könnte. Dem ›Nichtkünstler‹, d. h., dem normal berufstätigen Erwachsenen scheinen kreative Ambitionen angesichts der Anforderungen des Alltags jedoch oft nur wie Überbleibsel aus Kindertagen. Faktisch gesehen ist Schöpferischsein mehr. Das Element ›Kreativität‹ im Menschen ist sowohl für sein Denken und Handeln, für die Selbstverwirklichung in Beruf und Privatleben wie auch die Gestaltung zwischenmenschlicher Beziehungen mitbestimmend und kann dadurch, wie es zum Ausdruck kommt, viel über eine Person aussagen.

> **"**_Seine Kreativität zu aktivieren bedeutet, sein Denken über die gewohnte Alltagswirklichkeit hinaus zu erweitern._**"**

Direkt lernbar ist Kreativität nicht. Man kann nur versuchen, sie anzuregen und zu fördern. Immerhin, in der Kindheit war jeder kreativ. Zu dieser Zeit kannte unsere Vorstellungswelt keine Grenzen der Vernunft und des Unmöglichen. Alles war offen. Die kindlich-naive Offenheit als ein Freiraum ohne feste Denkmuster machte es leicht, unlogisch zu sein und die Phantasie schweifen zu lassen. Wer Kindern beim Spielen zuschaut, dem fällt es vielleicht wieder ein: Dinge wie ein Stuhl, ein Stück Holz oder ein Stofftier, ein bestimmter Platz unter dem Tisch oder auf der Treppe konnten alle möglichen Gestalten annehmen, die man sich vorzustellen vermochte. Das galt auch für Geschichten, zuweilen sogar für Lieder und Melodien, die eine Faszination ausübten, weil das, was man sich im Kopf dabei ausmalte, einen in andere Welten trug und man indessen Raum und Zeit vergaß.

Der kreative Freiraum der Kindheit verändert sich mit dem Erwachsenwerden, ebenso auch das kindliche Gefühl für Zeitlosigkeit. Mehr und mehr kommt rationales Denken hinzu, entstehen durch Umwelterfahrungen und Erziehung feste Beurteilungsmaßstäbe, wird Zeit zu einem genau eingeteilten Gefüge. Je mehr rein zweckorientierte Verhaltensmuster Gestalt annehmen und Zwänge vorherrschend werden, umso enger grenzt sich der Raum für das kreative Vermögen ein. Inwieweit sich der einzelne seinen naturgegebenen Schöpfertrieb bewahren kann oder ob er ihn verliert, das hängt davon ab, inwiefern er sich neben der erlernten logischen Bewußtseinsebene eine unlogische, spielerische Anschauung der Dinge bewahren kann bzw. diese fortdauernd zulassen will. Oft sind es Künstler oder andere ›Berufskreative‹, denen es eine Art innerer Notwendigkeit war, sich das schöpferische Element zu erhalten. Sie haben sich eine gute Portion ihres kindlich freien Urzustands in das Erwachsenendasein mit hinübergenommen und trauen sich weiterhin, wie die Kinder zu staunen und dabei auch an ›Unvernünftigem‹ Gefallen zu finden. In ihrem künstlerischen Werk bzw. in ihrer Arbeitsweise findet es dann einen Ausdruck. In Malerei, Musik, Literatur, Theater, Fotografie und Film als reinen Kunstformen, aber auch in ihren Anwendungsbereichen wie z. B. dem Design oder der Werbung teilen sich die Botschaften der Kreativen einem Publikum mit. Über das jeweilige Medium als eine Art ›Sprachrohr ihrer Phantasie‹ können andere, fremde Menschen in der Position des

Eines der Hauptanliegen von Joseph Beuys war es, den Menschen die Augen dafür zu öffnen, daß sich durch die Aktivierung der eigenen Kreativität positive gesellschaftliche Perspektiven aufzeigen lassen. In vielen Aktionen bezog er deshalb die Zuschauer als Akteure in den künstlerischen Prozeß mit ein (Szene aus der Aktion ›7000 Eichen‹ auf der documenta VII 1982 in Kassel)

Betrachters, Zuhörers etc. mit der Vorstellungswelt einzelner so in Kontakt kommen und auf diese Weise, quasi ›von Kopf zu Kopf‹, von ›Gefühl zu Gefühl‹ über völlig eigenständige, oft auch unsprachliche Kommunikationsträger – Formen, Farben, Töne, Tänze o. ä. – miteinander kommunizieren.

Zu allen Zeiten und in fast allen Kulturen haben Menschen versucht, ihre Kreativität auszuleben, haben getanzt, gemalt oder Theater gespielt – auch, um sich selbst und dem Geheimnis ihrer Existenz ein Stück näher zu kommen, um anderen von sich zu berichten und um Aussagen über ihre Kultur zu machen. Die Mitteilungen, die über Kunstwerke transportiert werden, können hintergründig sein und fordern oft eine subtile Wahrnehmung, ein näheres Hinsehen oder Hinhören, um den Aussagegehalt für sich zu erkennen. Die allgemein-

gültige Kommunikationsregel ›Je einfacher die Botschaft, um so unmißverständlicher ist sie‹ trifft auf Kunstbotschaften nicht unmittelbar zu. Ebenso ist Kunst selten nur an den Intellekt, die Emotion oder das ästhetische Empfinden eines Betrachters adressiert. Kunst will den Menschen im Ganzen ansprechen. Dem Betrachter bleibt es überlassen, zwischen seiner Vorstellungswelt und der eines Künstlers einen Zusammenhang herzustellen oder nicht. Hinter dem Gemälde, dem Theaterstück, der Komposition dokumentiert sich der schöpferische Mensch in seinem Lebensgefühl, seiner Auffassung von Schönheit und Form, Harmonie oder Disharmonie, drücken sich aber auch seine Zweifel und Ängste, Sehnsüchte, Wünsche und Hoffnungen, seine Kritik und Provokation aus.

Doch zurück zum Ausgangspunkt: Die Quelle schöpferischer Möglichkeiten ist also in jedem Menschen als Anlage vorhanden. Die Frage, ob sie von jedem auch dazu genutzt werden könnte, um Kunst zu schaffen oder um im Berufsalltag eines professionellen Designers, Texters, Artdirektors oder Unterhaltungsspezialisten bestehen zu können, soll hier nicht beantwortet werden. Sicher ist: Um künstlerische Aussagen – mit welchem Medium auch immer – aus sich selbst heraus zu formulieren, sind außer Kreativität und Begabung zudem hohe Sensibilität, starker schöpferischer Wille und handwerkliche Fähigkeiten vonnöten. Auch diejenigen, die mit künstlerischen Mitteln, aber auf praktische Anwendung und Alltagsgebräuchlichkeit hin kreativ arbeiten, müssen zum Teil über die Qualitäten von Künstlern verfügen. Wer als Glied der öffentlichen Kommunikationskette tätig ist, in Werbeagenturen, Fernseh- und Rundfunkanstalten oder andern Medienbetrieben Botschaften kreiert, die von Menschenmassen aufgenommen werden sollen – auch um zu unterhalten –, braucht ebenfalls ein gutes Maß an schöpferischer Potenz, um täglich originelle Ideen haben zu können.

Wie aber läßt sich die Urquelle der Kreativität aktivieren, jener ›allgemeinen‹ Kreativität, die nicht unmittelbar zur Kunst führt, die aber jeder als Prinzip für die Gestaltung seines Lebens gewinnbringend wirksam machen kann?

Seine ›normale Kreativität‹ wiederzugewinnen oder das vorhandene Potential zu erweitern bedeutet, Energien in sich zu aktivieren, die mithelfen, auch das Bewußtsein zu erweitern – und dies in vielerlei Hinsicht. Fast alles, was wir tun – auch wie wir uns uns selbst und anderen gegenüber verhalten, welche verbalen oder nonverbalen Botschaften wir aussenden, mit welchen Gedanken wir uns tragen und ob wir uns in Dinge hineinversetzen können – ist zu einem großen Teil von der Fähigkeit bzw. Unfähigkeit abhängig, die eigene Phantasie einzusetzen, offen und flexibel zu sein sowie Ideen zu haben. Daher bedeutet ›kreativ sein‹ im Grunde, innerlich beweglich und weniger festgelegt zu sein, besser umdenken und sich leichter auf neue Verhältnisse einstellen zu können. Beispielsweise dann, wenn sich zeigt, daß einem beim Umgang mit anderen immer wie-

der die gleichen Fehler unterlaufen und man lernen will, ein Verhaltensmuster zu ändern. Oder dann, wenn man in der Begegnung und Kommunikation mit Menschen, sei es im Beruf oder beim Knüpfen und Pflegen von Beziehungen, eindrucksvoller und weniger durchschnittlich sein möchte. Der Faktor Kreativität unterstützt in uns also den Prozeß, sein bisheriges Blickfeld über die Wirklichkeit eines mitunter grauen Alltags hinaus zu erweitern, unser Denken und Verhalten in eine positive Richtung zu ändern und zu neuen Erfahrungen, Ideen und Einfällen für unser Leben zu kommen.

Jeder, dem die Kreativität abhanden gekommen zu sein scheint, kann versuchen, seine Sinne zu sensibilisieren, um sie wieder zurückzugewinnen. Ein Weg kann der über das direkte schöpferische Tun sein. Malen, Modellieren, Tanzen oder Theater spielen sind Möglichkeiten, die nicht ausschließlich Künstlern, sondern grundsätzlich jedem offenstehen, um seine Phantasie anzuregen oder um Ideen sinnesbetont umzusetzen. Der gestalterische Umgang mit Farbe und mit Ton oder mit dem eigenen Körper im Tanz und beim Rollenspiel auf einer Bühne, spricht Körper und Geist in seiner Ganzheit an. Die Empfindungen, die man dabei haben, und die Erfahrungen, die man so machen kann, können den geistigen ebenso wie gefühlsbestimmten Horizont erweitern und insgesamt Befriedigung verschaffen. Voraussetzung ist, daß man die kreative Ausdrucksform, die man für sich gewählt hat, ohne Anspruch auf Perfektion zu erfahren versucht und zunächst auch überhaupt nicht an Applaus oder Kritik von anderen denkt. Der Weg zu mehr Kreativität kann, über welchen Ansatz auch immer, nur zum Erfolg führen, wenn man das, was man tut, aus ›Spaß am Machen‹ angeht und man kreativitätshindernde Barrieren wie z.B. die Angst, sich lächerlich zu machen, Verkrampftsein oder Vorurteile beherzt aus dem Weg räumt. Durch den Prozeß des kreativen Spiels ohne inneren oder äußeren Zwang und durch das Hervorbringen von Werken, die man als Resultat seiner schöpferischen Abenteuer anfassen, anschauen, anhören kann, wird auf wirkungsvolle Weise ein Ausgleich zum ver-

Kreativität äußert sich im spielerischen Umgang mit der Wirklichkeit. Als Kinder lernen wir auf diese Weise, die Welt zu begreifen, und können auch im Erwachsenenalter den unvermeidlichen Alltagszwängen die schöpferische Kraft des Spieltriebs entgegensetzen

nunftgesteuerten Zweckdenken geschaffen. Solche Tätigkeit wirkt in den Alltag hinein und eröffnet Möglichkeiten, Alltägliches neu und unkonventionell zu betrachten.

Ein weiterer Weg ist der über Kreativitäts-Seminare. In solchen Veranstaltungen wird versucht, gezielt auf ein vorhandenes statisches Denken Einfluß zu nehmen. Die Teilnehmer, häufig Führungskräfte aus Unternehmen, in denen Ideen und Innovationen ein Muß sind, doch auch Privatpersonen, lernen hier unter Anleitung, festgefahrene Gedankenkonzepte loszuwerden und statt dessen mehr Phantasie freizusetzen. Anders als beim Spiel mit Farben oder Formen wird hierbei konkret das Verhalten in bestimmten Alltagssituationen untersucht und neu überdacht. Vorbereitend werden

vielfach Sensibilisierungsübungen durchgeführt, deren Zweck es ist, die Wahrnehmung aller Sinne zu verbessern. Gezielt gestellte Denk- und Handlungsaufgaben, beispielsweise das simple Öffnen einer Tür, deren Schloß und Aufhängung zuvor heimlich umkonstruiert wurden – was den Seminarteilnehmer verblüfft, da er die Tür nicht wie gewohnt mit der Klinke öffnen kann, sondern an der gegenüberliegenden Seite –, fordern dazu heraus, sich von fixen Strategien zu verabschieden. Statt dessen ist Einfallsreichtum gefordert und der Mut zu originellen, unkonventionellen Lösungen. Kreativitätsfördernde Gruppenmethoden wie ›Brainstorming‹, ›Brainwriting‹ o. ä. als handfeste praktische Hilfen, um Aufgaben im Team durch gemeinsame Ideenfindung zu lösen, runden in vielen Fällen das Schulungsprogramm ab (siehe Kapitel »Die Zusammenarbeit im Team – Brainstorming«).

Ob in Seminaren oder durch andersartige phantasieanregende Betätigung erprobt, Resultate im Alltagsleben zeigen sich erst, wenn wirkliche Bereitschaft zum Umdenken vorhanden ist. Am Anfang steht immer die Idee. Sie ist der Motor eines jeden Umdenkungsprozesses und jeder schöpferischen Neuerung. Keine Veränderung bestehender Verhältnisse, keine Verbesserung, Erfindung oder Entdeckung wäre je gemacht worden, hätten nicht Menschen zuvor im Kopf eine Vorstellung und Einsicht von etwas anderem, besserem oder noch nie dagewesenem entworfen. Änderungsprozesse können jedoch nur in Gang gesetzt werden, wenn man von Anfang an fest an seine Ideen glaubt, vor allem dann, wenn konventionelle Denker neuen Vorstellungen Skepsis und Mißtrauen entgegenbringen. Das, was die Leute mit Ideen von den ›Konventionellen‹ unterscheidet, ist ihre geistige Flexibilität. Was den anderen schwerfällt, nämlich über das Momentane hinauszudenken oder sich in etwas hineinzudenken, das nicht der eigenen, subjektiven Erfahrung entspricht, fällt Ideenmenschen leicht. Zwar ist Erfahrung die Mutter aller Dinge, und alles Neue entsteht erst aus der Kombination, der spielerischen Verformung oder konsequenten Weiterentwicklung von Erfahrungen der

Vergangenheit. Ohne lebendige Vorstellungskraft aber, die es ermöglicht, Erfahrung und Logik einmal zu verlassen um den Gedanken freien Lauf zu geben, ist eine Veränderung bestehender Verhältnisse kaum möglich.

Heute sind Leute mit Ideen in zunehmendem Maße gefragt und werden besonders im Berufsleben vielerorts dringend gebraucht. Die Zukunftsprognosen für Wissenschaft und Technik, für Städteplanung oder Umweltschutz z. B. machen die Notwendigkeit von Innovationen immer wieder deutlich. Der Bedarf an Menschen, die imstande sind, über das begrenzte Hier und Jetzt hinauszudenken, ist für die nächsten Jahrzehnte geradezu unübersehbar. Zwar setzt unsere moderne Leistungsgesellschaft in weiten Teilen immer noch primär auf rein verstandesmäßiges Denken, doch schafft sich daneben mehr und mehr die Einsicht Raum: Nur wenn auch das Intuitive, das Spontane und die Phantasie mit zum Zuge kommt, bildet der Mensch geistig wie emotional ein Ganzes und bleibt intellektuell nicht im Mittelmaß stehen, sondern kann sich und sein Umfeld seinen tiefen, inneren Wünschen entsprechend weiterentwickeln.

Fassen wir zusammen: Wer sich selbst oder etwas anderes verändern will, muß umdenken können. Das kreative Element in uns, die Fähigkeit, sich etwas vorzustellen, das noch nicht ist, unterstützt und begleitet jeden Veränderungsprozeß von der ersten Idee bis zum Wahrwerden. Gerade auch im kommunikativen Bereich funktioniert Veränderung nur, wenn man sich traut, es einmal anders zu versuchen als bisher. Dazu gehört es, sich vom Zwang konventioneller Sichtweisen zu befreien und offener zu werden für all das, was man noch nicht probiert hat, auch wenn das Neue häufig zunächst ›albern‹ und irrational erscheint. Doch nur wenn zu der zweckorientierten Befehlsgewalt der linken Gehirnhälfte auch die Phantasie angeregt, besser noch, sie täglich trainiert wird, schafft man die Grundlagen für die eigene Weiterentwicklung.

Damit verbunden ist auch verbesserte Kommunikationsfähigkeit. Denn wer im richtigen Moment etwas Sinnvolles und Originelles

Tänzerischer Körperausdruck ist eine Form des kreativen Umgangs mit sich selbst. In Kreativitäts-Seminaren erfahren Teilnehmer, wie sie ihre Wahrnehmung sensibilisieren und starre Verhaltensweisen im Alltag durch mehr Flexibilität und Offenheit ersetzen können

sagen will, wer beim Umgang mit anderen durch Witz und Humor, Esprit und Charme auffallen möchte, kann dazu keinen Spickzettel aus der Tasche ziehen, sondern braucht Spontaneität und eigene Ideen: Kreativität also, als einen Ausdruck der eigenen Lebenseinstellung, zur Selbstbestätigung und um Menschen für sich zu gewinnen, sei es im Beruf oder privat. Kreativität aber auch als Schlüssel für Problemlösungen, wenn es einmal nicht so kommt wie geplant, wenn man auf Anhieb keinen Ausweg sieht, weil einem alte Denkmuster die Sicht versperren, wenn es also gilt, das Wagnis einzugehen, Wissen und Erfahrung einmal auf den Kopf zu stellen und so zu unverhofften Einsichten zu gelangen und neue Perspektiven für sich und andere zu eröffnen.

DER
NONVERBALE
AUSDRUCK

1. SIGNALE DER KÖRPERSPRACHE

Die Körpersprache ist eine ernstzunehmende Form der menschlichen Kommunikation. Die Mimik des Gesichts und die Gestik der Hände, bestimmte Körperhaltungen, Körperstellungen und Gangarten sprechen eine eigene Sprache, die ohne Worte, also nonverbal, funktioniert. Ein Gesichtsausdruck, eine Kopf- oder Handbewegung senden an jeden Betrachter Signale, aus denen er eigenständige Botschaften herauslesen kann.

Nehmen wir etwa folgende Situation: Sie begegnen einem Menschen zum ersten Mal und kommen mit ihm ins Gespräch. Während Sie sich unterhalten und sogar schon vorher, sammeln Sie Informationen darüber, wer, was und wie diese Person sein könnte, ohne daß sie es Ihnen gesagt hätte. Unwillkürlich reagieren Sie darauf, finden diesen Menschen anziehend oder uninteressant, glaubhaft oder unglaubwürdig, sind gelangweilt oder begeistert.

Was geschieht in einem solchen Moment? Sie reagieren ganz automatisch und ohne daß Sie es wollen oder wissen auf den gesamten nonverbalen Ausdruck des Menschen, den Sie vor sich haben. Dazu gehört einerseits die Art und Weise, wie er sich über seinen Körper mitteilt, welchen Blick er Ihnen zuwirft oder wie er sich bewegt. Daneben tragen auch eine Reihe andersgearteter Körpersignale – Körperbau und Aussehen, Kleidung, Haare, Bartwuchs und Geruch – zu diesem Gesamteindruck bei.

Es steht längst außer Frage, daß die Körpersprache einen nicht wegzudenkenden Teil der Kommunikation von Mensch zu Mensch ausmacht, sie steht gleichberechtigt neben der gesprochenen Sprache. Beide sind nicht voneinander zu trennen. Würden wir ausnahmslos darauf achten, was uns eine Person mit Worten zu sagen hat, erhielten wir nur halbe, unvollständige Botschaften. Deshalb sind wir so konditioniert, daß wir andere Menschen am liebsten insgesamt, mit dem Ausdruck ihres Körpers erleben. Wir möchten sehen können, wann und wie jemand herzhaft lacht oder leise vor sich hinschmunzelt, wollen erkennen, ob uns jemand mit Blicken seine Zuneigung signalisiert oder voller Neid schaut, mögen es, andere Leute zu beobachten und einzuschätzen.

Unsere Körpersprache liefert uns einen großen Teil gefühlsbestimmter, intuitiver Informationen. Jeder Mensch ist mit einem gewissen Gespür dafür ausgestattet, jeder reagiert auf körpersprachliche Signale und jeder setzt sie selbst ein, um sich mit voller Absicht oder ohne es zu merken mitzuteilen. Die erhaltenen und gesendeten Signale fließen unwillkürlich in das Erscheinungsbild und in die Beurteilung einer Persönlichkeit mit ein. Dies geschieht meistens, ohne daß man sich über die genaue Herkunft seiner Informationen und die Zusammenhänge im klaren ist.

> **"Unsere Persönlichkeit ist immer mehr als nur der kontrollierte Ausdruck unseres Intellekts."**

Solange sich ein Mensch nicht bewußt verstellen kann wie ein Schauspieler, ist seine Körpersprache etwas Ehrliches und Direktes. In den Situationen, wo Menschen sich am wenigsten beobachtet fühlen, äußerst sich der Informationsgehalt am eindeutigsten für den, der es gelernt hat, im Körperausdruck zu lesen. Betrachtet man Kinder beim Spielen oder Erwachsene, wenn sie spontan sind, dann offenbaren sich ihr körpersprachlicher Ausdruck und andere nonverbale Wirkungsqualitäten am deutlichsten. Unsere Persönlichkeit ist demnach mehr als der kontrollierte Ausdruck unseres Intellekts mit einem dazugehörigen Körper als Werkzeug. Wir sind zugleich auch das, was unser Körper ist. Geist, Seele und Körper sind etwas Untrennbares, eine Ganzheit. Ihr Zusammenspiel macht unsere Existenz in

66

dieser Welt aus und bestimmt unser Wesen und unsere Lebensart. Diese Tatsache macht Körpersprache als Mitteilungsträger so außerordentlich wichtig. Jeder Psychologe weiß das, wenn er die stummen Signale seiner Patienten mit als Indiz für ihre seelischen Probleme heranzieht. Jeder gute Verkäufer hat es gelernt, seine Kunden auch über sein Körperverhalten zum Kauf zu bewegen. Jede Werbestrategie ist mit darauf aufgebaut, wenn sie uns in Bildern vorgaukelt, wie man sich mit dem neuesten Image umgibt und sich dazu mimisch und gestisch trendgemäß verhält. Jeder erfahrene Politiker macht von seinem Körperausdruck gezielten Gebrauch, wenn es darum geht, vor eine Kamera zu treten oder vor einem öffentlichen Auditorium zu reden, um Sympathien und Zustimmung zu ernten.

Ein fundiertes Wissen über körpersprachliche Zusammenhänge in der menschlichen Kommunikation kann in vielen Situationen auch ein Mosaikstein zu besseren persönlichen Beziehungen sein. Wer es versteht, den Körperausdruck anderer Menschen differenzierter zu beurteilen, beginnt zugleich, sich auch mit den eigenen Körpersignalen bewußter zu beschäftigen.

In diesem Kapitel wollen wir detailliert eine Reihe wichtiger Ausdrucks- und Erscheinungsformen von Körpersprache betrachten. Wir untersuchen dabei Wirkungen und mögliche Bedeutungen von Körpersignalen, die durch Ausdrucksbewegungen entstehen, während jemand spricht oder schweigt. In vielen Fällen gibt es direkte Verbindungslinien zwischen der Botschaft eines Körpersignals und den Gefühlen und Absichten einer Person. Dabei gilt als Grundsatz, daß eine bestimmte Körpersprache entweder eine momentane Reaktion auf eine ganz konkrete Situation sein kann oder fester Bestandteil der Persönlichkeit und des Charakters eines Menschen ist und somit als immer wiederkehrendes individuelles Verhaltensschema interpretiert werden muß.

Vorsorglich sei an dieser Stelle darauf hingewiesen, daß man beim Erkennen und Deuten von Körpersprache nicht nach simplen Patentrezepten verfahren kann. Lebendige Menschen aus dem wirklichen Leben können in der Art ihres Körperausdrucks durch unterschiedliche Einflüsse und Erfahrungen geprägt sein. Es würde den Rahmen dieses Buches bei weitem sprengen, wollte man jede mögliche Variante eines Körperausdrucks darstellen und erläutern. Deshalb werden wir uns auf die Hauptgruppen konzentrieren. Im Zweifelsfall muß man sich immer an der Gesamtmitteilung orientieren, die ein Mensch aussendet und seine Körpersprache dazu in ein Verhältnis setzen. Der Ort, die Zeit, die Umstände und weitere beteiligte Personen dürfen nie übersehen werden.

Mimik, Augensprache und Kopfhaltung

Von der Mimik geht der wichtigste Teil unserer körpersprachlichen Signale aus. Ausdruck und Mienenspiel in einem Gesicht entstehen durch die Regungen der Gesichtsnerven. Als Folge psychischer Impulse bewegen sie die Muskulatur und liefern so Indizien über den momentanen Gefühlszustand und die allgemeine Verfassung eines Menschen. Die Mimik kann direkt das Innere ausdrücken.

Die Bewegungen der Gesichtsmuskulatur sind eng verbunden mit den Bewegungen der Augen. Mimischer Ausdruck und Blickrichtung der Augen gehören zusammen. Dauert ein Gefühlszustand über einen längeren Zeitraum an, kann er ein Gesicht entsprechend zeichnen. Dann gräbt sich eine vorherrschende mimische Muskelanspannung in die Gesichtshaut ein und hinterläßt so ihre Spuren. Ein Mensch, der beispielsweise die meiste Zeit über sehr ernst ist und selten lacht, erhält durch diese Anspannung eindeutige Gesichtslinien und Falten auf seiner Stirn und um seinen Mund, denn die Muskulatur erfährt zu wenig Entspannung.

Unsere Mimik ist normalerweise immer in Bewegung. Mimische Gesten entstehen auch durch unterschiedliche Haltungen und Bewegungen des Kopfes, die gewissermaßen den Rahmen für die Mimik vorgeben. Der Gesichts- und Augenausdruck in Verbindung mit einer bestimmten Kopfhaltung hat immer einen Signalcharakter, der ganz automatisch bei der Kommunikation zwischen Menschen mitwirkt.

In unserer Mimik sind eine Vielzahl einzelner Botschaften enthalten, die wie selbstverständlich erkannt und benutzt werden. Jedes Lächeln, Anstarren, Naserümpfen oder Lippen-Zusammenpressen wird von uns sowohl beim anderen registriert als auch von uns selbst eingesetzt, um etwas auszudrücken. Jedoch erkennt und übermittelt man den Informationsgehalt mimischer Botschaften mehr unbewußt als bewußt. Als ungeschulter Beobachter nimmt man Mimik nur innerhalb des Gesamteindrucks einer Person wahr. So transportierte Botschaften werden mehr nach dem Gefühl beurteilt, da man den Gehalt einzelner mimischer Züge nicht übersetzen kann. Auch seine eigene Mimik setzt man eher automatisch als gesteuert ein, sei es als sprachbegleitenden oder als selbständigen Ausdruck. Nur wenn Mimik als ›Maske‹ aufgesetzt wird, um über einen Gefühlszustand hinwegzutäuschen oder um gesellschaftlichen Normen mit einer ›guten Miene zum bösen Spiel‹ Folge zu leisten, wird mimischer Ausdruck zu einer gezielt simulierten Spielgeste.

Mimische Gesten beeinflussen unsere Kommunikation in Verbindung mit Sprache oder auch ganz ohne sie. Mienen, Blicke und Kopfhaltungen können – sofern es sich nicht um absichtlich eingesetzte Maskeraden handelt – der Ausdruck einer momentanen Stimmungstendenz oder der einer allgemeinen Stimmungslage sein.

Mimik

Die unbewegte Miene

zeigt sich in einem selten wechselnden Gesichtsausdruck. Wenig Muskelbewegung und Blickveränderung im Gesicht weisen auf eine geringe Ablenkungsbereitschaft durch äußere Reize hin. Ursache dafür kann seelische Abgeklärtheit und überzeugte innere Ruhe sein, aber auch Eintönigkeit sowie Stumpfheit gegenüber Stimmungswechseln. Je nach dem Situationszusammenhang wirkt diese Mimik: gelassen, beständig und überlegen (Pokerface) oder auch antriebslos, temperamentlos und bequem.

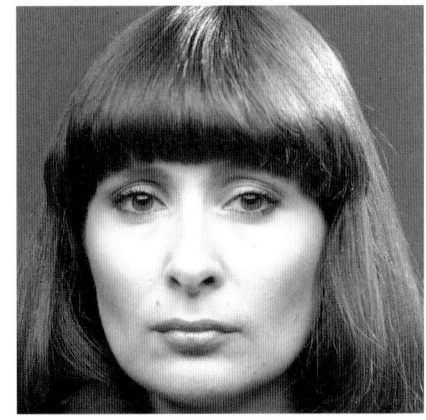

Die lebhafte Miene

entsteht durch ein ständig wechselndes Mienenspiel. Der mimische Ausdruck sowie die Augen- und Kopfbewegungen reagieren auf eine Vielzahl äußerer oder innerer Reize. Gründe dafür können besonders gefühlsbestimmtes Erleben, impulsive Lebhaftigkeit, vielseitige Interessen und Bereitschaft zu Aktivitäten sein. Andererseits kann es ein Zeichen von Oberflächlichkeit, leichter Beeinflußbarkeit und von wenig Hang zu Konsequenz sein. Entscheidend sind auch hier die Erscheinungsform und Gesamtsituation. Insgesamt wirkt diese Mimik: aktiv, lebensnah und aufgeschlossen oder auch reizbar, labil und unruhig.

Die erstaunte Miene

zeichnet waagerechte Stirnfalten auf ein Gesicht. Hinzu kommen hochgezogene Augenbrauen und weitgeöffnete Augen. Die Motive, die dazu führen, gründen in der momentanen Bereitschaft, mehr Information aufzunehmen. Dazu kann gehören: besondere Aufmerksamkeit, plötzliches Erstaunen und Erschrecken. Wird mit dieser Mimik bewußt versucht, etwas mitzuteilen, wirkt sie mitunter: wichtigtuerisch, blasiert und arrogant. Im Einzelfall kann sie auch ein Zeichen für geistige wie körperliche Erschöpfung sein, die von krampfhaften Gesichtszügen und mühsam offengehaltenen Augen begleitet wird.

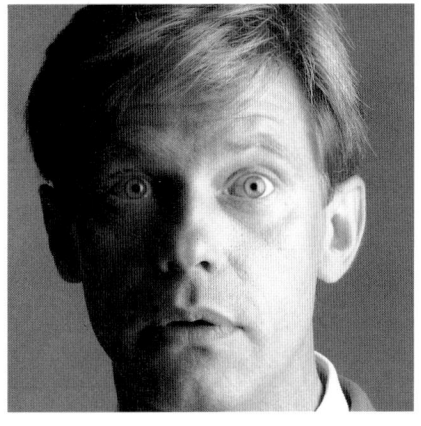

Die konzentrierte Miene

kennzeichnet ein Gesicht mit einer oder zwei senkrechten Falten direkt über der Nase. Die Augenbrauen runzeln sich dabei entsprechend, und die Muskulatur um die Augen schließt sich eng zusammen. Beweggründe für diese Mimik sind in einer klar definierten Absicht zu suchen, in deren Folge sich die Aufnahmebereitschaft gegenüber nichtzielgerichteten Informationen verschließt. Bedingungen für diesen angespannten Ausdruck sind: Wille, Trotz, Entschlossenheit, Konzentration, Wut, Kampfbereitschaft, Eigensinnigkeit oder Verarbeitung eines Schmerzes bzw. inneren Konflikts. Daneben kann die Ursache auch eine Schutzreaktion gegenüber unangenehmen Einflüssen sein, z. B. blendendes Sonnenlicht oder mißempfundene Geräusche, Töne oder Worte.

Die bedrängte Miene

läßt senkrechte und waagerechte Falten auf der Stirn eines Menschen ineinander übergehen. Diese Faltenbildung wirkt durchfurcht und kraus. Sie läßt den Zug um die Augen bis hin zum Mund verzweifelt und hilflos erscheinen. Diese Mimik läßt in der Regel darauf schließen, daß die betreffende Person sich am Ende ihrer geistigen oder körperlichen Möglichkeiten und Fähigkeiten fühlt. In diesem Ausdruck steckt auch die Nähe zum Weinen und zur Selbstaufgabe. Situationsbedingte Erscheinungsformen können sein: Angst, Ratlosigkeit, Leid, Not, Sorgen, Probleme in der Verarbeitung von Erfahrungen, Denkschwächen oder inneres Chaos bzw. innere Kämpfe.

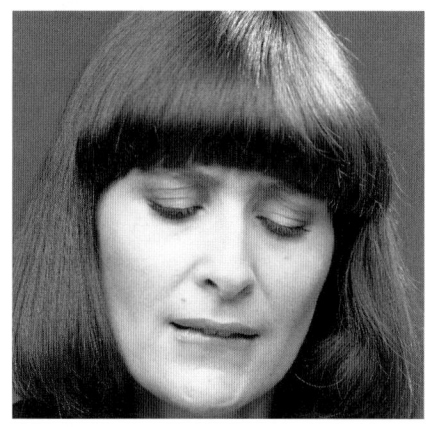

Augensprache

Die offenen Augen

zeigen immer den Grad der Informationsbereitschaft an. Je nach Öffnungsweite drücken sie einen Zustand von Aufgeschlossenheit und Aufgewecktheit aus, geistige Produktivität und bekundetes Interesse. Entscheidend ist immer eine natürliche Wirkung, die wiederum durch den Moment und die Person mitbestimmt

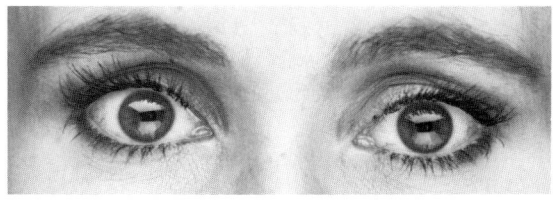

wird. In Verbindung mit einem entspannt aussehenden Gesicht oder einem lächelnden Mund können weitgeöffnete Augen Signal sein für eine optimistische Lebenseinstellung, für Freundlichkeit sowie Einfühlungs- und Vorstellungsvermögen. Situativ gesehen kann ein direkter offener Blick unter Umständen auch aufdringlich und ein absichtlich vorgetäuschter Blick auch gewollt naiv oder unschuldig erscheinen.

Die aufgerissenen Augen

drücken das Maximum an Bereitschaft zur Aufnahme von Wahrnehmungsinformation aus. Nicht das geringste Detail darf entgehen. Dieser Augenausdruck kann allein ohne weitere auffällige Mimik vorkommen, aber auch gekoppelt mit einem offenstehenden Mund und besonders ›gespitzten‹ Ohren. In einem

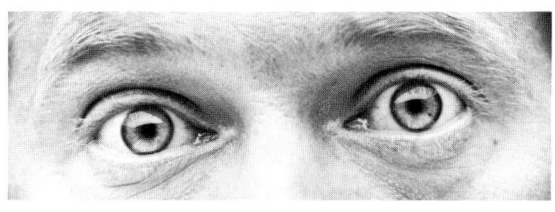

Gespräch z. B. können die aufgerissenen Augen des Zuhörers ebenso ein Zeichen für seine plötzliche Überraschung und Verblüffung sein wie ein Signal für außerordentliche Neugier und Begreifen-Wollen. Je nach der mimischen Begleitung im Gesicht können solche Augen auch Unfähigkeit, Hilfsbedürftigkeit und Naivität sichtbar machen. Mit warnenden Absichten vermitteln übernormal geöffnete Augen mitunter Forderung, Bedrohung und vorwurfsvolles Verhalten.

Die verschleierten Augen

sind durch die Oberlider etwas abgedeckt und wirken so verhängt und inaktiv. Dadurch wird kein sonderliches Interesse an Personen und Umfeld bekundet. Ist dieser Augenausdruck nicht eine Folgeerscheinung einer Lähmungserkrankung oder von Erschöpfung, kann in ihm innere Trägheit, Willenlosigkeit, Resignation

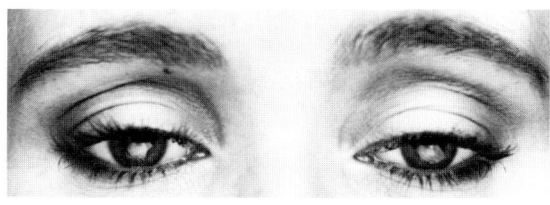

oder Abstumpfung zum Vorschein kommen. Die Wirkung solch teilnahmsloser Augen verändert sich zuweilen im Zusammenhang der weiteren Mimik und der Kopfhaltung zum betont lässigen (coolen), blasierten oder überheblichen Blick, in gewissen Momenten auch zum bedeutungs-und hingebungsvollen ›Schlafzimmerblick‹.

Die abgedeckten Augen

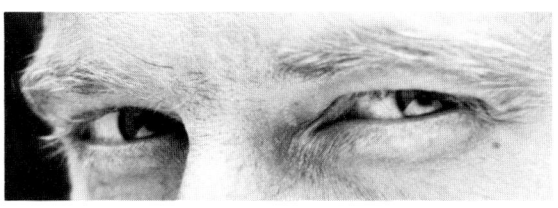

entstehen dadurch, daß sich die Augenkreis-muskeln eng zusammenziehen. Wer so schaut, ist entweder kurzsichtig oder unmittelbar auf einen klar definierten Blickpunkt ausgerichtet. Das kann der Fall sein, wenn jemand sich sehr konzentriert, um etwas genau herauszubekom-men und zu beobachten. Der verengt Blickende will seine Aufmerksamkeit scharf auf etwas richten, ohne abgelenkt zu werden. Schaut jemand in dieser Form von der Seite her, kann sich dadurch auch Verschlagenheit und Belauern ausdrücken. Ist dieses Blickverhalten stechend auf eine Person gerichtet, kann sich darin Gefühlskälte, Aggres-sion oder Strenge formulieren. Als allgemeines Ausdrucksverhalten wirkt der so Schauende je nach den Umständen: engherzig, trotzig, überkritisch, eigenbrötlerisch oder mißgünstig und neidisch.

Die zugekniffenen Augen

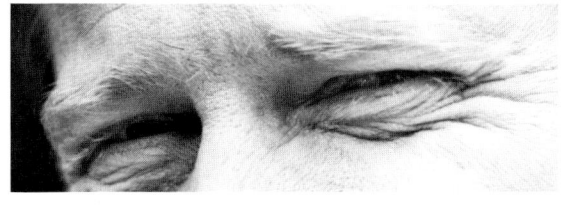

wollen sich vor Einwirkungen schützen, indem sie bis auf einem dünnen Sehschlitz muskulär zusammengekniffen werden. Dies kann eine Reaktion auf zu helles Licht, Staub- und Schmutzpartikel oder beißenden Rauch sein, aber auch ein Ausdruck von Unlust, Unbeha-gen, Mißgefühlen, Schmerzen oder von rein geistig schmerzhaften Empfindungen und Vorstellungen. Ein einzelnes zugekniffenes Auge gilt als bewußte Verständigungsgeste. Wer einer Person an einer bestimmten Stelle des Gespräches ›zuzwinkert‹, drückt aus, daß jener Punkt einer näheren Erklärung nicht mehr bedarf – man weiß Bescheid. Andererseits kann Zwinkern auch eine gestische Floskel dafür sein, daß man eine Person offensichtlich durchschaut und erkannt hat. Als bekannte stilisierte ›Flirtgeste‹ soll das einzelne zugekniffene Auge einen heimlichen Kontakt zwischen den Geschlechtern herstellen. Allgemein können sich mit dieser Augenbotschaft betont listige, schelmische und humorvolle Zeitgenossen ausdrücken, jedoch auch unangenehme Angeber, Aufdrängler und Wichtigtuer.

Die blinzelnden Augen

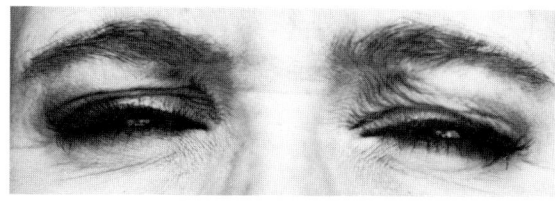

zeigen eine vermehrte, schnell aufeinanderfolgende Augenlidbewegung. Ähnlich wie beim Zukneifen der Augen wird auch hier grundsätzlich einem Schutzmechanismus nachgegeben. Als Augensignal kann Blinzeln ein Ausdruck von verlegenen, unsicheren oder sehr gehemmten Menschen sein. Zudem können viele Lidschläge auf eine überentwickelte Reizbarkeit und Nervosität schließen lassen. Manchmal ist damit auch ein Ausweichen vor dem direkten Blickkontakt mit einer anderen Person verbunden.

Die geschlossenen Augen

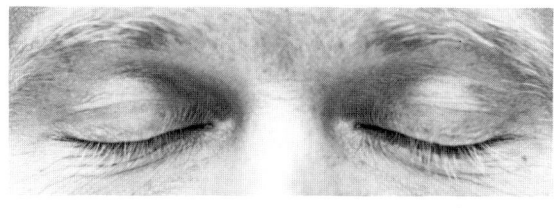

sind eine direkte Blockade gegenüber weiteren visuellen Sinnesreizen. Geschlossene Augen müssen nicht nur Ausdruck von Schlaf sein, sondern sind auch als momentane Aktion Zeichen für einen Rückzug in sich selbst, für die Konzentration auf einen Gedanken oder auf ein intensiv wahrgenommenes Gefühl. Ebenso geben vorübergehend geschlossene Augen vielfältige Mitteilungen innerhalb eines Gespräches. Kurz geschlossen und sofort wieder geöffnet, können sie ein Zeichen für Zustimmung sein. Länger andauernd geschlossene Augen werden, in Verbindung mit einer bestimmten Mimik, ein Ausdruck von Überstrapazierung der Aufnahmebereitschaft und von Unwillen weiteren Informationen gegenüber. Als direkte Reaktion auf eine Handlung können sie eine Geste sein, um den Blick deutlich abzuwenden und zu signalisieren, daß man nichts gesehen hat oder mit einer Sache nichts zu tun haben möchte.

Kopfhaltung und Blickrichtung

Die neutrale Kopfhaltung

ist ohne eine sichtliche Tendenz nach vorn, hinten oder zur Seite gut austariert. In Verbindung zu einem nach vorn ausgerichteten, geraden und offenen Blick wirkt diese Haltung natürlich, offen, flexibel und vertrauensvoll. In direktem Blickkontakt drückt sich dadurch Zuwendung und die Achtung vor der anderen Persönlichkeit aus, da die Haltung nicht von Ausdrucksüberzeichnungen begleitet wird. Im positiven Falle kann sich so eine Persönlichkeit ausdrükken, die nicht unverrückbare Positionen, sondern argumentative Auseinandersetzung bevorzugt und Heimlichkeiten verabscheut. Als Charakterbild gilt dieser Ausdruck als ein Zeichen für Selbstbewußtsein und Aufrichtigkeit.

Die zurückgelehnte Kopfhaltung

ist gekennzeichnet durch eine deutliche Tendenz des Kopfes nach hinten in Richtung Nacken. Zusammen mit einem Blick, der gegenüber Gesprächspartnern von oben herab geführt wird, kann leicht eine etwas abschätzige, überlegene und verächtliche Wirkung entstehen. Der Blickkontakt von oben vergrößert die Distanz zum Gesprächspartner. Dieser Ausdruck kann beim Gegenüber unangenehme Gefühle entstehen lassen. Besonders körperlich kleinere Personen können sich dadurch geringschätzig betrachtet oder gar bedroht fühlen, wenn nicht die Mimik und weitere Körpersprache der ausführenden Person zusätzlich Signale dafür liefert, daß eine solche Wirkung ohne böse Absicht erzeugt wird. Persönlichkeiten, die die zurückgelehnte Haltung als eingefahrenes Verhaltensschema gebrauchen, können dazu neigen, sich selbst zu überschätzen bzw. ihren Mitmenschen gegenüber hochmütig zu sein.

Die gesenkte Kopfhaltung

zeigt ein Kippen des Kopfes über den neutralen Mittelpunkt hinweg nach vorn mit dem Kinn in Richtung Brust. Wenn im gleichen Zug der Blick von unten nach oben zum

Gesprächspartner hin erfolgt, kann sich ein mehrdeutiges Ausdrucksbild ergeben: Vollzieht sich der Blick nach oben mit gesenktem Kopf so, daß dabei wenig Körperanspannung und eventuell ein bewußt nach vorn gebeugter Rücken festzustellen ist, kann in dieser Haltung eine Nähe zu Unterwürfigkeit, Ängstlichkeit, Demut oder Dienerverhalten liegen. Der mit gesenktem Kopf Blickende tendiert grundsätzlich dazu, sein Gegenüber aus einer distanzierten und uneinsichtigen Position wahrzunehmen und auf Signale mit direkter Aktion oder mit Rückzug zu reagieren. Dieses Grundmuster kann auch wirksam sein, wenn eine Person ihren Blick von unten nach oben mit gesenktem Haupt und starker Körperspannung ausführt. Die vermehrte Körperspannung in den Schultern und ein zielgerichteter fester Blick von unten kann taxierend, feindselig, drohend und mitunter überheblich wirken. Ist der gesenkte Kopf mit einem Blick nach unten und insgesamt mit körperlicher Spannungslosigkeit verbunden, kann sich darin eine in sich gekehrte Haltung äußern. Geschieht dies z. B. während eines Gesprächs in Form eines plötzlichen Niederschlagens der Augen, wird dadurch der Blickkontakt zum Gesprächspartner unterbrochen, um auszuweichen. Gefühlsentsprechungen wie Trauer, Resignation, Angst, Schüchternheit oder Schuldbewußtsein können dahinter stehen. Wie bei jeder Ausdruckshaltung können sich durch eine stärkere oder schwächere Bewegungsrichtung nach vorn, nach hinten oder zur Seite differenzierte Wirkungsmöglichkeiten ergeben.

Die angelehnte Kopfhaltung

läßt den Kopf wie in ein Kissen seitlich oder seitlich nach hinten zurückgesunken erscheinen. Die Schultern dienen dabei zum Teil als Stütze für Hals und Kopf. Der Blick einer Person mit solcher Kopfhaltung ist oftmals ins Leere gerichtet. Dadurch kann generell der Eindruck entstehen, die Person sei gedanklich nicht anwesend, träume oder wolle sich in diesem Moment nicht direkt mit der Situation auseinandersetzen. Taucht diese Haltung und Blickrichtung während eines Gesprächs auf, wird man als Gesprächspartner mitunter auch verunsichert, da man einen ›Blick ins Unendliche‹ leicht auch als ›Blick durch sich hindurch‹ und als Form der Mißachtung auffassen kann. Ist dieser Blick in einer Gesprächssituation mit einer schwärmerischen Beschreibung gepaart, will sich der Erzähler so ein angenehmes Erlebnis oder ein Gefühl möglichst intensiv ins

Bewußtsein zurückholen. Dazu löst die Person den Kopf von seiner Aufgabe, sich im Hier und Jetzt zu halten – er darf sich in eine andere Situation zurückfallen lassen, so, wie auch die Blickrichtung dorthin weist. Als festes oder oft wiederholtes Verhaltensschema ist durch diese Haltung ein Mensch gekennzeichnet, der von seinem Charakterbild zu romantischen und idealisierten sowie nachdenklichen und besinnlichen Auffassungen neigt.

Die herausgeschobene Kopfhaltung

äußert sich durch einen nach oben hin langgezogenen Hals. Diese Position, verbunden mit einem umherwandernden Blick, läßt zunächst auf ein besonders großes Interesse der betreffenden Person an ihrer gesamten Umgebung schließen. Der herausgeschobene Kopf möchte mehr aufnehmen und nichts verpassen, um jeden Eindruck sogleich zu registrieren. Ein damit einhergehender unfixierter, unruhiger und suchender Blick kann hingegen auf die Nähe zu innerer Unruhe, Ängstlichkeit und Unbeständigkeit hindeuten. Je nach Situation, Person und inhaltlichem Umfeld ergeben sich unterschiedliche Ausdrucksbilder: Mit ernstem, schnellem Blick zwischen Personen hin- und herschweifend, kann sich in dieser Haltung aufdringliche Neugier und egozentrierter Besitzanspruch ausdrücken. Mit lächelnder Miene kann sie ein Ausdruck von aufgeregtem Entzücken sein. Mit wilden, leidenden Blicken gegenüber Personen oder anderen visuellen Reizen kann sie sich zu krankhafter Störungs- und Reizempfindlichkeit als möglichem persönlichem Hintergrund ausweiten.

Die hineingedrückte Kopfhaltung

verbindet den Kopf gleichsam mit dem Rumpf. Der Hals als Übergang und empfindsamer Verbindungsstrang zwischen Kopf und Körper scheint dabei verschwunden zu sein. Wenn die Ursache dafür nicht in einer körperlichen Abnormität zu suchen ist, knüpft sich an diese Haltung ein Wirkungsausdruck, der das Gegenteil von Empfindsamkeit formuliert. Kommt dazu – wie es meist der Fall ist – ein verengter und fixierter Blick, kann sich dadurch ein übersteigerter Wille zu Kraft und Unumstößlichkeit äußern. Diese Kopfhaltung und der entsprechende Blick lassen eine Person nicht nur bullig und unbeweglich erscheinen, sondern, je nach Blickkontakt und weiterer Mimik, auch mißtrauisch, aufdringlich, frech und rücksichtslos. Als eingefahrenes Verhaltensmuster kann sich hinter dieser Haltung zuweilen ein aggressiver, streitbarer, aber auch ein zielstrebiger und unbeirrbarer Charakter verbergen. Vielleicht ist es aber auch das situationsabhängige, perfekte Täuschungsmanöver eines sehr sensiblen und ängstlichen Menschen, der mit dem Rückzug des Halses in den Körper und einem starren Blick für einen Moment unangreifbar erscheinen will.

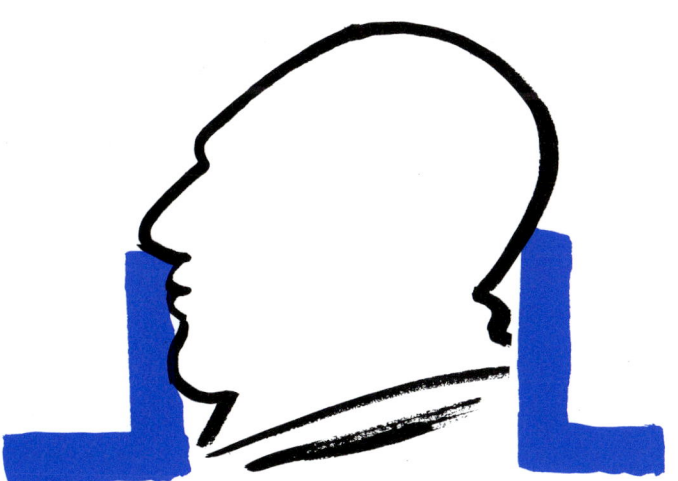

Geste und Gestikulieren

In der Regel kennt man die Geste als Handzeichen, doch kann der ganze Körper einschließlich der Mimik einem einheitlichen gestischen Ausdruck unterworfen sein. Zu unseren Gesten gehört eine Vielzahl von Bewegungen und Handlungen, die wir ausführen, um etwas auszudrücken und mitzuteilen.

Kopf-, Schulter-, Arm- und Handbewegungen gehören dazu sowie auch bestimmte Schritte oder Hüftbewegungen, wenn sie dem Zweck dienen, einem Gegenüber optisch etwas zu verdeutlichen. Bewußt eingesetzt, sind Gesten ein Kommunikationsfaktor, über den wir einem Zuhörer oder Zuschauer Informationen zuspielen wollen, die er begreifen soll: ein Schulterzucken, weil man etwas nicht weiß, ein Zuwinken, wenn man sich begegnet oder verabschiedet, ein Lippenlecken, um zu zeigen, daß es geschmeckt hat, sind Teilhandlungen unseres gestischen Zeichensystems, die wir zielgerichtet einsetzen, um etwas auszusagen.

Die ›Bewegungskürzel‹ von Händen, Armen, Mimik etc. können die Ausdrucksgestalt eines Gefühls sowie einer spontanen Idee oder Stellungnahme sein. Derlei Zeichen werden schon früh durch Imitieren erlernt und bewußt zur Verständigung eingesetzt. In verschiedenen Kulturräumen, Gesellschaften oder Volksgruppen können sie unterschiedliche Bedeutungen haben und sind deshalb vom Verständnis her immer an den jeweiligen Kommunikationskreis gebunden.

Andere Gesten geschehen eher unbewußt und sind kein offensichtlicher Kommunikationsfaktor, weil sie beiläufig in das Bild von einer Person miteinfließen. Besonders während eines Gesprächs können sie sich durch mitunter kaum merkbare Körperbewegungen oder Haltungen ausdrücken. Sie gehören zu keinem verabredeten Code, sondern können rein körperlicher Ausdruck einer Stimmung oder Einstellung sein. Gestische Handlungen während eines Gesprächs können einem Partner fein abgestimmte Botschaften übermitteln.

Sie stehen in Harmonie oder Gegensatz zur verbalen Äußerung. Als innere ›Zustandsbeschreibung‹ einer Person sind solche Gesten aufschlußreich für das Einschätzen des Gehalts einer Mitteilung oder das Erkennen eines Charakters.

Als Gestikulieren bezeichnet man das spezielle Zusammenspiel von Hand- und Armbewegungen beim Reden. Dazu zählen eine Anzahl großer und kleiner, kräftiger und weicher, spitzer oder runder Hand- und Fingerbewegungen, die man ganz automatisch einsetzt, ohne sie vorher gut zu überlegen und zu planen. Mit ihrer Hilfe versuchen wir, einzelne sprachliche Äußerungen dem Inhalt gemäß zu beschreiben, auf den Punkt zu bringen und faßbarer zu machen. So vermitteln wir einem Gesprächspartner Zusatzsignale, mit denen wir lediglich das Gesagte unterstützen wollen. Sprechen wir z. B. von »schönen großen Tomaten« und formen dabei mit den Händen in der Luft eine Kugel, dann benutzen wir Gestik als plastische Demonstration dessen, was wir sagen.

> **"Bewußt eingesetzte Gesten sind ein Kommunikationsfaktor, mit dem wir anderen Zusatzinformationen zuspielen wollen."**

Schlagen wir mit der Faust in die Handfläche der anderen Hand, weil wir uns ärgern oder einfach einen hörbaren Akzent setzen wollen für unsere sprachliche Aussage, dann fungiert unsere manuelle Gestik als Betonung.

Weisen wir mit einem Fingerzeig oder der Handfläche auf Personen und Dinge, um während einer Rede den Zuhörer besonders darauf aufmerksam zu machen und um so rein optisch Beziehungen herzustellen, dann haben wir es mit Zeigegestiken zu tun.

Die wohl eindeutigste und intensivst wahrgenommene Form der Gestik der Hand ist die

Berührung. Wer seinen Gesprächspartner mit den Fingern kurz antippt, um seine Aufmerksamkeit für einen Moment zu steigern, oder einer Person tröstend die Hand auflegt, während sie über etwas erzählt, was sie bedrückt, setzt die Berührung gleich mehrfach kommunikativ ein. Sie kann nicht nur Zuwendung oder gegebenenfalls Abwendung signalisieren, verstärkt Aussagen oder schwächt sie ab, sondern regelt auch unsere sozialen Kontakte mit. Die Art und Ausführung von Ausdrucksbewegungen mit den Händen beim Sprechen kann auch etwas aussagen darüber, ›wer wir sind‹ und ›wie wir sind‹. Mancherlei Handgestiken während einer Unterhaltung stammen aus dem Repertoire des Kulturkreises, in dem man sich gerade befindet. Andere sind das Resultat einer bewußt vereinfachten Kommunikationsmöglichkeit und sollen mit einem Fingerzeichen schnell eine Information visuell übertragen.

Beim Sprechen und Zuhören ist die Körpersprache oft ebenso wichtig wie die Worte. Wenn Körper- und Handgesten das Gesprochene begleiten, wird der Dialog durch Ausdrucksbewegungen intensiviert. Manche Gestiken können wortlos etwas aussagen, andere sind nur zusammen mit einer sprachlichen Äußerung verständlich. Im Verlauf eines Sprech- und Zuhöraktes werden einige Gestiken gewollt und mit Absicht eingesetzt, andere geschehen ungewollt und stellen es dem Beobachter frei, daraus Schlüsse zu ziehen über Stimmungen, Meinungen oder emotionale Hintergründe einer Person.

Die mechanische Geste

ist eine Handlung, die ohne die konkrete Absicht geschieht, einem Beobachter Informationen zu vermitteln. Sie ist meist das Resultat eines rein physischen Mechanismus, wie z. B. das Gähnen, Husten, Kratzen, Augenreiben oder Nasehochziehen. Rein mechanische Gesten können je nach Situation eindeutige Mitteilungen machen über körperliche Verfassung und Stimmung.

Die mimische Geste

ist immer mit einer Imitation verbunden. Personen, Tiere, Dinge oder Vorgänge werden dabei nachgeahmt. Daran kann prinzipiell der ganze Körper beteiligt sein; fest vereinbarte Zeichengesten gibt es nicht. Wer sich z. B. beim Urlaub in einem fremden Land über den Einsatz von ›Händen und Füßen‹ verständlich macht, um etwas zu essen und zu trinken zu erhalten, entwickelt – wie ein Pantomime, der ohne Worte spielt – freie mimische Gesten, um den Ansprechpartner über seine Wünsche zu informieren.

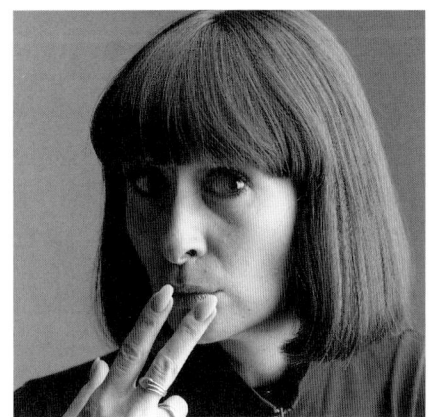

Die stilisierte Geste

stellt nur ein einziges hervorstehendes Merkmal einer Sache schematisch dar. Dabei verzichtet man auf ein genaues gestisches Nachspielen oder Nachbilden. Eine einfache Handbewegung kann als Kürzel dienen, um bei einem Betrachter eine konkrete Vorstellung davon wachzurufen, welche Sache gemeint ist. Stilisierte Gesten, etwa einen Hasen kurz durch zwei Ohren oder einen Stier durch zwei Hörner mit einer simplen Handbewegung am Kopf nachzumachen, sind Ausdruckskürzel die voraussetzen, daß man das vereinfacht Dargestellte auch kennt.

Die symbolische Geste

deutet in Form eines Arm-, Hand- oder Fingerzeichens abstrakte Inhalte und Eigenschaften an. Ihr Verständnis ist noch eingegrenzter als die stilisierte oder gar mimische Geste. Wer z. B. in unseren Breitengraden mit dem Finger am Kopf ›den Vogel zeigt‹ oder ›eine lockere Schraube‹ demonstriert bekommt, weiß sofort, was damit gemeint ist. Anderswo gelten oft völlig andere Zeichen für den gleichen Inhalt, da Usprung und Herkunft die Art und Durchführung der Geste prägen. Mit symbolischen Gesten läßt sich kurz und prägnant Stellung beziehen oder auch gezielt eine Stimmung ausdrücken.

Die fachliche Geste

gilt als Spezialgeste, die nur von Eingeweihten benutzt und verstanden wird. Hierzu zählen vorrangig einzelne Berufsgruppen mit Tätigkeitsbereichen, in denen Sprache für den Moment zu umständlich oder aufgrund der räumlichen Bedingungen unmöglich wäre. Meist sind sie durch unmißverständliche, gegliederte Hand- und Armbewegungen gekennzeichnet, die über Distanzen hinweg klare Signale abgeben können. Erlernt und eingesetzt werden fachliche Gesten z. B. von Astronauten, Tauchern, Feuerwehrleuten, Kranführern oder Börsenmaklern.

Die Geste als Zeichensprache

drückt sich in Form von Hand- und Fingerzeichen aus, die zu einem formalen Verständigungscode gehören, der verbale Sprache ersetzt. Einzelne Gesten sind Teile des Zeichensystems und werden nur in Verbindung miteinander verständlich. Eine solche Zeichensprache muß in Darstellung und Verständnis erlernt werden wie die Buchstaben, Worte, Sätze und Grammatik der gesprochenen Sprache. Die Gebärdensprache der Gehörlosen z. B., die primär aus Handzeichen zusammengesetzt ist, erfordert besonders viel Übung und Geschicklichkeit, um als vollwertiges visuelles Kommunikationssystem funktionieren zu können.

Die Geste in Variationen

steht für den Bereich individuell eingesetzter sowie regional oder kulturell geprägter gestischer Ausdrucksformen. Dazu gehört unter anderem die mehrdeutige Geste, die in unterschiedlichen Ländern oder Volksgruppen anders verstanden wird. Beispielsweise ist das uns geläufige Handzeichen für »sehr gut«, »erstklassig«, »hervorragend«, eine kreisrunde Form, die gebildet wird durch die Berührung von Daumen- und Zeigefingerspitze, in Amerika das Handzeichen für »O.K.« und »Alles in Ordnung!«. In Japan ist dieselbe Geste das Symbol für Geld, in Frankreich soll damit »Null« und »Nichts wert« ausgedrückt werden und im Mittelmeerraum gilt sie als obszöne und beleidigende Geste. Andererseits können auch unterschiedliche Gesten die gleiche Aussage machen. Die Anerkennung eines Mannes gegenüber einer attraktiven Frau z. B. kann sich vor allem in Italien gestisch durch ein genüßliches Bartzwirbeln ausdrücken. Wird in Südamerika eine Handfläche auf die Herzseite gelegt, ist damit dasselbe gemeint. In Frankreich wird für die gleiche Begeisterung eher ein Kuß mit den Fingerspitzen einer Hand zugeworfen, und vor allem in England kann man erleben, daß ein direkter Kuß in Richtung der Bewunderten abgegeben wird.

Die Gesten der Hände

Bedeutungsrichtungen und Wertigkeiten allgemein:

Handflächen nach oben

haben die Wertigkeit des Positiven, Hohen, Erhabenen und Ideellen. Offen dargebotene Handflächen vermitteln den Ausdruck von Offenheit, Aktivität, Klarheit und Mut sowie auch das Erkennungsbild, daß jemand ›ohne Waffen‹ oder nachteilige Absichten kommt.

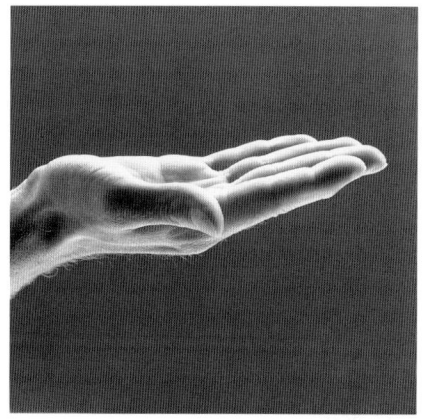

Handflächen nach unten

haben die Wertigkeit des Negativen, Niederen, Minderwertigen und Abgewandten. Verdeckte Handflächen vermitteln den Ausdruck von Verschlossenheit, Passivität, Verschleierung und Rückzug in die eigene Person sowie das Erkennungsbild, daß jemand sich ›nicht in die Karten schauen‹ lassen will bzw. Stimmung und Typus momentan zurückhalten möchte.

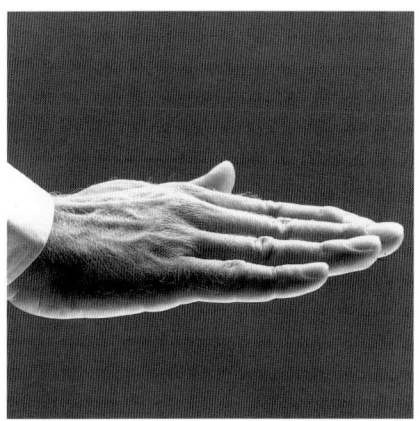

Handflächen nach vorne

drücken einen Schutzmechanismus aus. Sie stehen für abwehren, zurückweisen, abgrenzen und bauen gestisch einen Schutzwall auf. Angreifende Aussagen, Personen, Dinge usw. sollen auf Distanz gehalten werden.

Handflächen nach innen

drücken einen Vermittlungsmechanismus aus. Beidhändig von der Oberkörpermitte nach vorn öffnend ausgeführt, steht dieser Ausdruck für übertragen, überreichen und transportieren. Kenntnisse, Meinungen und Wissen können so bildlich ›von innen nach außen‹ anderen Personen zugetragen werden.

Hände auf dem Rücken

können in mehrfacher Hinsicht die Wertigkeit von Rückzug demonstrieren, da den Händen so die Aktionsbereitschaft genommen ist und sie für das Gegenüber unsichtbar sind. Als anhaltende Geste, bei der auch der übrige Körperausdruck passiv wirkt, kann sich darin Verlegenheit, Befangenheit, Zurückgezogenheit oder Ängstlichkeit bekunden (z. B. bei Kindern). Als vorübergehend passive Geste, die anderen Ausdrucksmöglichkeiten freien Lauf läßt, kann sich darin Konzentration auf Gedanken und Eindrücke oder Besinnlichkeit darstellen (z. B. beim Spazierengehen). Wenn diese Geste eingesetzt wird, um eine passive Haltung absichtlich zu demonstrieren, kann damit Macht, Überlegenheit und abwartendes Herausfordern ausgedrückt werden (z. B. bei Autoritätspersonen).

Hände in den Hüften

sind ihrer Wertigkeit nach ein Ausdruck vorübergehender Passivität. Zum einen kann dies dafür stehen, daß sich eine Person nach einer aktiven Phase kurzzeitig entlastet (z. B. eine Pause macht), zum anderen kann eine solche Geste ein wiederum bewußt eingesetztes Zeichen sein, um Überlegenheit und Stärke vorzuführen (z. B. mit herausforderndem Blick und zurückgelehnter Kopfhaltung). Zusätzlich kann durch das Abspreizen der Ellbogen ein Raum- und Territoriumsanspruch dargestellt werden.

Hände in den Taschen

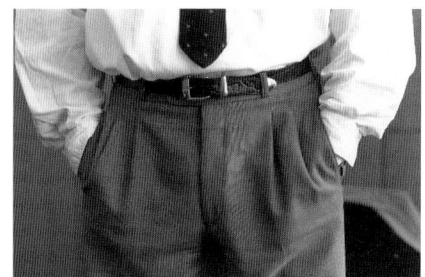

lassen von der Wertigkeit auf kurzzeitige, aber auch auf längerfristige Passivität schließen. Absichtlich vorgeführt, kann sich darin Desinteresse, Nachlässigkeit oder Unhöflichkeit zeigen. Als eine Geste von Verunsicherung oder Verlegenheit können so Einstellungen oder Absichten uneinsichtig gemacht werden; als reine Rückzugsgeste ohne direkte Ursache werden hiermit die Hände aus dem aktiven Feld genommen, um zu entspannen oder abzuschalten.

Hände ineinander / miteinander

drücken ihrer Wertigkeit nach innere Spannungs- wie Kontaktmomente einer Person aus. Das Falten der Hände, das Ineinanderlegen oder das Umfassen der anderen Hand kann Ausdruck eines aktuellen Wunsches nach Geborgenheit und Sicherheit sein. Wenn die Hände sich miteinander beschäftigen und spielen, kann sich mitunter Erregung, Unruhe oder Nervosität äußern. Ringen die Hände miteinander, kann es ein Zeichen der Suche nach Ausdrucksmöglichkeiten sein, aber auch des angestrengten Versuchs, ein inneres Problem zu lösen oder einen Sachverhalt zu klären. Das Reiben der Hände aneinander kann ein Ausdrucksignal dafür sein, daß sich positive Spannungen aufgebaut haben. Wenn nicht gerade Kälte die Ursache ist, werden so innere Spannungen abgeleitet und umgesetzt, z. B. die Freude über ein Gelingen als Ausdruck eines Glücksmoments.

Rednergesten

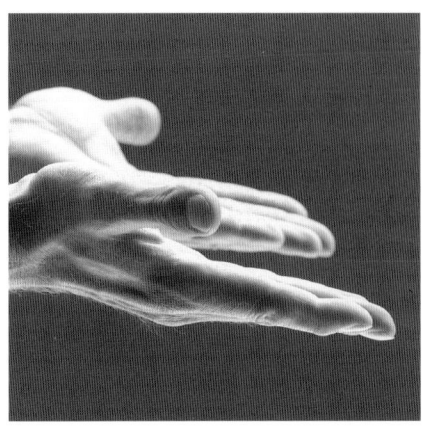

»Ich eröffne ...«

Beide Hände werden mit seitlich nach innen offener Handfläche von der Körpermitte nach außen geführt, so, als würde eine Tür geöffnet. Diese Geste bekundet die Absicht, die etwaige Distanz zwischen Redner und Zuhörer zu verringern bzw. sich selbst anzunähern.

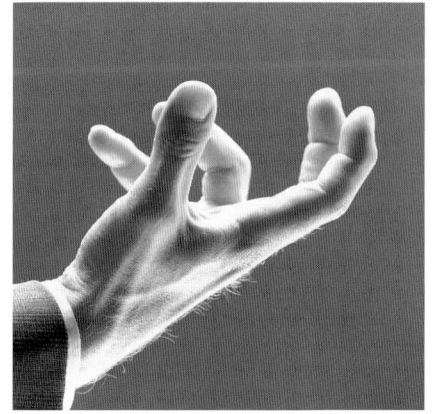

»Ich erfasse ...«

Alle Fingerspitzen der nach oben gehaltenen Hand bewegen sich aufeinander zu, als würde ein kleiner Gegenstand umfaßt, bis die Hand sich wie ein zugezogener Beutel schließt. Diese Geste zeigt an, daß der Redner Klarheit im Ausdruck sucht.

»Ich präzisiere ...«

Die Spitze des Daumens und des Zeigefingers berühren sich, als würden sie einen dünnen Faden halten. Die Hand wird dabei meist akzentuiert nach vorn und wieder zurück bewegt. Hiermit wird ausgedrückt, daß etwas inhaltlich besonders bewertet und präzise und fehlerfrei auf den Punkt gebracht werden soll. Sind die Fingerkuppen noch nicht in Kontakt, ist die Suche nach dem genauen Begriff noch nicht abgeschlossen.

»Ich verstärke . . .«

Die Finger werden gekrümmt, als wolle man etwas festhalten. Die Fingerkuppen berühren zuweilen die Handinnenfläche oder die Hand wird auf diesem Weg bis zur Faust geballt. Mit dieser eindeutigen Geste möchte der Redner demonstrativ seine Entschlossenheit und Stärke bekunden.

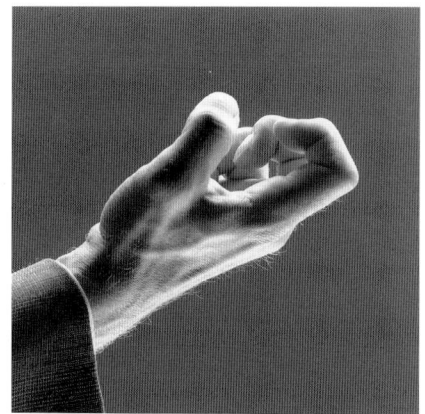

»Ich ergreife . . .«

Die Finger einer Hand werden gespreizt, mit der Handfläche unten nach vorn ausgestreckt und dann leicht gekrümmt, als wolle man etwas mit Anspannung aus der Luft an sich reißen. Das Signal dieser Geste besagt, daß der Redner eine Herausforderung oder schwierige Situation zu meistern versucht.

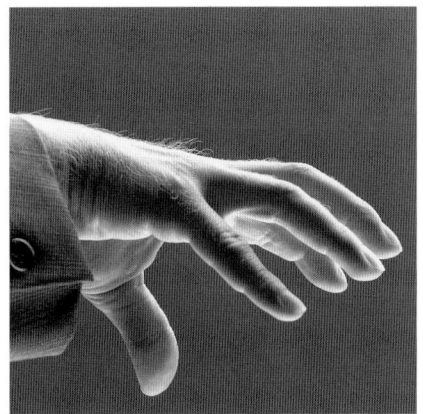

»Ich bekämpfe . . .«

Die Hand ist entweder zur Faust geballt oder gerade und steif mit einer harten Handkante geformt. Als Faust bewegt sie sich schlagend auf und ab, wird drohend nach oben gestreckt oder schlägt ›Löcher in die Luft‹. Als Handkante wird sie wie ein Beil durchschlagend und zertrennend geführt. Mit dieser Geste führt der Redner seine Aggression, Kampfeslust und heftige Entschiedenheit einem bestimmten Sachverhalt gegenüber vor. Die Handkante allein wird oft auch eingesetzt, um auszudrücken, daß Geschehnisse sofort eingegrenzt oder beendet werden sollen.

»Ich zeige . . .«

Der Zeigefinger wird entweder nach oben gehalten oder nach unten gestreckt, manchmal auch nach vorn gestoßen. Nach oben gehalten, gilt die Geste als ›Drohfinger‹ und will Respekt verlangen oder Strafe androhen, nach vorn gestreckt als ›Zeigefinger‹, um die Aufmerksamkeit vehement auf Personen oder Objekte zu richten, sowie auch auf die Aussage, die der Redende in diesem Augenblick macht. Nach vorn gestoßen gilt sie als ›Angriffsfinger‹. Ein Redner, der seinen Finger auf diese Weise wie eine Waffe einsetzt, ihn dabei eventuell rhythmisch bewegt oder beim Reden damit einen Takt schlägt, bringt Aggressivität und Feindseligkeit in die Wirkung seiner Worte hinein.

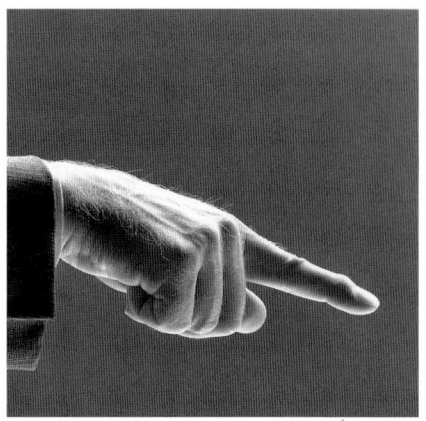

»Ich überreiche . . .«

Eine Hand wird mit der Handfläche nach oben von innen nach vorn ausgestreckt, als wollte man auf jemanden hinweisen oder imaginären Personen und Zuhörern die Hand reichen. In diesem Ausdruck kann der Wunsch nach einer besonderen Ehrung eines Menschen, einer Gruppe oder einer Meinung stecken. Ebenso bezeichnet die Geste auch, daß der Redner seine Funktion an die Zuhörerschaft übergibt, indem er das Wort erteilt, auf einen besonderen Beitrag hinweist, jemanden begrüßt oder sich bedankt.

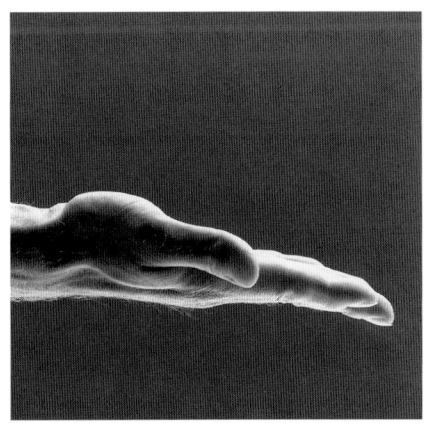

Körperhaltung

Vor Jahrhunderttausenden entschloß sich der Mensch, den Oberkörper aufrecht zu halten. Bei diesem Entwicklungsschritt sind nicht nur die Hände und Arme für die Körpersprache frei geworden, auch die Haltung von Brustkorb, Schultern, Hals und Kopf hat dadurch an Ausdrucksmöglichkeiten gewonnen. Die Körperhaltung steht in direkter Beziehung zu unserer Atmung. Durch das Heben und Senken des Brustkorbs verändert sich das Stellungsverhältnis von Schultern, Armen, Hals und Kopf. Die Art zu atmen wirkt sich auf den Körperausdruck aus; wird gleichmäßig tief geatmet, heben sich die Schultern und strahlen Stärke und Selbstbewußtsein aus; wird ungleichmäßig oder zu flach geatmet, hängen die Schultern herab und drücken Schlaffheit aus.

Man unterscheidet bei der Beurteilung menschlicher Körperhaltungen zwei Grundtypen. In die erste Kategorie gehören die Haltungen, die als akute Reaktion auf ein konkretes Geschehen direkt entstehen. Sie können von außen herbeigeführt worden sein, z. B. durch die Äußerung einer Person oder eine bestimmte Situation, und sind deutlich von momentanen Gefühlen beeinflußt. Zur anderen Gruppe gehören die andauernden Haltungsmuster (patterns). Sie entstehen mit der Zeit als Reaktion auf die vorherrschende Gefühlslage eines Menschen. Sie resultieren langfristig daraus, welche Situationen er erlebt hat und wie er lebt.

Die unterschiedlichsten Ansatzpunkte für die Entstehung eines Körperausdrucks können ineinandergreifen. Auch Knochengerüst und Muskelgeflecht eines Menschen sind Grundfaktoren des Körperausdrucks. Jedoch können anhaltende Empfindungen das Erscheinungsbild eines Körpers entscheidend mitausbilden, da die ›äußere Haltung‹ natürlicherweise immer der ›inneren Haltung‹ zu entsprechen versucht.

Dazu ein Beispiel: Wenn wir morgens aufstehen und den Körper langsam auf Trab bringen, sieht unsere Haltung noch anders aus als schon eine Stunde später. Sie stellt sich auf unsere Gefühle und Absichten ein. Haben wir eine Menge anstrengender, schwieriger Arbeit vor uns, wappnet sich unser Körper durch eine gespannte, aktivierte Haltung mit leicht angezogenen, ›sprungbereiten‹ Schultern. Haben wir heute nichts vor und lastet auch sonst nichts schon seit längerer Zeit auf unserer Seele, stellen sich Schultern, Arme, Kopf und Atmung eher auf entspannten ›Müßiggang‹ ein. Fürchten wir uns an diesem Tag vor Problemen oder unangenehmen Situationen, kann es sein, daß sich der Kopf einzieht (um von den Schultern beschützt zu werden), und Hals wie Nacken beginnen, sich anzuspannen (um Angriffen standhalten zu können). Am Abend, wenn man spürt, wie der Tag war, geben uns auch unsere Nackenmuskeln Signale dafür, wie ent- oder angespannt wir tagsüber herumgelaufen sind. Bei stärkeren Verspannungen machen sich gar Kopf- und Rückenschmerzen bemerkbar.

»Immer ist der Körper bemüht, mit seiner äußeren Haltung der inneren Haltung des Menschen zu entsprechen.«

Werden Haltungen zum Dauerzustand, weil man vielleicht permanent empfindet, sich wappnen zu müssen, und dabei den Oberkörper anspannt oder weil man längerfristig das Gefühl von innerer Last spürt und dabei den Oberkörper nach unten drückt, beginnen sich die Muskeln darauf einzustellen und können sich so verfestigen. Bekannt und auffallend ist in diesem Zusammenhang der Buckel. Oft ist er das ›gewachsene‹ Haltungsmuster einer inneren Einstellung. Während der Wachstumsphase und Pubertät kann er z. B. leicht bei Jungen entstehen, die sich als zu groß empfinden. Um nicht Hänseleien ausgesetzt zu sein und um auf die Ebene des Blickkontakts mit anderen zu gelangen, wollen sie sich kleiner machen und haben schon bald eine schlechte Haltung. Vergleichbares kann auch bei Mädchen zwischen 14 und 18 Jahren geschehen. Ihre sich entwickelnden Brüste können sie verunsichern und zur Folge haben, daß sie sie nicht stolz nach vorne strecken, sondern verbergen wollen und ihre Schultern dabei vorbeugen. Entwickelt sich mit dem Körper nicht zugleich auch ein gesundes Selbstbewußtsein für die eigene Persönlichkeit, können Haltungsfehler dieser Art kaum vermieden werden.

Die Verbiegung des Körpers in die jeweilige Stimmungsrichtung hört niemals auf. Sie bleibt immer mit ein Barometer für die Verfassung oder den Charakter eines Menschen. Ein wichtiger Ausdrucks- und Erkennungsfaktor ist die Wechselbeziehung zwischen Schultern, Hals und Kopf. Hierin zeigt sich der urzeitliche Schutzmechanismus, ›Angriffsflächen‹ am Hals (Schlagadern und Kehlkopf) abzuschirmen. Daraus resultiert ein Ausdrucksspielraum, der wie bei einer Schildkröte vom ängstlich eingezogenen bis hin zum mutig hervorgeschobenen Kopf reicht.

Das Stellungsverhältnis von Schultern, Armen, Hals und Kopf spricht eine eindeutige Körpersprache. Das Spektrum von angespannter bis zu entspannter Haltung kann aber auch alle anderen Körperpartien miteinbeziehen. Neben Brustkorb und Rückgrat sind auch Bauch und Hüfte in der Lage, etwas auszudrücken – nur weniger erkennbar. Beispielsweise spannt sich bei Männern in der Regel die Muskulatur der Hüfte stark an, und der Bauch wird eingezogen, wenn sie mit einer anziehenden Frau ins Gespräch kommen. Bei schlechter Verfassung oder depressivem Zustand entspannen sich diese Muskeln, der Bauch tritt vor und die Gesamthaltung wirkt eher eingesunken.

Es bleibt auch hier zu bedenken, daß jede Körperhaltung und -bewegung dem körperlichen Ganzheitsprinzip von Informationsaufnahme und -abgabe folgt. Dabei entsteht eine gewisse Spannung, die Mitteilungen aussendet. Zum Verständnis der Botschaften von Schultern, Armen, Hals, Kopf, Rücken, Bauch und Hüfte ist es zunächst wichtig, zwischen momentanen und permanenten Haltungen zu unterscheiden. Andere Kommunikationselemente wie gesprochene Sprache und Stimmlage, Situation und Gesamtverhalten machen Gefühlslagen in Körperhaltungen erst anschaulich.

Standhaltungen

Die hängende Haltung

entsteht durch sichtbar nach unten gezogene Schultern. Der Brustkorb neigt sich vornüber, und der Kopf kippt dabei etwas zurück in Richtung Nacken, weil die Halsmuskeln zu wenig Spannung erzeugen, um ihn aufrecht zu halten. Die Arme hängen schwerfällig und passiv. Diese Haltung kann vom Ausdrucksbild stark variieren. Atmet der Brustkorb ausgesprochen flach, und wird das Kinn in Richtung Brust geneigt, kann sich Trauer, Depression und seelische Belastung darin widerspiegeln. Ist die Haltungstendenz weniger klar umrissen, steckt eher allgemeine Niedergeschlagenheit, Erschöpfung oder Müdigkeit dahinter. Nach außen kann der Eindruck von Schwäche, Unlust, Schwerfälligkeit, Resignation und Introvertiertheit entstehen.

Die zusammengezogene Haltung

weist hochgezogene Schultern auf, zwischen denen man den Hals nur noch ansatzweise erkennt. Der Kopf wirkt etwas eingeklemmt, Hals- wie Nackenmuskulatur sind besonders angespannt. Die Arme und der Bewegungsapparat wirken steif und eingefroren. In dieser Haltung äußert sich ein Schutzmechanismus, der sich als Reaktion auf unangenehmes Erstaunen, Schreck und Angst ergeben haben kann. Entsprechend der Mimik und dem Gesamtverhalten können es auch Rückzugssignale sein, die nichts beschützen, sondern etwas verbergen sollen. Dies kann aus dem Gefühl entstehen, innere Verletzlichkeiten nicht preisgeben zu wollen oder geheime Absichten, Vorhaben, Pläne unerkannt zu lassen. Der Ausdruck kann einem Gesprächspartner Signale für Verkrampftheit, Ängstlichkeit bis Verschlagenheit vermitteln.

Die starre Haltung

entsteht einerseits durch hart zurückgeworfene
Schultern, wodurch der ganze Oberkörper mit
Hals und Kopf eine Tendenz nach hinten
bekommt. Der Brustkorb wölbt sich vor und
steht unter anhaltender Muskelspannung. Die
Arme wirken nach hinten eingerastet und versteinert. Im anderen Fall ist die starre Haltung
durch nach unten gedrückte Schultern und
einen extrem geraden sowie beweglichen
Bewegungsapparat gekennzeichnet. Kopf, Hals,
Rücken und Hüfte wirken, als hätte die Person
›einen Stock verschluckt‹. Starre Haltungen
belasten extrem das Energieverhältnis im Körper und lassen der Atmung, dem Entspan-
nungsbedürfnis der Muskulatur nur ungenügend Raum. Die entstehenden Ausdruckssi-
gnale reichen von Strenge, Unflexibilität, Tem-
peramentlosigkeit bis Gefühllosigkeit, Sturheit
und Härte.

Die vorgewölbte Haltung

läßt den Kopf und die Schultern besonders
nach vorne herausragen und den Hals langgezogen erscheinen. Dadurch, daß der Oberkörper nach vorn gelehnt und so vom Unterkörper
abgeknickt wird, hängen die Arme grundsätzlich frei. Das begünstigt Gesten wie ›Hände in
den Hüften‹, ›Hände stützen sich auf etwas‹,
›Hände zeigen in eine Richtung‹, ›Hände halten
sich an etwas fest‹ und vermittelt darüber vor-
bereitete Aktivität und Eindringlichkeit. In dieser Haltung wirkt eine Person mitunter, als
würde sie sich neugierig aus dem Fenster vorbeugen, worüber sie Offensivität und Zudring-
lichkeit vermitteln kann. Ist dieses Hinneigen
nicht als die momentane positive Wendung zu
einer anderen Person zu erkennen, können sich
so Anbiederung, aber auch Forderung, Vor-
wurf, Drohung, Angriff und Aggressivität ausdrücken.

Die lässige Haltung

präsentiert sich sehr vielseitig. Oft ist das Verhältnis zwischen Schultern, Hals, Kopf, Brustkorb, Armen und Hüfte entspannt verschoben, aufgehangen oder angelehnt. Die Arme dienen als Stütze wie Spielmöglichkeit. Meist werden lässige Körperhaltungen von Personen nur vorübergehend eingenommen, um aus der Normalhaltung kurz herauszugehen und zu entspannen, manchmal sind sie auch Haltungsmuster. Das Muskelgeflecht wird dabei nicht einseitig angespannt, sondern im Wechsel für einzelne Körperpartien losgelassen. Die Arme können Passivität oder verspielte Aktivität vermitteln. Diese Haltung signalisiert zunächst ein unkonventionelles, gelockertes, entkrampftes Verhalten. Je nach Erscheinungsform und Situation kann es auch ein Ausdruck von Unkonzentriertheit, Unengagiertheit sowie einer angeberischen oder herausfordernden Einstellung sein.

Die offene Haltung

äußert sich durch entspannt zurückgehaltene Schultern, die dem Brustkorb angemessen Platz lassen, sich zu heben und zu senken. Der Kopf sitzt natürlich, gerade, ohne Tendenz oder Druck in eine bestimmte Richtung. Der Oberkörper ist unverkrampft aufgerichtet. Die Arme zeigen alle Möglichkeiten zur freien Bewegung am Körper. Durch eine leichte Spannung vermitteln sie Aktivität und Handlungsbereitschaft. Ein durchlässiges Muskulaturgeflecht läßt neutrale und bewußt geführte Bewegungen zu, die leicht oder kraftvoll wirken können. Der Ausdruck einer offenen Haltung kann Ruhe, Ausgeglichenheit und Gelöstheit signalisieren wie auch die Bereitschaft, Personen und Anliegen objektiv anzunehmen.

93

Die verschlossene Haltung

kann sich verschiedenartig durch Verschließen der Körpermitte äußern. Bei ›hängenden Armen‹ lassen sich vorgedrückte Schultern erkennen, wodurch der Brustkorb zusammengepreßt wird. Der Kopf ist teilweise etwas nach vorn geneigt, und die Kinnspitze beugt sich Richtung Hals. Trotz freier Arme wirkt der Ausdruck wenig aktiv, sehr geschlossen und wie unter Druckspannung. Bei ›verschränkten Armen‹ wird zugleich die Oberkörpermitte verriegelt. Die Arme halten so den Brustkorb fest, die Schultern sind etwas vorgezogen, Kopf und Kinn haben ebenfalls die Tendenz, vorgepreßt zu werden. Hier baut die Armhaltung eine Art Schutzwall und vermittelt damit Distanz zu anderen Personen, Reserviertheit und Abwarten. Bei ›festgehaltenen Händen‹ wird der Oberkörper großzügiger in Form eines Dreiecks verschlossen. Schultern und Arme sind leicht vorgedrückt, Kopf und Kinn tendenziell nach unten gerichtet. Je deutlicher diese ›Dreieckshaltung‹ mit einem Blick nach unten verbunden ist, um so stärker ist der Eindruck von In-sich-gekehrt-Sein, Aufnahme und Passivität. Verschlossene Haltungen können beziehungsreiche Signale liefern, vom Unwillen, sich einer Person oder Sache zu öffnen, über Ablehnung, Angst oder Schüchternheit bis hin zu vorübergehender Rücknahme der eigenen Person wie z. B. beim Zuhören.

Sitzhaltungen

Der geöffnete Sitz

ist gekennzeichnet durch weit und locker nach außen stehende Oberschenkel. Die Füße stehen schräg angewinkelt auf. Dieser breite Sitz gilt wegen der offenen Präsentation des Genitalbereiches als eher männliche Sitzweise. Je nach dem Verhältnis der Oberkörperhaltung (z. B. zusammengesackt, zurückgelehnt) zu den Armen und je nach Anlaß oder Augenblick kann es ein Ausdruck von Lässigkeit, Unbekümmertheit und Entspannung sein. In manchen Situationen liegt auch ein Moment von Provokation darin.

Der neutrale Sitz

äußert sich durch leicht geöffnete, parallel zueinander stehende Oberschenkel. Die Füße stehen nur wenig schräg angewinkelt auf. Diese Haltung gilt als geschlechtsneutrale Sitzweise, die einen optimal geraden Aufbau der Wirbelsäule gewährleistet. Hinzu kommt eine gute Durchblutung der Beine, da die Oberschenkel von der Sitzfläche etwas abstehen und so keine Blutgefäße durch Druck beeinflußt werden. Der neutrale Sitz ist eine Langzeithaltung, in der ein Körper Ruhe und Kraft aufbauen kann, wodurch die Konzentration gefördert wird, besonders wenn die Arme auf den Beinen abgelegt werden. Bei erhobenem Oberkörper kann sich so Festigkeit, Ausgewogenheit, Einklang und Aufmerksamkeit ausdrücken.

Der ausgestreckte Sitz

besteht aus nebeneinander langgestreckten oder übereinandergelegten Beinen mit zuweilen durchgedrückten Knien. Die Füße haben nur noch über die Ferse Bodenkontakt, und die Fußsohlen stehen offen nach außen gerichtet. Dieser Sitz gilt allgemein als Entspannungshaltung, in der je nach Geschlecht und Unbekümmertheit die Beine noch gespreizt werden. Personen in dieser Position lassen los, ruhen genießerisch aus und wollen passiv sein. Hinter dem Ausdruckssignal steht die Grundstimmung, sich an Ort und Stelle einzurichten, ungestört zu bleiben, und die Absicht, nicht aktiv zu werden. In bezug auf Ort, Anlaß und Situation kann dies auch für Unbedarftheit, Gedankenlosigkeit, Revierbelegung oder Unhöflichkeit stehen.

Der angewinkelte Sitz

zeichnet sich dadurch aus, daß ein Fuß oder beide unter dem Stuhl nach hinten zurückgenommen und eventuell um die Stuhlbeine gehakt sind. Einfach angewinkelt, wird dadurch ein Ausdruck von Zurückhaltung, Zurücknahme und Geschlossenheit vermittelt. Sind die Füße um die Stuhlbeine geschlungen oder nach hinten noch einmal überkreuzt, kann sich darüber ein Bedürfnis nach Sicherheit und Halt ausdrücken. Ist dieser Sitz keine vorübergehende Wechselhaltung oder die bewußt ›zurückgenommene‹ Haltung einer Dame, kann sich hierin situativ auch ein Wille zu Aktivität äußern, der bewußt zurückgehalten wird.

Der übereinandergeschlagene Sitz

ist einmal eine Sitzweise mit eng umeinandergeschlungenen Beinen. Ein Fuß hat Bodenkontakt, der andere hängt seitlich neben dem Standbein mit der Fußfläche nach unten. Diese Beinhaltung gilt vorrangig als weiblich, wird aber ebensogut von Männern benutzt. Sie kann ein Ausdruck von Entspannung sein. Hinter dem Einengen des Genitalbereichs kann auch eine bewußt defensive Position oder Verschlossenheit stehen, als ob sich die Person vorüber-

gehend einigeln wolle. Eine andere Möglichkeit ist das gekreuzte Übereinanderschlagen
der Beine. Der Knöchel des einen Fußes liegt
auf dem Knie des Standbeins. Dieser Sitz gilt
als speziell männliche Sitzart. Auch sie ist in
erster Linie ein Zeichen für Entspannung.
Ebenso kann hierüber Burschikosität und
Kumpelhaftigkeit vermittelt werden. Hat man
eine Situation näher geprüft, kann auch die
Absicht, sich breit zu machen und viel Raum zu
beanspruchen, mitspielen. Wenn Personen
nebeneinander sitzen, können ihre übereinan-
dergeschlagenen Beine manchmal sogar Bezie-
hungsverhältnisse veranschaulichen. Ein zuge-
wandter Fuß zur Seite des Sitznachbarn hat zur
Folge, daß man sich diesem mehr von der Kör-
pervorderseite zuwendet, und steht deshalb für
eine positive Einstellung gegenüber dem anderen. Ein abgewandter Fuß demonstriert demnach mehr die Distanz oder eine uninter-
essierte Position. Ein wippender Fuß während
eines Gesprächs oder ein taktschlagender Fuß
beim Reden leitet innere Spannung und Erregung nach außen ab. Dies kann der positive
Ausdruck von angestrengtem Denken oder
Formulieren sein, aber auch ein Zeichen für
Unruhe, Unzufriedenheit und Fluchtverhalten.

Der zusammengepreßte Sitz

zeigt die Beine vom Oberschenkel bis zu den
Füßen eng aneinandergepreßt. Die Füße
berühren sich fast oder ganz und weisen nach
vorn. Dieser Sitz kann sowohl von Männern als
auch von Frauen benutzt werden. Sind die
Unterschenkel nicht schräg gestellt – eine
typische Sitzhaltung mancher Frauen –, kann
diese Haltung besonders bei Männern Signale
aussenden für Schüchternheit, Hilflosigkeit,
Ängstlichkeit oder übersteigerte Korrektheit.
Der besondere Ausdruck dieser Sitzposition
entsteht durch den Druck- und Spannungszustand in den Beinen. Ist er nicht auf Kälte
zurückzuführen, kann sich darin der Wunsch
äußern, sich klein zu machen, und auf ein vermindertes Selbstwertgefühl hinweisen.

Körperstand und Gang

Obwohl wir den Füßen meist viel zu wenig Beachtung schenken, bilden sie doch das Fundament, auf dem unser Körper aufgebaut ist. Mit ihnen haben wir Bodenkontakt beim Stehen und beim Gehen. Die Art und Weise, wie wir mit dem Boden Verbindung halten, kann auch etwas über unser Verhältnis zur Realität aussagen, denn bei jedem Erdkontakt findet ein Energieaustausch zwischen Körper und Erde statt. Die muskuläre Spannung und die körpereigene Energie überträgt sich sowohl auf den Körperstand als auch auf die Dynamik der Fortbewegung. So scheinen manche Menschen zu stehen, als könne man sie mit dem kleinen Finger schon umwerfen. Bei anderen sieht es aus, als ob sie über den Boden fliegen würden, so leicht sind ihre Schritte. Wieder andere schleifen bei jeder Bewegung die Füße über den Boden, als hätten sie Blei darin.

Wenn wir stehen, ruht unser Körpergewicht in einer bestimmten Verteilung auf den Füßen und wird von ihnen gestützt. Ein entspannter, flexibler Fuß mit optimaler Muskelspannung ist in der Lage, einen intensiven und wachsamen Kontakt zum Boden herzustellen, und reagiert schnell auf Bewegungsänderungen. Dies bildet eine gute Voraussetzung dafür, sich im Stand wie ein Baum zu verwurzeln und sich geerdet zu fühlen. Ein verkrampfter und starrer Fuß hat es schwer, ein starkes und bewußtes Standgefühl zu erzeugen, da er den natürlichen Energiefluß unterbricht. Der Gleichgewichtssinn reagiert unverzüglich und meldet ein unsicheres Körpergefühl ohne richtigen Halt.

Das äußere Energie-, Gleichgewichts- und Spannungsverhältnis des Körpers kann dem inneren entsprechen. Für den Körperstand bedeutet dies, daß die Form des Stehens ein deutlicher Ausdruck ›innerer Einstellung‹ sein kann und wie sich ein Mensch an einem Standort verwurzelt fühlt. Wissen wir, welche Position wir beziehen wollen und fühlen wir uns demnach stabil, verkörpern wir dies auch durch den Stand. Sind wir noch unsicher und zaghaft,

finden wir keinen richtigen Platz, um Energie aufzunehmen und abzugeben.

Besonders erkennbar wird dies beim Gang. Die Art zu gehen macht das Energieverhältnis eines Menschen noch auffälliger. Bei jedem Schritt werden die Kräfteverhältnisse der Muskeln und Gelenke vom Fuß bis zur Hüfte und Wirbelsäule beansprucht und auf die Probe gestellt. Um zu gehen, erzeugen wir mit dem gesamten Körper eine Schubbewegung, die uns von einem Stand zum nächsten befördert. Dieses Zusammenspiel des Unter- und Oberkörpers wird unter Einbeziehung der Bodenstruktur, über die man läuft, und der Schuhe, die man dabei trägt, von uns selbst gestaltet. Der Körperbau beeinflußt die Gang- und Bewegungsart zusätzlich mit seinen unterschiedlichen Gewichtsverteilungen und Wachstumsvoraussetzungen. Doch kann bei jedem Schritt klar zum Ausdruck kommen, welche Person dort des Weges geht.

„Indem man eine bewußte Beziehung zu seinem Körper aufbaut, verändert sich auch das Selbstgefühl."

Ein wichtiger Schlüssel dafür ist die Flexibilität oder Steifheit der Gelenke. Die individuelle Manier, sie beim Gehen zu belasten, kann anderen Menschen etwas über unsere charakterlichen Grundzüge sagen sowie über die momentane Verfassung.

Hinzu kommt, daß die Art unserer Fortbewegung teilweise durch die Ausübung spezieller Tätigkeiten oder durch rein gesellschaftliche ›Gehregeln‹ gefördert wird. Die typischen Gehbewegungen eines Generals, eines Pastors, eines Body-Builders oder Ballettänzers bringen auch ihre tägliche Arbeit sowie die Erwartungshaltungen anderer zum Ausdruck. Ein tänzelnder General, ein marschierender Tänzer, ein Pastor mit dem Gang eines Muskelprotzes entsprechen kaum unseren Vorstellungen und den ungeschriebenen Regeln.

Festzuhalten bleibt, daß wir durch die Art zu gehen unsere Emotionen und inneren Einstellungen nach außen verkörpern. Für jede Stimmung gibt es eine Gang- und Bewegungsvariante, ob wir vor Freude hüpfen oder aus Scham davonschleichen. Zugleich können wir unser Körpergefühl positiv stimulieren, wenn wir bewußt den Kontakt zu unserem Körperstand und Gang aufbauen. Der Spannungszustand im Stand kann sichtbar darstellen, ›wie man im Leben steht‹, und der Takt und Rhythmus der Schritte, ›wie man durchs Leben geht‹.

Standarten

Der feste Stand

gründet auf einer Fußstellung von ca. 30 Zentimetern Weite. Die Körpergröße und Statur sollten der Standfläche entsprechen; man geht dabei auch rein optisch davon aus, daß Schultern und Füße parallel stehen und die Fußspitzen leicht nach außen zeigen. Diese Stellung schafft ein verwurzeltes Selbstgefühl, das sich auf Konzentration und innere Ruhe auswirkt. Nach außen strahlt sie Selbstbewußtsein, Standfestigkeit und Ausgeglichenheit aus. Sie drückt aus, daß die betreffende Person ›einen Standpunkt hat‹, ›zu einer Sache steht‹, ›Problemen standhalten kann‹ und mit den Beinen ›mitten im Leben steht‹.

Der enge Stand

läßt zwischen den Füßen nur wenig Raum. Was für Frauen mitunter normal ist, kann bei Männern, je nach Voraussetzung, eher bescheiden, ängstlich und vorsichtig wirken. Nachteil dieser Stellung ist, daß sich eine Person in dieser Form nicht genügend verankern kann und zu unelastisch ist, um die Balance gut zu halten. Die Bewegungen des Oberkörpers können auf diese Weise ebenfalls ungenügend austariert werden. Die Information, die dieser Ausdruck vermittelt, kann, situationsbedingt oder allgemein, auf Zurückhaltung, Unsicherheit, Unfestigkeit oder Gehemmtheit schließen lassen.

Der weite Stand

hat eine Fußentfernung von über einem halben Meter. Die Fußspitzen zeigen schräg nach außen und verbreitern optisch den Stand. Wie beim engen Stehen entwickelt sich deshalb kein gesundes Gefühl zur Festigkeit – sie wird nur vorgetäuscht. Die Fußstellung bietet dem Körper keine Elastizität und belastet die Wirbelsäule, da leicht ein Hohlkreuz entsteht. In der Wirkung steckt Bewachung, Bedrohung, Herausforderung und Sich-breit-Machen. Über den Ausdruck dieses Körperstands können Signale übermittelt werden, die von Starrsinn, Mangel an Aktivität, Wendigkeit und Anpassungsvermögen bis hin zu Angeberei reichen können.

Der lässige Stand

verteilt das Körpergewicht ungleichmäßig auf die Füße. Man spricht hier von einem Stand- und einem Spielbein, die häufig wechseln. Der Großteil des Körpergewichts ruht auf dem jeweiligen Standbein, weshalb eine richtige Erdung nicht möglich ist und wodurch ein Fuß einseitig belastet wird. Diese Stellung resultiert oft aus dem Wunsch, sich zu entspannen und dabei einen Fuß zu entlasten, um mit ihm zu ›spielen‹, d. h. ihn losgelöst nach vorn zu stellen. So kann eine Person in diesem Stand gelockert, mühelos, leicht und entspannt wirken wie die Kontrapoststellung griechischer oder römischer Statuen. Je nach Umfeld und Anspruch kann dieser Ausdruck jedoch unernsthaft, ohne wirklichen Standpunkt oder posenhaft wirken.

Der gekreuzte Stand

stellt den einen Fuß vor oder hinter den anderen. Das Gewicht lastet noch stärker auf dem Standbein, was häufige Stellungswechsel nach sich zieht. Man geht von einem Bein auf das andere. Dadurch entsteht nicht annähernd eine elastische Festigkeit, und das macht den Stand völlig unsicher. Die allgemeine Wirkung ist jedoch gelöst, entspannt und leger. Der Ausdruck kann je nach Person und Erwartungshaltung Signale senden, die von unernst, nachlässig und zweifelhaft bis unkonventionell, verspielt oder lässig reichen. Würde z. B. ein öffentlicher Redner oder Politiker so stehen, ginge gleich etwas Unseriöses von ihm aus. Eine Person aus der Show-, Unterhaltungs- oder Musikwelt vemittelte dem Betrachter so jedoch kaum etwas Nachteiliges.

Gangarten

Der tippelnde Gang

besteht aus kleinen Schritten, bei denen fast immer nur Fußspitze oder Fußballen aufgesetzt werden, selten aber die ganze Fußfläche. Der Oberkörper scheint oft steif und nach oben gezogen mit einem herausgestreckten Hals. Die Arme werden häufig angewinkelt. Das Tippeln kann übertrieben pedantisch wirken, auch geziert und affektiert. Für den Betrachter stellt sich die Frage: Ist die Person im Leben unstet? Liebt sie das Verschnörkelte? Haßt sie das Einfache und handfeste Entscheidungen?

Der tänzelnde Gang

zeigt federnde, kraftvoll abgerollte Schritte, die auch schon mal bis zu leichten Sprungbewegungen führen. Der Oberkörper schwingt dynamisch aus, Schultern und Arme machen aktiv jede einzelne Gangbewegung mit. Eine tänzelnde Gehweise kann aktiv, sportlich oder verspielt wirken. Frage: Bewegt sich die Person auch so lebendig durchs Leben? Hat sie Spaß an Veränderung, Bewegung und ist gern spontan?

Der marschierende Gang

zeichnet sich durch große Schritte aus, bei denen der Fuß hart über die Ferse angeschlagen wird. Der Oberkörper ist gerade hochgestreckt und erhält bei jeder Gangbewegung einen Stoß. Die Arme schwingen zuweilen weitausladend mit. Die marschierende Art der Fortbewegung kann formal, streng, konsequent und beherrscht wirken. Frage: Hackt diese Person auch so unerschütterlich durchs Leben? Mag sie feste Prinzipien, Regelungen und Autorität?

Der trampelnde Gang

wird durch laut hörbare Schritte gebildet, bei denen der Fuß mit der ganzen Fußfläche stark aufgeschlagen wird. Das Gewicht des Oberkörpers wird bei jeder Gangbewegung völlig auf die Füße übertragen, wodurch sich der ganze Körper von einer Seite zur anderen wälzt. Die Koordination der Arme ist nicht schwingend, sondern schlagend. Das Trampeln wirkt schwerfällig, plump, gewichtig und behäbig. Frage: Stapft die Person auch sonst durch ihr Leben? Hat sie wenig übrig für das Elegante, Feinfühlige und Graziöse, oder tritt sie alles platt, weil sie abgekämpft und entkräftet ist?

Der schleichende Gang

äußert sich durch Gehbewegungen, die über Fußballen und Zehen ausgeführt werden. Die Fußfläche wird vorsichtig aufgesetzt und kaum hörbar abgerollt. Der Oberkörper wird indessen angespannt und bei jedem Schritt leicht vorgeneigt. Die Arme pendeln die Gangbewegungen mit kurzen Schwingungen der Unterarme aus. Eine schleichende Gehweise kann unberechenbar, geheimnisvoll, hinterhältig oder verschlagen wirken. Frage: Laviert sich diese Person im Leben auch um die Dinge herum? Geht sie Konfrontationen aus dem Weg, und führt sie ihre Handlungen bevorzugt versteckt aus?

Der schleifende Gang

läßt die Fußflächen beim Gehen nicht richtig abheben und abrollen. Die Füße werden über den Boden gezogen. Der Oberkörper ist leicht vorgeneigt und gibt so Gewicht auf die Vorwärtsbewegung. Die Arme schwingen nicht mit und hängen etwas baumelnd am Körper. Das Schleifen, Schlurfen oder Latschen wirkt wenig aktiv, müde, mühevoll, unbedacht und heruntergekommen. Frage: Hat diese Person im Leben resigniert, oder mußte sie sich mit einem niederschmetternden Schicksal abfinden? Ist die Person physisch krank, oder mag sie es vielleicht, sich hängen zu lassen?

Der wackelnde Gang

entsteht durch schaukelnde Gehbewegungen, wobei die Fußsohle über die Außenkante belastet und nie abgerollt wird. Der Oberkörper wiegt sich dabei hin und her, was die Schrittbewegungen seitlich nach außen drängt. Die Arme liegen entweder am Körper an oder müssen die seitlich verlagerte Gangbewegung mitvollziehen, wodurch sie am Ausschwingen gehindert werden. Der Wackelgang wirkt unsicher, belastet, watschelnd und ›wie auf Eiern‹. Frage: Ist der Person das Leben zur Last geworden? Wollen die Füße nicht mehr, oder muß zuviel Körpergewicht bewegt werden? Möchte die Person vielleicht gar nicht weiterkommen und am liebsten auf der Stelle treten?

Der bewußte Gang

ist von Schritten geprägt, bei denen der Fuß über Spitze und Ballen die Richtung sucht, dann bis zur Ferse hin aufsetzt und ausgewogen abrollt. Große wie kleine Ausfallschritte und Drehbewegungen können so elastisch und zielgerecht ausgeführt werden. Der Oberkörper geht dem Wuchs entsprechend aufrecht mit. Die Arme schwingen optimal aus. Die bewußte Gehweise wirkt offen, selbstbewußt, ausgeglichen, zielstrebig und schafft ein gutes Körpergefühl. Frage: Schreitet die Person auch so aufgeschlossen den Dingen des Lebens entgegen? Ist sie aufrichtig, aufmerksam, empfindsam und läßt erledigte Sachen gerne hinter sich?

Übungen

Körperbewußtsein · Einzelübung

Gehen Sie in einem größeren Raum auf und ab, und richten Sie währenddessen alle Aufmerksamkeit auf Ihren Körper. Konzentrieren Sie sich zu Beginn auf die Füße. Spüren Sie einmal ganz genau, wie bei jedem Schritt der Fuß aufgesetzt und abgerollt wird. Tun Sie dies langsam, sehr bewußt, und gehen Sie dabei kreuz und quer. Bleiben Sie jeweils nach 10 Schritten stehen und nehmen einen festen Stand ein. Achten Sie auf die ›schulterbreite‹ Fußstellung, bei der Sie Ihre ganzen Fußflächen auf dem Boden gut fühlen können. Während Sie stehen (ca. 1–2 Minuten), versuchen Sie, sich vorzustellen, daß Sie wie ein Baum sind. Dazu schließen Sie für kurze Zeit die Augen, atmen tief, ruhig, gleichmäßig und spüren die Füße als Wurzeln in der Erde, die Beine als Stamm und den Oberkörper als Ast- und Blattwerk. Achten Sie darauf, im Körper nicht Schwere zu produzieren, sondern Festigkeit. Nehmen Sie wie ein Baum die Energie aus dem Boden in die Fußsohlen auf, ziehen Sie sie durch die Beine hoch, und spüren Sie sie dann bis in den Bereich der Oberkörpermitte, des Brustkorbs und der Arme. Bewegen Sie jetzt mehrmals Hände und Arme von der Oberkörpermitte (Solarplexus) nach außen. Öffnen Sie dabei jedesmal auch die Handflächen von innen nach vorn, als wollten Sie ihre gesammelte Kraft und Energie an die Luft abgeben oder ›unter das Volk streuen‹.

Hierbei gilt: Beim Einatmen in der Vorstellung Stärke aufnehmen (die Hände vollziehen das Aufsteigen mit), beim Ausatmen Kraft abgeben und ausstrahlen (die Hände vollziehen die Öffnungsgeste). Das bewußte Spüren der Erde, das ruhige, energiegeladene Atmen und Ihre Armbewegungen sollten zwanglos und harmonisch ineinander übergehen. In Ihren Gedanken sollten jetzt Formeln sein wie: »Hier stehe ich. Hier bin ich. Ich habe einen Standpunkt. Mich kann kein Wind erschüttern. So bin ich.«

Nach einer Weile nehmen Sie den bewußten Gang wieder auf. Halten Sie sich weiterhin an die Vorstellung des Baumes, indem Sie sich mit jedem Schritt neu verwurzeln. Fühlen Sie alle Gehbewegungen als eine intensive Kontaktaufnahme mit dem Boden sowie dem Raum, durch den Sie sich bewegen. Achten Sie auch auf das gehaltene Gefühl in den Beinen und im Oberkörper. Sehen Sie jeden Schritt als eine Vorwärtsbewegung, mit der Sie völlig frei umgehen können. Konzentrieren Sie sich auf das Stärkegefühl. Bewegen Sie nun auch beim Gehen Arme und Hände, und machen Sie alle 3–4 Schritte eine Öffnungsgeste in den Raum, die von einem längeren Ausatmen begleitet werden sollte. Dabei helfen Formeln wie: »Hier gehe ich. Hier komme ich. Ich verteile, verbreite, eröffne etwas. Ich gehe hellwach durch immer neue Räume.«

Hinweis: Führen Sie die Übung mehrfach an verschiedenen Orten mindestens 10 Minuten durch, auch einmal draußen. Stehen und gehen Sie dabei, mal mit, mal ohne Schuhe. Denken Sie während der Übung nicht an etwas anderes, konzentrieren Sie sich völlig auf ihren Körper, und lassen Sie sich nicht ablenken.

Die Begegnung · Partnerübung

In der folgenden Übung geht es um das Erkennen von Einklang oder Gegensatz von Körperausdruck und Sprache. Es ist ratsam, sich zuvor mit dem Kapitel »Der verbale Ausdruck« etwas näher zu beschäftigen. Führen Sie mit einem Partner/einer Partnerin einige Rollenspiele durch, in denen sich Personen begegnen und einen Dialog miteinander führen.

Zu beachten ist: Manchmal soll das, was gesagt wird, mit dem Körperausdruck übereinstimmen, ein anderes Mal soll es völlig gegensätzlich sein.

Beispiel A: Pessimist und Optimist

Eine Person spielt den Pessimisten mit schweren, hängenden Schultern und gesenktem Kopf. Die Gesten mit Armen und Händen wirken tatenlos und abwehrend. Der Gang ist schwerfällig, die Schritte sind schleppend. Die Mimik zeigt heruntergezogene Mundwinkel und einen etwas leeren, in sich gekehrten Blick nach unten. Die Stimme klingt monoton und wird begleitet von flacher, seufzender Atmung. Die Rede wirkt einsilbig und drückt aus, daß an allem etwas Negatives zu finden ist.

Die andere Person mimt den Optimisten mit locker zurückgenommenen Schultern und aufrechtem Brustkorb. Die Handbewegungen wirken aktiv und sind voller Offenheitsgesten von der Oberkörpermitte aus mit nach außen kreisenden Handflächen. Der Gang ist lebendig und spannungsgeladen. Die Augen sind aufmerksam geöffnet und auf den Ansprechpartner gerichtet. In der Mimik erkennt man lebendiges Mienenspiel beim Sprechen, oft auch ein Lächeln. Die Stimme klingt fest, klar, und die Worte lassen hören, daß man bei allem etwas Positives sieht. In diesem Rollenspiel sollen Körpersprache und Sprache übereinstimmen.

Dialogbeispiel zum Einstieg:

Optimist: »Schönes Wetter heute...«

Pessimist: »Morgen soll es aber wieder regnen.«

Beispiel B: Projektpartner Hinz & Kunz

Hinz, ein überagiler Mensch, hat die Idee für ein neues Projekt, das er Kunz vorschlägt. Seine Handbewegungen sind fahrig und nervös, die Handflächen dabei meist verdeckt. Der Oberkörper macht ruckartige Drehbewegungen und beugt sich oft sehr nah zum Gesprächspartner. Die Mimik ist bewegt, die Augen schauen mehr in die Papiere als zum Ansprechpartner. Die Sprache ist teilweise aufgeregt, oft unverständlich, manchmal auch zu laut. Die Wahl der Worte wirkt mitunter fordernd.

Kunz ist ein Mensch in leitender Position, der weniger auf den Projektvorschlag als auf die Art von Hinz reagiert. Er lehnt den Oberkörper zurück und verschränkt beide Arme vor der Brust. Seine Augen sehen wenig interessiert aus, und seine Miene wirkt verschlossen.

In diesem Rollenspiel soll die Körpersprache einer Person (Kunz gibt mehrere Körpersignale für Verschlossenheit) zum Inhalt ihrer Worte im Gegensatz stehen (Kunz sagt mit Worten, er sei offen).

Dialogbeispiel zum Einstieg:

Hinz: »Ja, Herr Kunz, ich habe hier ein neues Projekt für Sie, das ist großartig, da können Sie gar nicht dran vorbei. Wo habe ich es denn...? Eben war's doch noch...? Ach ja, das ist es!«

Kunz: »Ich bin ganz offen für Ihren Vorschlag.«

Hinweis: Führen Sie die Rollenspiele jeweils 10 Minuten durch, und tauschen Sie danach die Rollen. Erfinden Sie spontan die Dialoge, und überlegen Sie sich weitere Szenen, in denen Körpersprache und Sprache passend oder widersprüchlich sind. Benutzen Sie wenn möglich eine Videokamera. Achten Sie beim Betrachten auf Körperausdruck und Argumentation.

Das Wartezimmer · Gruppenübung

Stellen Sie sich die Situation in einem Wartezimmer vor. Leute kommen und gehen, nehmen Platz, manche schweigen, manche reden miteinander. Sie sitzen mittendrin und beobachten die Menschen.

Führen Sie dies als Rollenspiel mit mehreren Teilnehmern (ca. 4–6 Personen) durch. Dazu schreibt ein Unbeteiligter eine Reihe von Rollenkarten, auf denen die einfache und klare Beschreibung verschiedener Menschentypen steht.

Beispiel: Personen im Wartezimmer

»Du gehst gerne zum Arzt, erzählst jedem Deine Krankheiten und zeigst alle Narben.«
  Oder:
»Dir ist es peinlich, hier zu sein, möchtest nicht angesprochen und gesehen werden.«
  Oder:
»Du hast furchtbare Angst, möchtest am liebsten wieder gehen und kämpfst innerlich mit Dir.«
  Oder:
»Du bist sehr mitfühlend, spürst, wenn andere Probleme haben, und gehst auf sie ein.«

Wenn Sie die Charaktere erfinden, beachten Sie auch, daß jemand mit im Spiel ist, der jeweils als Anspielpartner fungieren kann: etwa die ›Mütterliche‹ und die ›Ängstliche‹, der ›Geschwätzige‹ und der ›In-sich-Gekehrte‹ oder ein ›Vordrängler‹ und ein ›Höflicher‹.
  Stellen Sie für die Mitspieler einige Stühle im Halbkreis auf. Jeder Teilnehmer zieht eine der vorher unbekannten und gemischten Karten, schweigt über seine Rolle und überlegt kurz, wie er seinen Typus darstellen kann.

Die Gruppe beginnt, die anderen schauen zu. Betreten Sie nacheinander die Szene, und versuchen Sie, den Zuschauern schon beim Hineingehen durch typische Körperbewegungen und ähnliches Hinweise auf den von Ihnen dargestellten Charakter zu geben. Überzeichnen Sie die Figur jedoch nicht zu sehr, sonst ist das Erkennen zu leicht. Ein Mitspieler macht den Anfang, indem er einen anderen anspricht oder auch nur mimische und gestische Signale sendet.
  Als Zuschauer haben Sie die Aufgabe, an den Körpersignalen Wesens- und Charakterzüge, Beweggründe und Absichten der einzelnen Menschentypen zu erkennen. Machen Sie am Ende eine Analyse der Körpersignale, die Ihnen auffielen, und wie Sie diese gedeutet haben. Dazu zählen Haltung, Gang, Gesten, Mienenspiel oder Augenausdruck. Erst wenn jeder seine Meinung abgegeben hat, dürfen die Spieler den Text der Karte preisgeben. Wiederholen Sie die Übung mit verschiedenen Rollen, und seien Sie einmal Akteur und einmal Betrachter.

Hinweis: Für ein Rollenspiel muß niemand Schauspieler sein. Versuchen Sie, sich spontan in eine Person hineinzuversetzen. Spielen und beachten Sie vorrangig den Körperausdruck. Was die Personen sagen, soll hier nur Mittel zum Zweck sein. Bleiben Sie für die Spieldauer von ca. 10–15 Minuten immer in der Rolle, und steigen Sie nicht vorzeitig aus.

Blickkontakt · Gruppenübung

Bilden Sie mit einer Gruppe von mehreren Teilnehmern (z. B. 6, 8 oder 12 Leuten) zwei Reihen von Personen, die sich im Abstand von ca. 6 bis 8 Metern gegenüberstehen. Richten Sie Ihren Blick jeweils ausschließlich auf die Person Ihnen gegenüber, Ihren Übungspartner. Schauen Sie sich gegenseitig aus der Entfernung direkt nur in die Augen. Stehen Sie sehr bewußt, fest, und konzentrieren Sie sich ca. 2–3 Minuten auf die Augen Ihres Übungspartners, ohne dabei zu sprechen. Versuchen Sie, jeden emotionalen Ausdruck in Ihrem Blick und in Ihrer Mimik auszuschalten – schauen Sie sich also ganz neutral und entspannt an, und lächeln Sie nicht.

Gehen Sie nach Ablauf der Konzentrationsphase ganz langsam und weiterhin im Blickkontakt verbunden zugleich aufeinander zu. Achten Sie darauf, daß Sie dabei völlig entspannt bleiben und gleichmäßig atmen, daß Sie mit aufrechter Haltung und erhobenem Haupt gehen, daß Ihre Schultern und Arme locker bleiben und daß Sie nicht versuchen, dem Blick des Übungspartners auszuweichen, sondern daß Sie ihm standhaft entgegensehen. Seien Sie, während Sie aufeinander zukommen, innerlich hellwach für etwaige Reaktionen in den Augen Ihres Partners und für eigene Ausdrucksschwankungen. Achten Sie darauf, daß Sie sich nicht verkrampfen, sondern völlig gelassen bleiben ohne ein ›Verlegenheitsmanöver‹ wie zu lachen oder etwas zu sagen.

Bleiben Sie, wenn Sie sich bis auf ca. 20–30 Zentimeter nahegekommen sind, voreinander stehen. Versuchen Sie, diesen engen Blickkontakt zu Ihrem Übungspartner für weitere 2–3 Minuten aufrechtzuhalten, und brechen Sie dann ab, indem Sie sich gegenseitig durch ein Zwinkern, ein Lächeln oder eine Berührung die Bereitschaft zum Beenden der Übung signalisieren.

Wiederholen Sie die Übung jedesmal mit einem anderen Gruppenmitglied als Übungspartner. Setzen Sie wenn möglich auch Video ein.

Führen Sie nach einem Übungsdurchgang partnerweise bzw. auch in der Gruppe eine Analyse durch mit Fragen wie: »Was hat man an sich selbst und seinem Übungspartner während einzelner Entfernungsphasen wahrgenommen? Welche Eindrücke und Empfindungen hatten die anderen Teilnehmer?«

Hinweis: Sorgen Sie schon vor Beginn der Übung für Ruhe und Konzentration in Ihrer Gruppe (z. B. durch ein gemeinsames Entspannungstraining). Klären Sie Ihre Gruppenmitglieder auf, daß Teilnehmer, die ihren Blickkontakt vorzeitig beenden, unbedingt leise sein müssen und nicht sprechen sollen, bis alle anderen die Übung abgeschlossen haben.

2. KÖRPERBOTSCHAFTEN

Der Umgang mit Raum

Jeder Mensch neigt dazu, Raum für sich zu beanspruchen. Es gibt Plätze, an denen wir uns wohlfühlen, wo wir geborgen sind, die uns inspirieren und die wir unser eigen nennen. Dazu können der Lieblingssessel zu Hause, ein Platz im Garten oder eine bestimmte Bank im Park gehören. Im Beruf und im gesellschaftlichen Leben folgen wir festen Sitzordnungen und Zeremoniellen, die genau regeln sollen, wie wir mit dem Raum der anderen und diese wiederum mit unserem umgehen dürfen. Wer arglos den Bereich eines anderen für sich beansprucht, verletzt dessen persönliche ›Raumzone‹.

Das Bedürfnis nach eigenem Raum ist auch in der Tierwelt universell verbreitet: Vögel singen jeden Morgen ihr Revier ab, um zu demonstrieren, wo ihr Bereich anfängt, Bären reiben ihr Fell an Baumrinden und hinterlassen ähnlich wie Katzen und Hunde eine Geruchsmarke, mit der sie ihr Gebiet bezeichnen, Menschenaffen benutzen Gebärden, über die sie ihren Raumanspruch signalisieren. Tiere grenzen ihr Territorium hauptsächlich zur Nahrungssuche und Fortpflanzung ab. Sie versuchen, es zu bewahren und gegen Eindringlinge zu verteidigen. Erst wenn ein Stärkerer sie bedrängt, geben sie ihren Raumanspruch auf.

Der Mensch zeigt seinen Reviersinn darin, festumrissene Raumzonen wie Häuser oder Grundstücke durch Mauern, Zäune und Gartenhecken zu markieren, um andere vor unerlaubtem Eindringen zu warnen. Die ganz persönliche Raumsphäre jedoch trägt jeder überall unsichtbar mit sich herum.

Auf der Straße, beim Einkauf, im Büro oder bei einem Gespräch vermitteln wir anderen Menschen durch unser Körperverhalten, wie weit wir uns abgrenzen und wo unser privates Ich anfängt. Die Art und Weise, wie wir mit Raum umgehen – wie wir uns ausbreiten, distanzieren oder separieren –, ist eine Form nonverbaler Botschaft, die etwas über uns aussagen kann.

Wenn der Raum um uns herum verletzt wird, reagieren wir empfindlich. Kommt jemand ungefragt zu nahe, sind wir verunsichert, fühlen wir Unbehagen oder Verärgerung. Auch ein Anstarren mit den Augen kann als Angriff auf die eigene Sphäre verstanden werden. Fährt man beispielsweise mit einem Aufzug, in dem mehrere Personen eng gedrängt vor- und nebeneinander stehen, vermeidet man höflich den direkten Blick in die Augen des fremden Nachbarn, um damit zu dokumentieren: »Die räumliche Situation macht es notwendig, daß ich Ihnen körperlich so nahe kommen muß, darum schaue ich absichtlich woanders hin, um Ihre Zone nicht anzurühren.«

Das Beachten der Raumzone bedeutet, den anderen als Person zu respektieren. Unvorbereitete Angriffe auf den persönlichen Bereich werden von Frauen und Männern unterschiedlich aufgefaßt. Während Frauen z. B. ungewollt herannahende Männer eher als aufdringlich und bedrängend empfinden, dürfen sie selbst gegenüber Männern die Distanzschwelle leichter ungestraft überschreiten. Ein völliges Ignorieren der Raumzone des anderen kann sowohl Frauen als auch Männern das Gefühl vermitteln, als ›Unperson‹ angesehen zu werden, und wirkt auf beide Geschlechter gleichermaßen demoralisierend.

Der Umgang mit Raum ist eng mit unserer Einstellung zu einzelnen Menschen verbunden. Mittels der Körpersprache und des Raumverhaltens drücken wir aus, ob wir sie akzeptieren, wieviel Respekt wir ihnen entgegenbringen und welche Art von Kontakt wir zu ihnen wollen. Durch die räumliche Distanz, die wir gegenüber anderen Personen wählen, teilen wir mit, auf welcher Ebene wir mit ihnen verkehren möchten.

Unser Distanzverhalten mit dem Körper vollzieht sich genau wie Gestik oder Mimik oft unbewußt. Treffen wir z. B. einen Bekannten auf der Straße, fühlen wir uns zumeist in einem Abstand von ca. 60 Zentimetern voreinander ganz wohl. Wir beziehen auf diese Weise eine Ausgangsposition, die wir je nach persönlichem oder rein gesellschaftlichem Kontakt verringern oder vergrößern.

In der westlichen Welt drückt eine von beiden Seiten eingenommene nahe Distanz ein aufmerksames Bewußtsein und Intimität aus, so wie es bei Freunden oder Paaren vorkommt. Wer sich weiter als auf Armeslänge voreinander aufbaut, steckt die Grenzen sauber ab. Hier lautet die Botschaft: »Ich halte Sie von mir, weil wir nicht auf einer Stufe sind und uns außer einer Sache nichts weiter verbindet.«

»*Das Beachten der Raumzone bedeutet, den anderen als Person zu respektieren.***«**

In anderen Kulturen herrschen andersartige Abstandssitten. Während Deutsche, Amerikaner und Engländer als sehr revierbedürftig und distanziert gelten, ist in einigen anderen Ländern ein ausgesprochenes Nahverhalten üblich. Schon in Frankreich und Italien ist die persönliche Zone enger. Orientalen kommunizieren mit ihren männlichen Geschäftspartnern auf einer sehr nahen Berührungsebene, die es erlaubt, den Atem des anderen zu riechen. Auch Japaner drängen sich gerne dicht zusammen und haben in ihrem Wortschatz keinen Ausdruck für Privatsphäre. Trotzdem sind ungeteilte Revierbedürfnisse und Ansprüche auf körpereigene Territorien bei allen Völkern dieser Erde vorhanden. Das unterschiedliche kulturelle Erbe, die Mentalität oder auch die Bevölkerungsdichte kann ein Raumverhalten prägen.

Durch das Ausbreiten von persönlichen Gegenständen auf einem Tisch kann sich ein Gesprächspartner schnell mißbehaglich fühlen, ohne daß er genau weiß, warum

Wer bei uns als Eindringling oder Ignorant gegenüber dem Areal eines anderen auftritt, signalisiert damit eine bedrohliche und egozentrierte Haltung. Diese fordert entweder zur Selbstbehauptung heraus oder veranlaßt zum Rückzug. Die Bedeutung der Raumzonen wird in der täglichen Kommunikation wenig beachtet. Zwar signalisiert jeder durch sein Verhalten, wie privat oder offiziell man miteinander zu tun haben möchte, doch werden diese Botschaften oft nicht gesehen oder mißverstanden. Das macht es notwendig zu erkennen, wie eng unser Selbstverständnis mit der Raumauffassung verbunden sein kann. Nicht immer ist jedem klar, wie entscheidend sich etwas Aufmerksamkeit für die eigene Nähe oder Distanz auf das Gefühl eines anderen auswirken kann.

Ein bekannter Kniff aus jedem Verkäufer-Training ist es, einem Kunden körperlich nie den Weg zum Ein- oder Ausgang zu verstellen oder ihm eng auf den Leib zu rücken. Viel Distanz zueinander soll hier erreichen, daß man das Gefühl hat, selbst zu entscheiden und nicht zu einem Kauf in die ıEnge getriebenı zu werden. Ein weiteres Beispiel ist das Tischgespräch, bei dem sich zwei Personen gegenübersitzen. Zunächst wird ein Tisch unbemerkt

In unserem täglichen Leben treffen wir auf die verschiedensten Formen von Territorialverhalten: der Zaun um den Vorgarten, die Sandburg am Strand, Sitzordnungen bei Tisch und auf Konferenzen. Ein Überschreiten solcher Grenzen und Normen wird meist als direkte Bedrohung wahrgenommen

immer in Hälften aufgeteilt. Will jemand in den Bereich des anderen vordringen, entschuldigt man sich schon vorher dafür. Kommen die Personen sich menschlich näher, heben sie ihre Tischzonen automatisch Stück um Stück weiter auf. Doch nimmt nur einer mehr und mehr Besitz vom Feld des anderen, indem er beispielsweise seine Zigarettenschachtel, sein Besteck oder Glas in den gegenüberliegenden Bereich hinüberschiebt, kann sich die andere Person unangenehm gestört und verwirrt fühlen, ohne gleich zu realisieren, warum.

Eine Verletzung des Raums kann kommunikative Reaktionen, Verfassung und Selbstvertrauen völlig verändern. Körpersprachliche Zeichen für Spannung – unruhig hin und her rücken, mit den Fingern trommeln oder dauernde Haltungswechsel, etwa das Kinn auf die Brust ziehen und die Schultern anziehen – können dies sichtbar ausdrücken.

Was ein störender Gegenstand in unserem Tischfeld verursacht oder eine Person, die mit ihrem Stuhl immer näher rückt, kann auch ein

dicht auffahrender Autofahrer bewirken. Auch ein Auto ist für uns Territorium. Hier dehnen wir unsere körperliche Raumzone auf den gesamten Innenraum aus sowie auf einen Außenraum von ca. 1–2 Metern. Wenn jemand mit seinem Fahrzeug diese ›Pufferzone‹ zunehmend überschreitet, kann dies als Bedrohung der privaten Sphäre aufgefaßt werden.

Die Art und Weise, wie ein Mensch in den Bereich eines anderen eindringt, kann über seine Persönlichkeitsstruktur ebensoviel sagen wie das Verhalten der Person, die sich in ihrer Sphäre angegriffen fühlt. Wenn wir erfahren wollen, welche Raumsignale wir aussenden und was andere aus unseren Reaktionen herauslesen können, müssen wir untersuchen, in welchen Situationen wir uns offensiv bzw. defensiv verhalten. Wer die Reviersignale und ›Stoppschilder‹ überfährt, indem er die Körpersprache einer Person nicht ausreichend beachtet, kann aufdringlich, einschüchternd oder verletzend wirken und erhält, ohne den Grund je zu erfahren, ein negatives Feedback.

Ausstrahlung

Wer kennt dieses Gefühl nicht: Schon in den ersten Minuten des Kennenlernens können wir einen Menschen als anziehend oder abstoßend empfinden, ohne erklären zu können, warum.

Die nonverbalen Signale, die wir dabei empfangen, müssen nicht unbedingt etwas mit dem Ausdruck der Mimik, Gestik oder Haltung einer Person zu tun haben. Außer den stillen Mitteilungen von Körpersprache und Verhalten beziehen wir eine Anzahl andersgearteter subtiler Wirkungseigenschaften in unser Beurteilungsmuster mit ein. Blitzschnell kann daraus Sympathie oder Abneigung entstehen, auch wenn noch kein Wort gewechselt wurde.

Ein anfänglicher Kontaktzeitraum von lediglich 5 Minuten ist bei einer Begegnung oft bereits entscheidend. In dieser geringen Zeitspanne verarbeitet unser Gehirn vielfache Wahrnehmungsinformationen und setzt komplizierte chemische Vorgänge im Körper in Gang. Das Resultat ist ein Gefühlsurteil, das unsere Grundeinstellung gegenüber einem anderen von vornherein auf ›Akzeptieren‹ oder ›Ablehnen‹ schaltet. Danach hat es jede bereits abgelehnte Person schwer, gegen das Vorurteil der Kurzkontakt-Phase anzukämpfen.

Nicht nur beim privaten Kennenlernen können diese wenigen Minuten schon ausschlaggebend sein, auch im Berufs- und Geschäftsleben bestimmt unser vorschnelles Urteilsmuster mit. Manches Bewerbungs- oder Verkaufsgespräch ist unbemerkt innerhalb der 5-Minuten-Zeitspanne schon entschieden, ohne daß es dafür inhaltlich haltbare Begründungen gäbe. Manch vielversprechende Begegnung bleibt gleich zu Anfang hier stecken. Vom ersten Eindruck hängt oft ab, ob aus fremden Menschen Freunde oder Paare werden, ob Bewerber eine Chance erhalten oder ob man miteinander ins Geschäft kommt.

Worauf fast jeder empfindlich reagiert, ist ›Ausstrahlung‹. Viele wissen nur wenig darüber, wie sie auf andere wirken. Was ein Mensch ausstrahlt, liegt nicht allein am Aussehen. Zwar merken wir sofort, welche Person uns gefällt, wen wir schön oder interessant und wen wir unattraktiv oder häßlich finden. Doch verbirgt sich hinter unserer Einschätzung vom Äußeren der anderen noch etwas mehr, als es der erste Blick vermuten läßt. Oft teilen sich uns Körperbotschaften mit, die schlecht faßbar sind. Jedes kommunikative Moment von Angesicht zu Angesicht wird davon begleitet.

" *Schon vom ersten Eindruck hängt es oft ab, ob Menschen zu Freunden werden oder Bewerber eine Chance erhalten.* "

Dazu gehört in einem gewissen Maße die ›Körperenergie‹. Zu den von außen auf uns einwirkenden Strömen und Energien der Erde oder des Sonnenlichts produzieren auch wir selbst Schwingungen. Pulsierende Bewegungen im Körper durch Atem, Herz und Kreislauf erzeugen ein ständiges Auf- und Abströmen von Wärme und Energiewellen. Entsprechend kann sich die innere Einstellung eines Menschen durch ein bestimmtes Vitalitätsverhältnis wellenartig ausdrücken. Um die Wellenlänge eines Gesprächspartners zu empfangen, braucht es den nahen Kontakt. Am Telefon z. B. äußert sich ein derartiges Energiepotential höchstens noch durch akustische Signale wie die Klangfärbung einer Stimme.

Je ausgeglichener und harmonischer man sich fühlt, um so spürbarer kann innere Schönheit wie ein Glanz nach außen dringen und andere in den Bann ziehen. Je verkrampfter und blockierter man ist, desto unangenehmer können die Signale des Energieflusses auf Mitmenschen ausstrahlen. Um Blockierungen aufzulösen, muß man sich um Körper und Seele zugleich kümmern. Systematische Übungen wie z. B. autogenes Training, Yoga, Bioenergetik oder Massage und Chiropraktik, die Arbeit

Nicht nur fachliche Qualifikationen sind bei einem Bewerbungsgespräch ausschlaggebend, sondern auch der unmittelbare subjektive Eindruck. Die Signale, die Augen, Ohren und Nase vom Gesprächspartner gegenüber unbewußt aufnehmen, spielen dabei eine mitbestimmende Rolle

nach Feldenkrais und die Alexander-Technik können aktive Maßnahmen sein, um Energien aus ihrer körperlichen Umklammerung freizusetzen. Gleichzeitig kann es vonnöten sein, mit Gefühlen ins reine zu kommen. Ängste, Komplexe, das Empfinden von Zwang, Erwartungsdruck usw. stehen einer positiven und angenehmen Ausstrahlung im Weg. Selbsterfahrungskurse, Lebensberatung und Therapien sind Möglichkeiten, um sich selbst näher zu kommen und lebensfroher zu werden.

Wesentlich deutlicher ist die Ausstrahlung rein körperlicher Eigenheiten und Merkmale. Wer sagt, er ginge nicht nach Äußerlichkeiten, ist sich nur nicht bewußt, wie er darauf reagiert. Mit wem man näheren Kontakt haben will und mit wem nicht, wen wir als Person akzeptieren oder von wem wir Abstand nehmen, kann entschieden mit davon abhängen, welche Signale durch die Kommunikationszonen der körperlichen Erscheinung ausgedrückt werden.

Körperbau, Gesicht und Kinnpartie, Haut und Haare konnten bereits in früher menschlicher Vergangenheit eine Mitteilung beinhalten. Der Urmensch drückte allein mit seinem Körper Dominanz, Drohung und sexuelle Attraktion aus. Die Instinkte dafür sind in uns noch vorhanden und zeigen sich daran, wie wir auf lockige Haare, buschige Augenbrauen, krallenartige Fingernägel, graue Schläfen, muskulöse Arme oder runde Hinterbacken reagieren.

Aufgrund der menschlichen Kulturentwicklung sind ›tierische Signale‹ weitestgehend ›out‹, da sie die Reste unserer Wildheit repräsentieren und Angst machen. Die Zähmung der Ursignale ist ›in‹, um den Menschen als reflektierendes, unaggressives Wesen zu zeigen, das sich von seinen Vorfahren unterscheidet. Nicht umsonst stellen die meisten Männer täglich den vorpubertären Gesichtsausdruck durch eine Rasur wieder her. Wilde Bärte verbergen die feinen Ausdrucksnuancen des Gesichts und übermitteln somit dunkle, unberechenbare Tiersignale. Eingegrenzte Bärtchen oder Schnurrbärte senden ein vermindertes Drohsignal. Glattrasiert zu sein, bedeutet: offen, berechenbar und untierisch. Ähnlich assoziieren wir gepflegte und schmutzige Hände, zarte und gegerbte Haut, frisiertes und strähniges Haar.

Beim Kurzkontakt werden in Windeseile sichtbare Körperzonen hinsichtlich des ursprünglichen Aussagesignals und der heutigen gesellschaftlichen Normvorstellungen überprüft. Die erhaltenen Informationen werden von Frauen und Männern als Stärke-, Rangstellungs- und Sexualsignale unterschieden. Wenn z. B. ein älterer männlicher ›Rudelführer‹ auf den ersten Blick die Körpersignale eines jungen Mannes, der sich um eine Mitarbeit oder Stellung bewirbt, als bedrohlich empfindet, zählen Referenzen und Qualifikationen nicht mehr. In der Regel wird er den neuen ›Wolf‹ nicht aufnehmen, da er seine Machtstellung gefährdet sieht. Eine solche unbeabsichtigte ›Drohung‹ des Bewerbers kann bereits sein, daß er nur einen Kopf größer ist, einen festeren Händedruck hat oder eine besser aussehende Erscheinung ist als sein Vorgesetzter. Betritt eine Frau erstmals einen Raum und ihr männliches Gegenüber ist bei ihrem Anblick sofort fasziniert, empfindet er ihre Ausstrahlung seinem archaischen Erbe entsprechend als anziehend sinnlich. Dabei können auch rassische und kulturelle Merkmale eine Rolle spielen. Haut und Haare, Mund- und Augenform, Busen, Po und Beine übermitteln entwicklungsgeschichtliche Ursignale. Vor allem anderen gehen vom Mund und vom Augenaufschlag starke erotische Signale aus: Wirken die Lippen weich, entspannt und unverbissen, strahlen sie für einen Mann ›Sex-Appeal‹ aus. Ein ›cooler‹ oder ›softer‹ weiblicher Blick kann schon in 3 Sekunden signalisieren, ob nur rein offizielles oder eventuell auch privates Interesse aneinander besteht.

Ein weiterer oft unterschätzter Beurteilungsfaktor innerhalb der anfänglichen Kurzkontakt-Phase ist der Geruch. Über Körpergeruch zu sprechen war lange Zeit ein Tabu. Heute ist eine mächtige Kosmetikindustrie darauf ausgerichtet, die ›vulgären‹ Körpersignale durch Achsel- und Intimsprays, Deoroller, Seifen, Puder, Parfüms, Cremes, Rasier- und Mundwässer zu überdecken, zu verhindern und zu ersetzen. Trotzdem bleiben körpereigene Duftmarken, die einen darüber in Kenntnis setzen, ob man sich gegenseitig ›riechen‹ kann oder nicht. ›Duftkommunikation‹ ist auch ein Relikt steinzeitlicher Instinkte in uns. Immer noch sind wir mit einer feinen Nase ausgestattet, die auf Geruchssignale reagiert wie vor Tausenden von Jahren, als Menschen noch kein ausgeprägtes Kommunikationssystem hatten.

In grauer Vergangenheit hatte Geruch eine ganz besondere Mitteilungsfunktion. Von einigen penetranten Körpergerüchen ging eine Demonstration der Stärke und Macht aus, die ungebetene Gäste vertreiben sollte. Andere Düfte bildeten Signale, die zum Geschlechtsverkehr anreizten.

Geruchsbotschaften treffen immer noch direkt in das Gefühlszentrum unseres Gehirns. Erinnerungen können wachgerufen werden, Spannung und Aggression, Ruhe und Unruhe, Hunger-, Lust- und Glücksgefühle können auf Düfte hin entstehen. Bestimmte Duftsignale wirken direkt auf den männlichen und weiblichen Hormonhaushalt. Hat es aufgrund dessen zwischen zwei Menschen ›gefunkt‹, heizt ein Hormonstoß Millionen von Nervenzellen an, worauf sie unverzüglich Signale in alle Körperteile schicken; Körperhaare sträuben sich, Muskeln ziehen sich zusammen, der Puls erhöht sich, einzelne Körperregionen sondern Schweiß ab.

Da wir bei der Wahrnehmung eines Menschen meist optisch und akustisch in Anspruch genommen werden, bemerken wir Körpergerüche erst dann bewußt, wenn sie sehr auffällig sind. Doch ob zum Sektfrühstück, bei einer Party oder Feier, ob im Fitness-Center oder Tennisclub, ob auf Vorträgen, Tagungen und Seminaren oder im Beruf – bei einer Vorstellung, Bewerbung und Zusammenarbeit –, oft wird gleich während der Kurzkontakt-Phase allein nach dem Geruch entschieden, ob man jemanden annimmt oder ablehnt, ohne daß man noch herauszufinden versucht, ob eine Person nicht doch über Qualitäten verfügt, die es wert wären, mit ihr in Kontakt zu kommen.

Gut riechen ist nicht nur eine Frage des Parfüms. Übertriebene Geruchssignale gelten wie in Urzeiten noch als offensiv und wirken deshalb abschreckend. Vor allem von Männern können stark parfümierte Geschlechtsgenossen als aufdringlich und ausbreitend empfunden werden. Abgeschwächte Körpergerüche hingegen wirken mitunter attraktiv. In der Liebe kann Eigengeruch in subtiler Verteilung als angenehm und stimulierend empfunden werden und künstlicher Geruch eher als störend. Im Geschäftsleben kann eine wohlriechende Duftaura mit dafür verantwortlich sein, ob Kontakte intensiviert oder auf Distanz gehalten werden.

Angenehmer oder unangenehmer Körpergeruch ist nicht nur eine Frage des täglichen Zeremoniells von Duschen, Zähneputzen, Wäschewechseln oder Kleidunglüften. Auch Dinge wie eine gesunde Ernährung, regelmäßige Verdauung, Sport oder Saunabesuch und innere Ausgeglichenheit sind wichtig und können sich positiv auswirken. Eine unausgeglichene Ver-

fassung, Streß und Aufruhr im Hormonhaushalt lassen die Körperdrüsen eines jeden Menschen unaufhaltsam aktiv werden.

Wir selbst nehmen unseren Eigengeruch immer erst dann wahr, wenn er verändert auftritt. Nach ca. 5 Minuten wird unser Geruchsempfinden durch ein und denselben Geruch nicht mehr erregt. Dies ist uns als Sicherheitsvorkehrung der Natur mitgegeben, um nicht bei über 3 000 möglichen Duftwahrnehmungen in ein Sinneschaos zu stürzen.

Der Computer in unserem Großhirn zählt alle Botschaften der Kurzkontakt-Phase zusammen: Aussehen, Schwingungen, körperliche Merkmale, Gerüche und natürlich auch akustische Signale. Unsere Eindrücke werden in Bruchteilen von Sekunden mit früher gespeicherten Erfahrungswerten verglichen. Wenn auf Anhieb Sympathie entsteht, meldet sich in uns so etwas wie das Gefühl einer heimlichen Artverwandtschaft. Bei Antipathie ist man sich eher artfremd oder mißt sich an negativen Begegnungen. Finden wir trotz anfänglicher Ablehnung auf irgendeiner Ebene zueinander, hat das ›gewisse Etwas‹ der Person unser Vorurteil des ersten Eindrucks besiegt.

Kleidung und Schmuck

Kleidung kann Menschen verwandeln. Mit Kleidungsstücken verhüllen wir einzelne Körperpartien und heben andere besonders hervor. Über die Auswahl der Kleidung, die wir tragen, können wir Stimmung und Einstellung, Klassen- und Gesellschaftszugehörigkeit, Stellung und Rolle signalisieren. Unser Outfit ist wie eine Verpackung, für deren Inhalt geworben werden soll.

Oberflächenkommunikation vollzieht sich im wechselseitigen Blick auf das, was ein anderer am Körper trägt. Überall auf der Welt kann Kleidung Botschaft sein. Die Mitteilung, die man visuell erhält, wird in jeder Kultur nach eigenen Kriterien bewertet. Für viele Kulturvölker ist es charakteristisch, sich zu ornamentieren, zu bemalen und zu schmücken. Auch Bekleidungsstücke sind Körperschmuck. Was wir in unserer Kultur durch Anzüge und Abendkleider, Dinner-Jackets und Hot-Pants, Trenchcoats, Trachten- und Bademoden ausdrücken, wird anderswo durch einen Lendenschurz aus Tierfell, Narben und Tätowierungen oder durch Federn und gefeilte Zähne ausgesagt. Das gleiche gilt für Verzierungen wie Frisuren und Make-ups, Perücken und lackierte Fingernägel. Dazu gesellen sich auch in unserem Kulturraum Schmuckstücke wie Ketten, Colliers, Armbänder, Ohrringe und Uhren sowie die lange Liste der Accessoires: Taschen und Tücher, Koffer und Schirme, Handschuhe oder Hüte. Immer sind Kleidung, Verzierung, Schmuck und andere am Körper getragene Gegenstände Symbole, mit denen wir den Ausdruck nackter Körperzonen modifizieren wollen.

Beim Urmenschen gingen von Haaren und Zähnen, Schultern, Armen und Genitalien pure und unverfälschte Körperbotschaften aus. Heute leben wir bekleidet und geschmückt in einer modernen Welt. Dabei machen wir uns kaum klar, daß wir im Verlauf der kulturellen Entwicklung zwar dazu übergegangen sind, weniger direkte Signale für körperliche Stärke, Rangstellung und sexuelle Attraktion zu geben, daß wir im Grunde aber immer noch durchaus gleichwertige Mitteilungen dafür von uns geben. Wir erfanden Kleiderordnungen, Schmuck- und Ornamentierungsformen von komplizierter Art, deren Einsatz die Herkunft und ursprüngliche Bedeutung der Kleidung als eine Form der Körperbotschaft noch erkennen läßt.

Eine Seminarteilnehmerin berichtete davon, daß sie als Dozentin in der Erwachsenenbildung wiederholt folgende Erfahrung machen konnte: Kam sie zur ersten Unterrichtsstunde mehr in bequemer und nicht unbedingt modischer Kleidung, blieben ihre weiblichen Kursteilnehmer so angezogen, wie bei der ersten Begegnung. In diesem Falle wurde sie meist von allen direkt positiv angenommen. Erschien sie zu Anfang gleich ausgesprochen elegant und modisch akzentuiert, entstand bereits am zweiten Tag eine Konkurrenzsituation. Viele Teilnehmerinnen erschienen plötzlich auch im modischen Kostüm oder Kleid und schminkten sich auffälliger. Diejenigen, die diesen Schritt nicht mitvollzogen hatten, waren auf einmal gegen die neue Dozentin und fanden täglich etwas an ihrem Unterrichtsstil zu kritisieren. Konfliktsituationen häuften sich. Das Fazit der Kursleiterin war, daß sie ihren Job unauffällig und neutral gekleidet mehr mochte, als wenn sie an manchen Tagen ihrer Lust nachging, sich schön zu machen.

Die Schilderung der jungen Dame zeigt, daß man durch das Betonen spezieller Körperregionen mit Textilien innerhalb einer Gruppen- oder Gesellschaftsstruktur automatisch einen bestimmten Platz einnimmt und damit öffentlich Stellung bezieht, wie man von anderen angesehen und behandelt werden möchte. Dies gilt sowohl für Frauen als auch für Männer. Auch wenn Kleidung von heute scheinbar nur ›lässig‹, ›locker‹ und ›sportlich‹ oder ›chic‹, ›elegant‹ und mal ein bißchen ›verrückt‹ aussehen soll, so kleidet sich doch ein jeder auch, um sich selbst schön zu finden. Daraus können Rivalitäten entstehen: Wer ist besser angezogen, wer teurer, wer individueller, wer trägt das neueste Modell?

Vor allem spielt sexuelle Attraktivität für die Damen- und Herrenbekleidung – als Kernsignal des ewigen Werbungsverhaltens zwischen Mann und Frau – wie eh und je eine große Rolle. Wer in manchen Situationen offen zeigt – oder geschickt verbirgt –, ›was man hat‹, folgt einem ähnlichen Körpersignalprinzip wie unbekleidete Naturvölker oder wie einst unsere Vorfahren.

Eindeutige Überbleibsel aus unbekleideten Zeiten, die maskuline und feminine Zeichen durch schmückende Übertreibung herausstellen sollen, sind zum Teil an heutigen Schnitten und Formgebungen von Stoffen weiterhin nachvollziehbar. Männerkleidung übermittelt partiell immer noch Signale für Kraft, Dominanz und ›Waffen tragen‹, beispielsweise in der Vergrößerung der Schulterbreite durch Polster und Wattierung bei Sakkos und Anzügen, oder durch Epauletten an Uniformen. Manche Frauenkleidung unterstützt durch das Hervorheben von Körperkonturen die weibliche Schönheit, Anmut oder die erotische Signalwirkung. Korsetts und BHs, weite Dekolletés, kurze Röcke, hautenge Hosen, Pullis oder Ledersachen sollen die sinnliche Ausstrahlung steigern.

Für Männer- wie Frauenkleidung gilt, daß durch sie der Umwelt Informationen zugespielt werden können; in welcher Stimmung man ist, ob man gegenüber anderen wettbewerbsfähig sein will oder deutlich darauf verzichtet, ob man sexuell ansprechend sein möchte oder eben nicht, zu welcher Schicht man gehört und welchen Status man verkörpert.

Insbesondere der Hang zu Statussymbolen, die über Kleidungsstücke präsentiert werden, zeigt, daß der Mensch von heute zum Teil noch analog zu den Hierarchien der Tierwelt seine Rangstellung innerhalb der Gruppe offen demonstrieren will. Nur orientieren wir uns dabei an relativen Werten, was es erforderlich macht, Materialien, Formen und Farben zu finden, mit denen wir unsere gesellschaftliche Position zur Schau stellen können. So gab es

zur Zeit des Feudalismus feste Gesetze, die bestimmten, wie ein Angehöriger des herrschenden Adels, des wohlhabenden Bürgertums oder der unteren besitzlosen Bevölkerungsschicht sich zu kleiden hatte. Solche Zugehörigkeitsmerkmale lassen sich heute noch an Kleidungsstücken und Schmuckattributen ablesen.

Die Kleidung drückt auch Lebensart aus. Obwohl jede Mode zufällig und nach Lust und Laune der Designer zu entstehen scheint, ist sie doch immer auch ein Abbild eines herrschenden Zeitgeists. Änderungen in der Art sich zu kleiden und mit Attributen zu bestücken vollziehen sich immer parallel zu gesellschaftlichen Neuformierungen. Ein Modeprinzip ist es geblieben, innerhalb der verschiedenen Gesellschaftsschichten eine gewisse Uniformität zu erreichen, auch wenn einzelne Persönlichkeiten individuelle Varianten tragen und versuchen, sich so ›herauszuputzen‹, daß sie sich deutlich von ihrer Umwelt abheben. Letztendlich ist jede Moderichtung mit der Aussage verbunden, welcher Gruppe man angehört. Dahin-

ter steht nicht, wie man meinen könnte, die Nützlichkeit von Kleidung, sondern die Absicht zu zeigen, wo man steht. Die launischen Modetrends trieben zu Zeiten des finanziellen Wohlstands immer die wildesten Blüten. Ein auffälliges Signal dafür ist seit den ›Goldenen Zwanzigern‹ immer wieder die Rocklänge der Damen. Je mehr Geld vorhanden war, desto kürzer wurden die Röcke.

Für manch einen entsteht von Saison zu Saison inzwischen fast eine Art gesellschaftlicher Druck, sich trendgemäß und aktuell zu kleiden, anhand der neusten Modelle und Modefarben zu zeigen, daß man nicht ›von gestern‹ ist. Für diese Menschen sind die Kleider der letzten Saison ein Symbol für Rückständigkeit oder gar Mittellosigkeit. In anderen Schichten (z. B. Intellektuelle) ist modeorientierte Kleidung regelrecht verpönt. Der Wechsel zum neusten ›Look‹ wird mit Oberflächlichkeit gleichgesetzt. Ein betont konventionelles Publikum schwört ebenfalls den sich ändernden Modeströmungen ab und bringt durch schlichte ›klassische‹ Kleidung seine langanhaltende Seriosität zum Ausdruck.

Wer glaubt, seine Art sich zu kleiden nur nach praktischen Erwägungen zu bestimmen und damit auf Aussagen über sich verzichten zu können, der irrt. Schon unscheinbare Kleinigkeiten können bereits etwas über ihren Träger aussagen. Ob Jeans, T-Shirt und Tennisschuhe, Tweed, Strick oder Seide, Pumps oder Schnürschuhe, Zweireiher oder Lederjacke – immer ist Kleidung voller Informationen über die Person, die sie trägt.

Die Signalwirkung unseres Outfits ist entweder schon beim Kauf beabsichtigt oder kommt zustande, indem wir uns unbewußt zum Erwerb eines bestimmten Teils entschließen. Die Größe des Geldbeutels schafft zwar den Rahmen der Kaufmöglichkeiten, gibt aber nicht allein den Ausschlag. Denn für jeden Menschen hat Kleidung nicht nur den Zweck der Umhüllung, sondern ist im ursprünglichen Sinne wie eine zweite Haut, die man gar nicht erst überziehen würde, wenn man sich darin unwohl fühlte und sich nicht damit identifizieren könnte.

Gleichgültig, welches zivilisatorische Niveau ein Volk erreicht hat, das Schmuckbedürfnis ist allen Menschen eigen. Über Kleidung und Materialien, die man am Körper trägt, lassen sich Mitteilungen an die Umwelt aussenden. Manchmal kommt es dabei über Kulturen und Zeiten hinweg zu erstaunlichen Übereinstimmungen

Bei der nonverbalen Kommunikation speisen wir die Datenbank in unserem Kopf mit allen möglichen visuellen Eindrücken. Je weniger Hintergrundinformationen wir über Personen haben, um so gewichtiger können die Signale ihrer ›Oberfläche‹ sein. Unwillkürlich etikettieren und katalogisieren wir danach Menschen. Anhand der äußeren Erscheinung ziehen wir Schlüsse auf die Rolle, die ein anderer in der Gesellschaft spielt.

Doch auch Leitbilder werden mit der Wahl der Garderobe vorgezeigt. So kopiert man bisweilen die persönlichen Stilmerkmale bekannter Personen des öffentlichen Lebens und von Kultfiguren wie Filmschauspielern oder den Stars der Musikbranche. Dies hat den Effekt, daß nicht die eigene Person und ihre Verwirklichung am Outfit erkennbar ist, sondern die Identifikation mit dem vorgespielten Lebensgefühl und Lebensstil eines anderen Menschen.

Schmuck- und Gebrauchsgegenstände aus edlen Materialien oder in seltenen Ausführungen haben eher den Zweck, materiellen Besitz zu repräsentieren. Ganz spezielle Marken und Firmennamen auf Kleidungsstücken und Accessoires stehen dabei stellvertretend für ein exklusives Image.

Für eine eindeutige ›Oberflächensprache‹ ist es wichtig, daß alles miteinander harmoniert, was wiederum von den ungeschriebenen Gesetzen des Zeitgeists abhängt. Sind z. B. auffällige Reizmittel wie wertvolle Schmuckstücke mit unordentlicher, nicht-modischer oder nicht-klassischer Kleidung verbunden, kann die Seriosität einer Person schnell in Frage gestellt sein. Die Symbolhaftigkeit eines nachlässigen und nicht deutlich einzuordnenden Äußeren kann vom Betrachter als Gleichgültigkeit, Außenseitertum oder gar als Provokation angesehen werden.

Mode ist nicht nur eine Frage des Geschmacks. Vor allen Dingen in der Vergangenheit setzte man über die Art sich zu kleiden überdeutliche Signale für Wohlstand und gesellschaftlichen Status – wie in diesem Porträt des Malers Thomas Gainsborough (1727–1788) erkennbar, das ein Paar der englischen Oberschicht darstellt

Über Attribute und Images senden spezielle Gruppen Botschaften aus, welchem Trend sie folgen

Die Jugendrevolten der sechziger und siebziger Jahre brachten nebenher auch eine Menge verstaubter Formalismen in den Kleiderordnungen der Nachkriegszeit ins Wanken. Die heranwachsende Generation wollte sich demonstrativ von der bestehenden Gesellschaftsform und ihren äußeren Erscheinungsbildern absetzen. Menschliche und inhaltliche Werte sollten alte Konventionen, die nur an materielle Güter gebunden schienen, ablösen. Mit der neuen Weltanschauung der Hippies oder der Flower-Power-Bewegung begannen sich auch die Sitten für Kleidung, Haartracht, Bärte und dergleichen mehr deutlich zu lockern. Seither existieren vielschichtige ›Anziehmöglichkeiten‹ und ›Mode-Szenen‹ relativ friedlich nebeneinander. Kleidung als Protest funktioniert heute auf der Straße nur noch selten. Alles ist möglich – der ›Punker‹ neben dem ›Banker‹, die ›Alternative‹ neben der ›Gestylten‹, der ›Glamour-Look‹ neben dem ›Piraten-Look‹. Doch das, was man trägt, deutet nach wie vor auf Zielgruppe, Zugehörigkeit und Ansprechbarkeit hin.

Je nach Anlaß und Situation macht die Möglichkeit, seinem Typ durch Kleidung Ausdruck zu geben, wie eh und je einen wichtigen Wahrnehmungs- und Kommunikationsaspekt aus, der jeden Betrachter mehr oder weniger dazu verleitet, nach dem Äußeren zu urteilen und daraus erste Schlüsse zu ziehen auf die Art des vermuteten ›Inhalts‹.

Zur optischen Beurteilung gehört auch die Symbolhaftigkeit von Kleiderfarben:

›Weiß‹ gilt als die Farbe der Reinheit, Naivität und Unschuld, wie die des Hochzeitskleids, die von hygienischen Arbeitskitteln, von dezenter Unterwäsche oder seriösen Oberhemden.

›Schwarz‹ wirkt nüchtern, geheimnisvoll, distanziert und ist zugleich die Farbe für Trauerbekleidung, Abendkleider, verführerische Negligés oder bedrohliche Rockerjacken.

›Rot‹ war früher die Farbe der Könige und ist heute eine Signalfarbe für Gefühle, Vitalität und Extrovertiertheit.

›Gelb‹ steht in der Liste der Bekleidungsfarben für Mut, Selbstsicherheit und Unabhängigkeit.

›Grün‹ läßt auf Vernunft und Gleichgewicht schließen.

›Blau‹, vor allem Dunkelblau, vermittelt einen Hang zum Traditionellen, Konservativen und Gediegenen.

›Braun‹ und bräunliche Mischvarianten drücken Zurückhaltung, Einfachheit und Naturverbundenheit aus.

Die Farbsymbolik der Kleidung kann je nach Kulturkreis und Zeit differieren. In der westlichen Welt war Schwarz lange Zeit die Farbe der Hochzeitsgewänder. In manchen Teilen Asiens gilt Weiß als die Farbe des Trauerkleids. Ähnlich unterschiedliche Bedeutungen können auch die bunten Farben haben.

Schmuckstücke haben wie Kleidung eine Schaufunktion, durch die sich persönliche Eigenarten des Trägers ausdrücken können:

›Auffälliger Schmuck‹ deutet auf einen ausgeprägten Willen nach Anerkennung und sozialem Status hin. Die Trägerperson will Aufsehen erregen und betonen, daß sie etwas darstellt.

›Zierlicher Schmuck‹ vermittelt Zurückhaltung. Die Trägerperson möchte klein und grazil wirken, um äußerst behutsam und vorsichtig behandelt zu werden.

›Prestigehafter Schmuck‹ will zeigen, was man hat, und ist oft als Geldanlage gedacht. Die Trägerperson hat das Bedürfnis, anderen deutlich zu machen, was sie nicht haben.

›Schmuckhafte Abzeichen‹ sind Zugehörigkeitsattribute. Trägerpersonen mit Mitglieds- und Meinungssymbolen am Revers drücken ein gesteigertes Bedürfnis nach Sicherheit innerhalb einer Vereinigung aus.

›Arm- oder Ohrschmuck‹ soll die Aufmerksamkeit anderer vorrangig auf die Hände, Arme oder das Gesicht lenken. Männliche Ohrringträger liefern symbolische Zusatzsignale, keine Machos zu sein, sondern Männer, die in Opposition zu althergebrachten Rollenmustern verstanden werden wollen.

Am Körper getragene Nutzgegenstände und Accessoires können zusätzlich als Stellungnahme dienen:

›Taschen‹, besonders von Frauen, demonstrieren der Umwelt individuelle Einstellung und gesellschaftliche Rolle. Große Taschen vermitteln Selbständigkeit und Unabhängigkeit. Kleine Taschen deuten eher auf eine klassische Frauenrolle hin. Edle Taschenmaterialien suggerieren einen finanziell gesicherten Stand. Aufgedruckte Firmenembleme und Namen zeigen die Beziehung zu einem bestimmten Image und seiner Lebensart.

›Aktenkoffer‹ weisen auf Tätigkeiten ›mit sauberen Händen‹ hin. Einst ein Utensil der Geschäftsleute, Bankiers und Diplomaten, sollen sie Signal für Ansehen, Autorität und hohen Status sein.

›Uhren‹ sind teilweise vom funktionalen Gegenstand zum Prestigeobjekt geworden. Je nach Marke und Preis drücken sie eine Gesinnung aus, die von ›auffallend protzig‹ bis ›zurückhaltend dezent‹ reichen kann.

›Schuhe‹ sind bei Frauen akzentuierende Symbole, entweder tendenziell in Richtung ›bequem und sportlich‹ oder ›elegant und erotisch‹. Hohe Absätze betonen die Gangbewegung und das Gesäß und geben Signale, die auf Männer anziehend wirken. Flache Schuhe schwächen die sexuelle Wirkung ab. Bei Männern stehen breite Schuhe für Derbheit und grobe Tätigkeit, schlanke Schuhe für Bildung und Kultiviertheit, schmutzige Schuhe für Unkorrektheit und Nachlässigkeit.

›Krawatten‹ sind traditionelle Accessoires, die früher die männliche Geschlechtsspezifigkeit herausstellen sollten. Je nach Mode können sie – zu kurz und dickknotig – Unseriosität und wenig Kleidungskultur assoziieren lassen. Zu lang gebunden, kann je nach Stellung oder Sitzposition des Trägers ein Akzent in Richtung Unbedarftheit, Unhöflichkeit oder Anzüglichkeit gesetzt werden.

›Hüte‹ haben gleichzeitig die Wertigkeit einer schützenden Kopfbedeckung und eines Statussymbols. Als ergänzendes Attribut zur Kleidung, können sie Signal sein für individuellen Stil oder offizielles Gebaren.

›Handschuhe‹ als Nutzgegenstand gegen Kälte oder Schmutz sind zugleich mit aggressiven Wertigkeiten besetzt. Männerhände in schwarzen Handschuhen z. B. können unfeine und bedrohliche Stärkesignale aussenden. Frauenhandschuhe aus Netzmaterial und in Schwarz können hingegen auf anregende Weise aggressiv wirken.

Kleider machen Leute! Mit dem Wechsel der Kleidung ändert sich nicht nur unser Erscheinungsbild an der ›Oberfläche‹, sondern manchmal auch Ansehen, Rolle und Verhalten

DER VERBALE AUSDRUCK

1. SIGNALE DER SPRACHE

Unsere Sprache ist ein Transportmittel. Mit ihrer Hilfe übermitteln wir die Gedanken aus unserem Kopf heraus in die Köpfe anderer Menschen. Wir äußern uns dazu in Worten und Sätzen, benutzen Substantive, Verben und Adjektive mit dem Ziel, damit auf unsere Gesprächspartner einen Einfluß auszuüben und sie zu einer Antwort oder aktiven Reaktionen zu bewegen.

Wir wissen, wie verschieden die Menschen sind. Wie häufig passiert es, daß, wenn wir etwas sagen, andere darauf völlig unerwartet reagieren. Wie oft fragt man sich dann: »Warum versteht er/sie mich nicht? Weshalb ist er/sie plötzlich so eigenartig, verärgert, verletzt …?« Genauso kann es uns selbst ergehen. Manchmal sind wir über eine Äußerung beleidigt, fühlen uns angegriffen oder nicht respektvoll genug angesprochen. Unsere Gedankennachrichten von Kopf zu Kopf, über die Sprache transportiert, können also etwas anrichten und auslösen, was weit über die beabsichtigte Mitteilung hinausreichen kann. Bisweilen hat die Reaktion von Gesprächspartnern kaum etwas mit dem direkten Inhalt einer Äußerung zu tun. Sie wurde nur dadurch ausgelöst, daß jeder Beteiligte aus dem Gesagten für sich persönlich etwas anderes herausgelesen hat.

Wie schon einmal erwähnt, ist Sprache etwas Subjektives. Immer ist man vom gegenseitigen Sich-Verstehen-Wollen abhängig. Demzufolge tappen alle, die Sprache sprechen, mit dem, was sie sagen, gewissermaßen im Dunkeln. Nie weiß man genau, wie das, was man von sich gibt, am anderen Ende der Leitung ankommt, während man seinem Gegenüber etwas erklärt, vermittelt und berichtet, jemanden berät, informiert, anleitet, motiviert, lobt, kritisiert usw. Wie unsere Gesprächspartner die Signale in unseren sprachlichen Mitteilungen deuten und was sie daraus machen, hängt davon ab, mit welchen ›subjektiven Ohren‹ sie diese hören.

Selbstverständlich gilt dies nicht in jedem Fall und für jeden kleinen Satz, den man aussendet oder empfängt. Aber es gilt immer dann, wenn die persönliche Auffassungsgabe und Sichtweise, mit der man eine Äußerung im Kopf bewertet, mit psychischen Bedingungen in uns in Konflikt gerät. Dann kann durch irgendeinen ›kleinen Stein‹ innerhalb der Mitteilung des Senders beim Empfänger eine Gefühlslawine ausgelöst werden, die hinsichtlich ihres Ausmaßes oft gar nicht beabsichtigt worden war.

>> *Jede sprachliche Kommunikation hängt vom gegenseitigen Sich-verstehen-Wollen ab.* <<

Ein Beispiel dafür ist der Umgang mit Kritik. Wer durch die Elternbotschaft immer etwas Herabsetzendes erfuhr, indem er gesagt und gezeigt bekam »Du bist zu nichts zu gebrauchen, machst immer alles falsch, machst uns keine Freude, so wie du bist«, kann als Erwachsener ein labiles und schwaches Selbstwertgefühl haben. Die leiseste, rein sachlich angebrachte Kritik eines Gesprächspartners ist dann imstande, eine innerliche Gefühlsexplosion zu verursachen. Worte wie »Du kannst nicht, hast nicht, machst nicht!«, mit einem bestimmten Unterton gesagt, können diesem Menschen signalisieren, daß Fehler zu machen eine Schande ist. Er wird daraus schließen, nichts wert zu sein, nicht akzeptiert und geliebt zu werden. Seine Reaktion auf die von ihm herausgehörte, aber nicht unbedingt tatsächlich scharfe Kritik wird nicht konstruktiv ausfallen, sondern eher in Streit und Aggression ausarten, da diese Person glaubt, sich gegen die weitere Verletzung ihres ohnehin angeschlagenen Selbstgefühls zur Wehr setzen zu müssen.

Unsere Sprache kann also Reize enthalten, deren Wirkung auf andere wir nicht immer voraussehen und planen können. Erst an den sprachlichen und körpersprachlichen Reaktionen, dem ›Feedback‹ eines Gesprächspartners erkennen wir, wie ein Satz aufgenommen und eingeordnet wurde. Sie wissen bereits, welch ›unsachlichen‹, aber dennoch sehr wirksamen Einfluß auf die Kommunikation manche Körperhaltung, Mimik oder Gestik haben kann. Auch der Sprache können wir ihre Art subjektiver Auswirkung niemals ganz nehmen. Denn wie wir festgestellt haben, ist die Reaktion eines Gesprächspartners auf das, was wir sagen, immer zu einem Teil seine eigene Sache. Manche Dinge kann und will ein anderer gefühlsmäßig nur so verstehen, wie er sie vielleicht von Kindheit an einseitig zu deuten gelernt hat. Somit ist ein gewisser ›Risikoanteil‹ für Mißverständnisse beim Miteinander-Reden nie auszuschließen. Die Chance aber, unsere Kommunikation zu verbessern, liegt in unserer Möglichkeit, mit den eigenen Sprachsignalen und dem Feedback des Gesprächspartners gekonnter umzugehen.

Das bedeutet zum einen: Nicht drauflossprechen, sondern gezielt durch den bewußten Einsatz seiner Sprachmöglichkeiten mit Bedacht und folgerichtig kommunizieren. Das bedeutet zum anderen: Die sprachlichen und körpersprachlichen Reaktionen des Gesprächspartners rechtzeitig bemerken, um Störungen sofort zu erkennen und um steuernd Änderungen einleiten zu können. Viele Kommunika-

tionssituationen lassen sich noch klären, bevor es zu Mißbilligung, Streit, Verärgerung oder Gekränktsein kommt, und sind durch den richtigen Umgang mit dem Wort effektiv zu beeinflussen.

In diesem Kapitel beschäftigen wir uns mit dem Handwerkszeug der Sprachmittel und ihrem Einfluß auf unsere Verständigung. Dazu zählt das, was ich sage, und das, wie ich es sage. Während das ›Was‹ mehr vom Inhalt unserer Gespräche bestimmt wird, gehören zum ›Wie‹ die Techniken und Regeln. Angefangen von der Stimme, der Sprechweise, dem Sprachstil, der Sprachmelodie und Artikulation bis hin zu den Kunstgriffen und Kniffen der Rhetorik, untersuchen wir im folgenden Möglichkeiten und Wege, sich besser auszudrücken, um Situationen weitreichender zu überblicken und um überzeugender kommunizieren zu können.

Ob für das Gespräch mit dem Partner, mit Kindern, mit Freunden, Verwandten und Bekannten, ob im Beruf als Mitarbeiter(in), Führungskraft und Verkäufer(in) oder mit Kollegen, Klienten und Kunden, ob als Vorsprecher(in), Redner(in) und Interviewer(in), ob als Berater(in) und Betreuer(in) – je umfassender Sie die Auswirkungen des eigenen Sprachverhaltens beim Umgang mit Menschen begreifen, desto unmittelbarer lassen sich daraus Schlüsse ziehen, die sich für eine erfolgbringende Gestaltung menschlicher Beziehungen einsetzen lassen.

Körperspannung

Jeder, der bewußt spricht, bezieht den ganzen Körper mit ein. Für ein lebendiges Sprechen bedarf es einer ständigen Beobachtung der körperlichen Spannungslage. Jede Verspannung und falsche Anspannung der Muskulatur wirkt sich unmittelbar negativ auf das Atem- und Stimmverhältnis und infolgedessen auf das Sprechen aus. Ein entspanntes und aktives Körpergefühl hingegen sorgt für die notwendige ›Präsenz‹, die man braucht, um gestaltend mit seiner Stimme umzugehen.

Ein guter Sprecher stellt den Zustand der Präsenz immer zuerst her, bzw. er versucht, ihn beim Sprechen aufrechtzuerhalten. Dazu muß er seine ideale Körperspannung kennen und so im Griff haben, daß er mit dem geringsten Aufwand an Kraft reden kann. Da Sprechen nicht nur eine Sache von Zunge, Lippen und Zähnen, Larynx und Pharynx ist, sondern ein sehr komplexer Vorgang, an dem ein Mensch mit seiner ganzen Persönlichkeit beteiligt ist, fordert dies ein ausgeglichenes Verhältnis von Körper und Geist. Spürt man eine solche Harmonie im Muskelgeflecht und im Nervenkostüm, besitzt man die allerbesten Grundlagen, um sich leistungsfähig zu präsentieren und vorzutragen oder um in einer Runde zu sitzen und zu diskutieren, zu fragen, zu kontern, zu besprechen und zu konferieren.

Zwei Dinge kann man tun, um die körperliche Grundverfassung für das Sprechen optimal vorzubereiten und zu halten.

Das eine ist, zu wissen: Fehlspannungen führen zu Sprechfehlern.

Deshalb sollte man sie vermeiden. Sind sie bereits da, muß man sie abstellen können. Fehlspannungen können vom Kopf bis zu den Füßen über den ganzen Körper verteilt sitzen. Sie können sich in einem Zuviel an Spannung äußern – was sich in verkrampften, verhärteten Muskeln und leicht reizbaren Nerven bemerkbar machen kann –, oder sie können sich in einem Zuwenig an Spannung zeigen – was als zu lasche und lässige Unterspannung von Muskeln und als nervlich schläfrige Verfassung wahrzunehmen ist. Besonders anfällige Bereiche für Überspannung und Ankrampfung sind die Hals-, Nacken- und Gesichtsmuskulatur, aber auch die Schultern, der Brustkorb, der Bauch und das Becken. Nach längerem Festhalten im Hals-Nacken-Bereich können sich Kopfschmerzen bemerkbar machen. Ein Festhalten im Brustkorb-Bauch-Bereich kann je nach Intensität zu Beklemmungsgefühlen, Atemnot und Schweißausbrüchen führen. Empfänglich für Unterspannung und Kraftlosigkeit ist vor allem das Muskelgeflecht der Schulterpartie, die Verbindung von Hals und Kopf sowie das Rückgrat. Sowohl Über- als auch Unterspannung der Körpermuskulatur wirken sich ungünstig auf den Sprechablauf aus. Feste Verspannungen führen zu einem enormen Energieverbrauch und Kräfteverlust. Sie mindern die Flexibilität des Sprechens und des Denkens. Meist geht Muskelverspannung einher mit Nervosität und Aufregung und drückt auf den Stimmapparat. Dies kann sich an einer zitternden, zu gepreßten oder zu hoch klingenden Stimme bemerkbar machen, was auf Dauer zu Stimmschädigungen führt. Die lässige, lasche Körperspannung, die oft in Verbindung mit allgemeiner Energielosigkeit oder Gleichgültigkeitsgefühl des Sprechers auftritt, zieht leicht Versprecher, Artikulationsprobleme und ein zu monotones Sprechen nach sich. Ist die Körperspannung nicht ideal eingestellt, wirkt man nicht gelöst. Man ist sowohl muskulär als auch gefühlsmäßig nicht gelassen, sondern starr und unbeweglich, was nicht zuletzt immer eine Rückkoppelung zum gedanklichen Reagieren hat.

Das andere ist, zu verstehen: Falsche Haltung verursacht ein ungutes Körpergefühl.

Hand in Hand mit der Wirkung auf das Sprechverhalten durch Muskel- und Nervenzustände geht die Haltung einzelner Körperpartien. Demzufolge ist auch hier auf eine entspannt aufgebaute Grundhaltung zu achten,

Sprache ist nicht nur eine Sache von Zunge, Lippen und Zähnen, sondern der ganze Körper ist daran beteiligt. Beim Diktieren im Büro nimmt man zuweilen eine entspannte Haltung ein. Wenn man Sprache als Medium benutzt, um vor ein Publikum zu treten und um Zuhörern Inhalte zu vermitteln, ist eine bewußte, ausgewogene Haltung sinnvoller

dies sowohl im Stehen als auch im Sitzen. Grundsätzlich ist immer eine natürlich aufrechte Oberkörperhaltung wichtig, damit der Atem Platz hat und der Energiefluß im Körper nicht behindert wird. Die Schultern sollten entspannt zurückgenommen, der Hals und der Kopf aufrecht getragen werden. Die Arme hängen am besten locker und schwer, doch ohne den aufrechten Oberkörper herunterzuziehen. Die Hände und Finger sollten unverkrampft und ruhig sein, ohne nervös mit etwas herumzuspielen oder etwas verkrampft zu umklammern. Beides schafft Ablenkung. Ruhig sind nur die Bewegungen auszuführen, die entweder zweckdienlich sind (z. B. Papier umblät-

tern) oder die eine Äußerung körpersprachlich untermalen möchten. Die Haltung des Beckens beim Stehen sollte nur eine leichte Neigung nach vorn haben, auf keinen Fall aber eine starke Neigung nach hinten. Der Körperstand ist optimal, wenn er schulterbreit austariert ist und die Fußflächen fest mit dem Boden in Berührung sind. Durch den ganzen Körper muß von den Füßen über die gestreckte Wirbelsäule bis hin zum Kopf eine Vertikale spürbar sein. Diese kann man sich wie eine Art Lichtstrahl vorstellen, der durch den Körper geht und über den Kopf nach oben ausstrahlt. Eine natürliche Körperhaltung mit geradem Rücken, entspannten Schultern, festem Stand und richtigem Verhältnis von Entspanntsein und aktivem Gespanntsein der Sprung-, Knie-, Hüft- und Schultergelenke erzeugt eine Wachsamkeit, die die Art zu sprechen deutlich fördert.

> **»**_Ein entspanntes Körpergefühl
> ist eine gute Voraussetzung
> für die notwendige Präsenz
> des Sprechers._**»**

Damit man beim Sprechen in der Lage ist, die Übersicht zu behalten und eigene Fehlleistungen auf ein Minimum zu reduzieren, ist eine ausgewogene körperliche Grundspannung ein großer Vorteil. Um diesen Zustand zu erreichen oder um ihn nach Bedarf herstellen zu können, empfehle ich, das Autogene Training (siehe Kapitel »Trainings«) regelmäßig durchzuführen. Eine entspannte und gelöste Verfassung schafft Ausdauer beim Reden und Reagieren und sorgt für innere Gelassenheit. Die Fähigkeit, seine Muskulatur je nach Bedarf zu entspannen, erzeugt unverkrampfte Bewegungsabläufe, die souverän wirken, und ist zusammen mit einer guten Körperhaltung die Voraussetzung für körpersprachliche Überzeugungskraft. Bewußt sprechen heißt zunächst, die Körperspannung im Auge zu behalten, um die Sprechfunktionen wie Atmung, Stimme und Artikulation zu unterstützen und gekonnt zu dosieren.

Atmung

Die richtige Atmung ist das A und O für ein einwandfreies Sprechen. Als abendländische Menschen tun wir uns oft recht schwer, den Atem wichtig zu nehmen. Viele schenken dem Luftholen keine sonderliche Beachtung, da es ohnehin wie automatisch geschieht. Tatsächlich aber dient uns der Atmungsapparat nicht nur zur rein mechanischen Aufnahme von Sauerstoff, sondern bestimmt in nicht unerheblichem Maße die körperliche und geistige Vitalität mit sowie die individuelle Art zu sprechen. Wer seine Atemführung gut beherrscht, reguliert damit positiv seine Gesundheit und schafft zugleich die entscheidende Vorbedingung für gutes Reden. Wer sich schlicht aufs unkontrollierte Ein- und Ausatmen beschränkt, hält damit zwar die Lebensgeister wach, entspannt sich jedoch nicht genug und bekommt beim Sprechen leicht Probleme.

Wichtig für eine richtige Atmung ist, daß man seinen Atem auch außerhalb von Gesprächen, z. B. beim Gehen, beim Fahren, beim Sitzen, in der Ruhelage oder beim Sport bewußt kontrolliert und gegebenenfalls reguliert. Grundsätzlich gilt es, ruhig und tief durchzuatmen, damit der Körper genügend Zeit hat, den Sauerstoff in Energie umzuwandeln und durch ein wirkliches Ausdehnen und Zusammenziehen des Brustkorbs die natürliche muskuläre Entspannung erreicht wird. Des öfteren wirken wir durch unsere geistig-seelische Verfassung dagegen an, atmen zu kurz, zu flach und lassen den Atem stocken, was zu Verkrampfungen führt, besonders beim Anheben der Schultern. Auch für die Sprechpraxis ist es ratsam, sich zunehmend die Tiefatmung (Zwerchfellatmung) anzugewöhnen, in der sich beim Einatmen die Bauchdecke vorwölbt und die Flanken dehnen. Beim Ausatmen soll die Bauchmuskulatur wieder elastisch zurücksinken. In dieser Form läßt sich am besten wirklich Atem schöpfen, anstatt die Atemluft einzuengen oder danach zu schnappen. Beim tiefen Durchatmen fördern wir den Gasaustausch über die Lunge und führen ausreichend frische Luft an ihre Kapillaren heran, was es uns ermöglicht, den Atem besser einzuteilen und schon mit wenig Luft ohne Hast und voller Volumen zu sprechen.

So heißt denn auch die wichtigste Grundregel für den Vorgang des Sprechens: Haushalten mit dem Atem! Die jeweilige Atemmenge muß der Länge einer Aussage oder eines zu sprechenden Textabschnitts entsprechen und immer noch Reserven beinhalten. Spricht man nicht – d. h. auch in den Sprechpausen –, sollte man möglichst immer durch die Nase einatmen, weil so die Atemluft erwärmt und von Bakterien befreit wird. Atmet man viel durch den Mund, klingt die Stimme eher rauh und heiser, und Entzündungen können sich einstellen. Während man spricht, muß man jede sich bietende Gelegenheit nutzen, zu atmen, wo der Sprechablauf es ermöglicht, doch ohne die Einatmung sonderlich zu forcieren. Deutlich hörbares Japsen und Keuchen nach Luft ist schädlich und muß unbedingt vermieden werden.

Jedes Sprechen klingt besser, wenn man als Zuhörer die reichen Resonanzräume des/der Sprechers/in bemerkt. Diese lassen sich durch turnusmäßige Atem- und Stimmübungen weiter ausbilden und indem man grundsätzlich jede stimmliche Betätigung, auch das Singen, als angenehm und befreiend empfindet. Jeder, der mit seiner Sprache als Werkzeug der Kommunikation umgeht, muß den Klang und die Modulationsmöglichkeiten seiner Stimme genau kennen. Eine volle Atmung gibt unserem Sprechen die notwendige Stütze und der Stimme erst einen ausdrucksstarken Charakter. Manchmal ist nicht die Zeit zum tiefen Atmen, und man muß Nachatmen, weil die Situation zu schnellem Reden zwingt, was die Stimme verändert, oftmals auch verzerrt. Wenn es in der Kommunikation darauf ankommt, sollte dagegen immer genügend Atemvolumen vorhanden sein, um jedem Wort und jeder Stimmerhöhung Farbe und Klang zu geben und jeden

Gedanken ohne zwangsläufige Atempause sinnzusammenhängend auszusprechen.

Die Atmung und die Möglichkeiten, mit der Stimme eine Aussage für die Ohren anderer wohlklingend zu formen, stehen also in einem untrennbaren Zusammenhang. Wer glaubt, seine Sprechfähigkeiten durch eine verbesserte Atemführung besser ausschöpfen zu können, dem empfehle ich, es einmal mit spezieller Atemgymnastik oder mit speziellen Atemtechniken zu versuchen, wie sie zum Teil im Yoga und zur Stimm- und Gesangsausbildung verwendet werden. Gewiß sollten Sie auch die nachfolgende Atemübung zur allgemeinen Verbesserung der Atemweise regelmäßig und konzentriert durchführen.

Ruhiges, kontrolliertes Atmen ist eine der wichtigsten Voraussetzungen, um undeutliches Sprechen zu vermeiden. Yoga und Meditation sind sehr gut geeignet, um zu mehr innerer Ruhe zu gelangen und die Atemtechnik zu verbessern

Atemübung

Begeben Sie sich an einen Ort Ihrer Wahl, wo Sie ungestört sind. Günstig ist es, wenn Sie dabei frische Luft haben. Ideal ist die freie Natur, der Wald oder ein Meeresstrand. Auch die bloße Vorstellung von Blumenduft oder Meeresluft im Zimmer kann bereits sehr begünstigend sein. Setzen Sie sich aufrecht hin, lehnen Sie sich z. B. an einen Baum, eine Wand, oder sitzen Sie frei im Schneidersitz mit geradem Rücken. Schließen Sie nun Ihre Augen, und schalten Sie innerlich ab. Nehmen Sie sich Zeit, und verabschieden Sie sich für eine Weile von den Gedanken, die Sie sonst beschäftigen. Richten Sie Ihr ganzes Bewußtsein auf den Körper und hören Sie in sich hinein. Nehmen Sie wahr, wie Sie gerade atmen und welchen Lauf die Luft dabei nimmt. Lassen Sie eine Weile den Atem, ohne ihn zu beeinflussen, auf die gewohnte Art und Weise in sich eindringen und wieder ausströmen. Wichtig ist, daß Sie dabei gedanklich wirklich ausruhen und nur das Ein und Aus der Atemluft betrachten.

Beginnen Sie nach einiger Zeit, mühelos immer tiefer durch die Nase ein- und durch den Mund auszuatmen. Fühlen Sie, wie die Luft in die Nase eindringt, den Hals hinunterströmt bis in den Bauch und wie sich Brustkorb und Bauch ausdehnen, um dann wieder ruhig einzusinken. Warten Sie den jeweiligen Reiz zur Ein- oder Ausatmung ab, und geben Sie ihm dann nach, ohne sich anzustrengen oder dabei die Luft anzuhalten. Atmen Sie in dieser Weise 7mal hintereinander.

In der nächsten Phase der Übung ziehen Sie die Atemluft ein, während sie zugleich innerlich langsam bis 7 zählen. Wieder beobachten Sie den Atemstrom, wie er zuerst hinunter in den Bauch geht, der Bauch sich vorwölbt, weil er ganz ausgefüllt ist, und wie dann die Luft die Lungen von unten nach oben aufbaut. Haben Sie bis 7 gezählt und sind nun voller Atem, halten Sie die Luft 7 Sekunden lang an. Stellen Sie sich währenddessen vor, daß die Atemluft jetzt in alle Teile Ihres Körpers eindringt und alles bis in die Zehen mit lebensspendendem Sauerstoff versorgt wird. Sind Sie bei 7 angelangt, lassen Sie die aufgestaute Luft wieder los und atmen wiederum 7 Sekunden lang aus. Versuchen Sie, beim Ausatmen durch den Mund die Luft leicht über die Lippen auszublasen und dabei einen leisen Ton zu erzeugen. Unterdessen spüren Sie, wie die verbrauchte Luft gleichmäßig aus dem Körper herausströmt und Sie danach ebenfalls 7 Sekunden lang innerlich leer und angenehm ruhig sind. Wiederholen Sie dieses forcierte Atmen in mehreren Durchgängen.

Als Erweiterung können Sie, indem Sie in mehrfachen Durchgängen abwechselnd mit angelegtem Daumen jeweils ein Nasenloch zuhalten, nur durch das offene Nasenloch ein- und ausatmen und damit das Zwerchfell zu noch größerer Aktivität anregen. Als Zeitmaß sollten Sie pro Atemvorgang wieder denselben 7-Sekunden-Takt nehmen.

Zum Schluß der Übung bleiben Sie noch ein paar Minuten ruhig sitzen und atmen wieder völlig unbeeinflußt, jedoch tief ein und aus. Öffnen Sie danach langsam die Augen, fühlen Sie sich erfrischt, und probieren Sie für den Rest des Tages, in einem bewußten Atemzustand zu bleiben.

Sprechen

Das Arbeitszeug für den, der redet, ist der Mund mit seinen innenliegenden Sprechinstrumenten. Die Töne, die wir von uns geben, entstehen im Kehlkopfbereich und werden durch die Vibration der Stimmbänder verursacht. Die Sprachlaute selbst kommen erst durch die Zusammenarbeit von Zunge, Lippen, Nase und Zähnen zustande. Viele Redner, Schauspieler und Moderatoren ›ölen‹ ihre Sprechwerkzeuge erst einmal gründlich, bevor sie ins Rampenlicht treten oder ein Mikrophon in die Hand nehmen. Dazu gehört eine Reihe einfacher Lockerungsübungen, in denen z. B. der Unterkiefer hin- und herbewegt, die Lippen zu einem runden Loch geformt und dann mehrfach weit geöffnet werden oder durch Räuspern, Schmecken, Schlucken die Zunge vom Gaumen gelöst wird. Ein Schluck Wasser, um die richtige Speichelzusammensetzung im Mund herzustellen, und schon mal einige Töne summen oder anklingen lassen, um die Stimmbänder flexibel zu machen, gehören ebenfalls bei vielen Profis zur Sprechvorbereitung.

Nicht jeder spricht im Rundfunk, im Fernsehen oder vor einem großen Auditorium, wo es besonders auf eine ausgezeichnete Sprechwirkung ankommt. Allen jedoch ist aus den unterschiedlichsten Motiven daran gelegen, bei Gesprächspartnern gut anzukommen. Vieles vermittelt sich einem Zuhörer allein schon über die Tonlage der Stimme und die Sprechweise des Sprechenden. Ob jemand leise oder gedämpft redet oder laut und polternd, ob eine Stimme schnarrend und abgehackt klingt oder tief und sonor, ob einer eher locker und lässig spricht oder überaus ordentlich und korrekt – immer drückt sich im Sprechen auch ein Stück von der Persönlichkeit eines Menschen aus.

Jeder Sprecher sollte über die Wirkung seiner Stimme Bescheid wissen. Es ist nützlich, immer ein Ohr dafür zu haben, wie die Sprechtonlage ist, wie der Sprechstil, wie die Sprechmelodie und wie der Sprechrhythmus. Die Übersicht über den Gesamtklang seiner Stimme gibt einem die Möglichkeit, mit ihr verschiedenartig umzugehen. Dazu muß man sie zunächst akzeptieren, gut kennenlernen und sich auch gern reden hören können. Häufiges Textelesen oder freies Sprechen mit der Kontrollmöglichkeit durch einen Kassettenrekorder ist ein gutes Training dafür und fürs Reden selbst. Es läßt einen die ungewollten wie die gewollten Zwischentöne immer feiner heraushören. Lernt man seine Stimme als etwas Kreatives und Schöpferisches aufzufassen, fällt es sofort leichter, sich mit ihr farbiger auszudrücken und dies an passender Stelle einzusetzen.

> **In der Sprechweise drückt sich immer auch ein Stück der Persönlichkeit aus.**

Es gilt zu beachten, daß man beim Sprechen seine naturgemäße Sprechtonlage trifft und beibehält. Diese sollte im unteren Drittel des gesamten Stimmumfangs angesiedelt sein, um vorrangig nach oben hin Gestaltungsmöglichkeiten zu haben und um vom Ohr als angenehm empfunden zu werden. Wer die meiste Zeit über zu hoch redet oder tiefer, als es seiner natürlichen Stimmlage entspricht, kann damit auf Dauer die Stimme schädigen. Für ein richtiges Sprechen gilt die Faustregel: Tief atmen und den Kehlkopf in eine natürliche Tiefstellung bringen, ohne ihn nach oben zu ziehen und ohne ihn nach unten zu drücken, die Lippen ein wenig vorstülpen, den Kiefer immer locker und die Halsmuskeln immer entspannt lassen. Etwas Gesichtsgymnastik, besonders um die Mundpartie herum, und etwas Zungengymnastik durch Lautfolgen wie »trallalalülü . . ., lolulila . . ., rappatatä . . ., rumalla . . .« kann manchmal auch nicht schaden und läßt schwierige Worte gleich leichter über die Zunge gehen.

Wichtig ist auch, darauf zu achten, immer deutlich und klangrein zu sprechen und daß zu hören ist, wie jedes Wort, das mitgeteilt werden soll, im Sprechfluß seine eigene Form erhält.

133

Ein Zuhörer muß die Laute der Vokale und Konsonanten klar und sauber ohne Nebengeräusche verstehen können, und jede Silbe sollte entsprechend herausklingen.

Eine schöne Sprechstimme zu haben, ist jedoch nicht allein von der antrainierten Fähigkeit abhängig, lautrein und gut betont zu sprechen. Die korrekte Artikulation, der Klang, das Tempo, die Lautstärke, die Stimmfärbung und Resonanz sind nur dann sinnvoll, wenn es der Gesprächssituation angemessen und auf die anwesenden Personen ausgerichtet ist. Ästhetisierendes Gerede, nur weil es so schön klingt, aber weder den Gesprächspartnern noch dem Moment gerecht wird, ist ebenso sinnlos wie eine nachlässige Umgangssprache oder unverständliches Gemurmel in einer Situation, wo es auf jedes Wort ankommt, desgleichen eine Sprache, die von Fremdwörtern nur so wimmelt. Gutes Sprechen ist immer zweckgebunden und zeigt einen eindeutigen Mitteilungswillen. Deshalb ist es effizienter, beim Miteinander-Reden allgemein den Leitsatz zu beherzigen: Was nutzt der schönste Gedanke, wenn er beim anderen nicht ankommt. Dabei hat jede sprachliche Äußerung einen vorgegebenen kommunikativen Spielraum. Der bestimmt die Sprachmittel, die in Anwendung und Ausdruck nicht durch reinen Selbstzweck glänzen sollten, sondern durch ein wirkliches Bemühen um gutes Sprechen mit dem Ziel, etwas so gut zu sagen, daß es vom anderen möglichst einwandfrei verstanden werden kann.

Sprechübung

Einzelübung / Gruppenübung

Finden Sie zunächst Ihre natürliche Sprechtonlage, indem Sie den Kehlkopf in die entsprechende Lage setzen, und sagen Sie mehrfach hintereinander Ihren Namen. Sprechen Sie jeden Buchstaben dabei deutlich und klar aus, und lassen Sie ihn klingen. Versuchen Sie dabei, ein wenig zu experimentieren, indem Sie sich einer imaginären Person namentlich vorstellen und Ihren Namen jedesmal in einer anderen Art und Weise betonen und härter oder weicher, lauter oder leiser aussprechen.

Nehmen Sie sich nun die Vokale A, E, I, O, U und die Umlaute Ü, Ä und Ö vor. Sprechen Sie jeden Laut seiner Art gemäß, jedoch mit übertriebener Mundstellung aus. Orientieren Sie sich dabei am Charakteristikum jedes Vokals.

Beispiel:

Das O mit rundem Mund langgezogen ruhig klingen lassen.
Das I mit breitem Mund spitz klingen lassen.
Das A mit großem, geöffnetem Mund klingen lassen.

Achten Sie immer darauf, daß kein Ton irgendwie gepreßt oder verfälscht ausgesprochen wird, sondern sehr konsequent und völlig lautrein. Üben Sie es mal mit lauter, mal mit gedämpfter Stimme. Machen Sie im Stand oder während Sie umhergehen dazu Hand- und Armbewegungen, in denen Sie der Form eines ›runden O‹ oder eines ›spitzen I‹ durch gestische Bewegungen noch einmal nachgehen, als wollten Sie den Buchstaben mit den Händen erklären.

Im Anschluß daran beginnen Sie mit den Konsonanten: W, F – B, P – D, T – L, M, N – J, X, Z – S, CH, SCH – G, K – R, H. Wieder geht es um einwandfreien Klang und richtigen Stimmeinsatz. Auch hierbei sollten Sie sich im Zimmer bewegen und den Buchstaben mit den Händen zusätzlichen Ausdruck verleihen. Achten Sie darauf, Konsonanten wie T und D oder B und P im Klang eindeutig voneinander zu unterscheiden, was bei vielen Worten im alltäglichen Sprachgebrauch nicht immer getan wird. Zum Üben sprechen Sie bitte nicht den Vokal dazu, also z. B. das W nicht wie »Weh« – sondern nur als »W«. Achten Sie bei diesem ›Babyalphabet‹ ganz besonders auf den korrekten Anschlag von Lippen und Zunge.

Beispiel:

Das G ganz weich angesprochen im Halse klingen lassen.
Das P ganz kurz und trocken nach vorne gesprochen.
Das M ganz summend im Mund zum Klingen bringen.

Hinweis: Üben Sie allein oder auch zusammen mit einer Gruppe Gleichgesinnter alle Buchstaben von A bis Z mehrfach hintereinander. Nehmen Sie sich dabei auf Kassette auf. Wiederholen Sie die Aufnahme in Abständen von ca. 1 bis 2 Wochen und achten Sie dabei darauf, welche Selbst- oder Mitlaute Sie inzwischen akzentuierter betonen und mit welchen Sie weiterhin Probleme haben. Nehmen Sie sich einzelne Zungenbrecher gesondert vor. Literatur mit weiteren Übungsbeispielen finden Sie auf S. 140.

Artikulation

Keiner muß im alltäglichen Umgang mit der Sprache kunstvoll wie ein Rezitator reden können. Fachliche und persönliche Gespräche lassen sich zur Not auch einmal ohne Rücksichtnahme auf Kommunikationsregeln führen. Aber wer sich nicht immer darauf verlassen will, daß seine Gesprächspartner ihm soviel Wohlwollen entgegenbringen und jede sprachliche Holprigkeit, unschöne Formulierung oder falsche Aussprache irgendwie schon verstehen werden, der ist besser beraten, wenn er die wichtigsten Gesetzmäßigkeiten des Sprechens kennt und beherrscht. Wer mit den Leuten reden können will, um etwas zu bewirken und zu erreichen, der muß sich vor allem im Ton seiner Aussagen gut auskennen, denn der macht bekanntlich die Musik.

Von einem guten männlichen oder weiblichen Sprecher wird zunächst nicht eine künstlerische, sondern eine verständliche Ausdrucksweise verlangt. Die Sprechweise muß sich dadurch auszeichnen, daß ein Zuhörer die Worte deutlich begreifen kann und diese dazu geeignet sind, Stimmungen zu transportieren. Dies geschieht vor allem durch die Art der Aussprache und durch die Artikulationsweise über die Sprechorgane. Das Handwerk des Sprechens lebt von der richtigen Aussprache und dem passenden Tonfall der Sprachlaute. Die Vokale und Konsonanten am Anfang eines Wortes – ›anlautend‹ –, innerhalb eines Wortes – ›inlautend‹ – oder am Ende eines Wortes – ›auslautend‹ – fordern jeden, der einwandfrei sprechen will, auf, seine Sprechwerkzeuge mit Bedacht einzusetzen. Wer bestmögliche Verständigung anstrebt, sollte immer sieben einfache Sprech- und Artikulationsregeln hierfür im Kopf haben.

Regel Nr. 1:

Sinnvolle Lautstärke und angemessenes Tempo

Denken Sie daran, sowohl die Atmung als auch Ihre natürliche Stimmlage so einzusetzen, daß fürs Sprechen genug Volumen vorhanden ist. Teilen Sie Ihre Aussage ein in die Teile, die lauter oder mit erhobener Stimme gesprochen werden sollen, und solche, die eher leiser oder tiefer artikuliert werden. Eine ähnliche Spannweite und damit die Möglichkeit, Akzente zu setzen, steht Ihnen zu Gebote, wenn Sie manches schneller und anderes langsamer sagen. Der Inhalt Ihrer Mitteilung ist dafür stets maßgebend. Vermeiden Sie falsches Atmen bzw. Atemverspannungen. Verzichten Sie auf reines Schnellsprechen oder Langsamsprechen sowie gleichermaßen dauerndes Hochsprechen oder Tiefsprechen. Ersparen Sie sich und anderen zu lautes Sprechen oder Brüllen, ebenso zu leises Sprechen und ›Duckmäusertöne‹.

Regel Nr. 2:

Wörter und Sätze richtig betonen

Beachten Sie: Jedes Wort und jeder Satz hat einen eigenen Höhen- und Tiefenverlauf – eine sinngemäße ›Dramaturgie‹. Geben Sie deshalb Ihren Worten eine angemessene Melodie durch die Betonung, die Akzentuierung.

Beispiel:

»Übersee« – Anfangsbetonung auf »ü«, dann abfallend.

»Orchidee« – Endbetonung auf »dee«, vorher hinführend.

»Europa« – Mehrfachbetonung auf »Eu«, »ro«, »pa«, in unterschiedlicher Stärke.

Durch die Verschiebung der Akzente in einem Satz entstehen mitunter völlig andersgeartete Aussagen. In der Regel hat jeder Satz bzw. jede Aussage einen Betonungshöhepunkt, auf den man zusteuert und nach dem die Betonung wieder abfällt oder endet. Verändern Sie diesen Verlauf bewußt oder unbewußt, bekommt die Aussage einen anderen Gehalt.

Beispiel

»ICH habe nichts gegen Sie.«   meint: »Ich will Ihnen nichts, aber die anderen wollen.«

»Ich habe nichts gegen SIE.«   meint: »Nicht gegen Sie, aber gegen die anderen.«

»Ich habe NICHTS gegen Sie.«   meint: »Ich habe nichts, das ich gegen Sie verwenden kann.«

Legen Sie Wert auf die von Ihnen gewollte Betonung. Zufällige Betonungsveränderungen im Wort oder Satz können nicht nur den Sinngehalt verschieben, sondern auch zu Mißverständnissen führen, weil eine Aussage dadurch z. B. ironisch, vorwurfsvoll oder wie ein Angriff klingen kann.

Regel Nr. 3:

Wörter korrekt aussprechen

Übersehen Sie im Eifer des Gesprächs nicht, daß manche Wörter und Wortteile besonders klingen müssen, um richtig zu sein, beispielsweise die Aussprache von Silben oder Endungen.

Am Wortende wird »ig« wie »ich« ausgesprochen.

Beispiel:
»König«	–	sprich »Könich«
»übrig«	–	sprich »übrich«
»andächtig«	–	sprich »andächtich«

Das gleiche für »ig« vor Konsonanten.

Beispiel:
»Predigt«	–	sprich »Predicht«
»beruhigt«	–	sprich »beruhicht«
»Honigbrot«	–	sprich »Honichbrot«

Grundsätzlich aber muß ein Konsonant wie »g« auch im Wort als »g« gesprochen werden. Das gilt auch für »ig«, besonders, wenn in der nächsten Silbe ein »ch« auftaucht.

Beispiel:
»möglich«	–	falsch ist »möchlich«
»kläglich«	–	falsch ist »klächlich«
»Königreich«	–	falsch ist »Könichreich«

Die Endsilben der Worte dürfen beim Sprechen nicht verschluckt werden.

Beispiel:
»Denker«	–	nicht korrekt ist »Denka«
»Täubchen«	–	nicht korrekt ist »Täubchn«
»Wettrennen«	–	nicht korrekt ist »Wettrenn«

Das rollende »r« darf nicht verschliffen werden.

Beispiel:
»zart«	–	nicht korrekt ist »zaat«
»Warten«	–	nicht korrekt ist »waaten«
»Forst«	–	nicht korrekt ist »Fochst«

Bemühen Sie sich um die möglichst korrekte Aussprache der Worte, besonders solcher aus fremden Sprachen:

Beispiel:
»Mallorca«	–	sprich »Majorca«
»Vitamine«	–	sprich »Witamine«
»Engagement«	–	sprich »Angaschmong«

Regel Nr. 4:

Verlegenheitstöne vermeiden

Wenn es beim Suchen nach Formulierungen auch oft schwerfällt, versuchen Sie, die berühmten Überbrückungslaute wie »und–ä«, »ähm« oder »daß–ä« am besten ganz wegzulassen. Zumindest sollten sie auf ein verträgliches Minimum dezimiert werden. Hier können z. B. kürzere Sätze bereits Abhilfe schaffen. Machen Sie, um sich zu prüfen, ruhig einmal eine Tonbandkontrolle, und stellen Sie fest, wann, wo und wie oft sie welche Überbrückungslaute benutzen. Das gleiche gilt für immer wiederkehrende Verlegenheitswörter wie »nicht«, »nicht wahr« oder »ja also« und für Floskeln ohne Sinn wie »Ich will mal so sagen ...«, »Ich würde sagen ...«, »Ich will dazu mal ein Beispiel bringen, also zum Beispiel ...«.

Regel Nr. 5:

Dialekte eindämmen

Bei öffentlichen Gesprächen und verschiedenen Vortragsformen können ausgeprägte Dialekte die Verständlichkeit mitunter sehr behindern. Streben Sie, falls erforderlich, deshalb immer die Hochsprache an. Niemand muß seine Herkunft sprachlich ganz verleugnen. Dialekteinschlag läßt sich nur selten ganz und gar beseitigen, und dies ist auch nicht unbedingt erforderlich. Je nach kommunikativem Umgang ist jedoch eine Aussprache ohne starke Dialektfärbung unerläßlich, nicht zuletzt mit Blick auf optimale Verständlichkeit.

Regel Nr. 6:

Sprechfluß anstreben

Fließendes Sprechen wirkt immer überzeugender als stockendes, abgehacktes Reden mit zu großen Pausen zwischen den einzelnen Gedankengängen und Worten. Sprechen Sie deshalb nach Möglichkeit immer in zusammenhängenden Sätzen, die nach einer kurzen Atempause ineinandergreifen. Wenn man insgesamt ein wenig getragener spricht, hat man auch mehr Zeit, seine Gedanken im voraus zu formulieren und muß dies nicht zwischen den Worten tun. So wird eine Aussage auch eher zu einem Gefüge. Finden Sie zu einem Sprechrhythmus, und folgen Sie diesem während eines Vortrags. Reden Sie nicht zu hastig oder mit unterdrücktem Atem. Das schafft Preßtöne und fördert das stoßweise Sprechen. Wiederholung derselben Aussage stehen einem wirksamen Sprechfluß ebenfalls im Wege. Sagen Sie deshalb in einer Antwort alles nur einmal.

Regel Nr. 7:

Sprechstörungen korrigieren

Wie wir erfahren haben, ist der ganze Mensch beim Sprechen engagiert, da dieser Vorgang an die Aktivität unseres Zentralnervensystems gebunden ist. Warum jemand gut oder schlecht spricht – bzw. die Worte einwandfrei oder fehlerhaft ausspricht –, kann eine Reihe verschieden gelagerter Ursachen haben. Die psychische Verfassung eines jeden, der spricht, spielt auch hier eine Rolle. Ein vorübergehendes Stottern zum Beispiel ist etwas Normales und kann durch akute Ängste, Unkonzentriertheit, Hemmungen oder Unsicherheiten hervorgerufen werden. Hier können Atem- und Entspannungsübungen helfen, diesen Zustand zu überwinden. Ein langfristiges oder zu bestimmten Situationen auftretendes Stottern ist eher als eine Störung zu betrachten. Bei Sprechfehlern wie Lispeln oder zischenden S-Lauten können manchmal auch Gefühlsmomente mit im Spiel sein. Oftmals sind jedoch rein physische Gegebenheiten die Ursache. Auffällige Störungen beim Sprechen sollte man frühzeitig erkennen und sich nicht scheuen, diese beheben zu lassen. Dafür ist sowohl ein kompetenter Stimmpädagoge und/oder ein Facharzt und/oder ein Psychotherapeut der richtige Ansprechpartner.

Sprech- und Artikulationsübung

Einzelübung

Nehmen Sie sich zum Üben kleinere Texte vor. Die können sowohl aus Sach- und Fachliteratur stammen als auch Gedichte oder Erzählungen sein. Beginnen Sie damit, diese mit halblauter Stimme und deutlich klangreiner Aussprache zu lesen. Berücksichtigen Sie dabei die oben genannten 7 Regeln für das Sprechen.

Probieren Sie, über die entsprechende Betonung, die Wort- und Satzmelodie sowie den Sprechrhythmus jeweils Stimmung und Atmosphäre zu erzeugen. Lesen Sie die Meldung in der Zeitung anders als die Produktbeschreibung im Fachmagazin. Legen Sie mal einen kühlen, von Fakten beherrschten Ausdruck in Ihre Stimme, bei dem dennoch jedes Wort wohlklingend ausgesprochen wird. Sprechen Sie ein anderes Mal wie ein Erzähler, und versuchen Sie, sich so auszudrücken, daß Spannung und Anschaulichkeit über den Klang der Worte entsteht.

Wenn Sie das Gefühl haben, daß es nur einige wenige Worte sind, mit denen Sie bei der Aussprache Schwierigkeiten haben, wie zum Beispiel spezielle Fachausdrücke oder Fremd-wörter, schauen Sie sich einmal besonders gut an, an welcher Silbe es liegt, und üben Sie daran, bis es korrekt klingt.

Wenn sie allgemein Ihre Aussprache verbessern wollen, dann sollten Sie separat ein eigenes Wort-Training durchführen, wie es auch journalistische Sprecher oder Schauspieler absolvieren. Dazu können Sie prinzipiell mit allen Worten üben, die Ihnen begegnen. Praktikabler ist es, an der Aussprache von geläufigen Worteinsätzen, Wortendungen und Lautverbindungen zu trainieren und daran den Stimmeinsatz für die Betonung zu vervollkommnen. In diesem Fall nimmt man einfach einen Duden zur Hand und liest willkürlich ausgewählte einzelne Worte. Prüfen Sie jedesmal: Wo ist der Betonungshöhepunkt im Wort, wie sauber muß der Anfang, wie die Endung klingen, wie stark muß ich den Mund öffnen, um den Laut sauber zu erzeugen, wie muß die Zungenspitze mit Gaumen oder Zähnen Kontakt haben, wie lang muß der Laut gedehnt werden usw.? Sie können sich aber wie in den folgenden Beispielen die Worte auch selbst zusammenstellen.

> Hinweis: Deklamieren Sie klar verständlich Worte und Silben wie die in den Beispielen. Legen Sie besonders Wert auf richtig ausgesprochene Worteinsätze, den Wortklang und die Wortenden. Machen Sie selbständig jedesmal die Kontrolle durch ein Aufnahmegerät, oder lassen Sie sich kontrollieren. Führen Sie derlei Sprechübungen häufiger mit neuen Worten durch, auch mit schwierigen Textstellen. Merken Sie sich komplizierte Worte oder Textstellen, die Ihnen im Alltag begegnen, und trainieren Sie daran immer wieder neu eine exakte Aussprache. Zum weiteren Sprechtraining empfehle ich Ihnen zwei Arbeitsbücher, die speziell für Sprechprofis gedacht sind: Edith Wolf und Egon Aderhold, Sprecherzieherisches Übungsbuch (Heinrichshofen's Verlag, Wilhelmshaven); Der kleine Hey. Die Kunst des Sprechens (Schott, Mainz).

Zum Beispiel Vokale zum Wortbeginn / Wortende

A   – wie Amsel, Affe, Attribut / wie Eva, Liga, Kanada
E   – wie Elend, Ente, Ebenholz / wie Fee, geh, Klee
I   – wie Inge, Insel, Indien / wie Ski, nie, Vieh

Zum Beispiel Konsonanten zum Wortbeginn / Wortende

F   – wie Fundus, Felsen, Fest / wie Schaf, Chef, lief
P   – wie Puppe, Palme, Pope / wie plump, Pomp, schlapp
L   – wie Last, Lappen, Lohn / wie Wal, toll, Stuhl

Zum Beispiel Vokale im Wort / Vokalhäufungen

O   – wie Sport, Pore, Zitrone / wie Sommersonne, Honigmond
U   – wie Huhn, Schnur, Butter / wie Tunichtgut, Zufuhr
A   – wie Walnuß, Dame, Reklame / wie Panama, Straßenname

Zum Beispiel Konsonanten im Wort / Konsonantenhäufung

M   – wie Blume, leimen, Lama / wie Mammut, Blumensamen
T   – wie Sitte, Nöte, schütten / wie Tanztee, Testament
B   – wie Diebe, Möbel, weben / wie Blaubeeren, Butterblume

Zum Beispiel Konsonanten am Wortbeginn / im Wort

SCH   – wie Schaf, schütten, schäbig / wie Kirsche, lauschen, Wäsche
CH   – wie China, Chemie, Chinin / wie Kirche, Männchen, gebräuchlich
PF   – wie Pfirsich, pfuschen, Pflug / wie Apfel, dampfen, Gipfel

Zum Beispiel Umlaute zum Wortbeginn / im Wort

Ä   – wie Ära, ähnlich, Äther / wie Bär, Fähre, Sägespäne
Ö   – wie Öl, östlich, Ödipus / wie Römer, Löwe, verwöhnen
Ü   – wie üben, übrig, Überzug / wie Büste, Küken, Tür

Zum Beispiel Doppellaute zum Wortbeginn / zum Wortende

EI   – wie Eis, eilen, Eierkopf / wie Hai, Schrei, dabei
EU/ÄU – wie Eule, äußern, äugen / wie Scheu, treu, Gebräu
AU   – wie Aula, Auto, August / wie Tau, Bau, Pfau

2. RHETORIK

Das Wort

Es gibt viele Formen von falscher Kommunikation. Die falscheste von allen freilich ist es, gar nicht mehr miteinander zu reden. Sind die Gespräche erst tot, so erkalten auch die menschlichen Beziehungen insgesamt. Dabei könnten die ›richtigen Worte‹ manchen aus seiner Stummheit wiedererwecken und neues Leben in eine zwischenmenschliche Beziehung bringen. Und wie oft wartet nicht der/die andere nur darauf, diese Worte zu hören. Werden Worte im ›richtigen Moment‹ und in der ›richtigen Weise‹ gesprochen, dann geht von ihnen eine konstruktive Kraft aus, die Individuen eng miteinander verbinden kann. Werden sie aber falsch eingesetzt, kommen sie in der falschen Art, zum falschen Zeitpunkt, dann können sie zerstörerisch sein und meterdicke Mauern aufbauen zwischen Menschen, Völkern und Staaten.

Wörter sind zuerst einmal nichts als eine neutrale Verbindung von Lauten. Allein sind sie weder gut noch böse, weder hilfreich noch verletzend. Erst die Kombination von Wörtern und der situative Zusammenhang, in dem sie gebraucht werden, gibt ihnen eine Funktion und läßt sie Träger von Botschaften werden.

Worte wollen viel bedeuten und auch nichts. Manche sind nur Hülsen und formale Schablonen. Sie werden nicht benutzt, um eine Mitteilung zu transportieren, sondern um allgemeinen Verhaltensnormen und Höflichkeitsregeln Folge zu leisten. Hierzu zählen auch die, die eher zur Selbstunterhaltung dienen als zum gegenseitigen Austausch. Andererseits genügen ein paar Worte nur, um viel auszusagen, wenn sie echte Informationen vermitteln und den Gesprächspartner ansprechen und einbeziehen. In manchen kommunikativen Momenten sind Worte auch dazu da, nicht auf sie zu hören, sondern vielmehr danach zu gehen, was nicht gesagt wird, aber zwischen den Zeilen herauszulesen ist.

Worte haben eine ungeheure Macht. Sie können wie ein Rauschmittel sein, das zuerst einen Gesprächspartner und dann ganze Massen von Menschen in Zustände geistiger Umnachtung zu versetzen in der Lage ist. Dies vermögen vor allem gewisse Reizworte. Ihr Klang kann beim Zuhörer Gefühle und bildliche Assoziationen auslösen, gegen die sich der Intellekt unter bestimmten Voraussetzungen nur schwer wehren kann. Das macht Worte zu einem Lenkmittel für Menschen.

> **Wer das Wort verantwortungsvoll und sinnvoll einzusetzen versteht, besitzt einen wirklichen Schlüssel zu den Menschen.**

Wer mit dem Wort öffentlich umgeht, übernimmt Verantwortung. Der Einfluß einer Aussage kann groß sein und birgt in sich die Gefahr, inhaltlich unrichtig sowie mißverständlich zu sein. Leider sind nicht alle, die das Wort führen, reif genug, um sich der Tragweite ihrer Worte wirklich bewußt zu sein. Das Lenkmittel ›Wort‹ wird oftmals absichtlich mißbraucht, um die Unwahrheit zu sagen und um den eigenen Vorteil auf Kosten anderer zu erschleichen. Die Redegewandtheit von demagogischen Volksführern, wie beispielsweise Hitler und Goebbels es waren, brachte es fertig, Millionen Deutsche negativ zu beeinflussen und sie zu Rassenhaß, Intoleranz und Gewalt zu ›überreden‹. So wie zur Zeit des Nationalsozialismus wurde und wird das Wort überall in der Welt leider immer wieder dazu benutzt, um Menschen in den Bann zu ziehen und sie in böser Absicht zu verführen. Ein Grund mehr, heute wie in Zukunft das Wort kritischer zu betrachten und zu lernen, wie man es auf seine Absichten hin überprüft.

In vielen Lebenssituationen ist es wichtig, selbst Stellung zu beziehen. Dazu ist es notwendig, seinen Standpunkt mit den richtigen Worten vortragen zu können. Wer es vermag, das Wort verantwortungsvoll und sinnvoll einzusetzen, besitzt einen wirklichen Schlüssel zu den Menschen. Dies kann sowohl für zwischenmenschliche Beziehungen als auch für das berufliche Weiterkommen förderlich sein. Eine solche Person besitzt gegenüber all denjenigen, die vielleicht auch gerne etwas sagen würden, es sich aber nicht zu sagen trauen, einen erheblichen Vorteil.

Jeder kennt Leute, die zwar über ein großes Wissen verfügen, sich dennoch nicht gut genug ausdrücken können, um es anderen mitzuteilen. Sie finden nicht die passenden Worte und haben oft etwas Scheu, sich einfach hinzustellen, um von sich und ihrem Können zu reden. Das hat in unserer Gesellschaft oft den unangenehmen Nachteil, daß man solche Leute leicht verkennt und ihnen nichts zutraut. Bei der Verteilung von Lorbeeren stehen die Schweiger meist hinter denen, die das Wort führen. Die stillen Kenntnisse bleiben ohne den verdienten Beifall und können sich nicht auswirken.

Jeder, der wirklich will, kann lernen, mit Worten etwas zu erreichen – sei es, um andere von seinen Fähigkeiten und Ideen zu überzeugen; sei es, um Sachverhalte gut zu vermitteln; sei es, um seine Interessen, Bedürfnisse und Forderungen unmißverständlich vorzutragen; sei es, um gut zu erzählen und Stimmungen für andere nachvollziehbar darzustellen; sei es, um zu helfen und um andere zu bestärken; sei es, um zu führen und zu delegieren, zu kritisieren und zu motivieren.

Die Kunst des Redens

Gute Redner überzeugen ihre Zuhörer nicht nur durch das, was sie sagen, sondern wesentlicher noch durch die Art, wie sie etwas sagen.

Seit die großen Redner der Antike und der späteren Epochen sich aus ihrer Sicht Gedanken über die Kunst der Rede machten, sind die Grundlagen, Methoden und Gesetzmäßigkeiten bekannt, wie man wirkungsvoll vor Menschen spricht. Aristoteles, Cicero und Quintilian entwickelten für die Redekunst, die Rhetorik, ein Regelsystem, nach dem man Methodik und technische Sprechfertigkeit beim Umgang mit dem Wort mit der Wirkung auf ein Publikum in Einklang bringen kann.

Die Kritiker und Gegner der Rhetorik sehen vor allem die negativen Folgen, die entstehen können, wenn einer Öffentlichkeit durch geschulte Beredsamkeit etwas ›verkauft‹ wird. Die Risiken der Redekunst sind klar, und man darf sie auch nicht übersehen. In böswilliger Absicht benutzt, können die Fähigkeiten eines Redners für andere Menschen geradezu fatal sein. Doch ebenso folgenschwer ist es, nicht gut reden zu können – dann nämlich, wenn man seine Chance in dem Moment, wo es darauf ankommt, vertut, weil man trocken, langweilig und unsicher vorträgt und einem das wichtigste Know-how einer professionellen Rhetorik nicht geläufig ist.

Aus der einfachen Rede vor dem Volk entwickelten Griechen und Römer die Rhetorik zu einer hohen Kunst. Marcus Tullius Cicero (106–43 v. Chr.) gilt als der größte Redner der Antike; er führte die lateinische Sprache zu klassischer Höhe

Demagogen nennt man diejenigen, die die Kunst der Rede nicht zum Wohl des Volkes, sondern zu Hetze und Verleumdung einsetzen. Männer wie Hitler oder Goebbels führten deutlich vor, über welches gefährliche Machtmittel ein geübter Redner verfügen kann

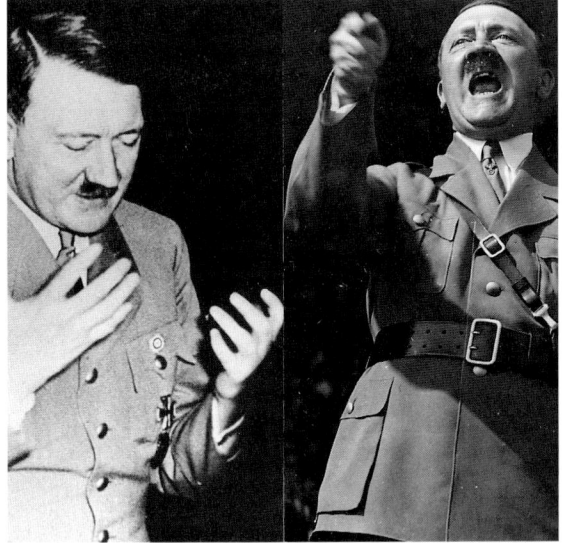

Die erste Grundvoraussetzung guter Rhetorik ist:

Die wahre und die gehaltvolle Aussage

In dem, was man wirklich weiß, weil man es gelernt, erlebt und gelebt hat, steckt die stärkste Aussagekraft. Die Unwahrheit zu sagen ist nicht Sache eines wirklichen Rhetorikers, weil sich ein Zuhörer dadurch für den Augenblick vielleicht überreden, doch niemals nachhaltig überzeugen läßt. Auch Halbwissen klingt nicht plausibel, da man viel mehr Worte braucht, um etwas darzustellen, und weil man Verständnislücken hinterläßt. Echtes Wissen und das, wovon man selbst überzeugt ist, weil man es auch selbstkritisch überdacht hat, ist die beste Grundlage, um etwas zu sagen, und überzeugt durch ehrliche Argumente immer am besten.

Die zweite Grundvoraussetzung guter Rhetorik ist:

Die richtig gesprochene und gut plazierte Aussage

Unter Beachtung der wichtigsten Grundregeln des Sprechens sich zu äußern gibt einer Aussage erst die Form. Das, was man zu sagen hat, sollte fehlerfrei gesprochen und gut betont werden. Der Anlaß, der Ort, der Zeitpunkt und die anwesenden Personen stellen dafür den äußeren Rahmen dar, um sich inhaltlich und sprachlich so auszudrücken, daß man vom Zuhörer optimal verstanden wird. Dabei gilt es zu vermeiden, im falschen Moment und an der falschen Stelle zu sprechen. Nur

Der sowjetische Staatspräsident Gorbatschow versteht es meisterhaft, seine Vorstellungen und Gedanken vor der Öffentlichkeit zu vertreten. Verbal und nonverbal vermittelt er stets den Eindruck von Besonnenheit und Ausgewogenheit

Als Premierministerin signalisierte Margaret Thatcher in jeder Situation Entschlossenheit, Kampfbereitschaft und Siegesgewißheit, ohne dabei jedoch jemals ihr ›britisches‹ Image aufzugeben: Immer wirkte sie kühl, distanziert und sachlich

das zu sagen, was nötig ist, was den äußeren Umständen und Personen angemessen ist und im richtigen Moment gesagt wird, ist vernünftig angebracht und findet die besondere Aufmerksamkeit der Zuhörer.

Die dritte Grundvoraussetzung guter Rhetorik ist:

Die wirkungsvoll vorgetragene Aussage

Zur Wirkung gehört mit einem großen Anteil der Körperausdruck. Nur etwa 35 Prozent unserer Kommunikation verläuft über Worte, zu 65 Prozent bezieht und sendet ein jeder nichtsprachliche Botschaften. Dazu zählt, wie wir schon wissen, wie jemand geht, steht, sich bewegt, seine Mimik und Gestik, seine Kleidung, sein Verhalten gegenüber anderen und noch mehr. Für den Redner und die Rednerin bedeutet dies, daß die sprachliche Aussage mit den stummen Körpersignalen zusammenpassen muß, um glaubwürdig zu wirken. Zeigen die Körpersprache und die Körperbotschaften etwas anderes als das, was die Worte sagen, entsteht Unglaubwürdigkeit. Die Körpersignale bilden eine eigene Informationsquelle, die der Zuhörer jedesmal visuell zu Rate zieht, um daran das Gesagte zu bewerten.

Die vierte Grundvoraussetzung guter Rhetorik ist:

Die Kunst des Schweigens und Zuhörens

Zu könnerhaftem Reden gehört auch ein besonnenes Schweigen, und gutes Zuhören ist genauso wichtig wie selbst etwas zu sagen. Jede Aussage muß in sich zeitlich wohldosiert sein. Eine Faustregel wie »Wer redet, führt!« birgt in sich die Gefahr, zu viel zu sprechen. ›Vielredner‹ haben wenig Gelegenheit, ihre Gesprächspartner richtig miteinzubeziehen und die Reaktionen auf ihre Äußerungen richtig einzuschätzen. Zudem bleibt nur ungenügend Zeit, die Aussage zu bedenken, was auch zur Folge haben kann, daß man auf eine geschickte Frage rasch eine verfängliche Antwort gibt. Andauerndes Sprechen wird leicht zu Geschwätz, das am Gesprächspartner zunehmend vorbeizieht. Wenige Worte, die viel sagen, lösen beim Zuhörer mehr aus. Ebenso können auch die Pausen zwischen den Sätzen und auch das Zu-den-Dingen-Schweigen eine Aussage sein. Hier gilt: Zuviel Sprechen ist wie Dazwischenreden – unprofessionell.

Im Seminar wird häufig die Frage aufgeworfen: Muß man denn als Wortführerin und Wortführer im Beruf oder in persönlichen Situationen auch schauspielerische Fähigkeiten haben, um Eindruck auf seine Zuhörer zu machen? Dazu ist klar zu sagen, daß ausgefeilte Techniken und Methoden des Theaters wie Bühnensprache und Rollenverkörperung sowohl in beruflicher als auch in privater Kommunikation überflüssig sind und sogar falsch sein können. Jeder, der redet und sich präsentiert, soll zunächst Kraft seiner individuellen Persönlichkeit bestehen können. Trotzdem bedient sich jeder – wie der Schauspieler – seiner Stimme und des Körperausdrucks, um etwas auszudrücken. Nur tun es viele eher unbewußt, als daß sie sich über die effektive Wirkung ihres kommunikativen Auftretens annähernd im klaren wären. Deshalb kann es in vielen Gesprächs- und Vortragssituationen erforderlich sein, sich seines sprachlichen wie körpersprachlichen Eindrucks auf den Zuhörer besser bewußt zu sein und die Sprache wie den Körperausdruck reflektierter einzusetzen. Das gilt sowohl für das Sprechen in überschaubarer Runde als auch für das Reden vor einem großen Publikum, was wir uns im Kapitel »Die Rede vor Publikum« noch genauer anschauen werden. Für beides gilt, um es zu beherrschen: Üben, üben, üben und dabei lernen, wie man seine Ausdrucks-und Verhaltensfehler abbauen und das Wirkungsstarke hervorheben kann. Wer gut vorträgt, dem schenkt man Gehör. Wer überzeugend reden kann, der wird öfter um seine Meinung gefragt und findet persönliche wie fachliche Anerkennung.

Wer gut reden will, muß nicht nur seine Inhalte kennen, sondern es auch verstehen, sie in eine einprägsame Form zu bringen. Das Wissen, die Erfahrung und Klugheit muß man mitbringen. Die ›7 Gesetze der Rhetorik‹ sind das praktische Handwerkszeug, über das man verfügen sollte, um seine Gedanken mit Erfolg unter die Zuhörer zu bringen.

Gesetz Nr. 1

Gut überlegen

Wenn Sie entweder aus eigenem Antrieb oder weil Sie gefragt werden etwas sagen wollen, nehmen Sie sich immer einen Augenblick Zeit, um Ihre Stellungnahme im Vorfeld zu überdenken. Wer zu spontan oder emotional spricht, hat nicht die Gelegenheit, seine Aussage in ihrer vollen Tragweite zu sehen und richtig zu bemessen. Zu diesen Vorüberlegungen gehört auch, zu welchem Personenkreis Sie reden: Welche Sprache versteht dieser? Gehört da z. B. auch einmal eine lockere Bemerkung hin, oder ist reine Fachsprache wichtig? Wie passe ich mich den Zuhörern an, um verstanden zu werden? Wer erst beim Reden beginnt, seine Formulierungen umzustellen und zu korrigieren, kommt leicht ins Stottern und wirkt unbeholfen. Gerade dann, wenn Gegenargumente oder Einwände anderer kommen, zuerst einmal ruhig durchatmen, nachdenken, die Zielaussage konzipieren und dann sprechen.

Gute Redner lassen sich nicht hinreißen, sondern reißen andere mit!

Gesetz Nr. 2

Körpersprache einsetzen

Vergessen Sie beim Sprechen niemals die Wirkung des Körperausdrucks. Gleichgültig, ob in einem Gespräch, bei einem Vortrag oder am Konferenztisch, die Körperhaltung spricht immer mit. Deshalb sowohl im Stehen als auch im Sitzen immer auf eine aufrechte Körperhaltung und gerade Kopfhaltung achten - das schafft Übersicht und Selbstbewußtsein. Dann zählt der Blickkontakt, egal ob zu einem einzelnen Zuhörer oder zu einer Gruppe – das fördert die Aufmerksamkeit und bewirkt, daß jeder sich angesprochen fühlt. Der Gesichtsausdruck sollte nicht kühl oder versteinert sein, sondern durch offene Augen und eine bewegte Mimik fesseln – das gewinnt den Zuhörer, weil es Lebendigkeit ausstrahlt. Ein freundschaftliches Lächeln bei einer bestimmten Bemerkung wirkt gut, ein dauerndes Lächeln wirkt wie ein Blick von oben herab, arrogant und überheblich. Ein fester Augenkontakt wirkt willensstark und ist wichtig, wenn es um Forderungen geht. Die Hände und Arme gestikulieren lebhaft, doch nicht zuviel, vom Oberkörperzentrum aus – das verstärkt die Wirkung wichtiger Worte, drückt Selbstsicherheit aus und baut die eigene Nervosität ab. Wir erinnern uns: Nach oben geöffnete Handflächen zum Beispiel vermitteln etwas Positives, nach unten verdeckte Hände dämpfen eher. Die Bewegung des ganzen Körpers in Form von Standortwechseln läßt die Zuhörer reagieren – das schafft Aktivität und Betriebsamkeit und kann eine abschlaffende Gruppe wieder in Schwung bringen.

Gute Redner faszinieren durch Körperausdruck!

Gesetz Nr. 3

Kurz und knapp sprechen

Sagen Sie mit wenig Worten viel aus. Bandwurmsätze, in denen man sich verfängt und bei denen man als Zuhörer in der Mitte nicht mehr weiß, was am Anfang war, sind uneffektiv. Denken Sie daran, auch die Aufmerksamkeit von Erwachsenen ist auf ein gewisses Maß begrenzt und die allgemeine Konzentration läßt schnell nach. Einfache und prägnante Sätze dagegen werden schneller aufgenommen und prägen sich leichter ein. Jeder Gedanke sollte durch einen neuen Satz, ein Atemholen und eine kurze Sprechpause deutlich gemacht werden. Das hält die Zuhörer bei der Stange und läßt sie den Gedankengängen besser folgen. Verwenden Sie dazu eine zwar dem Anlaß und Personenkreis angemessene, in jedem Falle klar verständliche Sprache, die frei von Phrasen ist. Wenn es nicht ohne Fremdwörter geht, versuchen Sie, diese zumindest im Rahmen zu halten. Verstecken Sie sich nicht hinter klingenden Worten, um zu glänzen. Unnötige Fremdwörter lassen Sie nicht glänzen, sondern schaffen nur Distanz zwischen Ihnen und dem Publikum.

Gute Redner brillieren durch die Einfachheit ihrer Worte!

Gesetz Nr. 4

Anschaulich formulieren

Schaffen Sie mit Ihren Äußerungen Atmosphäre und Stimmung. Gut sind dazu Erzählbilder und Vergleiche, die sich jeder vorstellen kann. Formulierungen wie »leicht wie ein Blatt im Wind«, »schwer wie ein Holzklotz« oder »morgen sind wir mit fröhlichen Leuten zusammen, unter bunten Lampions an herrlich gedeckten Tischen, essen vom süßen Kuchen und freuen uns des Lebens« sprechen das Sinnesempfinden eines jeden an und sind deshalb nachhaltiger als nüchterne Tatsachen. Gleiches gilt für nachvollziehbare Beispiele, die sich auf den Zuhörer selbst beziehen und ihn damit einbeziehen. Wollen Sie zum Beispiel bei der Bürgerversammlung eine Gemeinsamkeit gegen das Parkplatzproblem in Ihrer Gegend schaffen, so beginnen Sie nicht mit Ihren persönlichen Problemen, sondern schaffen Sie mit Ihrer Formulierung einen Konsens wie: »Jeder hier kennt die Situation, abends müde nach Hause zu kommen und dann noch dreimal um den Block fahren zu müssen, um verzweifelt nach einem Parkplatz zu suchen . . . «

Gute Redner malen ihre Sätze eindrucksvoll aus!

Gesetz Nr. 5

Argumente präsentieren

Vertreten Sie Ihren Standpunkt immer über eine handfeste Argumentation. Jede Behauptung braucht zugleich einen unterstützenden Beleg, warum und weshalb das so ist. Hierfür muß man die Zahlen, Fakten, Beweise, Zitate und Hintergrundinformationen im Kopf haben und sie wirkungsvoll ausführen. Dies darf nicht zu sachlich und trocken geschehen. Manche Tatsachen muß man zuerst in eine unterhaltsame Form bringen, damit sie dem Erfahrungsbereich des Zuhörerpublikums entsprechen. Abstrakte Fakten bleiben nicht haften. Bildhafte Schilderungen und plastische Vergleiche unterstreichen Ihre Meinung nachhaltiger. Wählen Sie dazu ruhig hin und wieder einen Erzählton und führen Sie den Zuhörern Ihre Angelegenheit etwa folgendermaßen nachvollziehbar vor Augen: »Stellen Sie sich einmal vor, diese 12 Prozent Mehrausgaben machen sich hier geradeso bemerkbar, wie wenn Sie jeden Monat von Ihrem Gehalt allein die Hälfte für Müllabfuhr zahlen müßten . . . «

Gute Redner führen Beweise plastisch vor!

Gesetz Nr. 6

Spannend ausführen

Denken Sie immer an die Aufmerksamkeit Ihrer Zuhörer. Jede Botschaft, die man mitzuteilen hat, erfordert einen eigenen Spannungsbogen, um die Leute wachzuhalten. Spannung entsteht durch das richtige Verhältnis von Einleitungs-, Haupt- und Schlußaussage. Kurze Sätze, die abwechselnd mit angemessen lauter oder leiser Stimme betont werden, oder Worte, die einmal stakkatoartig hart hintereinanderfolgen, ein anderes Mal wie Gesang lang gedehnt werden, bringen Farbe in die Ausführung. Andere Spannungsfaktoren sind Sprechpausen, amüsante Anekdoten, spontanes Reagieren auf die Zuhörer, Gefühle anklingen zu lassen, Lacher auszulösen, Gegenstände darzustellen etc. Bereiten Sie im Kopf für Ihre Aussage immer einen Höhepunkt vor, auf den Sie zusteuern, mit dem Sie die Zuhörer überraschen und den Sie dann im Raum stehen lassen.

Gute Redner können fesselnd erzählen!

Positiv verhalten

Bleiben Sie durchgängig höflich und freundlich in Ihren Äußerungen. Auch wenn es knallharte Meinungsverschiedenheiten gibt, wahren Sie immer die Form, und bleiben Sie sachlich. Wer unterbricht und anderen ins Wort fällt oder bösartige und tabubesetzte Gemeinheiten von sich gibt, um den anderen anzugreifen, hat beim Zuhörer immer schlechte Karten. Wenn man Ihnen dazwischenredet, reagieren Sie ebenfalls höflich, aber bestimmt, um ausreden zu können. Bei Zwischenrufern, die darauf aus sind zu stören, sollten Sie entweder weiterreden oder kurz unterbrechen und in sachlichem Ton anbieten, im Anschluß an Ihre Äußerungen, das, was die Person zu sagen hat, einmal zur allgemeinen Diskussion zu stellen. Positiv formulieren heißt auch, seinen Gesprächspartnern sprachliche Geschenke zu machen wie beispielsweise: »Was Sie sagen, ist richtig, und ich empfinde genauso wie Sie, jedoch müssen wir alle einmal ernsthaft darüber nachdenken, ob nicht . . .«

Gute Redner haben gute Umgangsformen!

Wenn Sie bisher geschwiegen oder immer nur ungern vor anderen geredet haben – in der Firma, für Ihr Unternehmen, im Verband oder Verein, vor Mitarbeitern und Kollegen, Freunden und Bekannten –, fangen Sie damit an, es zu ändern. Auch wenn sich alles in Ihnen zu Anfang dagegen sträubt und das Lampenfieber groß ist, wagen Sie sich Schritt für Schritt vor. Beginnen Sie im kleinen Kreis. Sind die ersten Worte mutig in die Runde geworfen, ist die lästige Hemmschwelle schon überwunden und die nächsten Äußerungen fallen bereits leichter. Lassen Sie keine Gelegenheit vorübergehen, wo Sie nicht die Stimme erheben und an der Situation üben. Wer nie den Mund aufmacht, wird das freie Sprechen einzig durch Theorie nie lernen. Kleine Bewährungsproben im Alltag sind für den Ungeübten ein ideales Training und fördern, daß Sie zunehmend Ihre Redeängste verlieren.

Trainieren Sie sich auch die Grundsätze der Rhetorik an, bis sie in Fleisch und Blut übergegangen sind, und haben Sie Spaß daran, diese in Gesprächen anzuwenden. Bald schon wird sich Ihre Ausdrucksfähigkeit verbessern, und Sie werden ganz anders auftreten – dann, wenn Sie vor allen sprechen müssen, weil Sie nun mal das Sagen haben, dann, wenn Sie mit Ihrem Rat helfen möchten; dann, wenn Sie Beziehungen fruchtbar knüpfen wollen; dann, wenn Sie um Ihre Meinung gefragt werden.

Redeübung

Einzelübung / Gruppenübung

Machen Sie die Tür hinter sich zu, und beginnen Sie mit einer Übung für den praktischen Redegebrauch. Stellen Sie sich vor einen Spiegel, und schauen Sie sich an, oder setzen Sie, falls vorhanden, eine Videokamera aufs Stativ, und nehmen Sie sich auf, damit Sie sich später das Band ansehen und beurteilen können.

Zuerst brauchen Sie einen festen Standpunkt, wenn Sie andere mitreißen und begeistern wollen. Dazu müssen Sie fest mit beiden Beinen auf dem Boden stehen und sich selbst Halt geben. Wiederholen Sie dies mehrfach, indem Sie sich immer neu aufbauen, wieder weggehen, zurückkommen und schulterbreit hinstellen.

Betrachten Sie dann die Haltung Ihres Oberkörpers und die der Arme. Wirken Sie aktiv und aufgebaut oder in sich zusammengesackt, fest entschlossen oder etwas verschlafen?

Sprechen Sie nun hörbar zu sich Formeln wie: »Hallo, hier bin ich.« – »Guten Tag, meine Damen und Herren, jetzt geht es los.« – »Ich will, ich kann, ich werde Sie alle begeistern.« Sagen Sie es nicht zu zaghaft, wiederholen Sie es, rufen Sie es lauter. Was tun Ihre Hände und Arme, wie ist der Ausdruck in Ihrem Gesicht? Haben Sie entschlossen gewirkt, war der Blickkontakt offen und direkt oder verstohlen zu Boden? Vergessen Sie nie, daß alles, was Sie sagen, auch über die Körpersprache transportiert werden muß, damit es glaubhaft wird. Sprechen Sie also, und versuchen Sie, auch mimisch und gestisch dem zu entsprechen, was Sie sagen.

Reden Sie nun etwas leiser und getragener Ihre persönlichen Formeln wie z. B.: »Ich freue mich!« – »Ich fühle mich gut!« – »Ich bin ganz offen!« – »Gemeinsam schaffen wir es leicht!« –

»Wir sind hier, um die Probleme zu lösen!« Nehmen Sie sich realistische Redewendungen aus Ihrem Alltag bzw. Ihrer beruflichen Praxis. Gestalten Sie Ihren Sprachausdruck durch das Betonen der Worte, und drücken Sie durch Ihren Körper die Stimmung aus, die darin liegt.

Achten Sie dabei gut auf die Hände. Wann sollen sie sich nach oben öffnen, wann sollen sie sich zu einer Faust ballen, wann erklärend gestikulieren? Das Maß, um dies zu bemessen, ist immer die Übereinstimmung von Sprachinhalt und Körperausdruck. Üben Sie deshalb, die Sätze laut zu artikulieren, und versuchen Sie, die Körpersprache mit dem Gesagten auf einen Nenner zu bringen. Stellen Sie sich auch vor, Sie sprächen mal zu einer, mal zu mehreren Personen und mal zu einer größeren Gruppe. Beim letzteren müssen sich die Arme noch ausdrucksstärker öffnen und ihre Kopfbewegungen sowie Ihre zuwendenden Blicke noch verteilter zu den Menschen hinübergeschickt werden, damit Ihr Verhalten nicht steif und leblos wirkt.

Machen Sie diese Übung wenn möglich auch einmal mit einem vertrauten Partner oder zusammen mit dem Freundeskreis. Trainieren Sie gleichzeitig Ihre Sprachwirkung sowie Ihre Körpersprache, und helfen Sie sich gegenseitig, dies in Einklang zu bringen. Achten Sie für die Korrektur auch auf Kleinigkeiten wie z. B.: Wie waren die Augen, als sie das sagte? Wie entspannt hielt er seine Hände bei jener Formulierung? Wie ist jemand aufgestanden, oder wie ist jemand abgegangen? Gehen Sie schrittweise vor, und wiederholen Sie die Übung mehrfach mit verschiedener Zielsetzung. Dauer des Trainings sollte jeweils 30 Minuten sein.

KOMMUNIKATIONS SITUATIONEN

1. DIE BEGEGNUNG

Sicherlich kennen Sie das: Es kommt jemand auf der Straße freundlich auf Sie zu, um etwas zu fragen, und Sie reagieren mit Freundlichkeit. Oder jemand kommt unverhofft in frecher Art und Weise, und Sie blocken sofort ab und gehen weiter.

Schaut man den Augenblick, in dem Menschen sich begegnen, einmal etwas genauer an, um zu verstehen, was geschieht, läßt sich folgendes erkennen: Bevor man mit einer anderen Person überhaupt ein Gespräch beginnt, gibt es den Moment der gegenseitigen Wahrnehmung. Vorher war man ›abgewandt‹, plötzlich ist man ›zugewandt‹.

Bei einer Begrüßung kann dies schon aus einiger Entfernung durch Blickkontakte wie Heben der Augenbrauen, ein Lächeln und durch Zuwinken oder Zurufen geschehen. Aus der Nähe kann das Ansprechen, Händeschütteln oder eine besondere Begrüßungszeremonie stattfinden, abhängig davon, in welchem persönlichen Verhältnis man zueinander steht.

Geht eine Begegnung über die bloße Begrüßung hinaus, entsteht eine ›Kommunikationssituation‹. Die daran beteiligten Personen sind die ›Kommunikationspartner‹. Gemeinsam erzeugen sie ein ›Kommunikationsfeld‹, das man sich wie eine Art Spielfeld vorstellen kann, auf dem man sich gegenseitig die Bälle zuspielt.

Gleich welcher Art eine Begegnung auch ist, drei wichtige Faktoren sind stets zu bedenken:

1. Der Umgang mit dem ›Territorium‹
Je nach Anlaß und Absicht einer Bekanntschaft hält man einen gewissen körperlichen Abstand zueinander. Wer ihn unterschreitet, ohne daß der andere zeigt, daß er es auch möchte, greift das Territorium seines Gegenübers an. Abwehrhaltung ist oft die Folge. Angriffe auf das Territorium des anderen können auch sprachlich (z. B. durch eine freche Bemerkung) oder rein symbolisch (z. B. durch Ignorieren einer festliegenden Sitzordnung) erfolgen. Die sprachliche, räumliche und symbolische Distanz kann prinzipiell nur im gegenseitigen Einverständnis der Kommunikationspartner verändert oder aufgehoben werden. Dazu müssen alle die entsprechenden verbalen und nonverbalen Zeichen richtig erkennen und einsetzen. Wer es nicht tut, gilt als ›unhöflich‹.

2. Die Art des ›Dialogs‹
Mit der kommunikativen Grundsituation, der Begegnung, beginnt das Wechselspiel von ›Sprechen und Zuhören‹ mit ›Zuwenden und Abwenden‹, ›Anschauen und Wegschauen‹. An der Weise, wie Worte, Gesten und symbolische Handlungen zwischen Menschen ausgetauscht werden, lassen sich die Wesenszüge ihrer Beziehung bestimmen. Stehen oder sitzen wir als Gesprächspartner einander gegenüber, nimmt jeder eine entsprechende Körperhaltung und Fußstellung ein. Allein diese und die Mimik des Gesichts, die Gestik der Hände und die Art, wie wir sprechen, können schon die Persönlichkeitszüge des einzelnen ausdrücken.

3. Die unterschiedlichen ›Charaktere‹
Ob man sich nur flüchtig grüßt oder zu einem Gespräch entsprechend in Stellung geht, die Begegnung, der Dialog und der Umgang miteinander wird geprägt durch die Kommunikationspartner. Ihre individuellen Persönlichkeitszüge, ihr Charakter und ihre eigenen Absichten bestimmen den Gesprächsablauf. Durch die Art, wie jeder auf den anderen reagiert und in der Lage ist, Botschaften zu deuten und seine Ausdrucksmöglichkeit einzusetzen, entsteht die Spannung auf dem Spielfeld der Kommunikation.

Unbekannt trifft Unbekannt

Täglich nehmen wir uns unbekannte Menschen wahr. Auf der Straße, in Autos, in Geschäften, fast überall. In Sekundenschnelle erhalten wir über unsere Sinnesantennen ein Gefühlsresultat, das uns darüber in Kenntnis setzt, bei welchen Personen wir für eine Begegnung bereit wären und bei welchen nicht.

Sehen wir jemanden noch von fern, erhalten wir nur ein diffuses Gefühlsbild. Erleben wir ihn dann aus der Nähe, hören wir die Stimme, beobachten wir sein Auftreten, reagieren wir unbewußt mit einem direkten Gefühlsurteil. Es gründet sich in der Regel auf die Grundfragen: Bedeutet der andere Gefahr oder nicht? Muß ich mich schützen oder kann ich auf ihn eingehen? Welche Erfahrungen, Gefühle, Sympathien oder Antipathien verbinde ich mit der Wahrnehmung dieses Menschen? Mit diesem Urteil treffen wir die Vorauswahl für mögliche Begegnungen mit Menschen, wir ›selektieren‹.

Beispiel:
Die Party – ein Stück in 4 Akten

1. Akt: Die eingeladenen Personen treffen langsam ein. Im Wohnraum steht ein Sofa, auf dem eine attraktive Dame in einer Ecke Platz nimmt. Einzelne Herren betreten die Szene. Einige nehmen die Dame und den freien Platz neben ihr wahr. Herr A scheint interessiert zu sein an ihrem Typ. Er nimmt sich ein Glas und nähert sich wie zufällig dem Sofa. Nach einer Begrüßungsfloskel setzt er sich direkt neben die Dame und beginnt eine Konversation mit lauten Sprüchen und großen Gesten.

2. Akt: Kurze Zeit später. Herr A ist wieder aufgestanden und hat sich einer anderen zugewendet. Die Dame auf dem Sofa hatte mit keinem Augenaufschlag und keiner Regung auf seine Art reagiert und war stocksteif geblieben. Auf seine Fragen hatte sie ihm kurz und abwürgend geantwortet.

3. Akt: Herr B tritt auf und sucht eine Gesprächspartnerin. Höflich fragt er an und setzt sich in die andere Ecke des Sofas. Während er etwas schüchtern zu plaudern versucht, schaut er sie nicht richtig an und bleibt abgewendet. Sie macht einen gelangweilten Eindruck und lächelt ihm etwas mühevoll zu.

4. Akt: Herr C hat sich dem Sofa genähert. Er lächelt und spricht die Dame freundlich an. Sie reagiert sofort. Herr B, noch auf dem Sofa, räumt seinen Platz, Herr C setzt sich zu ihr. Die Distanz zwischen ihnen wird von beiden so verringert, daß jetzt kein Dritter mehr Platz hätte. Sie hat sich ihm zugewendet, schaut ihn direkt und offen an, und man vernimmt ihr Scherzen und Lachen. Wenig später stehen beide zusammen auf und verlassen gemeinsam die Szene. Vorhang!

Analysiert man dieses ›Stück für 2‹ einmal bis zu dem Punkt, wo die beiden späteren Gesprächspartner sich kennenlernen, ergibt sich daraus folgendes: Noch einander unbekannt, wurde selektiert und anvisiert. Mit wem möchte man zu tun haben? Wer kommt für eigene Absichten in Frage?

Durch ›Werbegebaren‹ hatte man auf sich aufmerksam gemacht: Sie durch ihre ›Abwarteposition‹ auf dem Sofa, wodurch sie ausdrückte: »Hier bin ich. Wer mit mir Kontakt haben will, kann sich bei mir bewerben.« Die Herren A, B und C durch die Vorführung ihrer vermeintlich besten Seite. Nach den Bewerbungen wurde von ihr entschieden, indem sie den Herren A und B die kalte Schulter zeigte und so ›Abneigungssignale‹ sendete. Herrn C nahm sie an, und ihm zeigte sie deutliche ›Zuneigungssignale‹. Er deutete ihre Zeichen richtig, nahm sie als positive Reaktion auf sein Werben auf und blieb. Beide zusammen erklärten nach außen: Bitte nicht stören!

Wenn Männer anderen Männern unbekannt begegnen oder Frauen anderen Frauen, spielt weniger die Werbung als das gegenseitige Taxieren eine Rolle, ob der/die andere als Konkurrenz auftritt oder nicht. Empfängt man Zeichen für Dominanzverhalten, geht man zuweilen in Verteidigungshaltung oder zieht sich diskret zurück. Bemerkt man Wohlwollen, ist ein erster Schritt zu näherem Kontakt getan.

Noch einmal: Wahrnehmungs-, Begrüßungs- und Werbeverhalten, das Erkennen und Aussenden von Signalen für Zuneigung oder Abneigung und das gegenseitige Beobachten, ob ›Freund‹ oder ›Feind‹, gehören zu den Grundspielregeln des Kennenlernens neuer, bis dahin unbekannter Menschen. Persönliche Absichten, individuelle Sympathien und Antipathien sowie gesellschaftliche Rollen und Zwänge beeinflussen den Ablauf.

Verhaltenstip

Sprache

Der kleine Ruck. Wer jemanden kennenlernen möchte, sollte auch mal selbst die Initiative ergreifen und sich trauen, andere anzusprechen. Schüchterne Menschen zeigen wenig Werbesignale. Manche warten nur darauf, daß man sie anspricht. Wenn Sie sich nicht sicher sind, ob jemand für Ihre Konversation aufgeschlossen ist, lassen Sie es einfach auf einen Versuch ankommen!

Die beste Seite. Geplauder muß nicht immer Small-talk sein. Wem Sie erklären wollen, wer und wie Sie sind, dem sollten Sie nicht nur freundlich, sondern je nach Situation auch offen entgegentreten. Wer außer Stärken auch seine Schwächen und Gefühle zugeben kann, wirkt menschlicher.

Körpersprache

Signale deuten. Ob und wie jemand Kontakt haben möchte, erfährt man auch durch die Körpersignale. Der Blick, die Distanz zueinander, die zu- oder abgewandten Gesten lassen erspüren, ob man willkommen ist oder nicht. Wer seine Antennen nicht genügend ausfährt, kann Gefahr laufen, Leute zu bedrängen.

Signale zeigen. Ob und wie Sie selbst Kontakt zu jemandem haben möchten, können Sie auch durch sprachbegleitende Gesten unterstreichen. Zuneigung zeigen ist leicht. Sind Sie jemandem abgeneigt, versuchen Sie sich zunächst diplomatisch und gleichbleibend höflich zu verhalten. Fühlen Sie sich belästigt, kann ein freundliches aber bestimmtes Nein in Verbindung mit einem höflichen Lächeln und einer selbstbewußten Körperhaltung jemanden in die Schranken weisen, ohne ihn zu kompromittieren.

Allgemein

Vorurteile / Nachurteile. Wie schon einmal erwähnt, teilt uns das Unterbewußtsein prompt mit, wen wir sympathisch oder unsympathisch finden. Ein zu schnelles Urteil über jemanden kann auch ungerechtfertigt sein. So, wie ein Mensch aussieht, muß er von seinem Wesen her nicht sein, und nicht jeder gehört in die Schublade, in die wir ihn schon hineingesteckt haben. Machen Sie sich hin und wieder die Mühe, Vorurteile bei neuen Bekanntschaften zu überprüfen. Nachher ist man dann wirklich klüger.

Erwachsene und Kinder

Guck doch die Tante nicht so an!« sagte die junge Mutter neben mir im Zugabteil zu ihrem kleinen Mädchen, das schon eine Weile mit leuchtenden Augen auf den großen Blumenhut der Dame gegenüber schaute. Wenn Kinder und Erwachsene sich begegnen, stehen sich zwei unterschiedliche Kommunikationsansätze gegenüber: Kinder wollen begreifen, Erwachsene wollen sich austauschen.

Kinder sind noch an keine Konventionen gebunden. Sie zeigen unverblümt, wen sie mögen und wen nicht. Ihr Verhalten ist spontan, gefühlsmäßig und davon bestimmt, die Welt um sich herum zu verstehen. Neugierig erforschen sie ihre Umwelt durch Beobachten, Nachahmen, Anfassen und In-den-Mund-Nehmen.

Das Verhalten der ›Kleinen‹ gegenüber den ›Großen‹ hängt entschieden von der Qualität ihrer ersten Sinneserlebnisse ab. Kinder, die aktiv sind und ohne Hemmungen an Erwachsene und andere Knirpse herantreten, um zu fragen »Was hast du da?«, »Was machst du damit?«, haben in der Regel angstfreie Erfahrungen gemacht. Sie machen gern Bekanntschaften und begreifen schnell.

Das, was Kinder innerlich bewegt, können sie oft nicht in Worte fassen. Durch die Sprache ihrer Gesten und Bewegungen wird vieles deutlich. Erwachsene, die mit Kindern in Kontakt kommen wollen, müssen ihre Zeichen lesen können. Um ihnen auf ihrer Verständnisebene zu begegnen, muß man sich offen, ehrlich und ohne Drohgebärde verhalten. Da sie eigenstän-

Mit ein wenig Einfühlungsvermögen in die Sichtweise der Kleinen läßt sich zu Kindern ein guter Kontakt herstellen. Vor allem wollen Kinder den Erwachsenen in die Augen schauen können und als Partner ernstgenommen werden

dige Personen sind, wollen sie ernstgenommen werden. Vor allem größere Kinder möchten partnerschaftlich behandelt werden. Kinder haben die besten Antennen, die es gibt, und spüren sehr schnell, wie man sie anspricht und wie es gemeint ist. Wer sich ihnen ganz natürlich nähert und auf seine Intuition vertraut, hat normalerweise schnell Kontakt zu ihnen. Ein wenig Beobachtung und das Hineinversetzen in ihre Sichtweise hilft für den weiteren Umgang mit den kleinen Erdenbürgern.

Die Dame mit dem blumengeschmückten Hut im Zugabteil reagierte mit einer Idee auf das Anstaunen des kleinen Mädchens. Sie beugte sich leicht vor, lächelte herzlich und fragte mit freundlicher Stimme: »Findest du die Blümchen schön?« Die Kleine hätte sich jetzt auch verschämt abwenden und bei der Mutter Schutz suchen können, tat es aber nicht und nickte. Die Dame tat so, als würde sie eine kleine Blume ihres Hutes abzupfen. Dann hielt sie sich die unsichtbare Blume unter die Nase, roch genußvoll daran und überreichte sie langsam und so, als sei sie etwas ganz Kostbares, dem Mädchen. Das Kind strahlte vor Freude, nahm die imaginäre Blume vorsichtig in seine beiden Hände und spielte seiner Mutter vor, wie sie duftete.

Verhaltenstip

Sprache

Stimmeinsatz. Kinder, die noch nicht im ›Raufboldalter‹ sind, mögen ruhige und freundliche Stimmen. Zu tiefe Stimmen können ihnen genauso Angst machen wie zu hektische.

Spracheinsatz. Die Kindersprache ist abhängig vom Alter und vom Umfeld. Ab dem 3./4. Lebensjahr ist ›Hätschelsprache‹ nicht mehr angebracht. Im Zweifelsfall erfährt man den Sprachstand ganz einfach durch Ansprechen des Kindes.

Körpersprache

Sichthöhe. Was die Eltern bei ihren Kleinen nur noch anzudeuten brauchen, müssen neue Erwachsene bei einer Begegnung erst herstellen. Am besten hockt man sich hin oder neigt sich zu den Kindern. Kinder wollen in die Augen schauen können.

Blickkontakt und Mienenspiel. Auf einen offenen Blick reagieren Kinder freundlicher als auf halbgeschlossene Augenlider. Anstarren kann sie ängstigen. Das gilt allgemein auch für das gesamte Gesicht. Wer natürlich lächelt, hat oft bei ihnen mehr Chancen als jemand, der zu ernst guckt oder Grimassen zieht.

Handflächen und Bewegungen. Wer Kindern gegenübersteht, sollte seine Hände zeigen. Wie offene Augen sind offene Handflächen ein Signal dafür, daß man ›ohne Waffen‹ kommt. Weil das Wahrnehmungsvermögen von ganz Kleinen noch langsam ist, brauchen sie mehr Zeit, um zu erkennen; deshalb können zu schnelle und eckige Bewegungen sie verwirren.

Berührung. Spontanes Anfassen durch unbekannte Erwachsene haben manche Kinder nicht gern. Lieber erst Vertrauen schaffen und dann sehen, ob sie es mögen.

Freunde und Freundinnen

Wenn Freunde und Freundinnen sich begegnen, kann das manchmal fast wie bei Liebenden wirken. Tatsächlich drückt sich das kommunikative Verhalten von echten Freundschaftspartnern in einem vertrauten Zueinander, Füreinander und Miteinander aus.

Frauen demonstrieren ihre Freundschaftsbande zueinander meist durch eine Reihe deutlicher körpersprachlicher Zeichen. Küsse und Umarmungen zur Begrüßung und zum Abschied, Arm in Arm gehen und häufiger Berührungsaustausch während einer Unterhaltung bezeugen die gegenseitige Zusammengehörigkeit.

Bei Männern erkennt man in diesem Zusammenhang mehr Zurückhaltung; sie drücken ein freundschaftliches Verhältnis äußerlich eher durch ein intensiveres Händeschütteln oder Armgreifen und Schulterklopfen aus. Begrüßungsküsse und emotional intensivere Umarmungen in der Öffentlichkeit sieht man in unseren Breitengraden seltener.

Wenn Freundinnen miteinander sprechen, fällt auf, daß sie deutlicher Zeichen füreinander setzen als Freunde. Frauen machen sich gerne sprachliche Geschenke wie »Ich freue mich so, dich zu sehen!« oder »Du siehst ja toll aus!« Sie sind auch allgemein offener zueinander. Die Männerfreundschaft vollzieht sich in der Regel etwas mehr in einem stummen Einvernehmen.

Beide Geschlechter zeigen oft schon durch die Art, wie sie sich im Gespräch gegenübersitzen oder gegenüberstehen, ihre Gemeinsam-

Begrüßungen, ob auf der Straße oder im privaten Kreis, fallen zwischen guten Freundinnen oft recht überschwenglich aus. Männer tun sich in unserem Kulturkreis zumeist erheblich schwerer, ihre Vertrautheit so nachdrücklich zu bekunden

keit. Einige sind so ›aufeinander eingestellt‹, daß ihre Körperhaltung zeitweise völlig übereinstimmt. Auch können die Bewegungen der Hände und Arme vorübergehend im Gleichklang sein. Die Affinität zueinander will auch in aktiven Taten die Freundschaft bestätigen. Der gemeinsame Motorradtrip, das Zusammen-einen-trinken-Gehen oder der Sprachkurs, den man zu zweit belegt, drücken die gleiche Wellenlänge aus und sind Zeichen für das Miteinander der Befreundeten.

Am Grußzeremoniell läßt sich oft schon vieles über eine Freundschaft ablesen. Trifft man sich zufällig, so können weit geöffnete Augen und hochgezogene Brauen im Moment des Blickkontakts ein Zeichen für Erstaunen sein. Wendet man sich dann in offener Haltung und Gestik einander zu und geben aufrichtig gemeinte Worte der angenehmen Überraschung ihren Ausdruck, zeigen sich klare Signale gegenseitiger ›Freundlichkeit‹.

Hat man sich lange nicht gesehen und einander vermißt, kann es erst einmal zu einem Austausch überschwenglicher ›Bindungsgesten‹ kommen, die das Versäumte nachholen wollen. Ereignete sich in der Zwischenzeit etwas – hat etwa einer der Freundschaftspartner eine schlimme Erfahrung gemacht, oder konnte er/sie einen Erfolg feiern –, so kann die Art der Begegnung davon nachhaltig beeinflußt sein.

Eine Störung in einer Freundschaft fällt schon durch ein reduziertes Begrüßungsspiel auf. Der Händedruck kann kürzer, der Blickkontakt flüchtiger und weniger zugewandt und die körperliche Distanz zueinander vergrößert sein. Will auch das Geplauder nicht so großzügig füreinander ausfallen wie sonst, werden zum Beispiel keine sprachlichen Freundschaftsgeschenke ausgetauscht und sucht man nach Verlegenheits- und Ersatzgesprächen, dann hat sich das Verhältnis stillschweigend verändert.

Verhaltenstip

Sprache

Zeichen setzen. Frauen tun sich leichter damit. Männer vergessen oft schon mal, daß man eine Freundschaft auch pflegen muß, um sie zu erhalten. Die Frage »Wie geht's denn noch?« oder »Wann unternehmen wir mal wieder etwas zusammen?« könnte eine einschlafende Freundschaft wiedererwecken.

Offen sein. Wahre Freundschaftspartner sollten gegenseitig auch schon mal kritische Worte vertragen können, wenn man sicher ist, daß diese sinnvoll sind und helfen können. Doch Vorsicht: Auf die behutsame und wohlbedachte Art und Weise kommt es dabei an!

Störungen beseitigen. In jeder Freundschaft kracht es auch mal. Häufigste Ursache sind Mißverständnisse. Wer glaubt, daß noch was zu retten ist, der sollte den ersten Schritt zu einem klärenden Gespräch tun und sich engagieren. Über den Konflikt reden hilft meist weiter, und nachher kann es sein, daß man noch fester befreundet ist, als man es vorher war.

Allgemein

Zeit lassen. Freundschaft sollte aus einem positiven Verhältnis zueinander wachsen können. Echte Freunde gewinnt man nicht durch geschickte Schachzüge. Gegenseitiges Vertrauen muß sich erst einmal entwickeln.

Kollegen und Konkurrenten

Im Sport sind die Verhältnisse klar. Man tritt entweder allein oder mit seiner Mannschaft zu einem Wettkampf an. Jeder stellt durch sein Verhalten dar, daß er im Wettbewerb gewinnen will. Wer so als Konkurrent auftritt, legt die Karten offen auf den Tisch. Das Konkurrenzdenken im beruflichen Alltag äußert sich nicht immer so offensichtlich. ›Futterneid‹ und Eifersüchteleien, manchmal aber auch nur Mißverständnisse reichen aus, um Kollegen versteckt zu Konkurrenten werden zu lassen.

Ein Beispiel: Ein Klient berichtete mir von seinem Kollegen, mit dem er seit Jahren fast wie befreundet zusammenarbeitete. Sein plötzlich verändertes Benehmen ihm gegenüber war für ihn ein Rätsel und verunsicherte ihn. Was war geschehen?

Vor einiger Zeit hatte mein Klient den Entschluß gefaßt, sich innerbetrieblich zu verändern. Eine Position mit erweitertem Aufgabenbereich und besserem Einkommen stand in Aussicht. Begeistert hatte er auch seinem Kollegen von den neuen Entwicklungen erzählt. Seit dem Tag war alles anders: Der Kollege schnüffelte heimlich in seinen Unterlagen und platzte einfach ins Zimmer, auch wenn er gerade in einem Gespräch war.

Auch nach Feierabend rief er ihn mehrfach an und stellte versteckte Fragen. Seine sprachlichen und stummen Botschaften drückten eine übertriebene Neugier aus. War es wirklich Interesse an seinem beruflichen Aufstieg oder nur Neid, oder verfolgte er dabei gar eine eigene Strategie?

Um das Verhalten dieses Kollegen besser zu beurteilen, muß man einige kommunikative Gegebenheiten berücksichtigen. Kollegen, die sich täglich am Arbeitsplatz begegnen, sind zunächst wie Verbündete. Ihre ›sportlichen Gegenspieler‹ sind die Vorgesetzten. Sympathien und Antipathien bestimmen, wieviel Distanz jeder zum anderen hält. Ein kollegiales Verhalten zeichnet sich normalerweise durch Gemeinschaftsdenken und Hilfsbereitschaft

aus. Das erklärt sich auch durch eine offene Gestik, klare Blickkontakte und einen gemeinsamen Umgangston.

Unkollegiales Verhalten ist von der Durchführung eigener Strategien auf Kosten der anderen bestimmt. Vollzieht es sich hinter vorgehaltener Hand, so kann es sich trotzdem durch bestimmte Verhaltensweisen verraten. Der Kollege meines Klienten drückte sich zum Beispiel durch Signalhandlungen aus, die ihm nicht bewußt waren: Er verbarrikadierte sich hinter Stapeln von Akten auf seinem Schreibtisch, der sonst immer aufgeräumt war. Er schaute ihn nicht mehr richtig an und wich seinem Blick oft aus. Er hielt körperlich mehr Abstand, wählte nicht den Stuhl gleich neben ihm, sondern ließ zwischen sich und meinem Klienten einen frei, und wenn er vor ihm stand, versteckte er neuerdings meist seine Hände auf dem Rücken oder in verschränkten Armen.

>>*Kollegiales Verhalten zeichnet sich durch Gemeinschaftsdenken und Hilfsbereitschaft aus.*>>

Bei der Beobachtung von Verhalten ergibt immer erst die Summe vieler Botschaften ein bestimmtes Bild. Ob gute Kollegen oder Rivalen, erkennt man nicht an einem Augenaufschlag. Erst wenn alles zueinander paßt und dabei sowohl das eigene Verhalten als auch die Gesamtsituation mitberücksichtigt wurde, lassen sich nähere Schlüsse daraus ziehen.

Unter Berücksichtigung der Tatsache, daß sich die beiden schon lange kannten, riet ich zu dem Versuch, den Kollegen offen und direkt auf sein Benehmen anzusprechen. Mein Klient fragte ihn also, warum er sich neuerdings so den Hals verrenke und sich genauestens für alles interessiere.

Der Kollege reagierte wie entwaffnet: Mit rotem Kopf wich er ihm aus und suchte nach Begründungen. Einige Tage später erklärte er von sich aus, daß er selbst mit dem Gedanken gespielt hätte, sich um den Posten zu bewerben. Weil er sich nicht sicher war, ob er genug Erfahrung dafür besäße, und weil er nicht direkt als sein Konkurrent auftreten wollte, habe er sich wohl etwas seltsam verhalten. Der Mut des Kollegen zu solch offenem Zugeständnis bewies, daß er menschliches Profil hatte. Der Versuch war es also wert gewesen; die Störung in der Kommunikation der beiden konnte durch eine Aussprache geklärt werden, und die alte kollegiale Atmosphäre stellte sich wieder ein.

Nicht immer reagieren Kollegen im Zweifelsfall so positiv auf eine Ansprache wie in dem geschilderten Fall. Auch kann sich keiner ganz davor bewahren, Konkurrenten zu haben oder von anderen als solcher aufgefaßt zu werden.

Das ist nicht nur im Berufsleben so. Äußere Umstände und ganz persönliche Empfindlichkeiten einzelner Individuen spielen dabei eine große Rolle. Rivalitäten unter den einzelnen Geschlechtern können schon alleine durch Altersunterschiede entstehen.

Wer als Bewerber auftritt, hat automatisch Mitbewerber. Ist der Umgang miteinander nicht von sportlicher Fairneß gekennzeichnet, so läßt sich durch etwas mehr Aufmerksamkeit manches im Vorfeld schon erkennen und für das eigene Handeln bewußt berücksichtigen.

Im Berufsleben kann man sich seine Kollegen nur selten aussuchen. Ob man sie für sich oder gegen sich hat, ist zu einem großen Teil vom eigenen richtigen oder falschen kommunikativen Verhalten mitbestimmt.

Konkurrenzverhalten am Arbeitsplatz äußert sich nicht immer offenkundig. Ob Kollege oder Konkurrent drückt sich manchmal allein über das Verhalten und über die Körpersprache aus

Verhaltenstip

Sprache

Kommunikativ sein. Wenn Sie neu anfangen oder sich verändern, versuchen Sie, mit allen Leuten zu reden, auch wenn Ihnen nicht jeder gleich sympathisch ist. Nehmen Sie jeden als ganze Person wahr. Interessieren Sie sich für die Hobbys der anderen und auch schon mal für deren Probleme. Sie können so Ihre Kollegen vorläufig etwas besser einschätzen und werden auch selbst von ihnen besser wahrgenommen und schneller miteinbezogen. Deuten sich Konfliktsituationen an, versuchen Sie auch zu reden – vieles läßt sich durch offene Aussprachen noch klären. Sind die Fronten erst verhärtet und schweigt jeder voller Groll dazu, kann einem der Spaß an der Zusammenarbeit leicht vergehen.

Revier abstecken. Weil man täglich miteinander auskommen muß, macht man sich besser nicht zu angreifbar. Bevor Sie Ihre Kollegen nicht genauer kennen, sollten Sie sich mit detaillierten Erzählungen aus Ihrem Privatleben etwas zurückhalten. Hören Sie zu, welche Kollegen wie über andere reden. Achtung bei Betriebsfeiern! In ausgelassener Stimmung wird viel geredet. Nicht alles, was man so daher sagt, hat mancher andere am Morgen danach vergessen.

Körpersprache

Die eigene Rolle bestimmen. So wie man sich gibt – ob ›geradeheraus‹ oder ›hintenrum‹ –, bekommt man von den Kollegen seine Typenbezeichnung. Durch ein klares Auftreten in Gesten und Taten können Sie den anderen auch zeigen, wer Sie sind und was Sie können. Körpersprachliche Ausdrucksformen wie sich beim Gespräch richtig ansehen, sich zuwenden, ein bewußter Händedruck oder nur ein aufrichtiges Lächeln können für das Verhalten unter Kollegen in fast allen Jobs zuträglich sein.

Die anderen richtig einschätzen. Beachten Sie nicht nur das, was Ihre Kollegen sagen, sondern gleichzeitig deren sprachbegleitende Körperausdruckssignale. Ihre Haltung, ihre Mimik, ihre Augen, ihre Gesten und ihr gesamtes Verhalten drücken die Botschaft mit aus. So kann man zum Beispiel in einem schüchternen und stillen Menschen vielleicht den netten und hilfsbereiten Kollegen erkennen oder in dem überbetont freundlichen Mitarbeiter einen Luftikus.

Allgemein

Hilfsbereitschaft. Wenn jemand eine Bitte hat und Sie können weiterhelfen, reagieren Sie! Alle haben einmal angefangen, und jeder hat irgendwann ein Problem, das die Hilfe der Kollegen nötig macht.

Keinen Neid haben. Gönnen Sie anderen ihren Erfolg! Neid und Eifersucht fressen die Energien an und können so den eigenen Erfolg behindern.

Fair Play. Wenn Sie in Konkurrenz zu anderen treten wollen oder müssen, spielen Sie fair! Wer krumme Touren bevorzugt, muß auch wissen, daß man sich dadurch Feinde schafft, und darf sich nachher über andere unfaire Kollegen nicht beklagen.

Chefs und Angestellte

Daß ein Chef seine Sekretärin heiratet, kommt schon einmal vor. Meist jedoch bleibt das Verhältnis zum Chef mehr oder weniger distanziert. Der Chef hat das Sagen und bestimmt somit die Spielregeln der Kommunikation zwischen ihm und seinen Angestellten. Wie er das tut, hängt von seiner individuellen Persönlichkeit und der Art des Arbeitsplatzes ab, an dem er tätig ist. Wie seine Angestellten damit umgehen, ist abhängig von deren charakterlicher Konstitution. Ob in einer kleinen Firma, einem Bildungs- und Kulturbetrieb oder in einem großen Unternehmen: Jeder Chef ist anders, und trotzdem drücken sich gewisse Verhaltensmuster bei vielen gleichermaßen aus.

Man begegnet zum Beispiel dem ›traditionellen‹ Chef. Sein Habitus drückt in Sprache und Körperhaltung etwas Machtvolles und Unerreichbares aus. Er mag es, wenn seine Angestellten zurückhaltend reagieren und die Grenze zu ihm klar abgesteckt bleibt.

Dann trifft man auf den ›kollegialen‹ Chef. Er holt sich den Kaffee auch einmal selbst und zeigt damit, daß er auf einer Höhe mit seinen Angestellten stehen kann. Seine Art zu reden klingt beizeiten wie der Umgangston unter Kollegen. Typisches Distanzgehabe ist bei ihm schwer zu erkennen.

Der ›gut geschulte‹ Chef demonstriert Führungsstil. Er hat in Seminaren gelernt, sein Verhalten bewußt und mit Bedacht einzusetzen. Wer mit ihm zu tun hat, bemerkt sein sicheres Auftreten mit klaren und starken Körpergesten. Sein sprachliches Know-how ist Strategie und gründet sich auf Menschenkenntnis. Mal tritt er positiv motivierend, mal sachlich kritisierend seinen Mitarbeitern entgegen.

Gleichgültig ob sachliche, launische oder freundliche Vorgesetzte und fleißige, faule oder verkannte Angestellte – wenn sie sich begegnen, drücken beide ihre Beziehung zueinander klar aus. Zwar formulieren die Chefs die Erwartungen an das Verhalten und die Leistungen ihrer Mitarbeiter, doch können die Angestellten verschiedene Wege wählen, auf welche Weise sie darauf reagieren.

Wie man sich arrangiert, hängt auch von etwas Fingerspitzengefühl ab. Das tägliche kommunikative Miteinander läßt sich von beiden Seiten positiv beeinflussen.

Obwohl der Führungsstil sich in vielen Unternehmen inzwischen völlig gewandelt hat, trifft man doch – vor allem in mittleren Betrieben – noch auf Chefs im traditionellen Sinne. Man erkennt sie an ihrem patriarchalischen Habitus, der deutlich zum Ausdruck bringt, daß sie allein die Spielregeln bestimmen wollen

Verhaltenstips für Angestellte

Sprache

Positiver Umgangston. Seien Sie höflich und freundlich. Dazu gehört nicht nur das »Danke«, »Bitte« und »Entschuldigung, wenn ich gerade störe . . .«. Auch in spontanen Momenten sind Kraftausdrücke, Übertreibungen und Redeschwälle, die den Chef überrollen, nicht von Vorteil.

Reden ohne Umschweife. Wenn es um sachlich-fachliche Dinge geht, kommen Sie gleich zur Sache. Auf gestellte Fragen sollten immer nur angemessen lange Antworten erfolgen. Wenn ein Chef anzeigt, daß er mit Ihnen über Allgemeines reden möchte, dann ist auch das Drumherum gefragt.

Deutlich sprechen. Wer privat gerne nuschelt oder sich ›in den Bart brummelt‹, sollte das im Beruf vermeiden. Achten Sie beim Gespräch mit dem Chef auf deutliche, verständliche Aussprache. Auch spielt die Betonung eine Rolle. Wer zu monoton oder zu lässig spricht, kann leicht falsch eingeschätzt werden.

Umgang mit Kritik. Zweifelt man an Ihren Leistungen, so seien Sie prinzipiell bereit, gemachte Fehler einzusehen. Sind Sie sicher, daß es nicht an Ihnen liegt, dann sollten Sie gegenüber Ihrem Vorgesetzten auch argumentieren. Ein ruhiger und sachlicher Ton ist dazu angebracht.

Körpersprache

Selbstbewußtsein. Wenn Sie zu dem stehen, was Sie können, halten Sie den Oberkörper nicht geduckt und den Blick nicht auf den Boden gerichtet. Geben Sie Ihrem Chef fest die Hand (bei weiblichen Chefs nicht zu fest), und schauen Sie sich ganz offen und natürlich in die Augen.

Distanz wahren. Viele Chefs möchten nicht, daß man ihnen körperlich zu nahe rückt oder vor ihrer Nase wild gestikuliert. Sie sehen dies als Angriff auf ihr Territorium.

Allgemein

Die Spielregeln beachten. Wer sich nicht auf die Art seines Chefs einstellen kann, hat von vornherein schlechte Karten. Bei unberechenbaren und launischen Vorgesetzten gilt es, Angriffsmöglichkeiten zu vermeiden.

Der richtige Moment. Für jedes Anliegen gibt es auch einen falschen Augenblick, um es vorzutragen. Prüfen Sie immer zuerst, zu welchem Zeitpunkt Sie etwas sagen und tun wollen.

Gelassenheit. Ist das Betriebsklima mal ganz schlecht – nicht alles zu persönlich nehmen. Vergessen Sie nicht das Positive an Ihrem Job und dem Chef. Sieht man Chancen für ein Gespräch, das den Frieden wiederherstellen könnte, sollte man sie nicht ungenutzt lassen.

Verhaltenstips für Chefs siehe Kapitel »Die Führungsposition«.

Übung

Auf Leute zugehen · Einzelübung

Gehen Sie einmal ganz freundlich auf andere Menschen zu. Dazu können jene gehören, die Sie bereits kennen, vor allem jedoch die, die Sie erst kennenlernen möchten. Stimmen Sie sich zu einer Begegnung vorher kurz etwas ein. Erhöhen Sie Ihr Körpergefühl, indem Sie bewußt gehen, stehen oder sitzen sowie ruhig und entspannt atmen. Stellen Sie sich auch gedanklich ein, indem Sie sich innerlich aufsagen, daß Sie gutgelaunt sind und dies auch ausstrahlen wollen. Denken Sie positiv, und haben Sie keine Vorurteile anderen gegenüber. Fühlen Sie sich gelöst und voll positiver Energie. Empfinden Sie sich selbst als liebenswürdig, und lächeln Sie mit den Augen. Schauen Sie Ihr Gegenüber offen an, seien Sie höflich und zuvorkommend. Zeigen Sie sich mit zugewandtem und erhobenem Oberkörper sowie mit einer klaren Gestik. Achten Sie je nach Räumlichkeit auf die persönliche Zone des anderen, und haben Sie immer eine sensible Antenne für die Reaktionen und Stimmungswechsel ihres Gegenübers. Sprechen Sie ruhig und betont, und seien Sie vor allem auch ein interessierter Zuhörer. Gehen Sie auf das ein, was ihr Gesprächspartner sagt. Sollte das Ansprechen nicht so leicht von den Lippen gehen wollen, überlegen Sie nicht lange, und haben Sie nicht das Gefühl, etwas besonders Wichtiges sagen zu müssen. Nehmen Sie zum

Um ein Gespräch mit Unbekannten zu beginnen, muß man nicht unbedingt gleich etwas Wichtiges sagen. Wer mit anderen Kontakt aufnehmen will, sollte nicht am Rand stehenbleiben; wer zur Gruppe gehört, sollte dazu beitragen, Außenstehende miteinzubeziehen

Beispiel den Ort, die Situation, ein aktuelles Geschehen oder ein kleines Kompliment zum Anlaß, um das erste Eis zu brechen. Bedenken Sie, der/die andere weiß oft auch nicht, was man sagen soll und ist Ihnen vielleicht dankbar, daß Sie den Anfang machen. Halten Sie während des Gesprächs natürlichen Blickkontakt zu den Augen Ihres Gegenübers.

Für Fortgeschrittene gilt: Gehen Sie einmal bewußt auf völlig fremde Menschen zu. Grüßen Sie diejenigen, die Ihnen sympathisch sind – auf der Straße oder sonstwo – einfach freundlich mit den Augen. Es kann sein, daß Sie zwar überrascht, doch freundlich zurückgegrüßt werden und daß Sie beide über Ihre kleine Geste ins Gespräch kommen. In jedem Fall wird die betreffende Person im Weitergehen ihr Erinnerungsvermögen durchforschen, woher Sie beide sich kennen und wo man sich bereits einmal begegnet ist.

Hinweis: Üben Sie es, auf Leute zuzugehen, und nutzen Sie die Möglichkeiten, die sich Ihnen bieten: zum Nachbartisch im Restaurant, auf dem Autoparkplatz, im Zug, im Flugzeug, in der Warteschlange, bei einer Veranstaltung, bei Einladungen, beim Sport etc. Schon bald fällt es Ihnen leichter, den Anfangsmoment zu überbrücken, und Sie gehen spontaner damit um. Sie werden Bekanntschaften machen und die Gelegenheit bekommen, neue Kontakte zu knüpfen, wenn Sie sich herzlich und entgegenkommend verhalten. Führen Sie nach den ersten Anläufen für sich eine kleine Analyse der jeweiligen Begegnung durch, in der Sie möglichst objektiv die Situation Revue passieren lassen. Versuchen Sie, Verhaltensfehler für das nächste Mal zu korrigieren (siehe Kapitel »Check-Up«).

2. DIE REDE VOR PUBLIKUM

Nicht jeder mag zum großen Redner geboren sein. Wer aber in der Öffentlichkeit steht oder in leitender Position mit Menschen zusammenarbeitet, hat kaum eine Wahl: Er/sie muß reden. Anlaß kann ein gesellschaftliches Ereignis sein, bei dem man aufgefordert ist, das Wort zu ergreifen, eine Konferenz in der Firma, ein Jubiläum im Verein, ein Abendessen mit Geschäftspartnern, eine Mitarbeiterversammlung, Produktpräsentation und anderes mehr.

Eine erstklassig gehaltene Rede ist das beste Mittel, um seine Interessen, die einer Gemeinschaft oder einer Sache, die einem am Herzen liegt, nachhaltig zu vertreten. Im heutigen beruflichen Wettbewerb muß man sich als Redner besonders gut vor unterschiedlichster Zuhörerschaft präsentieren können, um beständigen Erfolg zu haben, um zu überzeugen und etwas zu erreichen.

"*Die Sicherheit eines Redners und der Erfolg einer Rede kommen mit der richtigen Vorbereitung.*"

Wer beim Publikum ankommt, ist selten ein Redetalent von Natur aus. Jeder kann und muß es zuerst lernen. Es lohnt sich zu allen Gelegenheiten, auch für den, der sich selbst als schlechten Redner einschätzt und es sich nicht zutraut. Mit einfachen Mitteln kann aus ein paar vorzutragenden Sätzen eine wirkungsvolle Ansprache werden, die andere mitreißt.

Sie wollen sich einsetzen, etwas bewirken, beruflich weiterkommen. Doch wenn Sie nach vorn gehen sollen, um vor allen eine kleine Rede zu halten, werden Sie nervös, die Stimme zittert, die Hände werden feucht und der Kloß im Hals wird dicker. Von der Angst vor dem offiziellen Reden bleibt niemand verschont. Selbst Redeprofis haben Lampenfieber. Der Ungeübte aber weiß sich nicht zu helfen. Die Angst sich zu blamieren und vor versammelter Gemeinde

einen Fehler zu machen bewirkt oft, daß man sich verhaspelt, ins Stottern gerät und es nur noch möglichst schnell hinter sich bringen will.

Die hauptsächliche Ursache, die viele ganz vom Reden zurückhält, obwohl sie reden können – sie tun es ja auch im Gespräch –, ist die Situation, vor den erwartungsvoll kritischen Augen einer Vielzahl von Menschen allein dazustehen. Wer dann nicht sicher weiß, woran er sich halten kann, fühlt sich leicht ausgeliefert, fixiert und angegriffen. Das kann bei vielen Menschen bis zur gedanklichen Blockade führen, die bewirkt, daß einem nichts mehr einfällt, obschon man ausreichend kompetent wäre, Wichtiges zu sagen.

Dieses Kapitel bietet eine systematische Vorgehensweise an, um redesicherer zu werden und um sich für den kleinen oder großen Auftritt vor Publikum entsprechend zu wappnen.

Die Sicherheit des/der Redners/in und der Erfolg einer Rede kommt mit der richtigen Vorbereitung. Um Redeängste weitestgehend abzubauen und um rhetorische Techniken wirksam entfalten zu können, ist es wichtig, sich an seinen Redeauftritt Schritt für Schritt heranzutasten. Dazu sollte man sich ausgiebig Zeit nehmen, um sowohl inhaltlich als auch innerlich gut präpariert zu sein. Einen Tag vorher erst zu beginnen, ist in jedem Fall zu spät. Wenn ein Vortrag hieb- und stichfest sein soll und wenn Sie ihn überzeugend darstellen wollen, muß er langsam in Ihnen wachsen.

Zunächst gilt es, die Form und den Zweck Ihrer Rede zu klären. Im Allgemeinen unterscheidet man dabei vier Kategorien:

1. Die Sachrede
Mit dieser will man informieren, erklären, etwas vermitteln. Dazu gehört der sachbezogene Bericht. Diese Redeform ist vorrangig verstandesgemäß anzugehen. Die Zuhörer sollen

verstehen, erfahren und lernen, ohne daß an Gefühle appelliert wird.

2. Die Meinungsrede

Sie soll zielgerichtet überzeugen, etwas auslösen, Handlungen in Gang setzen – wie zum Beispiel die Rede mit politischem oder moralischem Hintergrund und die Rede, mit der Ansichten und Überzeugungen ausgedrückt werden. Sie bringt in jedem Fall ein Vorhaben zum Ausdruck. Um es zu realisieren, wendet man sich an den Verstand und zugleich an die Gefühle der Zuhörer.

3. Die Gelegenheitsrede

Hiermit möchte man zu aktuellen Ereignissen Stellung nehmen, für die Hörer Stimmungen formulieren, einzelne Personen in den Mittelpunkt stellen – wie zum Beispiel bei der Dankesrede, der Festansprache oder der Trauerrede. Zweck dieser Form ist es, auf die Situation einzugehen, zu der sich Menschen zusammengefunden haben. In ihr äußern sich in erster Linie die Gefühle der jeweiligen Gemeinschaft.

4. Die Erzählrede

In ihr wird von Erlebnissen berichtet, werden Erfahrungen wiedergegeben, kommen Geschichten vor, zum Beispiel anläßlich einer privaten Diavorführung, eines Geselligkeitsabends oder bei einer Moderation auf der Bühne. Hierbei ist immer Unterhaltung das Ziel. Dazu werden Information und persönliche Aussagen so dargeboten, daß das Publikum seinen Spaß daran hat.

Die genannten Redeformen können zeitweilig in einer einzigen Rede ineinander übergehen und sind deshalb nicht immer genau voneinander zu trennen. Der Anlaß, das Ziel und die Konstellation der Zuhörer einer Rede bedingen verschiedene Arten der Vortragsweise. Besonders in den ersten drei Kategorien sollte das Beherrschen von sprechtechnischen wie rhetorischen Grundregeln unabdingbare Voraussetzung sein.

Dasselbe gilt für die visuelle Darstellung und Vermittlung von Gedanken. Der bewußte Einsatz der Körpersprache kann je nach Anlaß ebenso wichtig sein wie optische Hilfsmittel, sprich Vorführungen, Projektionen, Schautafeln etc. Der Zuhörer – der ja auch Zuschauer ist – reagiert gern auf visuelle Reize, die nachhaltig als Brücken zum Text im Gedächtnis haften. Trotzdem muß eine Rede nicht zur Show werden. Die individuelle Manier einer Persönlichkeit, der eigene Stil, das sprachliche Niveau oder der Charme und Humor, mit dem ein Vortrag dargeboten wird, können durchaus allein bestechende Faktoren sein.

Wenn geklärt ist, zu welchem Anlaß man etwas sagen möchte oder muß, ist zu überlegen, worüber man reden kann und worauf man hinaus will. Was fachlich und inhaltlich zu sagen ist, wissen Sie selbst am besten. Fehlt nur noch das ›Wie‹. Wer sich schrittweise vorbereitet und die ganze Zeit über die Gesamtsituation nicht außer acht läßt, hat bald schon aus ersten Kerngedanken eine treffende Rede zusammengestellt. Wer sich von Anfang an positiv ausmalt, wie diese beim Publikum gut ankommt, bekommt zunehmend ein sicheres Gefühl.

Das Zielpublikum

Redeanlaß und Zielsetzung stehen fest: Sie wollen eine Veranstaltung eröffnen, zum 50jährigen Jubiläum gratulieren, einen Toast auf das Hochzeitspaar ausbringen, dem in Rente gehenden Kollegen ein paar schöne Worte mit auf den Weg geben, neue Mitglieder werben, Mitarbeiter sachkundig machen, die Abteilung motivieren, im Verwaltungsrat Kritik anbringen, eine ausgelassene Gesellschaft unterhalten.

Die erste Phase der Vorbereitung ist den Zuhörern gewidmet. Vor welchen Leuten hält man seine Rede? Wie viele werden es sein? Welche Sprache verstehen sie am besten? Mit welchen Erwartungen kommen sie, bzw. was wollen sie von mir erfahren? Wie könnten ihre Vorerfahrungen und Wertvorstellungen sein? Wie ist eventuell ihre Haltung mir gegenüber?

Wenn Sie an Ihr Publikum denken, sollten Sie sich auch genau den Moment vorstellen, in dem Sie die Rede halten werden. Stellen Sie sich vor, Sie wären in diesem Augenblick selbst einer der Anwesenden. Versetzen Sie sich in die Lage des Zuhörers. Wie ist wohl die Stimmung der meisten in dieser Situation? Sollten Sie (je nach Anlaß) dieser Atmosphäre mit Ihrer Rede besser entsprechen, oder sollten Sie versuchen, die Gemüter mit Ihren Worten aufzurütteln, zu verblüffen, zu provozieren?

Ein gutes Einfühlungsvermögen in das Publikum, das da sein wird, macht den halben Erfolg der Rede aus. Wer annähernd weiß, wo seine Zuhörer gerade stehen, was sie erlebt haben und was sie sich wünschen, findet den passenden Ton. Dazu gehört manchmal auch zu untersuchen, wo Widerstände auftreten könnten. Was könnte wohl die Gefühle in Wallung bringen? Kann es Gegner geben, und wie sollte ich zu ihnen sprechen? Welche Erfahrungen können bei der Einschätzung der Gegenseite nützlich sein? Womit lassen sie sich überraschen? Oder wird das, was ich sage, auch bei den Kritischen Interesse wecken?

Diese und ähnliche Fragen gehören zur Voranalyse der Redesituation. Machen Sie sich hierzu bereits einige Notizen, die Ihnen erste Anhaltspunkte dafür liefern, ›wie‹ Sie es am besten ›Ihrem Kinde sagen‹.

An dieser Stelle gilt es auch, die Schichtung des Hörerkreises zu untersuchen. In manchen Fällen kann das ›Wie‹ eines Vortrags nicht einseitig ausfallen, weil die Anwesenden sich aus zwei oder mehreren ungleichförmigen Gruppen zusammensetzen werden. Dann muß von Anfang an darauf Rücksicht genommen und versucht werden, allen etwas zu bieten. Hat man zu gleicher Zeit Spezialisten und Anfänger, Aufgeschlossene und Widerständler vor sich, ist dies freilich eine Herausforderung. Geht man aber bei seiner Vorbereitung immer zunächst von den Laien oder Opponenten (vor allem wenn diese in der Mehrzahl sind) aus, findet man eher ein Niveau, das man zeitweilig wieder nach oben (z. B. zu den Fachleuten) verschieben kann. Wichtig bleibt: Niemand darf sich außen vor fühlen. Alle Zuhörergrüppchen wollen miteinbezogen werden.

Der Mensch in der Masse ist ein anderer! Seien Sie sich dessen bewußt. Die Leute im Saal verhalten sich oft anders, als man es vom direkten Kontakt mit dem einzelnen gewohnt ist. Das hat seine Ursache darin, daß wir tatsächlich immer noch Stammeswesen sind. Das heißt, in der Gruppe, Sippe und Horde mit gleicher Ausgangssituation – in unserem Fall: vorn allein der/die Redner/in, hinten zusammen die Zuhörer – finden bestimmte Verhaltensprozesse statt. Diese können einer Rede helfen, aber unter gewissen Umständen auch den Erfolg und die Zustimmung gefährden.

Je mehr Raum der einzelne um sich herum hat und je kleiner die Gruppe ist, um so mehr reagiert jeder als die Person, die er ist, und behauptet sich. Wird der Kreis jedoch zur Menge, die auch noch dichtgedrängt ist, wird es zunehmend schwieriger, seiner individuellen Einstellung treu zu bleiben. Man wird von den

Reaktionen der anderen förmlich mitgerissen. Das kann Spaß und Freude sein, aber ungewollt auch Hysterie und Aggression.

Selbst außergewöhnliche Einzelgänger vermögen sich derartigen Massenbewegungen kaum zu entziehen. Große Agitatoren und Volksverführer nutzen dieses Faktum längst aus. Sie manipulieren mit dem, was sie sagen, und mit der Art und Weise, wie sie es betonen und vortragen, die Grundstimmung einer Zuhörermenge dorthin, wo es ihnen zum Vorteil gerät. Dabei verlassen sie sich hauptsächlich auf massenspychologische Erkenntnisse wie: »Eine Menschenmasse spricht schnell auf Gefühlsbotschaften an. Sind die Gefühle einmal angesprochen, kann die Masse bald nicht mehr zwischen wahr und unwahr, richtig oder falsch differenzieren.«

Als Redner/in vor einem unüberschaubaren Publikum hüte man sich davor, Emotionen auszulösen. Experimente dieser Art können einem leicht zum Nachteil gereichen. Bleiben Sie dabei, daß Sie mit Ihrer Rede wahrhaftig überzeugen wollen. Führen Sie über Ihren Vortrag einen aufrechten Dialog mit den Zuhörern. Lassen Sie dabei nie außer acht, daß eine Masse von Menschen andere Botschaften braucht als ein intimer Kreis.

Als griffige Formel für die großangelegte Redeplattform gilt es, immer zu vereinfachen (ausgenommen fachspezifische Vorträge u. ä.), zu veranschaulichen und zu wiederholen. Gute Redner sind in der Lage, ihre Rede genau auf das Zielpublikum auszurichten, sowohl in verrauchten Bierzelten vor stimuliertem Publikum, im Betrieb vor Kunden als auch im Hörsaal vor Studierenden.

Ungünstig ist es, wenn man als Fachmann nur seine eigene Sprachrichtung beherrscht. Dann ist man festgelegt, und der Wirkungskreis ist eingeschränkt. Können Sie aber gleichermaßen gut kräftig, klar und volkstümlich wie filigran logisches ›Fachchinesisch‹ reden, dann steht Ihren zukünftigen Reden nichts mehr im Weg: Sie wissen, von welcher Seite Sie sich den Ansprechpartnern nähern müssen, damit Sie als Person angenommen werden und Ihre Botschaft richtig verstanden wird.

Prominente Redner beziehen ihr Publikum oft schon bei der Begrüßung durch eine einladende Offenheitsgeste mit ein. Als körpersprachliche Mitteilung ist das Öffnen der Handinnenflächen und Arme zu verstehen als: Ich bin hier für euch alle! Nehmt mich an! (Frank Elstner bei der Eröffnung einer Veranstaltung in Linz)

Die Bedingungen

Wen Sie vor sich haben, ist durchdacht. Im Anschluß daran sollte festgestellt werden, wann und wo die Rede gehalten wird. Je gründlicher Sie sich auf die äußeren Rahmenbedingungen vorbereiten, um so mehr können Sie etwaige Unsicherheiten und Ängste abbauen. Wer die räumlichen, zeitlichen und organisatorischen Voraussetzungen kennt oder zumindest gut einschätzen kann, wird so schnell nicht nervös.

Versuchen Sie, alles Mögliche zu tun, um nicht von falschen Voraussetzungen auszugehen. Damit reduzieren Sie das Risiko, von unangenehmen Überraschungen aus dem Konzept gebracht zu werden, auf ein Minimum. ›Wann‹ heißt in diesem Zusammenhang: Wann sollte, kann oder muß ich reden? Dann, wenn alle im Grunde ungeduldig aufs Essen warten? Danach, wenn die meisten gesättigt und ermattet sind? Oder erst kurz vor Schluß, wenn die Zuhörer schon in den Startlöchern stehen, um nach Hause zu kommen? Lassen Sie derlei Bedingungen sowohl in Ihre Vorstellung von der Situation als auch in die Aufbereitung des Redeinhaltes miteinfließen.

Das ›Wann‹ bezieht auch den/die Redner/in selbst mit ein. Wie wird meine Verfassung zum angesetzten Redetermin sein? Bin ich dann fachlich, psychisch, physisch auf der Höhe? Werde ich Zeit genug haben, um kurz vorher alles noch einmal in Ruhe durchzugehen, eventuell ein paar Entspannungsübungen zu machen? Oder komme ich gerade abgehetzt von einem anderen Termin und habe kaum Gelegenheit, mich zu sammeln und seelisch vorzubereiten? Wer so anfängt, hat denkbar schlechte Vorbedingungen, es sei denn, er ist bereits ein routinierter Redeprofi.

Zum ›Wo‹ gehört alles, was den Raum und die örtlichen Gegebenheiten dort, wo Sie sprechen werden, angeht. Falls Sie den Saal, das Lokal, die Tagungsstätte oder Halle selbst mitbestimmen können, wählen Sie eine Räumlichkeit, die dem Redeanlaß und dem, was Sie damit erreichen wollen, entgegenkommt. Die Atmosphäre an Ort und Stelle spielt oft eine große Rolle, auch für Ihr eigenes Gefühl, während Sie sprechen. Wenn irgend möglich, machen Sie sich noch vor Ihrem ersten Redeentwurf mit der Lokalität vertraut. Stellen Sie sich an die Stelle oder auf das Podium, von wo aus Sie reden werden. Füllen Sie in Ihrer Vorstellung die Ränge bereits mit Publikum, und gehen Sie einige Male den Weg zum Redeplatz hin und wieder zurück. Zuhause können Sie sich dann mit der genauen Kenntnis dessen, was Sie erwartet, auch inhaltlich besser vorbereiten, und Ihnen ist bereits klar, in welches räumliche Fluidum Ihre Worte hineingesprochen werden. Ist man einmal in dem Raum, wo der Vortrag stattfinden wird, sollte man es nicht unterlassen, vorab organisatorische Details zu klären. Dabei muß alles auf etwaige Störfaktoren hin untersucht werden.

Die Belüftung

In einer Räucherkammer vorzutragen ist ebenso unschön wie wenn die Klimaanlage nicht richtig eingestellt ist. Wenn die Umstände es erlauben, sollte zumindest zeitweise dafür gesorgt sein, daß der Raum belüftet wird. In verbrauchter Luft sinkt unweigerlich die Konzentrationsfähigkeit des Zuhörers. Rauscht laut die Klimaanlage und ist die Luft zu kalt, zu warm oder bläst dem Publikum heftigst in den Nacken, den Hausmeister ansprechen, um sie zu regulieren bzw. ganz auszuschalten.

Die Eingangstür

Manche kommen gern ein Viertelstündchen zu spät. Wenn der Anlaß die volle Konzentration erfordert, sind sich öffnende Türen ein Greuel. Fangen Sie jedoch deshalb nicht später an als veranschlagt. Lösungsvorschlag: Hilfspersonen draußen vor der Tür postieren, die die Leute zurückhalten und erst zu einer günstigen Zeit leise hereinlassen.

Die Beleuchtung

Grelles Spotlicht blendet und läßt es dem Redner ziemlich heiß werden. Für eine Sachrede ist nüchtern helles Saallicht angemessen. Für die Rede mit Gefühlsappell schafft ein insgesamt gedämpftes Licht mehr Stimmung. Falls erforderlich, sprechen Sie mit dem technischen Personal.

Der Redeplatz

Redner in weiter Ferne oder hinter dem Podium vergraben haben weniger Wirkung. Ist der Standort von Podium, Tisch oder Pult veränderbar, sollte er nah genug beim Publikum und wohl eingerichtet sein. Dazu gehört auch das Positionieren von Manuskript, Leselicht, Uhr, Wasserglas, Schweißtuch usw. sowie das Testen des Mundabstandes zum Mikro und der Stehhöhe. Wirken Sie hinter dem Pult zu klein, Fußbank bereitstellen.

Die Hilfsmittel

Visuelle und akustische Demonstrationen sind nur effektiv, wenn sie optimal funktionieren und einfach zu handhaben sind. Technische Geräte sollte man vor Gebrauch immer erst checken. Ist die Lautsprecheranlage getestet (Sprechprobe) und sind Overheadprojektor, Videoanlage, Diagerät etc. gut zu bedienen, sollte man, wenn nötig, auch auf einige Zeichenübungen am Flip-chart nicht verzichten. Papier, Stifte, Schautafeln und Anheftmaterialien ebenfalls nicht vergessen.

Unroutinierte Redner/innen sollten sich die Zeit nehmen, um sich auch um derlei Kleinigkeiten zu kümmern. Manchmal kann eine einzige unerwartete Störung die gesamte Wirkung einer gut geschriebenen und vorgetragenen Rede schmälern oder gar den Vortragenden völlig zum ›Flattern‹ bringen.

Sind Sie später vor vollendete Tatsachen gestellt, bleibt nichts weiter übrig, als daß Sie das Beste daraus machen. Sind die Bedingungen noch schlechter als erwartet, dann schimpfen Sie nicht vor den Zuhörern darauf, sondern gehen Sie es immer und in jedem Fall positiv an. Stellen Sie sich im voraus darauf ein, schlechte Stimmung stets zu vermeiden. Wenn es dann so kommt, daß einiges nicht stimmt, improvisieren Sie. Ermuntern Sie zum Beispiel die wenigen Leute im viel zu großen Saal, nach vorn zu kommen und näher zusammenzurükken. Erlauben Sie allen, im überheizten Raum ihre Jacken auszuziehen, indem Sie es vormachen. Nehmen Sie die technische Panne offen mit Humor. Das macht den Vortragenden menschlicher, schafft Gemeinschaftsgefühl und verhilft unter Umständen zu einem zwar ungeplanten, doch originellen Redeverlauf.

Die Materialsammlung

Die intensivste Phase der Vorbereitung ist der Entwurf dessen, worüber ich reden will, wie ich es ausdrücken kann und was damit erreicht werden soll. Hierfür sollten Sie frühzeitig mit dem Sammeln von Stoff und Informationen beginnen. Viele lassen sich damit viel zu lange Zeit und wundern sich, wenn das Feedback auf ihre Rede nicht das beste ist. Dazu ist anzumerken: Nur wer sich erst kompetent macht, kann nachher selbstbewußt vortragen.

Tragen Sie erst einmal alles zusammen, was inhaltlich irgendwie verwendbar wäre. Um sich an eine endgültige Redefassung erst langsam heranzutasten, muß man zu Anfang aus dem Vollen schöpfen können. Für die zu veranschlagende Arbeitsdauer gilt die Faustregel: Je kürzer die Redezeit, um so länger die Vorbereitungszeit. Das kann z. B. für eine wichtige Rede mit nur 5–10 Minuten Redezeit mitunter 1–2 Wochen Stoffbearbeitung bedeuten. Wer nachher mit wenigen Sätzen das sagen will, worauf es ihm ankommt, muß erst aus einem breitangelegten Material das Prägnante herausarbeiten.

Es gibt sehr unterschiedliche Methoden, ein Redekonzept zu erstellen. Ich rate dazu, nach Abwägung von Anlaß, Ziel und Zuhörerschaft zuerst die eigenen Kernpunkte – das, worauf ich hinaus will und was herüberkommen soll – genau schriftlich festzulegen. Als nächster Schritt sollten die eigenen Kenntnisse, Erfahrungen und Einsichten durch andere Quellen nachgeprüft, ergänzt und gegebenenfalls richtiggestellt werden. So wird erreicht, daß das Thema von mehreren Seiten beleuchtet wird und die eigene Meinung immer in bezug auf aktuelle Fakten und Realitäten bestehen kann. Das zusammen schafft eine Form, die ausgewogener ist als lediglich die eigene Sichtweise.

Ist der Redeanlaß ein gesellschaftliches Ereignis wie beispielsweise eine Begrüßungs-, Abschieds- oder Geburtstagsfeier, kann man im übertragenen Sinne ähnlich verfahren. Man sammle dazu bunt gemischt Anekdoten, Geschichten, Fakten aus dem eigenen Fundus, spreche mit den Verwandten, Bekannten, den Kollegen oder der Sekretärin über die betreffende Person, prüfe das Ganze auf Wahrheitsgehalt und Originalität, und schon ergibt sich ein erstes stichpunktartiges Gerüst für die Rede.

Zu offizielleren Anlässen und bei sachlichen Vorträgen geht man strenger vor. Hier unterscheiden wir ganz deutlich in ›Fremdmaterial‹ und ›Eigenmaterial‹.

Prüfen Sie Ihr Wissen an aktueller Fachliteratur, an neuesten Untersuchungen und Publikationen. Fachzeitschriften und Fachmagazine gehören ebenfalls dazu. Reden Sie öfter, dann ist es zeitsparender, wenn Sie sich zu diesem Zweck eine spezielle Vorratssammlung anlegen. Bearbeiten Sie das Fremdmaterial immer systematisch. Das, was Sie in Ihre Rede einbauen möchten, können Sie markieren, kopieren oder auch herausschreiben. In jedem Fall sollten Sie es direkt kennzeichnen und durchnumerieren. Wenn Sie aus fremden Quellen einzelne Aussagen sinngemäß und wörtlich übernehmen möchten, weil Sie glauben, damit den Inhalt Ihrer Rede ausschmücken oder Ihre Argumente darüber bestätigen zu können, müssen Formulierungen, Zitate und Zahlen im einzelnen korrekt nachgewiesen werden. Hierzu nennt man Verfasser, Titel, Erscheinungsort, Erscheinungsjahr und die Seite, von der man die entsprechende Information entliehen hat.

Beim Sammeln von Eigenmaterial für die öffentliche Rede kann man je nach persönlicher Vorliebe diszipliniert oder unkonventionell vorgehen. Nicht jedem fällt am Schreibtisch eine tolle Rede ein. Ideen können überall kommen: beim Autofahren, Spazierengehen oder unter der Dusche. Wo, wie und wann einem zündende Gedanken den Geist erhellen, ist bei jedem Menschen verschieden. Berühmte Schriftsteller und versierte Berufsredner aus Politik, Wirtschaft und Medien haben hierfür alle ein eigenes Rezept. Wichtig ist vor allem, überall, wo Sie stehen und gehen, die Möglichkeit zu haben, Ihre Ideen festhalten zu können. Zu diesem Zweck sollten Sie während der Zeit vor einer Rede immer Stift und Papier oder ein Diktiergerät bei sich tragen. Aus flüchtigen Notizen, vielleicht nur einem Stichwort, das Ihnen einfällt, das Sie hören oder lesen, werden nachher oft wichtige Grundzüge einer Rede.

Bevor Sie darangehen, aus der fremden und eigenen Rohstoffsammlung die Rede zusammenzusetzen, sollten Sie sämtliche Aufzeichnungen vor sich ausbreiten und vorab nach unterschiedlichen Gesichtspunkten gliedern. Dazu gehört zum Beispiel Wichtiges von Unwichtigem zu trennen, den eigenen Argumenten auch fundierte Begründungen anderer zuzuordnen, für trockenes Sachmaterial unterhaltsames Randmaterial zurechtzulegen. Vielen Redner/innen ist in dieser Phase die konventionelle Gliederung in Einleitung, Hauptteil und Schluß sehr nützlich. Bei der Ordnungstätigkeit haben sich Karteikarten gut bewährt. Hat man darauf seine Kernpunkte übertragen, fällt es leichter, zu sortieren, welches Material

für den Anfangsteil, welches für die Haupt- und Schlußaussage passen könnte.

Für ein gutes Redekonzept gibt es keinerlei Patentrezept. Was am Ende für den Inhalt jeder Rede zählt, ist, wie treffend die Worte gewählt wurden und wie anschaulich und nachvollziehbar sie Stimmungen, Überzeugungen oder Informationen an die Zuhörer weitervermitteln konnten. Dazu braucht man auch für eine Sachrede ein paar attraktive Einfälle, über die sich einzelne Gedankenzüge ausbauen und als Aussagen wirkungsvoll aufziehen lassen. Um sie zu bekommen, sollte man sich stetig mit seinem Material auseinandersetzen. Während dieser Zeit müssen der Anlaß, die äußeren Bedingungen, die bisherigen Erfahrungen sowie der Stoff, die Zielsetzung und die Argumentation für die Rede im Kopf ausgiebig zirkulieren können.

Haben Sie also die Materialsammlung perfekt, das Fachliche noch einmal gründlich abgeklopft und einige Teile bereits gegliedert, sinnen Sie darüber nach, und warten Sie ab, bis sich alles in Ihnen gesetzt hat.

Das Material für eine Rede sollte man kritisch sichten und systematisch ordnen. Zahlen, Fakten und Textpassagen, auf die es ankommt, bleiben übersichtlicher, wenn sie entsprechend markiert sind

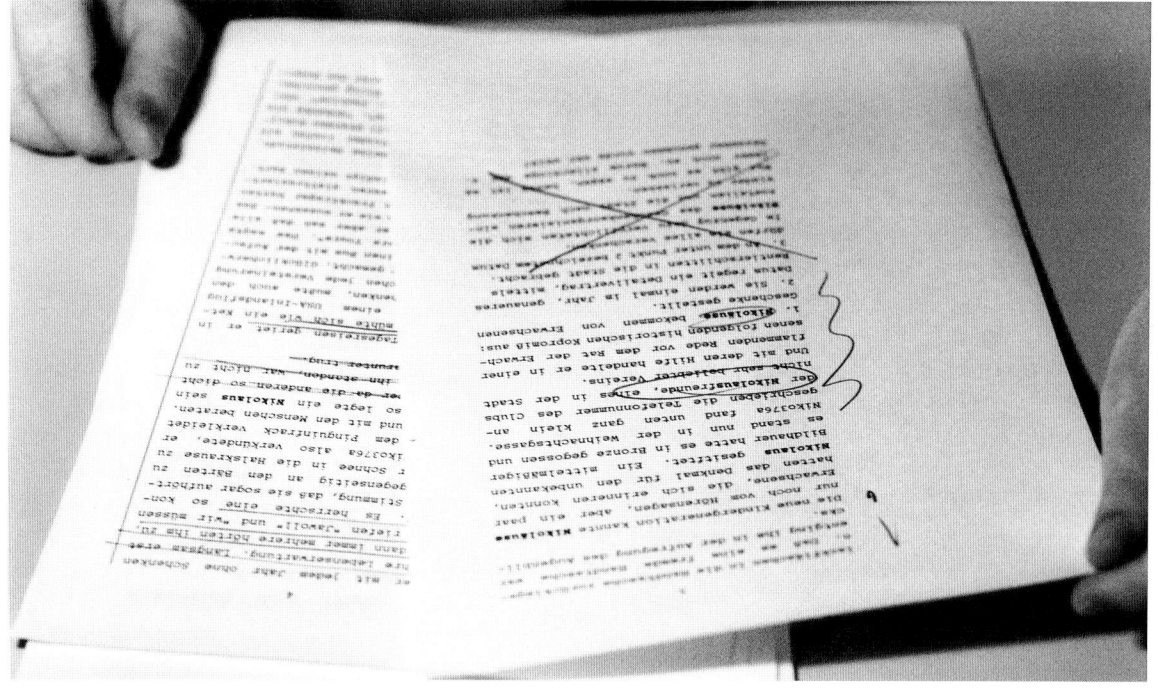

Der Redeaufbau

Redeziel ist: Sie wollen mit Ihrer Aussage etwas erreichen. Im Hinblick darauf haben Sie Ihre vorgefaßten Notizen mehrfach gelesen und überdacht. Nun geht es daran, aus Ansätzen und Ideen einen Text aufzubauen, der an seinem Bestimmungsort gut ankommt. Dazu benötigen Sie einen roten Faden und treffende Formulierungen. Als Orientierungshilfe werden verschiedentlich Musterreden preisgekrönter Redner angeboten. Doch so verlockend manch gekonnte Passage darin aussehen mag, Ihre eigenen klingen persönlicher und sind letztendlich auch glaubhafter.

Gleichgültig, ob Sie am Anfang mit Ihrer Meinung beginnen und diese im Laufe des Vortrags logisch begründen oder ob Sie zuerst nur Fakten, Zahlen und Beispiele bringen, auf die Sie am Ende Ihre Schlußargumentation stützen, ob Sie für jemand anderen sprechen und Ihre Rede zur Fürsprache für diesen Menschen geraten soll oder ob Sie stellvertretend für alle das Wort ergreifen und Ihr Standpunkt die Einstellung einer Mehrheit wiedergeben will: Um den Redeinhalt schlüssig vortragen zu können, ist es in jedem Falle ratsam, ihn zuvor zu strukturieren.

Wer seine Rede überzeugend aufbauen und die Zuhörer gewinnen will, sollte einige wesentliche Redestrukturen kennen:

Zum Einstieg

Ihre ersten Worte sind sehr wichtig. Sie legen meist den Grundstein für Erfolg oder Nichterfolg der gesamten Rede. Deshalb sollte der Redeauftakt immer attraktiv ausfallen. Ein normales »Meine Damen und Herren« macht keinen Eindruck. Ein übertriebenes »Sehr geschätztes Publikum« klingt altbacken. Origineller ist es (je nach Anlaß), gleich mit einer humorvollen Bemerkung, mit einer Äußerung, die den Leuten im Moment aus dem Herzen spricht, mit einer rhetorischen Frage an das Publikum zu starten und dann erst die Anrede zu formulieren. Auch ein Kompliment, ein ausgewähltes Zitat, eine Bemerkung zu einem populären Ereignis (z. B. Fußballspiel, Fernsehkrimi, Stadtprojekt) oder einige ernste Worte können ein guter Anfang sein. Wichtig ist, der Einstieg in die Rede soll direkt nahen Kontakt mit den Zuhörern aufnehmen, soll die Aufmerksamkeit wecken und Neugier erzeugen. Ein pfiffiger Auftakt sichert Ihnen Sympathien. Die brauchen Sie, denn das Publikum ist in der Mehrzahl und kommt mit unterschiedlichen Haltungen Ihnen gegenüber. Mit einem cleveren Start, auf den die meisten im Publikum positiv reagieren, schaffen Sie ein Gemeinschaftsgefühl. Damit erhalten Sie vorweg einen Bonus, der es Ihnen erleichtert, die Zuhörer für das Thema und die weiteren Aussagen zu interessieren.

Zum Hauptinhalt

Nach einem gelungenen Anfang sollte man ohne Umschweife zum Thema kommen. Hier gilt es jetzt, sich in klar gegliederter Form und gut verständlicher Sprache Schritt für Schritt auf die Zielaussage zuzubewegen.

Zum Beispiel:

Sie beabsichtigen, mit Ihrer Rede in Firmen ein neues Projekt vorzustellen, um dafür zu werben. Sprechen Sie erst die Probleme an, die es bisher gegeben hat. Erwähnen Sie danach die Unternehmen, die Ihren Vorschlägen bereits gefolgt sind, und führen Sie die Erfolge auf, die diese seitdem eindeutig zu verzeichnen haben. So untermauern Sie Ihr Projekt von vornherein und brauchen am Ziel der Rede keine Schlußargumentation mehr.

Sie haben vor, über Ihr Spezialgebiet zu referieren und hierfür die Zuhörer zu begeistern. Schaffen Sie erst einen handfesten Bezug zum alltäglichen Leben Ihres Publikums. Bauen Sie dann schrittweise mit leicht nachvollziehbaren Beispielen jeden zu vermittelnden Stoffabschnitt auf. Setzen Sie zwischendurch kurze Gedankenpausen, in denen zur Abwechslung etwas Unterhaltsames folgt, und wiederholen Sie die wichtigsten Punkte mehrfach in einem einzigen prägnanten Satz. So bereiten Sie selbst trockene Materie wirkungsvoll auf und führen die Zuhörer effektiv heran.

Sie wollen in aller Form Mitarbeiter oder Mitstreiter für außergewöhnliche Leistungen auszeichnen und dabei alle Anwesenden miteinbeziehen. Erzählen Sie scherzhaft von der ersten Begegnung zwischen Ihnen und den zu ehrenden Personen. Beschreiben Sie anschaulich gemeinsame Erlebnisse, die Sie und Teile der Zuhörer mit jenen hatten. Schildern Sie Gefühle und wie Sie in Krisensituationen empfanden, als Ihnen das Verhalten dieser Leute besonders imponiert hat. Formulieren Sie Dank und beste Wünsche im Namen aller. So machen Sie Anerkennung öffentlich und animieren am Ende die Zuhörerschaft zu vergleichbaren Taten.

Zu welchem Anlaß auch immer Sie an die Öffentlichkeit treten, jede Rede muß sich durch vorzügliche Rhetorik auszeichnen, besonders im Hauptteil (siehe auch Kapitel »Rhetorik«). Diese sollte sich vor allem in eindeutigen, verständlich formulierten Sätzen darstellen. Denn kein Zuhörer hat die Möglichkeit, Sätze ein zweites Mal zu hören. Alle beschreibenden Formulierungen sollten ›lebensnah, plastisch und bildhaft‹ sein und nicht gestelzt, verschnörkelt oder zu fachspezifisch. Schlagende Argumente müssen ›einprägsam, eindringlich und wirkungsvoll‹ vorgebracht werden. Hier helfen auch Zahlen, Zitate und visuelle Beweise, die zusätzlich über Grafiken, Modelle oder Projektionen vorgeführt werden. Die Redeausführungen sollten spannend sein. Deshalb ist ›Abwechslung in Betonung und Sprechweise‹ ebenso wichtig wie das ›Erzeugen von Stimmung durch Anekdoten, Gefühlsappelle oder direkte Publikumsanrede‹. Das Publikum will beeindruckt sein. Darum sind manchmal ›menschliche Passagen, die Wünsche, Schwächen oder Ängste wiedergeben‹ gefragt. Aussagen sollen für Beifall sorgen. Zu diesem Zweck muß ›mit Engagement beschrieben werden‹, kann Verständnis gezeigt, können Forderungen gestellt oder Lösungen vorgeschlagen werden.

Zum Schluß

Ihre Schlußaussage ist so entscheidend wie der Einstieg. Unwichtig, ob Sie vor Kunden, Direktoren und Mitgliedern sprechen oder vor Verwandten und Bekannten aus Anlaß eines freudigen bzw. traurigen Ereignisses. Die letzten Worte sollten im Raum stehenbleiben und nachwirken. Setzen Sie also den Schlußpunkt besonders einprägsam. Er soll das Publikum zum Nachdenken anregen, es zu Handlungen bewegen oder ›Aha-Effekte‹ auslösen.

Das Dankeschön am Ende Ihrer Ausführungen mag erst kommen, wenn Sie zuvor den Hauptinhalt noch einmal markant zusammengefaßt haben. Sie können an dieser Stelle auch erneut wichtige Hauptaussagen zu einem griffigen Appell, Motto oder Leitwort formulieren. Oder Sie drücken abermals aus, was in Zukunft getan werden muß, welchen Schluß jeder einzelne daraus ziehen sollte und welche Vorteile Ihr Lösungsvorschlag eindeutig liefert. Dabei sollten Sie keine neuen

Gedanken und Anschauungen mehr bringen, sondern eher die Zuhörerschaft ein letztes Mal pakken und aufrütteln oder sie je nach Stimmung zur Ruhe bringen und ermutigen.

Das Ende der Rede ist auch der Höhepunkt Ihrer Aussage. Darum bekräftigen Sie diese, wenn möglich, wiederholt durch das Vermitteln eines Gemeinschaftsgefühls. Sagen Sie das, was Sie zu sagen haben, so, daß sich alle in diesem Moment verbunden fühlen, beispielsweise: »Sie sehen, jeder von uns hier gehört zu denen, die direkt etwas dagegen tun können . . .« – »Ich weiß, wenn Sie jetzt alle zurück in die Betriebe gehen, dann fällt Ihnen gleich morgen schon auf . . .« – »Ich freue mich, daß wir in dieser Runde über dieses heikle Thema endlich frei debattieren konnten . . .«

Die Hauptsache ist, daß das Ende der Rede nicht auch das Ende Ihrer Botschaft bedeutet. Diese muß durch ein auffälliges Schlußwort beim Zuhörer weiter in guter Erinnerung bleiben.

Wenn Sie den Text für die Rede erstellt haben, kontrollieren Sie den Aufbau noch einmal insgesamt. Schauen Sie, ob kein Aspekt vergessen, falsch eingesetzt oder unangemessen gewichtet wurde. Prüfen Sie, welche Aussagen noch kürzer, klarer und verständlicher ausgedrückt werden können und an welchen Übergängen noch gefeilt werden muß. Erfahrungsgemäß sind es oft nur Kleinigkeiten, die das Ganze erst zur ausgereiften Form bringen.

Befreien Sie Ihr Manuskript von Überflüssigkeiten, und machen Sie noch etwas Platz für Spontanes. Alles sollte folgerichtig ineinandergreifen, aber trotzdem die Möglichkeit zulassen, auch unabhängig vom Text Anmerkungen zu machen. Diese Freiräume im Redeaufbau sind hinterher äußerst nützlich, um mit einer Zwischenbemerkung auf Zuhörerreaktionen eingehen zu können. Sind diese positiv und bestätigend für das, was Sie sagen, verstärken Sie mit ein paar improvisierten Worten die Stimmung im Publikum. Vernehmen Sie anstelle von Konzentration und Aufmerksamkeit Unmut und Widerspruch, besänftigen

Sie das Publikum und lockern die Atmosphäre etwas auf. Ist offensichtlich etwas falsch verstanden worden, klären Sie das Mißverständnis und fahren dann im Konzept weiter fort.

Es ist zweckdienlich, etwas Abstand vom Manuskript zu gewinnen, bevor man es ein letztes Mal durchsieht. Bei der Endkontrolle sind alle maßgeblichen Faktoren, die die Rede zum Ziel bringen sollen, aus neutralem Blickwinkel abschließend zu überprüfen. Hierzu kann man sich vorstellen, selbst im Publikum zu sitzen und unvorbelastet seinen eigenen Worten zu lauschen. Empfehlenswert ist vor allem, sich noch einmal in die vermutliche Position der Gegenseite zu versetzen.

Zum Schluß sollte ein kritischer Blick darauf verwandt werden, ob der Zuhörerkreis uns in dem, was wir geschrieben haben, als Person wiedererkennen kann oder ob mancher Wortlaut unserem Sprachgebrauch vielleicht nicht entspricht. Bei mehrfachem lautem Lesen der Rede machen letzte Verbesserungen aus dem theoretisch angelegten Schriftstück einen praxisnahen Sprechtext.

Die freie Rede

Frei vorzutragen ist dem geübten Redner vertraut. Wem dabei einmal der Faden verloren geht, weiß unbemerkt auszuweichen, sein Gedächtnis in Ruhe abzusuchen und den Anschluß gekonnt wiederzufinden. Besonders redegewandte Persönlichkeiten sind sogar in der Lage, ad hoc und vor jedem Publikum eine großartige Rede mit schwungvollem Auftakt und effektvollem Schluß zu halten und dafür nur einen einzigen Satz als Gedächtnisstütze im Kopf zu haben. Wenn Sie nicht vom Blatt lesen möchten, aber so sicher noch nicht sind, machen Sie aus Ihrem Redemanuskript am besten ein Stichwortkonzept, an dem Sie sich im Notfall immer orientieren können.

Lesen Sie zuvor mehrfach gründlich Ihren Text, und kennzeichnen Sie sich bestimmte Abschnitte im Redeaufbau. Finden Sie für jedes Teilstück ein passendes Stichwort, das Ihnen den Gehalt der jeweiligen Aussage sofort vor Augen führt. Wenn es Ihnen leichter fällt, können Sie hierfür auch knappe Sätze einsetzen. Hauptsache ist, daß Sie beim Lesen der Stichpunkte in der Lage sind, den Inhalt des jeweiligen Abschnitts in zusammenhängenden Sätzen wiederzugeben.

Schreiben Sie Ihre Stichworte oder Stichsätze auf einzelne Karten am besten im Format DIN A 6 – Zettel sind weniger praktisch –, und numerieren Sie diese durch. Zweckmäßig ist es, für verschiedene Gedankenabschnitte oder Argumentationsblöcke auch unterschiedliche Farben (z. B. hellblauer, gelber, orangefarbener Karton) zu benutzen; so prägt es sich leichter ein. Auch gute Lesbarkeit ist vonnöten. Damit Sie Ihre Stichpunkte auch bei schlechter Beleuchtung ohne Mühe und ohne sich hierfür vorbeugen zu müssen entziffern können, ist auf gute Fernwirkung (z. B. schwarze Druckschrift auf gelbem Grund) zu achten.

Prägen Sie sich Abschnitt für Abschnitt den gesamten Vortrag ein. Versuchen Sie jedoch nicht, Sätze auswendig zu lernen. Bei Schauspielern müssen Texte Wort für Wort exakt sitzen, bevor sie diese über die Rolle neu beleben und so sprechen, als wären sie spontan gedacht worden. Bei der freien Rede ist es wichtig, daß das Publikum die Lebendigkeit und Natürlichkeit beim Formulieren bemerkt. Deshalb müssen Redner/innen nicht unbedingt alles druckreif sprechen, sondern dürfen stellenweise auch einmal nach den richtigen Worten suchen, wenn es dem Zweck dient, etwas Wichtiges sehr präzise auszudrücken. Um auf die Situation des Redeauftritts gut vorbereitet zu sein, ist es empfehlenswert, oft mit den Kärtchen zu üben. Später sollten Sie nur noch selten auf diese zurückgreifen müssen, weil Sie die Stichpunkte als Gliederungsgerüst fest im Kopf haben und sowohl Abschnitte als auch Übergänge flüssig vortragen können.

Haken Sie beim Vortrag selbst Ihr Stichpunktkonzept in Gedanken nacheinander ab – auch in Verbindung zur jeweiligen Kartennummer und Farbe. Wenn Sie dann einmal nicht wissen, wie es weitergeht, schauen Sie nach. Zu diesem Zweck können Sie während der Rede alle Karten hintereinander in der Hand halten oder auf einer Ablagefläche plazieren und beim Abhaken Stück um Stück wegordnen.

Möchten Sie ganz ohne Spickzettel vorne stehen und die Rede vortragen, sollten Sie in jedem Fall Stichpunktkarten bei sich tragen. Auch wenn Sie diese nicht benötigen – es vermittelt ein beruhigendes Gefühl. Bleiben Sie nachher doch einmal hängen, und wollen Sie trotzdem nichts aus der Tasche hervorzaubern müssen, stocken Sie nicht lange, und lassen Sie keine verwirrende Pause entstehen. Fassen Sie beherzt das zuletzt Gesagte noch einmal zusammen oder betonen Sie, daß Ihnen »gerade dieser Punkt« sehr wichtig ist. Gehen Sie währenddessen im Geist den Weg zurück bis an die Stelle, wo Sie den Gedanken verloren haben, und nehmen Sie ihn wie selbstverständlich wieder auf.

Das Rednerverhalten

Sie sehen sich Ihrem Publikum gegenüber: Es ist Ihnen zugeneigt und verhält sich offen und tolerant, aber vielleicht auch ablehnend oder mißgünstig. Ob der Redeauftritt gelingt, ist nicht nur eine Frage von guter inhaltlicher Vorbereitung. Vom ersten Moment an, wenn Sie im Sichtfeld der Zuhörer erscheinen, übermitteln Sie durch Aussehen, Kleidung, Mimik, Körperhaltung und Gangbewegungen erste Signale, die jeder einzelne im Saal zum Anlaß nimmt, um sich danach bereits ein ›Vor-Urteil‹ zu bilden. Wenn Ihr Vortrag ein Erfolg wird, dann hat den meisten nicht nur der Redeinhalt, sondern auch die Art, wie Sie sich vorn auf dem Podium präsentiert haben, gefallen.

Das äußere Erscheinungsbild spielt eine wichtige Rolle. Ist es kein vertrauter Kreis, vor dem Sie sprechen, sollte auf das Outfit besonderer Wert gelegt werden. Treten Sie je nach Redeanlaß seriös und geschäftsmäßig, festlich oder informell gekleidet auf. Bevorzugen Sie, dem Zielpublikum angemessen, eher ein vornehmes Mittelmaß, und vermeiden Sie Extreme. Achten Sie in jedem Fall auf ein gepflegtes Aussehen sowie auf farblich gut abgestimmte Kleidung. Auch Details zählen. Das Publikum hat ausgiebig Gelegenheit, die exponierte Person vor sich zu betrachten. Es registriert, wenn die Armbanduhr zu protzig, die Krawatte zu schrill, das Kleid zu trist und das Revers mit Schuppen bedeckt ist oder weiße Sportsocken nicht zum Zweireiher passen. Wer unbedacht angezogen ins Rampenlicht tritt, hat es schwer, ernstgenommen und akzeptiert zu werden.

Das Verhalten vor Redebeginn ist bereits ausschlaggebend. Bei manchen Anlässen erfordert es die Situation, daß sich Redner/innen schon vor der Rede im Zuhörerraum aufhalten. Hierzu sollte man wissen, daß, wer vorher gesehen wird, auch ausführlicher unter die Lupe genommen werden kann. Körpersprache, Ausstrahlung und Benehmen wird, während Sie noch auf Ihrem Platz sitzen oder mit jemandem im Gespräch sind, vom Publikum schon früh wahrgenommen und löst vorab bei einigen Sympathie, bei anderen Antipathie aus. Zuträglicher ist es in jedem Fall, mit erhobenem Haupt, entspannter Miene und zielsicherem Schritt erst kurz vor der Rede die Szene zu betreten, sich direkt zum Podium, Pult oder Tisch zu begeben und gleich zu beginnen. Doch bevor Sie sprechen, schauen Sie freundlich, aber konzentriert und schweigend in die Runde. Auf diese Weise kehrt Ruhe ein, und Sie spüren die momentane Stimmung im Saal. Die Art der Betonung der ersten Worte sollte die vorhandene Atmosphäre sofort richtig angehen und die weitere Aufmerksamkeit wecken.

> **Ein guter Redner betrachtet seine Rede nicht als Monolog, sondern als Dialog mit dem Publikum.**

Der intensive Blickkontakt mit dem Publikum ist wichtig. Achten Sie besonders darauf, daß Sie während der Rede nicht von oben auf das Publikum herabschauen, das wirkt überheblich und oberlehrerhaft. Andererseits macht es keinen akzeptablen Eindruck, wenn Sie den Blick nur nach unten ins Manuskript oder auf den Fußboden richten. Es vermittelt den Leuten vor Ihnen Signale für Desinteresse. Halten Sie immer Augenkontakt, auch wenn die Rede vom Blatt gesprochen wird. Üben Sie bereits vor der Rede, wie man im voraus absatzweise stumm abliest und dann mit Blick nach vorn vorträgt. Beobachten Sie das Publikum, um Reaktionen aufnehmen zu können. Bemerken Sie, wenn es unruhig wird, wenn sich durch Stirnfalten und Kopfschütteln Unklarheit und Widerspruch auszudrücken beginnen, wann die Leute interessiert und aufmerksam dabei sind oder wann die ersten vor Langeweile anfangen zu gähnen.

Schauen Sie offen und direkt zu den Zuhörern hin. Verteilen Sie Ihren Blick, indem Sie ihn über die Menge wandern lassen. Beziehen Sie auch Personen ganz außen am Rand oder hinten in der Ecke durch einen Blick dorthin mit ein. Jeder will angesprochen sein und dazugehören. Fühlen sich Teile des Publikums offensichtlich nicht miteinbezogen, kann es mittendrin zu Störungen oder im Anschluß an die Rede zu negativen Kritiken kommen. Wenn der Saal sehr groß ist oder Sie durch die Lichtverhältnisse daran gehindert sind, möglichst viele anzuvisieren, können Sie sich Personen in erkennbarer Nähe heraussuchen. Sie sollten aber trotzdem auf den angedeuteten Blick in die Weite nie verzichten. Ein paar vertraute Gesichter von netten Kollegen oder guten Bekannten in den ersten Reihen wirken oft beruhigend. An deren Mimik lesen Sie leichter ab, wie etwas ankam und ob der Vortrag gelingt.

Die Reaktion bei Redeunterbrechungen sollte gekonnt sein. Treten während der Rede Störungen auf, bleiben Sie in jedem Fall erst einmal ruhig. ›Schwätzen‹ Personen im Publikum etwas lautstark miteinander oder bekommt jemand einen Hustenanfall, werden Sie nicht konfus oder bestrafen diejenigen mit bösen Blicken. Stoppen Sie für einen Moment Ihren Redefluß, legen Sie eine kurze Sprechpause ein, und reden Sie danach ganz natürlich weiter. Ist im Publikum bereits Unruhe entstanden, gehen Sie mit einer freundlich einlenkenden Bemerkung kurz darauf ein. Kommen Zwischenrufe oder Zwischenfragen, während Sie mitten im Vortrag sind, reagieren Sie je nach Einwand unterschiedlich – niemals jedoch aggressiv oder laut. Verhalten Sie sich wie ein versierter Rhetoriker, und gewinnen Sie erst einmal Zeit, um Ihre nächste Aussage zu überlegen. Bezeichnen Sie die Bemerkung z. B. als ›wichtig‹, ›gut mitvollzogen‹, ›sehr interessant‹. Gehört der Einwand zum Thema und wird er höflich vorgetragen, gehen Sie, nachdem Sie ausgesprochen haben, direkt darauf ein. Benutzen Sie ihn, um das, was Sie in diesem Moment gerade vermitteln wollten, mit einem spontanen Zwischeneinschub von einer anderen Seite zu untermauern. Ist der Inhalt des Einwands inhaltlich an späterer Stelle in Ihrer Rede vorgesehen, weisen Sie darauf hin, daß der genannte Punkt noch angesprochen wird.

Würde Sie eine direkte Argumentation auf einen Einwand hin völlig aus dem Redekonzept bringen, erklären Sie sich bereit, für etwaige Fragen nach Ihrer Ansprache in einem persönlichen Gespräch zur Verfügung zu stehen. Ganz wichtig ist, daß Sie derlei Versprechungen auch in die Tat umsetzen. Machen Sie sich gegebenenfalls sofort eine kurze Notiz, damit sich nachher niemand ›billig abgespeist‹ vorkommt.

Will ein Kontrahent Sie augenscheinlich um die Wirkung Ihrer Rede bringen und Sie verunsichern, reden Sie aus, kontern Sie mit

Ob Sie vor einer großen oder vor einer kleinen Gruppe sprechen: Ungeschicktes Auftreten kann den Erfolg einer inhaltlich gut vorbereiteten Rede von vornherein gefährden. Ein derangiertes Outfit oder ein Blick zu den Fußspitzen anstatt deutlich hin zu den Zuhörern kann trotz fachlicher Kompetenz den Unmut des Publikums hervorrufen beherrscht vorgetragenen Argumenten und bleiben Sie sachlich. Auch wenn der andere tobt und zetert, nehmen Sie es mit positiver Miene, oder seien Sie ein bißchen ironisch, aber werden Sie nicht selbst polemisch. Ist der Störenfried nicht zu beruhigen oder auf später zu vertrösten, leiten Sie die Angriffssituation von sich ins Publikum ab. Übergeben Sie mit einer vermittelnden Handgeste das Wort hin zu den Reihen, in denen Sie bisher Zustimmung für sich erkannten. Fragen Sie beispielsweise: »Sind Sie denn auch der Auffassung wie der Herr/die Dame dort?« – »Haben Sie das ebenso mißverstanden?« – »Mich würde interessieren, welche Erfahrungen andere dazu haben.« Lassen Sie unterschiedliche Standpunkte zum Ausdruck kommen, und moderieren Sie zeitweilig die Meinungsgruppen. Hat sich der Rauch gelegt und konnten Sie vorübergehend einen Konsens finden, gehen Sie weiter im Text.

Unterbrechungen dieser Art sind je nach Brisanz des Redethemas und nach Zusammensetzung der Zuhörerschaft nie ganz auszuschließen. Um hier Vorsorge zu treffen, sollten Sie jede Rede nicht als Monolog, sondern auch als eine Art Dialog betrachten. Die allgemein ablesbaren nonverbalen Reaktionen im Publikum sind Antworten auf das Gesagte. Damit sich Mißstimmungen gar nicht erst aufstauen und die Rede gefährden können, sollten Sie – wenn der Fall einmal eintritt – versuchen, diese schon in der Entstehungsphase durch eine Zwischenbemerkung aufzulösen.

Das Verhalten zum Abgang setzt erneut Wirkungsakzente. Legen Sie für die letzten Worte Ihres Vortrags das Manuskript demonstrativ zur Seite. Ein Schlußplädoyer muß, wenn es wirken soll, nah und eindringlich zum Publikum hingesprochen werden, ohne dabei aufs Papier zu schauen. Nach diesem Schlußpunkt sollte kurz ein Dank ausgesprochen werden, ein Lächeln zum Abschied und höchstenfalls eine kleine Kopfverneigung erfolgen. Tiefe Verbeugungen als Reaktion auf Applaus sind unüblich und schmälern die Überlegenheit eines/einer Redners/in. Geben Sie gleich nach Ende der Rede den Redeplatz wieder frei, und gehen Sie so sicher, wie Sie gekommen sind, auch wieder ab. Übersehen Sie während der meist danach folgenden Hochstimmung und bei etwaigen Gesprächen mit Leuten aus dem Publikum nicht, daß ein ›Auftritt‹ erst dann wirklich vorbei ist, wenn ›der Vorhang fällt‹ und man sich wieder in der Garderobe befindet.

Übung

Führen Sie sich zuerst das Zielpublikum sowie die räumlichen und situativen Bedingungen genau vor Augen. Stellen Sie sich innerlich darauf ein, daß Ihnen die Rede gelingt, und freuen Sie sich auf Ihre Zuhörer. Malen Sie sich während der Übung und in stillen Momenten genau aus, wie Sie völlig ruhig und sicher nach vorn gehen werden, um das zu sagen, was Sie vorbereitet haben. Sehen Sie auch Ihr Publikum, wie es die Rede positiv aufnimmt und mit Interesse Ihren Ausführungen folgt.

Aktivieren Sie Ihre Vorstellung, indem Sie zuhause oder vielleicht schon an Ort und Stelle vorab alles durchspielen. Stellen Sie dazu in einem größeren Raum einige Stühle auf, die stellvertretend für Ihre Zuhörerschaft sind. Gehen Sie von einem Punkt aus, der gedacht ist als Ort hinter den Kulissen, in den Raum hinein zu der Stelle, von wo aus Sie reden werden. Üben Sie dieses Hineinkommen mehrere Male hintereinander wie einen großen Auftritt. Vergegenwärtigen Sie sich dabei die möglichen Verhältnisse des Ortes, an dem Sie die Rede halten werden. Jeder Schritt sollte die spätere Situation vorwegzunehmen versuchen, z. B. Stufen, Kabel, Stuhlreihen berücksichtigen. Bewegen Sie sich souverän auf Ihren Redeplatz zu, und bauen Sie sich vor Ihrem ›Publikum‹ auf. Stehen Sie fest verwurzelt und aufrecht. Bewegen Sie sich gelöst und unverkrampft.

Blicken Sie freundlich in die Runde, und beginnen Sie mit Ihrem geplanten Redeeinstieg.

Lesen Sie zuerst vom vorbereiteten Manuskript ab, lösen Sie sich aber zunehmend vom Blatt. Überfliegen Sie dazu jeweils einige Zeilen, und tragen Sie deren Inhalt mit Augenkontakt zu Ihren ›Zuhörern‹ vor. Lassen Sie den Blick immer wieder über die Leute (bzw. Stühle) schweifen. Setzen Sie Akzente durch Gesichtsausdruck, Handgesten und Armbewegungen. Sprechen Sie Ihren Text so oft, bis Sie nur noch selten aufs Blatt schauen müssen und wissen, wie Sie welche Stellen körpersprachlich unterstützen wollen.

Wenn Sie die Rede zu beherrschen glauben, halten Sie einen Testvortrag. Probieren Sie, diesen nur über Stichwortkarten durchzuführen. Wählen Sie dazu einen Kreis von vertrauten, aber dennoch kritischen Zuhörern. Treten Sie vor dieser Runde so auf wie zum späteren Redeanlaß, und lassen Sie die Redezeit stoppen. Fragen Sie nach Ihrem Testvortrag die Anwesenden nach Auffälligkeiten, und wägen Sie Verbesserungsvorschläge genau ab. Prüfen Sie sich vor allem auch selbst mit Fragen: Wie habe ich mich gefühlt? Welche Gedankenbrücken haben funktioniert? Welche Argumentation muß besser kommen? An welchen Stellen kann ich Sprachausdruck und Körpersprache noch ein wenig optimaler gestalten?

Hinweis: Lassen Sie zur Kontrolle immer ein Band mitlaufen. Achten Sie auf eine deutliche Aussprache (Eigennamen und schwierige Termini gesondert üben), auf die richtige Lautstärke, Stimmlage, Betonung und Atmung. Prüfen Sie Ihre Rede in bezug auf ein gebührendes Tempo und gut plazierte Pausen. Nehmen Sie sich, wenn möglich, auf Video auf, um Ihr Verhalten inklusive Körperhaltung, Gesichtsausdruck und Bewegungen betrachten zu können. Gut ist, wenn Sie bei Ihrem tatsächlichen Redeauftritt eine Videokamera mitlaufen lassen. Führen Sie danach (am besten mit einem/einer Fachmann/-frau) eine Analyse durch. Machen Sie sich Notizen dazu, was beeindruckend war, wie das Publikum reagierte und was Sie beim nächsten Mal noch besser machen können.

3. DIE ZUSAMMENARBEIT IM TEAM

Ein gut aufeinander eingespieltes Team ist gerade heute, wo das Wissen und die Fähigkeit des einzelnen immer mehr zur Spezialisierung gedrängt werden, die effektivste und kommunikativste Form der Zusammenarbeit. Die Möglichkeit, bei der täglichen Arbeitsbewältigung, vor allem jedoch in Problem- und Entscheidungssituationen, nicht allein dazustehen, sondern gemeinsam vorgehen zu können, schafft eine Position der Stärke und Sicherheit. Durch die eingebrachte Erfahrung und die Kommunikationsfähigkeit der Gruppenmitglieder arbeitet das Team im Austausch zeitsparender und flexibler und ist belastbarer als die Einzelperson. Vor allem aber ist es in der Lage, gegenüber komplexen Problemstellungen eine größere Kreativität zu entwickeln, da man sich beim Teamwork gegenseitig gedanklich inspirieren, anspornen und vorantreiben kann. Auf diese Weise läßt sich zu Problemlösungen ein immens großes Ideenpotential zur Verfügung stellen.

Entscheidend dafür, daß ein Team gute Arbeit leistet, ist neben fachlicher Qualifikation und gutem Team-Management der richtige Teamgeist. Er ist der wahre Katalysator in einer Gruppe. Stimmt er nicht, läßt sich eine Zusammenarbeit auch nicht optimal gestalten; eher das Gegenteil ist der Fall – der angestrebte Erfolg bleibt aus. Damit alle Leute im Team vom selben Geist durchdrungen sind, ist es wichtig, am Bewußtsein für die gemeinsame

Angesichts der Komplexität und Vielschichtigkeit von Aufgaben- und Problemstellungen hat sich Teamarbeit heute als die effektivste Arbeitsweise durchgesetzt. Als gleichberechtigter Partner kann im Team jeder sein spezielles Know-how einbringen und zu gemeinsamer Kreativität beitragen

Sache zu arbeiten. Gerade in der Gründungsphase eines Teams oder bei Überlegungen zu Veränderungen oder Neuformierungen müssen folgende Grundvoraussetzungen bei allen Gruppenmitgliedern übereinstimmen:

1. Jeder muß ein und dasselbe Ziel vor Augen haben.

2. Jeder muß sein gesamtes Können einsetzen, um das Ziel zu erreichen.

3. Jeder muß bereit sein, Gruppeninteressen vor individuellen Absichten gelten zu lassen.

4. Jeder muß dafür sorgen, daß die Atmosphäre in der Gruppe positiv ist.

Bestimmend für die Leistungskraft sowie den Erfolg eines Teams und zugleich auch sehr anfällig für Störungen ist die Atmosphäre in der Gruppe. Jedes Mitglied profitiert davon, wenn die Gesamtstimmung gut ist, oder leidet darunter, wenn Spannungen und Konflikte auftreten.

Da alle ein Stück der gemeinsamen Verantwortung gegenüber den Arbeitsergebnissen, dem Erfolg oder Mißerfolg mittragen, muß sich auch jeder für ein gutes Gemeinschaftsgefühl mitverantwortlich fühlen. Denn wie bei allen echten Teamprozessen, in denen nicht, wie sonst üblich, eine kategorische Bestimmung durch Führungspersonen vorgegeben wird, sondern wo durch den von außen gesteckten Rahmen (die Aufgabe) und gegebenenfalls durch einen Gruppenleiter (den Team-Manager/Moderator) die Gruppe zum Ergebnis ›hingesteuert‹ wird, kommt es auf das Engagement jedes einzelnen an. Jeder kann von sich aus sehr viel dafür tun, damit er/sie selbst und die anderen sich in einer Gruppe wohlfühlen sowie sich zugehörig und akzeptiert empfinden.

Ein gut funktionierendes Team bewältigt nicht nur Aufgaben und Probleme, findet Lösungen und erreicht Ziele gemeinsam, es zeichnet sich vor allem durch die Fähigkeit aus, Gruppenprozesse sinnvoll zu nutzen und sich dabei positiv ›miteinander‹ und nicht negativ ›gegeneinander‹ zu verhalten.

Selftiming – Umgang mit Zeit

Wer in Arbeits- und Projektgruppen, in Ausschüssen und Gremien, in kleinen Eliteeinheiten oder Großgruppen mitarbeitet, wer erkannt hat, daß er seine Ziele nur mit der Hilfe anderer und deren Fähigkeiten erreichen kann und deshalb ein Team zusammenstellen möchte, wer als Team-Manager oder Moderator Gruppenprobleme lösen und zu einer positiven Konfliktsteuerung beitragen will – der sollte für die Erfüllung seiner Aufgaben gut mit Zeit umgehen und sich selbst organisieren können.

Die richtige Zeiteinteilung spielt in der Teamarbeit bei jedem Gruppen- und Arbeitsvorgang eine entscheidende Rolle. Darum muß auch jeder im Team es verstehen, für die Dinge, die wichtig sind, genügend ›Zeit zu haben‹. Wenn es unter Zeitdruck auch nicht immer plausibel erscheint, so ist es trotzdem gewiß: Es läßt sich Zeit gewinnen! Wie? Das ist keine Frage eines einzigen Tricks, sondern dazu gehört in jedem Fall eine Änderung des täglichen Verhaltens bei der Erledigung der Arbeiten und teilweise auch beim Umgang mit Gesprächspartnern. An sich selbst zu arbeiten und ein altes Verhaltensprogramm umzustellen ist, wie Sie bestimmt aus eigener Erfahrung wissen, zu Beginn nicht immer leicht. Das, was man immer schon so gemacht hat, zu ändern, erzeugt – und das gilt für alle Lebensbereiche – oft zuerst unseren inneren Widerstand. Das Alte kennen wir, und auch wenn es unbefriedigend ist, es ist uns oft doch näher als das Neue, das wir nicht kennen. Deshalb siegt vielfach immer wieder die gute alte Gewohnheit, werden Ratschläge und Verbesserungsangebote in den Wind geschlagen. Doch gilt auch hier, beim Umgang mit Zeit, dasselbe wie an anderen Stellen dieses Buchs: Nur wenn wir bereit sind, uns auf etwas Neues einzulassen, Ressentiments zu überwinden, können wir Wertvolles dazugewinnen. Im konkreten Fall bedeutet dies mehr Zeit, um Tätigkeiten durchzuführen, Zeit, um neue Projekte anzugehen, Zeit zum Nachdenken, mehr Freizeit, mehr ›Lebenszeit‹.

Den effektiven Umgang mit Zeit kann man lernen oder verbessern durch das Einüben von ›10 Verhaltensmaßregeln‹.

1. Ranglisten erstellen

Systematisieren Sie Ihr Zeitkapital. Machen Sie sich die Mühe, die Dinge, die Sie erledigen wollen oder müssen, nach Wichtigkeit zu ordnen. Das Maß dazu bestimmen Sie bzw. orientiert sich an der Dringlichkeit der Anforderungen in Ihrem Job. Haben Sie die Selbstdisziplin – auch wenn's manchmal schwerfällt –, Punkt für Punkt hintereinander auszuführen und abzuhaken. Sie verlieren Zeit, verzetteln sich leicht und die Ausführung leidet zwangsläufig darunter, wenn Sie versuchen, mehrere Dinge gleichzeitig zu machen.

2. Zeiträume einteilen

Machen Sie Pläne, die funktionieren. Teilen Sie sich für die Erledigung Ihrer Aufgaben und Belange die Zeiten praxisnah ein. Dazu sollten Sie zielgerecht vorgehen. Fragen Sie sich zuvor immer: Was ist mein Ziel? Wieviel Zeit habe oder brauche ich dafür? Welche Erfahrungen können mir bei der Zeiteinschätzung helfen? Vergessen Sie bei der Einteilung nie, genügend Spielraum zu lassen für Uneinschätzbares. Machen Sie Tagespläne so, daß Sie abends nicht frustriert sind, weil Sie immer nur die Hälfte schaffen. Handeln Sie mit kontrollierendem Blick auf Ihre Einteilung, bis das Ziel erreicht ist. Erstellen Sie sofort eine neue Planung, wenn plötzlich andere Prioritäten gesetzt werden müssen.

3. Zeit einbehalten

Lassen Sie sich nicht ablenken. Untersuchungen zeigen: Gerade dann, wenn der Streß am größten ist, lassen sich viele zusätzlich noch Zeit wegnehmen. ›Zeiträuber‹ sind Leute am Telefon, die Lust haben, zu reden, und nicht enden wollen. Das ist der Kollege, der Ihnen den ganzen Kinofilm von vorne bis hinten erzählt, ohne zu fragen, ob Sie das jetzt hören möchten. Das sind auch Sie selbst, indem Sie gedanklich abschweifen und nicht bei der Sache bleiben. Lernen Sie, laut und deutlich nein zu sagen, und lassen Sie sich nicht von Ihrem Weg abbringen. Nicht durch andere, die gern schwatzen, und auch nicht durch sich selbst. Bleiben Sie hart und konzentriert an der Sache, und verschieben Sie alles andere auf die Zeit danach.

Wer kennt sie nicht, die Anrufer, die im ungünstigen Moment weitausschweifend erzählen und nicht bemerken wollen, daß man gerade keine Zeit hat. Um sie nicht gleich abzuwürgen und damit zu verärgern, bedarf es manchmal etwas kommunikativen Geschicks

4. Redeüberflüssigkeiten vermeiden

Äußern Sie sich kurz, konkret und eindeutig. Beim Sprechen über Dinge, die selbstverständlich, die ›Schnee von gestern‹ oder nichtssagend sind, beim Reden ›um den heißen Brei‹ geht viel Zeit verloren. Achten Sie deshalb, wenn es um Zeitgewinn geht, auf eine Sprache ohne Floskeln und nutzlose Redewendungen. Reden Sie in Gegenwart und Zukunft und vor allem handlungsorientiert. Stoppen Sie Ihre Gesprächspartner höflich, aber unmißverständlich, wenn sie lamentierend an der Vergangenheit oder einem Problem festhalten, und bitten Sie um lösungsorientierte Vorschläge sowie klare Aussagen zum Thema.

5. Checklisten benutzen

Bereiten Sie sich auf Situationen vor, und analysieren Sie diese nachher. Benutzen Sie dazu wie der Pilot vor dem Start eine Liste mit allen für Sie wichtigen Punkten (siehe Kapitel »Selbsttest-Checklisten«). Denken Sie sich im voraus in Arbeitsabläufe und Handlungsschritte hinein, um den reibungslosen Ablauf eines Vorgangs anzustreben; so sparen Sie Zeit. Für wichtige Besprechungen, auch innerhalb der Teamarbeit, tragen Checklisten, in denen gemachte Erfahrungen, Zielsetzungen und Verhaltensstrategien enthalten sind, zu mehr Sicherheit bei.

6. Besprechungsregeln befolgen

Arbeiten Sie bei Gruppengesprächen, um die Zeit nicht durch endlose Diskussionen zu vertun, mit einer Gesprächsordnung. Das hält die ›Viel-‹ und ›Gerneredner‹ im Zaum und führt schneller zu Entscheidungen. Bereiten Sie für Sitzungen und Konferenzen einen Besprechungsfahrplan vor. Darauf stehen Punkte, über die man sich ›nicht mehr‹ auseinandersetzen darf und über die man ›noch‹ zu diskutieren hat. Alles das, was zu den gemeinsamen Zielen und Satzungen gehört, muß klar sein und sollte von keinem Teammitglied immer wieder neu zu definieren versucht werden. Anderes, wie Problemlösungen, Entscheidungen, Ideenprozesse und Analysen, sollten unbedingt nach allen Seiten abgewogen werden. Ein Besprechungsleiter muß dafür sorgen, daß Gruppengespräche so verlaufen, daß die Zeitplanung eingehalten wird.

7. Dispositionen machen

Listen Sie genau auf, was wann, wo und von wem durchzuführen ist. Wenn es um die Realisierung und Durchführung von Projekten geht, sind detaillierte Arbeitszettel mit Aufgaben-, Personen-, Sach- und Terminplanung für eine exakte Koordination unbedingt hilfreich. Man vergeudet Zeit und riskiert das Gelingen, wenn einfach drauflosgearbeitet wird, wenn Vorhaben ohne ein klares Programm zu realisieren versucht werden. Dispositionen zählen wie Checklisten zu einer professionellen Vorgehensweise, die darauf baut, so sinnvoll wie möglich Zeit zu verplanen und Aktivitäten auf intelligente Weise vonstatten gehen zu lassen.

8. Tätigkeiten delegieren

Machen Sie nicht den Fehler, alles selbst machen zu wollen. Wer sich für alles unentbehrlich macht, wird nie mehr Zeit haben können. Andere sind auch kompetent und sollen ruhig ein Stück Verantwortung mittragen. In jedem Team sollte Klarheit darüber herrschen, was der/die einzelne am besten kann und was sein/ihr Spezialgebiet ist. Trotzdem kann es Situationen geben, in denen Sie Ihr Gebiet einmal abgeben müssen, weil anderes gerade wichtiger ist und Zeit dafür eingesetzt werden muß.

9. Idealzeiten nutzen

Finden Sie heraus, wann Sie gut sind. Hochphasen wie z. B. früh morgens oder abends sollten Sie, gerade wenn Sie sich selbst timen, unbedingt für Wichtiges offenhalten und es nach Möglichkeit auch dann erledigen. Teamsitzungen sollten in gewisser Weise nach gruppenspezifischen ›Gutzeiten‹ angesetzt werden. Seien Sie besonders wachsam während der Tages-Tiefphasen. Dann verbrauchen Sie mehr Energie und Zeit als sonst und machen leicht Fehler. Versuchen Sie, für wichtige Verhandlungen, Abschlüsse oder Entscheidungen immer zuerst die Zeiten Ihres Leistungshochs anzuvisieren.

10. Zeit erleben

Behandeln Sie die Zeit wie etwas Kostbares. Gehen Sie darum grundsätzlich bewußt mit ihr um. Nicht nur beruflich, sondern auch privat sollten Sie gut überlegen, mit wem oder mit was Sie die Stunden verleben möchten. Werden Sie sensibel für alles, wobei Zeit verschwendet wird. Das bedeutet nicht, daß bei allem, was Sie tun, unterm Strich etwas herauskommen muß. Im Gegenteil: Zerstreuung, Freunde oder Bekannte, Hobbys und Ruhephasen sowie Partnerschaft und Familie müssen einen hohen Stellenwert erhalten. Gemeint sind ›tote Zeiten‹. Wenn Sie sich innerlich darauf einstellen, gibt es diese nicht. Auch während Wartezeiten kann man Dinge durchdenken, Ideen entwickeln oder einfach den Augenblick bewußt genießen und so Zeit sinnvoll nutzen.

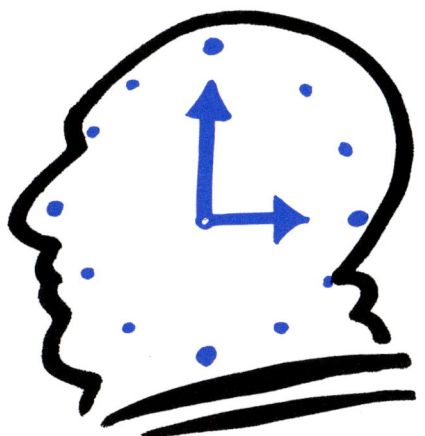

Teamtalking – Umgang miteinander

Es steht außer Zweifel: Arbeitsgruppen, die sich untereinander gut verstehen, haben mehr Spaß an dem, was sie tun, sind motivierter und auch produktiver. Andere, in denen kein positives Gruppengefühl herrscht, zeigen zueinander oft eine Tendenz zu Gleichgültigkeit, Querelen und Inaktivität. Da eine Gruppe nichts Anonymes und Konstantes ist, sondern eine Gemeinschaft aus unterschiedlichen Charakteren mit eigenen Vorstellungen, die immer in einer gewissen Dynamik zueinander stehen, kommen Meinungsschwierigkeiten beim täglichen Umgang miteinander überall einmal vor. Eine intakte Gruppe mit initiativ werdenden Mitgliedern regelt solche Schwierigkeiten völlig von allein und ohne das Dazutun eines Gruppenleiters. Schwächere werden von den Stärkeren mitgezogen, Unfaire von den Fairen kritisiert und Fehler gemeinsam ausgebügelt. Bei Gruppen, in denen die Zusammenarbeit ungünstig ist und in denen sich mehrere gruppenunfähige Personen befinden, sind die Mitglieder mit einer positiven Einstellung wesentlich mehr gefordert, an der Aufrechterhaltung der guten Atmosphäre mitzuwirken, wenn sie sich nicht von dem negativen Einfluß der anderen mit hinunterziehen lassen wollen.

Zu Anfang, wenn alle Mitglieder eines Teams sich zum ersten Mal begegnen und gegenseitig kennenlernen, werden die Grenzen zueinander abgesteckt sowie die Rollen in der Gruppe aufgeteilt. Erst wenn sich ein für alle erkennbares Bild herauskristallisiert hat, wenn geklärt ist, wer den Part des Gruppen-Clowns, des Alleswissers und Alleskönners, des Zynikers, des Verschlossenen oder des Offenen, des Ja-Sagers und des Nein-Sagers übernimmt, setzt sich das Team in Gang, ist es funktionstüchtig. Druck von außen, herbeigeführt zum Beispiel durch eine drängende, schwierige Aufgabenstellung, die gemeinsam auszustehen und zu lösen ist, bewirkt, daß das Team rasch zusammenwächst. Druck von innen, bewirkt durch Gruppenkonflikte, reißt es wieder auseinander, legt jede vernünftige Zusammenarbeit lahm und läßt Gruppenmitglieder, ›Clubs‹ und ›Grüppchen‹ gegeneinander antreten. Die Folgen sind meist: schwache Teamresultate, abfallende Einzelleistungen, steigende Frustration und Unlust am Job.

Die Bewegungen innerhalb einer Gruppe sind in der Regel immer von mehr oder weniger spürbarem Auf und Ab bestimmt. Was der einzelne an Verhalten in die Gemeinschaft hineinträgt, breitet sich aus und erhält wiederum Rückkopplung. So wie Ärger in der Gruppe zu Mißtrauen und Einzelgängertum anstiftet, so belebt partnerschaftliches Miteinander wieder das gegenseitige Vertrauen und den Wunsch nach Gemeinsamkeit.

Das Beherzigen von ›10 Goldenen Verhaltensprinzipien‹ hilft, Konfliktsituationen bereits im Vorfeld zu erkennen, sie zu vermeiden, und fördert die gemeinschaftliche Team-Atmosphäre.

1. Richtige Einstellung

Zu jeder Form von Gruppenarbeit gehört eine menschenfreundliche Grundeinstellung. Sehen Sie die anderen als Mit- und nicht als Gegenspieler. Erkennen Sie, daß mehr Vertrauen zueinander auch zu mehr Spaß an der Zusammenarbeit führt. Lassen Sie jedem das Seine, wenn es Sie nicht wirklich tangiert, und bauen Sie Vorurteile ab. Denken Sie daran, eine Gruppe ist sehr lernfähig. Drücken Sie darum Ihre Partnerschaftlichkeit ruhig offen aus, auch wenn andere noch nicht die Reife dazu haben. Sie werden versuchen, es Ihnen irgendwann gleichzutun. Begreifen Sie, daß nur die Stärke der Gemeinschaft zur Verwirklichung Ihrer Vorstellungen und Ziele führen kann.

2. Freundlicher Umgangston

Das effektivste Kommunikationsmittel der Zusammenarbeit ist das Gespräch. Pflegen Sie einen wohlwollenden Ton miteinander. Achten Sie darauf – auch wenn im Team oft locker miteinander geredet wird –, niemanden lächerlich zu machen oder verletzend zu sein. Dasselbe gilt fürs Zuhören. Lassen Sie sich gegenseitig ausreden, und hören Sie den anderen an. Wenn Sie trotzdem einmal unterbrechen müssen, dann entschuldigen Sie sich dafür, und geben Sie Ihrem Gesprächspartner erneut Gelegenheit fortzufahren. Akzeptieren Sie, wenn nicht jeder in der Gruppe über alles reden will und in manchen Punkten etwas verschlossener ist als andere. Lassen Sie diesen Personen ihren Freiraum, bzw. sie sollen von sich aus signalisieren, wann, worüber und wieweit sie offener reden wollen.

3. Höfliche Umgangsformen

Höflichkeit im Miteinander setzt Maßstäbe in der gegenseitigen Behandlung. Wenn auch »Danke« und »Bitte« manchmal etwas aus der Mode zu sein scheint, es wirkt häufig wahre Wunder. Zeigen Sie, daß Ihnen Ihre Mitmenschen nicht unwichtig sind. Dokumentieren Sie Ihre Anteilnahme durch höfliche Worte, Gesten und Taten. Damen mögen es immer noch, wenn man ihnen die Tür aufhält und den Vortritt läßt. Nichtraucher mögen es, wenn sie vorher gefragt werden, ob man im

Eine offene, freundliche Atmosphäre und positive Formen des Umgangs miteinander sind die Basis einer guten Gruppenarbeit. Jeder sollte den anderen als Partner akzeptieren, seine Argumente ernstnehmen und so konstruktiv dazu beitragen, die gesetzten Ziele zu erreichen

gleichen Zimmer rauchen darf. Unabkömmliche Kollegen mitten in der Arbeit freuen sich, wenn man sie fragt, ob man etwas für sie aus der Kantine mitbringen kann. Drücken Sie mit kleinen Aufmerksamkeiten menschliches Format aus, und Sie bringen sich innerhalb der Gruppe einander ein Stück näher.

4. Offene Körpersprache

Nonverbale Botschaften haben oft eine tiefergehende Mitteilungskraft als verbale (siehe Kapitel »Signale der Körpersprache«). Ob im Team oder anderswo, halten Sie bei sich selbst und bei den Mitmenschen ein Auge darauf. Körperhaltungen, Gesten und Mimiken sprechen ihr eigenes »Ich akzeptiere Dich!«, »Ich weiß nicht!« oder »Bleib auf Distanz!«. Wenden Sie sich den Personen zu, mit denen Sie reden. Halten Sie klar Blickkontakt zueinander, anstatt von der Seite, von unten oder von oben herab auf sie zu schauen. Benutzen Sie offene und unmißverständliche Gesten. Nehmen Sie wahr, wenn Ihre Teamkollegen Probleme haben, es mit Worten aber nicht ausdrücken können. Lernen Sie, körpersprachliche Signale richtig zu deuten und positiv einzusetzen, um aufeinander reagieren zu können.

5. Positives Anerkennen

Jeder braucht Lob und verbale Streicheleinheiten. Lernen Sie, gute Leistungen durch die passenden Worte mitzuhonorieren. Glauben Sie nicht wie so viele, daß Sie sich damit etwas vergeben oder Ihr eigenes Können schmälern. Freuen Sie sich offen mit darüber, daß der/die andere im Team für Sie alle ein Stück Erfolg erwirtschaftet hat. So zeigen Sie, daß Sie sich als Partner fühlen und werden echte Partner gewinnen.

6. Konstruktive Kritik

Jeder macht einmal einen Fehler. Wenn Fehler gemacht werden, muß das Team zusammenstehen und alles unternehmen, um eine Wiederholung des Fehlers zu vermeiden. Seien Sie bei jeder Art von Fehlerbesprechung immer nur sachlich, und tadeln Sie niemals die Person, die den Fehler verursacht hat. Sachliche Kritik, vernünftig geäußert und nur auf die Zusammenarbeit bezogen, wird vom einzelnen als Hilfestellung des Teams empfunden. Unsachliche Kritik, auf das menschliche Unvermögen des einzelnen bezogen, ist unfair, verletzend und untergräbt folgenschwer die Loyalität zur Gruppe.

7. Notwendige Motivation

Menschen brauchen ein Motiv für ihr Handeln. Dies kann der Spaß an einer Sache sein, können Ideen, Sehnsüchte und Ziele sein, die den einzelnen dazu bewegen, etwas dafür zu tun. Wenn es Ihnen gelingt, Ihre eigenen Antriebskräfte und Wünsche mit denen Ihrer Teampartner zu vereinbaren, können Sie sie leichter mitreißen und begeistern. Überlegen Sie, was Sie und die anderen sich wünschen. Suchen Sie nach Mitteln und Wegen, um dorthin zu gelangen. Animieren Sie Ihre Gruppe zu neuen Projekten, in denen jeder einzelne seine Motive verwirklichen kann, und es entstehen überdurchschnittliche Leistungen.

8. Erfolgreiches Überzeugen

Überzeugungkraft hat etwas mit positiver Auseinandersetzung mit seinen Gesprächspartnern zu tun. Wenn Sie nur immer für sich und Ihre Belange reden, wird Ihnen im Team kaum jemand richtig Gehör schenken. Vergessen Sie nie, daß innerhalb einer Gruppe jeder vom anderen abhängig ist und Gruppeninteressen vorrangig sind. Wecken Sie diese durch das, was Sie sagen, und berücksichtigen Sie dabei auch die Zwänge und Nöte, die Ihre Partner haben, dann werden Ihre Äußerungen viel eher angenommen. Versetzen Sie sich deshalb in Ihre Mitmenschen, und lernen Sie sie erst kennen, bevor Sie etwas von Ihnen verlangen. Ersetzen Sie das Wörtchen ›Ich‹ durch ›Sie‹ oder ›Du‹, und man wird sich von dem, was Sie vortragen, leichter überzeugen lassen.

9. Kollegiales Verhalten

Beim Umgang miteinander geht Fairneß vor. Wenn man Sie um Mithilfe bittet – auch wenn es Ihnen gerade nicht gelegen kommt –, versuchen Sie mit all Ihrem Können zu helfen. Wenn Sie selbst einmal Hilfe oder einen Rat brauchen, machen Sie ebenfalls Gebrauch davon, und wenden Sie sich an ein Mitglied Ihres Teams. Wenn Ihnen in der Hektik des Tages einmal eine dumme Bemerkung herausgerutscht ist, die einen anderen vielleicht verletzt hat, entschuldigen Sie sich frühzeitig dafür, und zeigen Sie, daß es Ihnen leid tut. Dies ist kein Zeichen von Schwäche, sondern von aufrichtiger Persönlichkeit. Wenn man sich bei Ihnen für ein Fehlverhalten entschuldigt, nehmen Sie es auch an, und zeigen Sie, daß Sie der Person nichts nachtragen werden. Nehmen Sie jeden als gleichwertigen Partner ernst, und muten Sie keinem etwas zu, daß Sie auch nicht selbst auf sich nehmen würden.

10. Eigener Standpunkt

Gruppenprozesse sind sinnvoll, wenn sie ein Team weiterbringen. Katalysator ist dabei oft die Meinung eines einzelnen. Wenn Sie zu etwas nein sagen und »Das will ich nicht!«, überlegen Sie zuvor, ob es einen Sinn hat. Sagen Sie einmal nein dazu, immer nur den Kaffee zu holen, oder fühlen Sie sich überhaupt als das schwächste Glied in der Kette, nur für niedrige Aufgaben eingesetzt, hat es einen Sinn. Fassen Sie die Gelegenheit beim Schopf, und beweisen Sie den anderen mit vollem Einsatz, was Sie noch alles können. Geschieht ein Nein lediglich aus Trotz und momentaner Laune, hält es nur den Teambetrieb auf und führt zu nichts außer zu Leistungsverlusten. Haben Sie unbedingt einen festen Standpunkt zu Dingen, das macht ein gutes Team mit aus. Bestehen Sie jedoch nur dann darauf, wenn Sie sich sicher sind, dem Team damit auch zu helfen. Behalten Sie im Blickfeld: Dauerhafter Erfolg ist in Gruppenarbeit nur möglich, wenn eine Gruppe gut funktioniert, und nicht, wenn man sich behindert.

Brainstorming – Ideen entwickeln

Wenn es darum geht, herausragende Ideen zu entwickeln, die innovativ sind und zu komplexen Problemstellungen vielseitige Lösungsansätze vorweisen können, bietet die Zusammenarbeit in einem Team dazu ideale Voraussetzungen. Das gesamte geistige Potential unterschiedlich begabter und versierter Mitarbeiter kann sich in einem großen ›Ideen-Pool‹ sammeln und von dort aus zu völlig neuen, originellen Denkrichtungen führen. Viele Unternehmen wären ohne diese Art gemeinsamer Kreativität in ihren Entwicklungsabteilungen wie ein Auto ohne Motor.

Von den Teams aus den Bereichen Werbung und Marketing, Medien und Unterhaltung stammen in erster Linie die Methoden, nach denen man vorgehen kann, um das Ideenpotential einer Gruppe zutagezufördern und zusammenzubringen. Kreativitätsfördernde Methoden wie Brainstorming, Brainwriting und andere unterstützen den Ideenfindungsprozeß in einem Team. Sie regen die Gruppenmitglieder dazu an, selbst unter Zeitdruck schwierige Aufgaben zu lösen und rechtzeitig zu entscheidenden Lösungen zu gelangen.

Damit die kreative Leistungsfähigkeit einer Gruppe, gleich ob sie mehr rationalen oder eher künstlerischen Anforderungen gerecht werden muß, sich vorteilhaft entfalten und gedeihen kann, bedarf es positiver Voraussetzungen. Zündende Einfälle und neuartige Konzepte, die in der Industrie zur Fortentwicklung von Produkten beitragen oder im Kommunikationsprozeß dazu, ein Zielpublikum noch wirkungsvoller anzusprechen, können gemeinschaftlich nur entstehen:

– wenn die Team-Zusammensetzung stimmt . . .

Die einzelnen Mitglieder sollten menschlich zueinander passen, sollten sich in ihren Erfahrungen ergänzen und gegenseitig auf ihrem Gebiet akzeptieren, sollten gleichermaßen verantwortungsbewußt und zielstrebig sein.

– wenn die Team-Motivation stimmt . . .

Jeder sollte einen stark empfundenen Drang nach Veränderung und Aktivität in sich spüren, sollte fast nichts als gegeben hinnehmen, sondern immerzu hinterfragen, überlegen, direkt Verbesserungen ausprobieren, sollte engagiert und begeisterungsfähig sein und unkonventionell im Denken.

– wenn die Team-Atmosphäre stimmt . . .

Alle sollten sich ohne Hemmungen und Ängste zueinander verhalten können, sollten nicht das Gefühl von Zwang oder Muß-Vorschriften haben, sollten offen und vertrauensvoll miteinander umgehen können, ohne Rivalitäten und frei von Befürchtungen, sich mit seinen Äußerungen bloßzustellen oder lächerlich zu machen.

Während der Ideenphase des Brainstorming äußert jedes Teammitglied schnell und spontan seine Gedanken und Vorstellungen. Wenn die festgehaltenen Ideen später geordnet und überdacht werden, zeigt sich häufig, daß gerade die ›verrückten‹ Äußerungen zu unkonventionellen und neuen Lösungsansätzen führen

Um zusammen gute neue Ideen zu verwirklichen und um die Kreativität jedes einzelnen in einem Team zu steigern, können unterschiedliche Techniken angewandt werden. Ausschlaggebend für die Verwendbarkeit ist die Art der Aufgabenstellung sowie auch der Charakter der jeweiligen Arbeitsgruppe.

Brainstorming ist bei weitem die gebräuchlichste aller Methoden zur Ideengewinnung und wurde von dem Amerikaner Alex Osborn entworfen. Brainstorming gehört zum Handwerkszeug vieler Werbefachleute, es wird sowohl bei der Produktentwicklung als auch zur Verbesserung von Arbeitsabläufen eingesetzt. Beim Brainstorming gibt eine Idee die andere, und jeder, der mitmacht, animiert durch seine Beiträge die übrigen Teilnehmer zu immer neuen und weiterführenden Assoziationen. Eine Teamsitzung mit Brainstorming sollte in drei Phasen ablaufen.

Die Vorbereitungsphase

Stellen Sie die zu lösende Aufgabe bzw. das Thema Ihrer Gruppe vor. Beschreiben Sie dabei genau die bestehenden Probleme, und geben Sie ausreichend Hintergrundinformationen. Erläutern Sie deutlich die Zielsetzung bzw. den Rahmen, in dem sich die Ideen und Vorschläge bewegen dürfen (z. B. es soll besser rollen, schmecken, aussehen). Sorgen Sie dafür, daß keine Störungen auftreten (z. B. keine Anrufe, Besucher, kein Lärm). Wählen Sie einen angenehmen Ort mit einer inspirierenden Atmosphäre. Plazieren Sie alle Mitarbeiter mit Blickkontakt zueinander um einen nicht zu großen Konferenztisch in bequemen Sitzmöbeln. Bereiten Sie zum Protokollieren das notwendige Gerät vor (z. B. Flip-chart, Aufnahmegerät). Benennen Sie ein Teammitglied, das die Ideen sammelt und notiert bzw. die Sitzung moderiert.

Die Ideenphase

Beginnen Sie alle zusammen auf ein Zeichen damit, Ideen zu entwickeln. Jeder im Team soll vortragen, was ihm zum Thema in den Sinn kommt. Halten Sie alles schriftlich fest ohne irgendeine Form von Beurteilung und Kritik. Jeder Vorschlag, scheint er noch so abstrus oder abwegig, gilt und wird ohne Kommentar für alle gut sichtbar notiert. Lassen Sie Ihren Ideen freien Lauf, und seien Sie gewiß, daß gerade die verrückten, phantasievollen Einfälle später zu einem völlig neuen Lösungsansatz beitragen können. Halten Sie sich währenddessen gegenseitig bei bester Laune, und versuchen Sie die ganze Zeit über, Spontaneität und Tempo innerhalb der Gruppe zu bewahren. Das schaffen Sie, indem Sie sich zu möglichst vielen Ideen vorantreiben, ohne vorher lange zu überlegen. Knüpfen Sie auch bewußt an die Ideen der anderen an, ergänzen Sie diese, formulieren Sie sie um, und animieren Sie sich so gegenseitig zu Kombinationen von Wort- und Sinnzusammenhängen. Geben Sie der Ideenphase entweder so viel Zeit, bis keine Einfälle mehr kommen, oder legen Sie zuvor eine Zeitdauer fest – zu empfehlen sind 20 Minuten bis maximal 1 Stunde.

Die Bewertungsphase

Begutachten Sie die Ergebnisse der Ideensammlung erst nach Abschluß der Ideenphase. Setzen Sie dafür einen neuen Termin an (ca. 1 bis 5 Tage später), und finden Sie sich dazu in gleicher Teamformation wieder zusammen (evtl. Fachleute hinzuziehen). Ordnen Sie das gesammelte Material nach verschiedenen Kriterien (z. B. billige, teure, außergewöhnliche Lösung). Ziehen Sie gemeinsam aus dem Ideen-Pool einen Teil der Lösungen in die engere Wahl. Sprechen Sie diese hinsichtlich der spezifischen Brauchbarkeit gemeinsam durch, und halten Sie während dieser Besprechung zugleich neue, daran anknüpfende Vorschläge schriftlich fest. Wählen Sie eine Anzahl von Ideen aus, deren Realisierbarkeit Sie weiterverfolgen und testen. Fällen Sie nach Abschluß der Bewertungs- und Testphase eine Entscheidung, bzw. stellen Sie einen gestaffelten Problemlösungskatalog zusammen.

›Brainwriting‹ ist methodisch dem Brainstorming sehr nahe, nur daß den Sitzungsteilnehmern zusätzlich Ideenkarten (z. B. DIN A 5 Pappkarten) in die Hand gegeben werden. Statt spontaner Meldungen werden die Ideen in diesem Fall still notiert und gleich darauf an eine Pinnwand geheftet. Jeder äußert sich über die Karten zum Sachverhalt, kann Strukturen an der Pinnwand umgruppieren, bestimmte Karten in Bezug zueinander setzen und so Zusammenhänge sichtbar machen. Diese eher introvertierte Vorgehensweise mobilisiert auch diejenigen Teammitglieder, denen das mündliche Vortragen ihrer Ideen vor der Gruppe sonst schwerfällt, und erhöht die Wahrscheinlichkeit, daß sich durch das permanente visuelle Umgestalten der Ideenkarten neue gedankliche Lösungsansätze ergeben.

Die ›Methode 635‹ ist eine der möglichen Anwendungsvarianten des Brainwriting und wurde von Bernd Rohrbach konzipiert. Ihr Wesensmerkmal ist die Vorprogrammierung und Systematik. Ihr Vorteil liegt in der Schnelligkeit, mit der eine Fülle von Ideen produziert werden. Zur Durchführung benötigen Sie ein Team von 6 Personen, von denen jeder im Anschluß an die Vorbereitungsphase ein Formblatt ausgehändigt bekommt. Im Kopfbereich der Seite muß deutlich die Aufgabenstellung und Zielsetzung bzw. die Fragestellung vermerkt sein (z. B.: »Wir wollen reich und berühmt werden! Welche Möglichkeiten gibt es? Was können wir tun?«). Darunter sollten sich exakt 18 durchnumerierte Spalten befinden, in die das Ideenmaterial bzw. die Lösungsvorschläge eingetragen werden. Die kreative Phase erfolgt, indem jeder Teilnehmer 3 Ideen zur Lösung innerhalb von 5 Minuten einträgt. Danach wird der Bogen an die Runde weitergegeben und zugleich das Blatt des Nachbarn in Empfang genommen. So erhält jeder die Vorschläge seines Nebenmannes und kann daran anknüpfend in 5 Minuten wieder 3 neue Ideen entwickeln und aufschreiben. Auf diese Weise wandern die Bögen im Kreis herum. Nach 30 Minuten ist der Durchlauf beendet. Jedes Blatt weist nun 18 Lösungen auf (»6 Leute mit je 3 Ideen in 5 Minuten, 5 x wiederholt«). Bei 6 Formblättern sind dies also insgesamt 108 Vorschläge, die es zu bewerten gilt.

Auch andere Verfahren wie ›Synektik‹ und ›Bionik‹, der ›Plus-Minus-Filter‹ oder die ›Morphologische Methode‹ werden zur Ideenfindung bei Teamsitzungen angewandt. Auch diese benutzen meist ein bestimmtes, in mancherlei Hinsicht sehr spezielles System, um zu kreativen Lösungen zu gelangen.

Ganz anders in der Durchführung als die Ideenentwicklung am Konferenztisch sind ganzheitlich orientierte Vorgehensweisen. Sie geschehen ohne Zeitdruck und Systematik entspannt und spielerisch. Ihr Prinzip ist es, Geist und Körper gleichermaßen zu aktivieren und rundum die Sinne anzusprechen. Dies kann nur völlig frei von vorgefaßten Schemata geschehen. Um eine Problemlösung nicht nur mit verstandesmäßigen Mitteln anzugehen, sondern darüber hinaus über verschiedene Wahrnehmungsqualitäten, werden zur Problemstellung spielerisch Erfahrungen gemacht. Das können Rollenspiele sein, um sich in Personen oder Situationen hineinzuversetzen; das können Wort- und Klangspiele sein, um einen klingenden Namen oder Sound zu finden; das kann Malen, Modellieren oder Musizieren sein, um Motive, Formen, Kompositionen zu schaffen (siehe dazu auch Kapitel »Der Faktor Kreativität«). Ganzheitliche Ideenfindungsmethoden können – da sie beide Hirnhälften, die Ratio und stärker noch die Emotio anregen – ganz andere, tiefergehende Ideen freisetzen als reines Assoziieren es vermag. Sie erfordern, wenn sie im Team angewandt werden sollen, eine überdurchschnittliche Vertrautheit der Gruppenmitglieder zueinander. Die Teilnehmer müssen hinsichtlich der Aufgabenstellung in der Lage sein, zur Ideengewinnung ›ernsthaft wie Kinder‹ miteinander zu spielen und Erfahrungen zu machen. Ihre Erlebnisse und Sinneseindrücke dabei bilden das Ausgangsmaterial, das zur Lösung beitragen soll. Viele Kreative führen ganzheitliche Methoden wenn möglich allein durch, um erst danach im Team ihre Einzelerfahrungen untereinander auszutauschen, auszuwerten und zu einem Lösungsmodell zusammenzuführen.

Moderation – Gruppenarbeit leiten

Im Fernsehen ist ein Moderator jemand, der durch die Sendung führt, ein Vermittler also zwischen dem, was geschieht (Inhalt, Personen), und dem Publikum zu Hause. Sein Auftrag lautet: Unterhaltung und Information. In der Gruppenarbeit sind Moderatoren ebenfalls Mittelspersonen, hier allerdings nicht um die Aufmerksamkeit des Zuschauers wachzuhalten, sondern um Gruppenprozesse so zu steuern, daß dabei Ergebnisse herauskommen und Ziele erreicht werden.

Das ›2-Personen-Gespräch‹ fordert die Einhaltung der elementaren Kommunikationsregel: Zuerst spricht der eine und dann der andere. Beim ›Mehr-Personen-Gespräch‹ ist es notwendig, dieses Wechselspiel zwischen Sender und Empfänger, Sprecher und Zuhörer zu lenken, um den Kommunikationsprozeß

dahingehend zu steuern, daß nicht alle gleichzeitig reden und damit die Gespräche uneffektiv werden. Diese Aufgabe übernimmt der Moderator bzw. die Moderatorin. Er/sie darf nicht als ›Führungsperson‹ auftreten, sondern agiert als ein ›Gleichgestellter‹.

Die Kunst der Moderation liegt in der Fähigkeit, Gruppen ohne spürbaren Druck und ohne Zwang zu leiten. Wohin, hängt von der jeweiligen Aufgabenstellung bzw. der Zielsetzung ab. Bei der Teamarbeit ist gute Moderation ebenso notwendig wie beim Anleiten von Lern- und Arbeitsgruppen oder beim Animieren von Großgruppen. Sie ist mit ein Garant für den gemeinsamen Erfolg und für ein starkes Gruppengefühl.

Um Gespräche und Prozesse in einer Gruppe mit unterschiedlichen Charakteren moderie-

Gruppenmoderation ist eine schwierige und verantwortungsvolle Aufgabe. Ohne als direkte Führungsperson zu agieren, steuert der Moderator – vornehmlich fragend und nur selten kommentierend – Gruppenprozesse so, daß befriedigende Ergebnisse erzielt werden. Dieses Hinleiten verlangt von ihm ebenso sachliche Kompetenz wie menschliches Feingefühl

rend zu leiten, benutzen Moderatoren in erster Linie die ›Frage‹ und nur in zweiter Linie den ›Kommentar‹. Fragend versucht man, der Gruppe zu helfen, sich zu organisieren und den Auftrag zu erfüllen. Kommentierend versucht man für Ausgeglichenheit und Harmonie zu sorgen, ohne daß die Gruppe dies als Vorgabe des Moderators empfindet, sondern als natürlich entstandenen Zustand. Um dies zu leisten, müssen Moderatoren ein außerordentliches Gespür für Menschen und deren Reaktionen entwickelt haben. Sie müssen dazu imstande sein, im rechten Moment beispielsweise den ›Gehemmten‹ etwas zu ermutigen, den ›Vorschnellen‹ zu bremsen oder den ›Verworrenen‹ auf eine klare Linie zu bringen, ohne daß jene es als Sonderbehandlung oder Maßregelung auffassen. Wenn trotzdem Spannungen entstehen, ist es obendrein die Aufgabe des Moderators, partnerschaftlich einzugreifen und die positive Verständigung wiederherzustellen.

Damit Besprechungen, Konferenzen und Diskussionen sinnvoll geführt werden und zielgerichtet verlaufen, übernehmen Moderatoren die ›Spielleitung‹. Ohne als ›Schiedsrichter‹ aufzutreten, sorgen sie dafür, daß beim Miteinander die ›Spielregeln‹ eingehalten werden und die Gruppe zu Ergebnissen kommt. Gleichgültig, bei welcher Zusammenkunft moderiert wird – ob zu öffentlichen ›Round-Table-Gesprächen‹, ob in Seminaren und Workshops oder zur täglichen Teamsitzung, in der die anliegenden Tagesthemen und Probleme besprochen werden –, bei jeder professionellen Gruppenleitung gelten ›10 Grundregeln‹, die man zur Moderation beherrschen sollte.

1. Präparierung

Wählen Sie als Position vor oder innerhalb der Gruppe einen Punkt, von dem aus Sie alles sehen und von jedem gesehen werden können. Gestalten Sie, wenn möglich, die Sitzordnung so, daß ein zu Ihnen offener Halbkreis entsteht. Regeln Sie vorher, daß Sie ungestört bleiben. Beziehen Sie Späterkommende direkt ins Gruppengespräch mit ein, und klären Sie nachträglich ›unter 4 Augen‹ ab, warum er/sie zu spät kam. Beginnen Sie mit deutlichem Blickkontakt zur Gruppe, und beziehen Sie im Überblick jeden einzelnen mit ein.

2. Begrüßung

Eröffnen Sie die Runde mit knappen Worten, und kommen Sie gleich zum Thema. Bei Gruppen, die sich noch nicht kennen, fordern Sie die Teilnehmer erst auf, sich kurz vorzustellen. Geben Sie mit Ihrem Einstieg gleich die Richtung an. Seien Sie höflich, freundlich, wenn es geht auch humorvoll, und schaffen Sie eine unverkrampfte Arbeitsatmosphäre. Verhalten Sie sich vorbildlich partnerschaftlich, und programmieren Sie damit die Stimmung und den Umgang in der Gruppe miteinander.

3. Themenvorstellung

Erläutern Sie das Thema bzw. die Themenliste einfach und verständlich. Klären Sie ein Thema solange ab, bis jeder Teilnehmer genau im Bilde ist, um spätere Mißverständnisse und störende Rückfragen zu vermeiden. Geben Sie klare Hinweise zur Zielsetzung und Zusammenarbeit und zu dem, was erreicht werden ›kann‹ und ›muß‹. Schlagen Sie der Gruppe ein System vor, um das

Thema schrittweise zu bearbeiten bzw. Stufe für Stufe zu Ergebnissen zu gelangen. Begründen Sie Ihre Vorgehensweise überzeugend und für jeden plausibel.

4. Ablaufplanung

Geben Sie den Tages- bzw. Projektarbeits-Fahrplan bekannt, um sich bei zeitlichen Engpässen darauf beziehen zu können. Holen Sie dazu das Einverständnis der Gruppe ein. Berücksichtigen Sie mehrheitliche Änderungswünsche zum Ablauf der Zusammenarbeit. Helfen Sie Großgruppen bei der Aufteilung in kleinere Arbeitsgruppen. Beachten Sie dabei: Wer muß fachlich in eine Gruppe hinein? Wer kann ein Motor sein, der andere mitzieht? Wer kommt menschlich miteinander aus? Verteilen Sie unter Zustimmung der Beteiligten die Aufgabenbereiche an die Kleingruppen. Vergessen Sie nicht, zum Thema ›Pausen‹ klare Absprachen zu treffen.

5. Fragestellung

Steuern Sie das Gruppengespräch durch eindeutig und klar formulierte Fragen. Bringen Sie auf diese Weise die Gruppenarbeit in Schwung. Stellen Sie Ihre Fragen grundsätzlich an die gesamte Gruppe, arbeiten Sie so das Wissen der einzelnen Teilnehmer heraus bzw. lehren Sie fragend. Überlassen Sie es den Gruppenmitgliedern, zu den Fragen Stellung zu nehmen. Richten Sie Ihr Wort erst an einzelne, wenn diese signalisieren, daß sie antworten möchten. Fragen, die aus der Gruppe heraus an Sie gestellt werden, leiten Sie normalerweise immer als Frage an die Gruppe zurück. Fragen, die nur Sie beantworten können, sollten Sie direkt oder mit einem Verweis auf später angemessen beantworten. Fragen, die nur von einem Experten geklärt werden können, übergeben Sie an diesen. Fragen, die im Augenblick nicht beantwortet werden können, werden schriftlich fixiert, während des Fortgangs der Gruppenarbeit geklärt und die Antworten anschließend hinzugezogen. Ideen und Vorschläge, die momentan ablenken, aber interessant sind, sollten ebenfalls festgehalten und zu einem anderen Zeitpunkt näher erörtert werden.

6. Sprechzuweisung

Organisieren Sie das Gruppengespräch so, daß immer nur ein Teilnehmer spricht. Haben Sie immer den Überblick, wer sich zuerst und wer sich danach gemeldet hat, und merken Sie sich die Reihenfolge der Wortmeldungen. Erteilen Sie den Gruppenmitgliedern mit einer zuweisenden Handgeste das Wort, und schalten Sie um vom Gruppen-Blickkontakt zum Einzel-Blickkontakt. Sorgen Sie dafür, daß die Personen ohne Unterbrechung zu Ende sprechen können. Weisen Sie Zwischenrufer zurück auf ihren Platz in der Folge der Wortmeldungen.

7. Spielregelung

Regeln Sie als ›Spielleiter‹ das partnerschaftliche Verhalten bei Gruppengesprächen. Lassen Sie nicht zu, daß Mitglieder sich böswillig belehren, beleidigen, angreifen oder streiten. Stellen Sie lästige Störungen durch Tuscheleien und unangebrachte Zwiegespräche ab. Beachten Sie bei Grup-

200

pendiskussionen, daß keine Gewinner oder Verlierer daraus hervorgehen. Sprechen Sie immer jedem erst etwas Gutes oder Richtiges zu, bevor Sie auf Fehler oder Nachteile einer Aussage aufmerksam machen. Drücken Sie aus, daß jedes Gruppenmitglied gleichermaßen als Person respektiert und akzeptiert wird. Fassen Sie Teilnehmeräußerungen in der Regel kurz für die Gruppe zusammen, bevor Sie weiter moderieren.

8. Grundhaltung

Strahlen Sie während der Gespräche und der Zusammenarbeit Ruhe und Ausgeglichenheit aus. Lassen Sie sich niemals hinreißen, auch dann nicht, wenn bewußt dumme Fragen oder provozierende Einwände an Sie gerichtet werden. Halten Sie sich zurück, wenn Sie selbst mit einem Wort einen Zusammenhang klären könnten, den aber die Gruppe selbst erarbeiten und herausfinden sollte. Seien Sie entspannt und geduldig, auch wenn einzelne Teilnehmer über Entwicklungen in der Zusammenarbeit bisweilen enttäuscht oder verärgert sind. Vermeiden Sie Äußerungen, die ermahnend, moralisierend oder beschuldigend wirken. Erziehen Sie sich selbst hingegen zu Toleranz, und drücken Sie Lob und Anerkennung aus. Setzen Sie sich ernsthaft mit den Gedanken der Teilnehmer auseinander, und seien Sie verständnisvoll, wenn es Probleme gibt.

9. Körperverhalten

Berücksichtigen Sie bei Gruppengesprächen, beim Kontakt mit einzelnen und bei Demonstrationen in oder vor der Gruppe die nonverbalen Signale der Körpersprache. Halten Sie bei Gesprächen deutlich Blickkontakt zu den Personen, mit denen Sie reden, und wenden Sie sich ihnen zu. Machen Sie dies auch demonstrativ anderen Mitgliedern vor, die ihre Gruppenkollegen im Gespräch nicht richtig beachten. Denken Sie, wenn Sie sich innerhalb der Gruppe bewegen, daran, die persönliche Raumzone des einzelnen nicht zu überschreiten. Seien Sie Partner, doch haben Sie nicht zu engen Kontakt, und bleiben Sie als Moderator immer erkennbar. Wenden Sie sich beim Sprechen nicht der Schautafel, Pinnwand o. ä. zu. Stehen Sie stets nur seitlich, wenn Sie etwas anzeigen oder anschreiben. Richten Sie Ihr Augenmerk auch auf Körperausdruck und Mimik in Ihrer Gruppe. Lesen Sie rechtzeitig Stimmungswechsel ab, und reagieren Sie darauf.

10. Ergebnissicherung

Achten Sie darauf, nicht vom Thema abzukommen bzw. die erste Planung zu erfüllen. Fassen Sie zwischenzeitliche Arbeitsergebnisse zusammen, besprechen Sie diese mit der Gruppe. Halten Sie die Zwischenergebnisse für alle sichtbar fest (Ergebnisliste, Präsentationstechniken). Führen Sie die Teilnehmer durch Fragen zu den nächsten Arbeitsaufgaben bzw. -inhalten. Lassen Sie sich von unvorhergesehenen Ereignissen oder Gruppenprozessen nicht vom Weg abbringen. Denken Sie daran, die Gruppe bis an ihr Ziel zu geleiten.

Präsentation – Information darstellen

Informieren, diskutieren und entscheiden: Um diese drei Vorgänge bei der Gruppenarbeit zu unterstützen, ist der Einsatz visueller Hilfsmittel ebenso sinnvoll wie notwendig. Zusammenhänge, Problemstellungen, Ergebnisvergleiche, Vorschläge und Ideen lassen sich beispielsweise über Schautafeln oder Papierbögen, schriftlich sichtbar gemacht, besser erfassen und begreifen. Damit eine Information vom Gruppenteilnehmer gut aufgenommen und verarbeitet werden kann, ist es wichtig, Denkhilfen und Arbeitsmittel am rechten Platz einzusetzen und die Handhabung möglichst lebendig zu gestalten.

Oft wird in Gruppen das Präsentieren oder Austauschen von schriftlicher Information als ›fade Pflichtübung‹ – ›wie in der Schule‹ – empfunden. Häufige Ursache dafür ist, daß durch unpassende Informationstechniken und deren unsachgemäßen Einsatz wichtige Inhalte als ›tote Informationen‹ erlebt werden. Dies muß nicht so sein. Zwar haben die uns heute zur Verfügung stehenden Demonstrationsmittel – von der althergebrachten Schiefertafel mit Kreide und Schwamm bis hin zum Tageslicht-Projektor – alle neben ihren Vorteilen auch gewisse Nachteile. Bei richtiger Verwendung jedoch, vor allem durch eine ansprechende Form der Darstellung, helfen sie mit, das Informationsinteresse einer Arbeitsgruppe zu wecken, und sind für den Vermittlungsprozeß ebenso wirkungsvoll wie zeitsparend.

Lebendige Information wird geschaffen, wenn sowohl das Auge als auch die Neugier des Betrachters wirksam angesprochen werden. Dieses Prinzip gilt ebenso auf der Bühne, im Film, in der Unterhaltung und Werbung. Es funktioniert gleichermaßen bei der Präsentation von Fakten und beim schriftlichen Austausch von Stellungnahmen, wie dies bei der Gruppenarbeit üblich ist. Im übertragenen Sinne sollte Information, die auffallen und anregen will, unter folgenden Gesichtspunkten aufbereitet sein:

Attraktivität

Unsaubere Schrift mit unschön geschriebenen Buchstaben oder zu klein gedruckter Text ist ohne Reiz und anstrengend zu lesen – Worte in auffälligen, großen Druckbuchstaben werden leichter aufgenommen. Blasse oder keine Farbunterschiede bei wichtigen Textstellen oder als Untergrund wirken uninteressant – bunte Hintergrundflächen, Rahmen, Punkte, Symbole und auffällig gekennzeichnete Worte zwingen zum Hinsehen und bleiben wie interessante Grafiken oder Fotos besser im Gedächtnis.

Proportionierung

Zu viel, zu dichter, zu wenig unterteilter Text wirkt übermächtig und unüberschaubar – wenige Worte, Zeilen oder Zahlen pro Darstellung sind eingängiger und regen eher zum Denken und Diskutieren an. Zu viel Inhalt, mit zu vielen Fragen, Problemen, Stellungnahmen kann leicht überfordern und die eigene Kreativität lähmen – weniger Inhalt pro Darstellung ist verständlicher und läßt mehr Raum für eigene Ideen und Vorschläge zum Thema. Zu viele Darstellungen in nur kurzer Zeit strapazieren die Aufnahmefähigkeit und lassen die Bereitschaft sinken, darauf einzugehen oder noch Eigenaktivität zu entwickeln – wenige Darstellungen oder häufig kleine Pausen zwischen einzelnen Themenblöcken erhöhen das Aufnahmeinteresse für das Neue und reaktivieren das Denkvermögen.

Informationsgehalt

Information, die vornehmlich Nachteile formuliert, die sagt, was nicht ist oder was schlecht ist, erzeugt leicht Ohnmachtsgefühle und verstellt positiven Ansätzen den Weg. Sind neben Fragen und Problemstellungen bereits einige Meinungen und Antworten aufgeführt, fühlt sich der Betrachter herausgefordert nachzuvollziehen, ob diese funktionieren könnten, und ist motiviert weiterzudenken, um eigene Problemlösungen zu finden.

Information, die nicht die Sprache der Gruppe spricht und den einzelnen nicht betrifft, kann nicht verstanden und nachvollzogen werden. Ist der richtige Ton oder die Fachsprache getroffen und sind die Inhalte übertragbar, kann damit gearbeitet werden.

Information, die vorwiegend die Gruppe provoziert und kritisiert, stößt schnell auf Ablehnung, blockiert die Initiative zur Mitarbeit und fordert die negative Stellungnahme heraus. Sind Kritik und Provokation sparsam und bedacht innerhalb der Gesamtdarstellung eingesetzt, können dadurch ermüdende Gesprächsrunden wieder aufgefrischt und engagierte Stellungnahmen herausgefordert werden.

Was bei der mündlichen Kommunikation im Dialog oder Gruppengespräch an Information durch die Flüchtigkeit des Wortes verlorengeht, läßt sich durch schriftliche Kommunikation besser festhalten, einprägen und weiterverfolgen. Zur Präsentation und Visualisierung von Information vor der Gruppe können Demonstrationsmittel wie Schau- und Wandtafel, Flipchart, Dia- und Overhead-Projektor oder auch Video verwandt werden. Zur schriftlichen Diskussion innerhalb der Gruppe wird in der Regel die Pinnwand benutzt.

Hinweise zu gängigen Präsentationsmethoden:

Wandtafel

Ihr Gebrauch ist ebenso bewährt wie problemlos, wenn auch nicht immer ganz zeitgemäß. Nachteilig ist, daß Sie immer nur wenig Information vorbereiten können, daß Sie die Aufzeichnungen später nicht mehr zur Verfügung haben, da sie weggewischt werden, daß Ihnen keine sonderlich attraktiven Auszeichnungsmöglichkeiten dabei zur Verfügung stehen und daß Sie, um daran zu schreiben, der Gruppe den Rücken zuwenden müssen.

Flip-chart

Die Verwendung des Flip-chart ist zeitgemäß, sauber und unproblematisch. Besonders nützlich ist, daß Ihnen die Notizen und Zeichnungen erhalten bleiben bzw. Sie einige bereits vorbereitet mitbringen können, daß Sie bei Besprechungen Blatt nach Blatt anheften, vergleichen und ergänzen sowie die Bögen wiederum gut transportieren und archivieren können. Zu beachten ist, daß Sie immer genügend Papier und frische Stifte zur Verfügung haben. Dem Ungeübten ist zu raten, für eine saubere, attraktive Schrift und gelungene Zeichnungen vorher unbedingt zu üben.

Overhead-Projektor

Sein Einsatz erfordert ein wenig Sachkenntnis, hat aber eine Reihe spezieller Vorteile. Wenn die notwendigen Voraussetzungen (weiße Wandfläche, Steckdose, Bildeinstellung, Folien und Spezialstifte) gegeben sind, können Sie damit Information variabel darstellen. Sehr vorteilhaft ist, daß Sie Textfolien mit unterschiedlichen Farben auszeichnen können, daß Sie die Folien schon vorbereiten, während der Besprechung noch ergänzen oder durch Wegwischen (Nonpermanent-Stifte) korrigieren können. Durch schichtenweises Übereinanderlegen von mehreren Folien können Sie Zusammenhänge schrittweise aufbauen und so sehr anschaulich erklären. Günstig ist auch, daß Sie fortwährend Blickkontakt zur Gruppe haben können.

Pinnwand-Diskussionsmethode

Die Pinnwand ist gut geeignet, um sämtliche Gruppenmitglieder beim Vorführen und Austauschen von Information zu beteiligen. Auf großer Fläche können alle Teilnehmer zum Thema und zum sachbezogenen Verlauf des Gruppengespräches über das Anheften von ›Statement-Karten‹ Stellung nehmen. Als Ideenspeicher und für großangelegte Präsentations-Szenarien mit Fragen zur Problemstellung oder Problemerkennung ist die Pinnwand ebenfalls gut geeignet.

Als Diskussionsleiter verteilen Sie dazu Pappkarten und fordern die Gruppe auf, pro Karte einen Gedanken zum Thema aufzuschreiben. Nach kurzer Zeit sammeln Sie die Karten wieder ein und heften sie (mit Nadeln, Magneten oder Klebestreifen), eventuell nach Sachgebieten oder einer anderen Struktur geordnet, jedoch ohne die Angabe von Namen, an die Pinnwand. Danach können die vorhandenen Informationen besprochen bzw. Karten ergänzt und umgeordnet werden. Durch das Plazieren und dauernde Umgruppieren der Karten ist ein lebendiger Informations- und Diskussionsprozeß gewährleistet, wobei jeder Teilnehmer ständig alle Äußerungen, Erkenntnisse, Fragen oder Antworten präsent vor Augen hat. Anonym und ohne Sprechangst kann er spontan seine Meinung einbringen und ist völlig in die Gruppe integriert. Die visuelle Präsenz bewirkt, daß schon nach kurzer Zeit gute Ideen, wichtige Denkanstöße und effektive Diskussionsergebnisse erzielt werden.

Übung

Der Kreis · Gruppenübung

Animieren Sie eine Gruppe von 6 bis 12 Personen dazu, einen Kreis zu bilden, und gehen Sie als Moderator in die Mitte. Erklären Sie Ihren Teilnehmern von dort aus den Ablauf folgender Übung, bei der es ums Mitteilen – genauer, um das gegenseitige ›Geben‹ und ›Nehmen‹ – in der Gruppe geht.

Erläutern Sie, daß freiwillig immer eine Person in den Kreis hineingehen, sich den Umstehenden deutlich mit Blickkontakt zuwenden und vorstellen soll. Gruppen, die sich zum ersten Mal gegenüberstehen, beginnen mit einer namentlichen Vorstellung. Andere, die sich bereits kennen, überspringen diesen Schritt und geben gleich weitergehende Informationen von sich an die anderen weiter. Machen Sie deutlich, daß jeder bei seiner Vorstellung formulieren soll, wie er/sie sich selbst sieht (z. B. als jemand, der gerne genau weiß, was von ihm verlangt wird – jemand, der gerne mit Menschen zu tun hat – jemand, der gerne ruhig vor sich hin arbeitet), was man glaubt, am besten zu können, was man als Fernziel vor Augen hat, was man innerhalb der Gruppe übernehmen möchte und welche Ziele man gemeinsam mit der Gruppe erreichen möchte. Während die Person im Kreis über sich berichtet, sollen die anderen ringsumher aufmerksam zuhören. Fragen Sie, wer zuerst anfangen möchte. Wenn die Zurückhaltung groß ist, beginnen Sie selbst. Präsentieren Sie sich offen und ehrlich und auch nicht ohne Humor.

Im Anschluß an die Vorstellung eines jeden soll die Gruppe die Offenheit auf dem ›Präsentierteller‹ honorieren und etwas von sich zurückgeben. Regen Sie an, daß jeder Gruppenteilnehmer der Person in der Mitte ›sprachliche Geschenke‹ in Form einer anerkennenden Äußerung übergibt. Diese sollte in jedem Falle aufrichtig und positiv gemeint sein. Auch gegenüber Personen, denen man zunächst nur wenig Sympathie entgegenbringt, läßt sich etwas Wertschätzendes sagen. Erläutern Sie Ihrer Gruppe, daß beim ›Zurückgeben‹ sowohl banale Komplimente (z. B. zur Kleidung) als auch tiefergehende Dinge gesagt werden können, aber in keinem Falle etwas Ironisches, Unwahres oder gar Veralberndes. Hat jeder im Kreis zu einem Teilnehmer, der sich in der Mitte vorgestellt hat, etwas Nettes gesagt, wird gewechselt und ein anderer Freiwilliger tritt in den Mittelpunkt. Dieser Ablauf wird fortgeführt, bis jeder aus der Gruppe einmal im Kreis war.

Hinweis: Seien Sie als Moderator für diese Gruppenübung sehr einfühlsam, und erklären Sie der Gruppe vorher genau den Ablauf. Fordern Sie Ihre Teilnehmer freundlich dazu auf, sich selbst dabei nicht allzu ernst zu nehmen und dennoch wahrhaftig zu sein. Nutzen Sie die Stimmung im Anschluß an die Übung aus, um gemeinsame Empfindungen und Erfahrungen inner- und außerhalb des Kreises auszutauschen und etwaige Gespräche daran anzuknüpfen. Prüfen Sie für sich selbst in Ihrem Gefühl, wie offen Sie der Gruppe entgegentraten und welche Art Rückantwort in Form von Freundlichkeiten Sie dafür von ihr bekamen. Wiederholen Sie die Übung in Zeitabständen.

4. DIE FÜHRUNGSPOSITION

Vorgesetzte in Firmen, Bildungsstätten oder Verwaltungen planen Leistungsmittel, lenken Arbeitsprozesse und kontrollieren die Durchführung von Projekten im Hinblick auf die erforderlichen Arbeitsergebnisse und gewünschten Leistungen. Sie stehen aber auch in ständigem kommunikativen Kontakt zu ihren Mitarbeitern, durch deren Mitengagement die gesteckten Ziele erst erreicht werden können. Dieser Kontakt stellt täglich neue Anforderungen an die kommunikativen Fähigkeiten von Vorgesetzten und deren Auftrag, die Mitarbeiter zu produktiven Ergebnissen ›zu führen‹.

Erfolgreiche Unternehmen unterschiedlichster Art zeichnen sich häufig dadurch aus, daß Führungskräfte und Mitarbeiter deutlich positive kommunikative Beziehungen zueinander unterhalten. Die Menschen dort machen im allgemeinen ihre Arbeit gern, fühlen sich, anstatt unter Druck gesetzt, ihren Fähigkeiten gemäß sinnvoll gefordert und identifizieren sich mit dem Unternehmen und seiner Politik. Daß dies so ist, liegt vor allem am Führungsstil guter Führungspersonen, die anstelle der starren autoritären Führungspraktiken lieber kooperative und integrative Methoden im Umgang mit ihren Mitarbeitern anwenden.

Die eigene Leistungsbereitschaft und Leistungsfähigkeit von Menschen in Führungspositionen haben stets Vorbildcharakter für die Einsatzfreude der Mitarbeiter. Darüber hinaus sind hervorragende kommunikative Fähigkeiten vonnöten, um als Führungskraft die Mitarbeiter zum Erfolg zu führen

Mitarbeiterführung findet täglich in Einzelgesprächen und Gruppengesprächen statt. Beim Aufgabenverteilen und Anweisunggeben, beim Informationsaustausch und Problemelösen, beim Kritisieren und Bestätigen stellt sich in der Art der Gesprächsführung und des Verhaltens die Führungsperson als solche am deutlichsten dar. Hier machen sich einseitig oder gekonnt eingesetzte Führungsmittel am nachhaltigsten bemerkbar. Die Mitarbeiter reagieren entsprechend: Werden sie nach dem alten hierarchischen ›Machtprinzip‹ geführt, dann sind sie es gewöhnt, daß andere für sie denken. Sie selbst halten sich mit ihrem Leistungsvermögen zurück und tun lediglich das, was man von ihnen verlangt, in der Regel aber nicht mehr. Dies vermittelt ihnen durchweg das Gefühl, von ihren Vorgesetzten bestimmt und ›gearbeitet zu werden‹, jedoch nicht, aus sich selbst heraus zu arbeiten. Werden sie eher partnerschaftlich behandelt, in zentrale Informationsprozesse miteinbezogen und zu Selbstverantwortlichkeit erzogen, wächst auch ihre Initiative und Arbeitskraft, da sich jeder einzelne berücksichtigt und beteiligt sieht.

Die Praxis zeigt, daß viele Menschen in Führungspositionen ihr Potential bei der Kommunikation mit den Mitarbeitern nur unzureichend ausschöpfen. Zum einen stehen sich innerhalb der Betriebe und Unternehmen oft noch die Arbeitssauffassung alter Schule und die einer neuen, kommunikativen und kooperativen Richtung gegenüber. Dies fordert von mancher Führungskraft heute eine Haltung, die zwischen ›autoritär‹ und ›partnerschaftlich‹ hin- und herpendelt. Zum anderen fehlt es trotz vielseitiger Management-Seminare mit neuzeitlichem Ansatz immer noch an einem breitem Verständnis dafür, daß richtig führen weniger durch Druck ausüben, Befehle geben und Kontrollen vornehmen geschieht, sondern durch ein kluges Aufeinanderabstimmen, sinngerechtes Koordinieren und positives Beeinflussen der Handlungen menschlicher Individuen.

Das Führungsmittel ›Kommunikation‹ – in Form der Gesprächsführung, des Auftretens und Verhaltens, aber auch des Erkennens und Einschätzens von Personen und deren Fähigkeiten, Reaktionen oder Eigenschaften – ist für die Organisation und Steuerung von Arbeitsprozessen sowie für die kooperative Behandlung der Mitarbeiterinnen und Mitarbeiter von zentraler Bedeutung.

Verantwortung übernehmen

Stellen Sie sich vor, Sie werden beauftragt, ein Projekt durchzuführen, für dessen Gelingen man Ihnen allein die Verantwortung überträgt. Zur Durchführung benötigen Sie einige Mitarbeiter, sowohl Fachleute als auch Assistenten. Diese suchen Sie sich entweder selbst aus, oder man teilt sie Ihnen bereits als feste Arbeitsgruppe zu. Ihre Vorgesetzten bzw. Vertragspartner erwarten von Ihnen möglichst bald Ergebnisse, die zum geschäftlichen Erfolg beitragen, ohne daß Mehrkosten entstehen, ohne daß es Probleme gibt, ohne daß die in Sie gesetzten Erwartungen enttäuscht werden.

Wie würden Sie diese Verantwortung übernehmen? Leicht? Indem Sie sich nicht viele Gedanken darüber machen, ob Sie es schaffen werden oder nicht? – Wenn es nicht klappt, und Sie die gewünschten Arbeitsergebnisse nachher nicht vorweisen können, die Lösung der Probleme nicht erreichen, dann waren garantiert die Umstände schuld! Dann waren es die falschen Mitarbeiter, zu geringe finanzielle Mittel oder eine ›von oben‹ zu knapp angesetzte Terminplanung!

Oder machen Sie es sich schwer, indem Sie viel darüber nachdenken: Was wäre, wenn ich es nicht schaffe? Wie wird man mich dann ansehen? Werde ich als Versager und Verlierer dastehen, oder steht mir gar Entlassung bevor? Versuchen Sie, aufgrund Ihrer Unruhe die Mitarbeiter verstärkt anzutreiben, die Kosten aus Vorsicht noch unterhalb des geplanten Minimums zu halten und das Projekt in der Hälfte der Zeit durchzuführen?

Eine übertragene Aufgabe zu leicht zu nehmen, zeugt von Führungsuntauglichkeit und ist unverantwortlich; sie zu schwer zu nehmen, ist unprofessionell und birgt ebenfalls gewisse Gefahren in sich. Wer führen will, muß den richtigen Weg wählen, mit Verantwortung umzugehen.

Verantwortung richtig zu übernehmen – dazu braucht man menschliche Reife und Bewußtsein. Verantwortungsbewußtsein ist keine Angelegenheit, die nur auf Beruf und Karriere beschränkt werden kann: Dahinter steckt ein Lebensprinzip. Es wurzelt bereits in der Eigenverantwortlichkeit sich selbst, seiner Gesundheit und all seinen Handlungen gegenüber. Wer sich selbst fest ›im Wort‹ steht, nicht alles gleich fallen zu lassen, wenn es einmal schwer wird und Krisenzeiten zu überstehen sind, wer sich darum bemüht, aus seinem Leben das Bestmögliche zu machen – der besitzt geeignete Grundlagen, um auch Verantwortungsträger für andere zu sein. Wer nicht Ausreden und Vorwände für alles hat, die es vorzuschieben gilt, wenn es Probleme gibt, und nicht dauernd die Umstände verantwortlich macht, sondern stark auf Eigeninitiative eingestellt ist, der nimmt Verantwortung ernst.

Integre Personen sind sich im klaren darüber, daß man mit der Übernahme von Verantwortung eine damit verbundene Verpflichtung zur Leistung übernimmt. Die kann man nur annehmen, wenn man persönlich überzeugt ist, und muß sie zwangsläufig ablehnen, wenn man spürt, ihr nicht gerecht werden zu können. Um zu führen muß man sein persönliches Verantwortungsgefühl verinnerlicht haben. Andere Menschen folgen nur denen, die sie respektieren können. Wer persönlich für die Abteilung oder den Fachbereich, dem er vorsteht, Verantwortung übernimmt, Verantwortungsbewußtsein in aktivem Einsatz vorlebt, wird respektiert. Als Kapitän und Steuermann der Mannschaft seiner Mitarbeiter übernimmt man unweigerlich auch die ›Haftungspflicht‹ für ihre negativen Taten und deren Folgen. Wer Gelegenheit hatte, sich seine Leute selbst auszusuchen, wird es mit etwas Einschätzungsvermögen leichter haben, die Position des Verantwortlichen auszufüllen. Wer mit einem schon bestehenden Team zurechtkommen muß, wird stärker an der Beziehung zu seinen Mitarbeitern arbeiten müssen, um sie zu freiwilligem Engagement zu bewegen und damit die geforderten Ergebnisse zu erzielen.

›4 Voraussetzungen‹ sind von demjenigen, der Menschen führt oder managt, dabei Verantwortung für Erfolg oder Mißerfolg übernimmt, zu erfüllen.

1. Verantwortung als Chance erkennen

Wenn fachliche Qualifikation und die Fähigkeit ›zu führen‹ vorhanden ist, ist die Übernahme von Verantwortung, wenn man etwas erreichen möchte, ein ›Muß‹. Überschauen Sie in jedem Fall vor Antritt Ihrer Führungsaufgabe das vorgegebene Timing, das notwendige Kapital, das erforderliche Material, die Arbeitsbedingungen und vor allem die Mitarbeiter. Spielen Sie in Gedanken alles genau durch, und sprechen Sie mit denen, die mitarbeiten werden. Bildet sich in Ihnen die Vorstellung heraus, wie man die Aufgabe unter den Gegebenheiten bewältigen kann, wo die Schwachpunkte liegen und worauf man besonderen Wert legen muß, zögern Sie nicht länger. Starten Sie nicht mit der Einstellung, es einmal zu ›versuchen‹, sondern es zu ›tun‹, und richten Sie sich von vornherein auf Resultate aus.

Das konstruktive Gespräch ist eins der wichtigsten Führungsmittel zwischen Chef und Mitarbeiter. Beim Delegieren, Motivieren oder Kritisieren ist positives kommunikatives Verhalten sinnvoll

2. Verantwortung als höhere Pflicht verstehen

Leistung zu erbringen, den Gewinn eines Unternehmens zu steigern, Erfolgsstrategien zu verfolgen und alles, was für die persönliche Karriere eingesetzt wird, darf niemals nur nach rein geschäftlichen Gesichtspunkten erwogen werden. Lassen Sie Ihr Gewissen bei allem, was Sie tun und wozu Sie Menschen anleiten, nicht außer acht. Verantwortungsbewußte Führungspersönlichkeiten betreiben ihr Business mit Blick auf ethisch-moralische Gesichtspunkte. Wer denkt: »Nach mir die Sintflut!«, der mißachtet seine Verantwortungsposition und mißbraucht damit die ihm verliehene Machtstellung.

3. Verantwortung persönlich übernehmen

Nicht andere, nur Sie allein können als Führungsperson die Verantwortung für Ergebnisse selbst tragen. Wenn es Schwierigkeiten gibt, Fehler gemacht werden, die Bilanz traurig, aber wahr ist, schieben Sie nicht den anderen die Schuld zu. Vergessen Sie als Führungskraft nie, zuerst immer bei sich selber nachzufragen und die Mißstände von der eigenen Position aus zu analysieren. Wenn Sie die Fehler in ihren Reihen erkennen, akzeptieren Sie diese als Ihre eigene Fehlleistung. Haben Sie die Reife, die Ihnen übertragene Verantwortung nicht auf Ihre Mitarbeiter oder unglückliche Umstände abzuschieben. Seien Sie auch dazu in der Lage, sich, wenn es sein muß, vor die Pannen der ganzen Abteilung zu stellen. Beziehen Sie negative Erfahrungen unbedingt systematisch in neue Projekte mit ein, und verwandeln Sie so ehemalige Mißerfolge in zukünftige Erfolge.

4. Verantwortung zugänglich machen

Die gute Führungskraft bewirkt, daß sich ihre Mitarbeiter freiwillig anstrengen, um Ziele zu erreichen. Dazu müssen Sie in allem Vorbild sein und mit gutem Beispiel vorangehen. Lassen Sie Ihre Mitarbeiter an Zielsetzungsprozessen teilhaben. Setzen Sie sie nicht nur vor vollendete Tatsachen. Geben Sie ihnen durch ›Mitwissen‹ und ›Mitplanen‹ die Möglichkeit, selbst ein Stück der Gesamtverantwortung zu tragen. Bieten Sie Ihnen die Chance, selbstverantwortlich zu arbeiten und bewirken Sie auf diese Weise, daß Ihre Leute lernen, mit Verantwortung umzugehen. Wer Mitarbeiter derart an seiner Verantwortung beteiligt, sichert die Erfüllung eines Auftrags dadurch, daß der Einzelne bei der Umsetzung von Konzepten in die Praxis zu selbständigen Lösungen findet.

Personen einschätzen

Menschen sind verschieden, ihre Gefühle, Reaktionen, Beweggründe und ihr Verhalten ungleich geartet. Wenn Menschen täglich zusammenarbeiten, ist es daher unvermeidlich, daß es hin und wieder auch einmal zu Spannungen kommt. Häufige Auseinandersetzungen unter Mitarbeitern hingegen können eine Zusammenarbeit unterminieren und somit die Leistungskraft eines Unternehmens schwächen. Die Führungsperson ist gefordert, bei der Personalauswahl, -einstellung und -einteilung nicht nur nach rein fachlichen Kriterien zu urteilen, sondern ihre Mitarbeiter auch als Menschen einzuschätzen. Um Leistung zu fördern, muß die Führungskraft gut mit unterschiedlichen Menschen umgehen können. Um richtig zu führen, muß sie dafür Sorge tragen, daß Störungen oder Konflikte in der Gruppe nicht provoziert und – wenn sie auftreten – kommunikativ behoben werden.

Die wichtige und schwierige Führungsaufgabe, Menschen schon nach einem ersten Bewerbungsgespräch zu beurteilen, verlangt ein geschultes Auge wie entsprechende Menschenkenntnis. Fehlentscheidungen bei der Bewerberauswahl und Mitarbeiterzusammenstellung können nicht nur teuer werden, sondern belasten unter Umständen auch lange die Arbeitsatmosphäre. Um hier sicherer vorzugehen, wenden Führungskräfte, die bei der Mitarbeiterauswahl mitwirken, bestimmte Fragetechniken wie Gesprächs-Strukturierungsmethoden an, die an dieser Stelle wegen ihrer berufsspezifischen Mannigfaltigkeit im einzelnen nicht beschrieben werden können. Im ganzen gesehen ist es denn auch sinnvoller, das einzelne Individuum nicht nur nach Bewerbungsrastern bewerten zu wollen, sondern sich um weitreichendere Kenntnisse menschlichen Verhaltens zu bemühen. Wissen in dieser Hinsicht zahlt sich nicht nur aus, wenn es darum geht, Konfliktsituationen zu vermeiden, sondern auch dann, wenn Mitarbeiter bestätigt oder kritisiert, vor allem, wenn sie gefördert werden sollen, damit sie sich entwickeln und verbessern können.

Erfolgreiche Frauen und Männer in Führungspositionen wissen, daß jeder ihrer Mitarbeiter eine eigene Persönlichkeit hat, und führen sie deshalb auf verschiedene Art und Weise. Da sie sich der subjektiv ausgeprägten menschlichen wie beruflichen Stärken und Schwächen bewußt sind, wählen sie bevorzugt das 2-Personen-Gespräch, um sich mit ihnen zu befassen. Unter vier Augen offenbart sich ein Mitarbeiter seinem Wesen nach intensiver und nimmt zudem eher Kritik an. Führungskräfte, die glauben, ihre Mitarbeiter alle gemeinsam auf ein und dieselbe Weise behandeln zu können, zitieren auf diese Weise Mißmut und Unruhe selbst herbei. Wer als Chef oder Manager beispielsweise einzelne Personen vor versammelter Mannschaft heruntermacht oder alle zugleich tadelt, obwohl Unschuldige darunter sind, demonstriert schlechten Führungsstil, weil er seine Leute unkundig behandelt, sie so demotiviert und dadurch selbst massiv an Respekt verliert.

Von der kommunikativen Kompetenz einer Führungsperson hängt es ab, fähige Leute zusammenzustellen und im Umgang mit ihnen – besonders gegenüber komplizierteren Mitarbeitern – solches Geschick zu beweisen, daß anstelle von Gleichgültigkeit und Konflikten Leistungsbereitschaft und Kooperation die Regel ist. Dabei sollte beim Führen von Menschen nicht versucht werden, problematische Individuen umzukrempeln, sondern sie durch geschickte Kommunikation dazu zu bringen, ihre Arbeit voller Engagement zu erledigen. Dieser Anspruch läßt sich nur umsetzen, wenn die Führungskraft in der Lage ist, die Charaktereigenschaften ihrer Mitarbeiter wahrzunehmen und sich darauf einzustellen. Dahinter steht nicht die Aufforderung, eine aufgesetzte Rolle zu spielen. Vielmehr ist ein zweckdienliches, teilweise ausgleichendes Verhalten notwendig, damit der Kontakt zu den Mitarbeitern effektiv ist. Die Wirkung davon ist, nicht nur mit einzelnen besser klarzukommen, sondern damit auch der Gruppe zu helfen, daß sie sich zueinander besser verhält und so ein harmonisches Arbeitsklima geschaffen wird, um Arbeitsprozesse produktiv, reibungslos und zielorientiert abzuwickeln.

Diejenigen unter Ihnen, die Gruppen leiten und Mitarbeiter einstellen, die Aufgaben innerhalb von Gruppen bewältigen müssen oder einfach nur mit vielen verschiedenen Menschen zusammenarbeiten, werden sicherlich die eine oder andere Personengruppe in den nachfolgenden Kategorien wiedererkennen, weil sie Ihnen so oder in ähnlicher Form bereits begegnet sind. Ein wenig von jedem der kurz skizzierten Typen steckt – mehr oder minder – in jedem Menschen und kommt unter bestimmten Voraussetzungen auch zum Ausdruck. Was als vorübergehendes Verhalten von den Mitmenschen noch akzeptiert werden

kann, wird, wenn es dauernd und intensiv auftritt, für andere mühevoll, macht betroffen und ist schwer zu handhaben. Der Umgang mit ›schwierigen Personen‹ – sei es als Mitarbeiter, Chefs oder Kunden – kann außer Verärgerung hervorzurufen oft auch traurig und mutlos machen. Wenn schwierige Leute Ihnen das Leben schwer machen, seien Sie sich ›bewußt‹, daß die meisten von ihnen sich selbst nur ›unbewußt‹ so verhalten. Sie sind sich ihrer Wirkung auf andere oft nicht klar und führen sich nur deshalb schwer umgänglich auf, weil sie große Not haben, mit sich selbst zurechtzukommen. Wer führt, Verantwortung trägt, und das Zustandekommen guter Arbeitsergebnisse sichern muß, darf sich gegenüber ›Problemfällen‹ nicht als Betroffener fühlen. Durch Erkennen und konstruktives Kommunikationsverhalten läßt sich eine gemeinsame Basis schaffen, auf der man miteinander auskommt und zusammenarbeiten kann.

Die Aggressiven

haben die Eigenschaft, andere durch verletzende Äußerungen anzugreifen, schnell in Wut zu geraten und alles, was nicht ihren eigenen Vorstellungen entspricht, zu verurteilen.

Mögliche Gründe: Fehlendes Selbstbewußtsein, der Drang, sich etwas beweisen zu müssen, oder situativ erzeugte Verärgerung.

Häufige Erkennungszeichen: Starre Mimik, abrupte Gesten, einschüchterndes Auftreten, unsachliche Argumentationsweise, aufbrausender Tonfall, polemische Überreaktionen.

Verhaltenstip: Bleiben Sie stets sachlich und ruhig. Warten Sie, bis sich die Person beruhigt hat, und versuchen Sie, eine direkte Auseinandersetzung zu umgehen. Machen Sie dennoch keine Zugeständnisse, sondern kommen Sie zu Wort; falls nötig, unterbrechen Sie den Redeschwall des anderen. Argumentieren Sie klar, deutlich und wiederholen Sie zentrale Thesen. Zeigen Sie, besonders vor der Gruppe, immer wieder Ihre Bereitschaft zur Freundlichkeit und Ausgewogenheit. Ergründen Sie in einem 2-Personen-Gespräch mit der Person, warum und worauf sie aggressiv reagiert.

Die Zögernden

haben die Eigenschaft, in Entscheidungssituationen oder wenn direktes Handeln gefragt ist, ewig zu zaudern, unentschlossen zu sein und andere damit zu verärgern und zu blockieren.

Mögliche Gründe: Ausgeprägter Wille, es allen recht zu machen und niemanden durch einseitige Entscheidungen verletzen zu wollen, übersteigerter Perfektionsanspruch, besondere Vorsicht oder Unsicherheit infolge von Inkompetenz.

Der ›Zackige‹, der ›Unverbindliche‹, der ›Abschätzige‹, der ›Schüchterne‹: Nicht immer treten Charaktere so offensichtlich und eindeutig in Erscheinung. Der Umgang mit Menschen verlangt in verantwortlicher Position ein erhebliches Maß an Menschenkenntnis sowie feine Antennen auch für die Personen, die sich nach außen hin nicht so gut verkaufen, dennoch aber hervorragende Mitarbeiter sein können

Häufige Erkennungszeichen: Unsicheres Körperverhalten, wohlwollende Aufmerksamkeit, verständisvoller Blick, doch ohne die Andeutung, etwas zu unternehmen, Äußerungen, deren Wortwahl nach ›verschieben‹ und ›abwarten‹ klingt: die Zeit vergeht, ohne daß etwas geschieht, und Entscheidungen werden am Ende von außen herbeigeführt.

Verhaltenstip: Finden Sie zuerst heraus, aus welchem Grund jemand zögert bzw. keine Entscheidung herbeiführt. Zaudert die Person aus Vorsicht, versuchen Sie ihre Zweifel durch triftige Argumente aufzulösen. Wirkt sie allgemein unsicher, helfen Sie ihr bei der Entscheidungsfindung durch eigene Offenheit und einen sinnvollen Lösungsvorschlag. Versuchen Sie die Person vorsichtig zu eindeutigen Aussagen zu bewegen, indem Sie Redewendungen, die sich nicht festlegen wollen, wie zum Beispiel ›sollte‹, ›würde‹ oder ›hätte‹ auf deren klare Bedeutung hinterfragen. Handeln sie, wenn möglich, vorab Termine aus, bis zu denen Sie Antworten bzw. Lösungen eines Problems benötigen. Bleiben Sie initiativ, wenn Sie merken, daß die Person mit ihren Gefühlen im Widerstreit ist, und bestärken Sie sie behutsam bis zu einem Entschluß.

Die Negativen

haben die Eigenschaft, jeden sinnvollen Vorschlag durch einen verneinenden Einwand abzublocken. Sie sind in der Lage, andere mit ihrem Pessimismus überzeugend anzustecken und schaffen es ohne Anstrengung, jede konstruktive Arbeitsatmosphäre in einer Gruppe völlig zum Erliegen zu bringen.

Mögliche Gründe: Unverarbeitete Enttäuschungen früherer Jahre, zu schwacher Glaube an die eigenen Kräfte, dafür zu starke Schicksalsgläubigkeit oder sturer Unwille gegenüber Veränderung sowie den Ideen anderer.

Häufige Erkennungszeichen: Hängende Körperhaltung, inaktives Körperverhalten, mißfälliger Gesichtsausdruck, die Neigung, alles zu pauschalisieren, unsachlich aggressive Phrasen zu benutzen und rechthaberisches Herumnörgeln.

Verhaltenstip: Schützen Sie sich vor negativistischen Äußerungen, indem Sie Ihren Optimismus dagegensetzen. Seien Sie unbeirrbar positiv. Bewahren Sie die ›Moral‹ anderer Mitarbeiter vor der lähmenden Ansteckung durch schnelle Gegenfragen wie: »Worauf stützen sich Ihre Erfahrungen!« oder »Können Sie genau erklären, weshalb Sie daran zweifeln?« Versuchen Sie nicht, einen Negativen mit positivem Denken zu überzeugen oder sich gar auf Streitgespräche einzulassen. Fordern Sie dazu auf, nur über Sachverhalte zu reden. Benutzen Sie faktische Erfahrungen und sachliche Äußerungen, um allgemein destruktive Aussagen in konstruktive umzuwandeln. Animieren Sie andere zu Aktivitäten, indem Sie selbst zeigen, daß Sie Initiative ergreifen.

Die Verschlossenen

haben die Eigenschaft, in Gesprächen, wenn man eine Reaktion erwartet, zu schweigen, sich abzuwenden sowie körpersprachlich zu verschließen, sich dadurch der Kommunikation zu entziehen und ihre Gesprächspartner damit zu frustrieren.

Mögliche Gründe: Bewußtes Verhalten, um den anderen auflaufen zu lassen und ihn so zu beherrschen; unbewußtes Verhalten, um sich selbst, seinen Problemen, Ängsten und Verletzbarkeiten auszuweichen, indem man sie nicht formuliert, oder allgemeine Abwartehaltung aus Verunsicherung.

Häufige Erkennungszeichen: In sich gekehrte Körperhaltung, unzugänglicher Blick, wenig bewegte Mimik, anderen das Reden überlassen und eigene Stellungnahmen zu einem Thema nur durch Mitmachen oder Passivität demonstrieren.

Verhaltenstip: Finden Sie einen Weg, die Person zu einem Gespräch zu bewegen. Gehen Sie sehr behutsam vor – wählen Sie dazu eine Situation unter vier Augen. Setzen Sie eine offene Körpersprache ein – ein aufmunternder Blick, ein deutlich freundliches Zuwenden. Stellen Sie nur Fragen, die einer komplexen Antwort bedürfen, keine, die mit ›Ja‹ oder ›Nein‹ beantwortet werden können. Antwortet die Person nur mit »Ich weiß nicht!«, geben Sie nicht nach. Geben Sie hier und da einen kleinen Anstoß, enden Sie jedoch immer mit einer offenen Frage. Beginnt die Person zu reden, lassen Sie jede Äußerung zu, halten Sie sich zurück, und unterbrechen Sie sie nicht. Kommt gar nichts, beenden Sie das Gespräch sichtbar mißgestimmt und kündigen Sie ein neues Zusammenfinden an.

Die Unverbindlichen

haben die Eigenschaft, gar nicht schwierig, sondern immer nett, freundlich, zustimmend und entgegenkommend zu wirken; wenn es jedoch um Taten geht, auszuweichen, sich nie konkret festlegen zu lassen und andere dadurch zu täuschen.

Mögliche Gründe: Übergroßes Bedürfnis nach der Aufmerksamkeit und Zuneigung eines jeden, extreme Scheu vor Auseinandersetzungen und Konfliktsituationen oder absichtliches Verhalten, um andere für eigene Ziele zu gewinnen.

Häufige Erkennungszeichen: Auch in ernsten Situationen ein Lächeln auf den Lippen, immer zu einem Wort bereit, das man gerne hört, niemals Widerstand zeigen, sondern allem zustimmen und wenig Angriffsfläche zu bieten, woran man die Person sachlich, thematisch festmachen könnte.

Verhaltenstip: Finden Sie im 2-Personen-Gespräch die Gründe für die Unverbindlichkeit heraus. Drücken Sie klar aus, daß Ihnen Nettigkeiten zwar schmeicheln, Sie jedoch unverblümte Antworten mehr schätzen. Signalisieren Sie der Person, daß sie durch offene, kontroverse Äußerungen nicht Ihre Sympathie verliert. Hören Sie auf ironische Töne, wodurch die Person eventuell indirekt Stellung bezieht, und haken Sie nach. Wenn Sie eine Auseinandersetzung wollen, seien Sie von vornherein zu Kompromissen bereit. Vermeiden Sie, daß sich die Person durch Unverbindlichkeit entzieht, indem Sie ihr zuerst ihr Unverbindlichsein zugestehen, dann aber konkret äußern, was Sie erwarten bzw. was werden soll. Korrigieren Sie unrealistische Zusagen der Person immer sofort durch eine sachlich und freundlich geäußerte Richtigstellung.

Die Vorlauten

haben die Eigenschaft, alles besser zu wissen, mit ihrem vermeintlichen Wissen lautstark anzugeben, anderen das Wort abzuschneiden und sich gerne vor anderen zu profilieren bzw. die Meinung einzelner niederzumachen.

Mögliche Gründe: Immenser Wunsch nach Ansehen, verbunden mit Neugier in vielerlei Hinsicht sowie die Fähigkeit, viel zu reden, aber nichts zu sagen, ausgesprochene Profilsucht, herrührend aus Minderwertigkeitsgefühlen, gepaart mit dem Bedürfnis nach Bewunderung sowie mit einem unfundierten Halbwissen ohne wirkliches Expertentum, vereint mit schlechten Manieren.

Häufige Erkennungszeichen: Andere Personen zu übersehen, jede Gelegenheit zu nutzen, sich selbst darzustellen, dabei oft und viel zu reden, zu allem eine Meinung zu haben, die ›richtig‹ ist, Neigung zu endlosen Monologen und Streitsucht.

Verhaltenstip: Wappnen Sie sich gegenüber der Person durch sachkundige Vorbereitung. Stellen Sie fest, ob die Äußerung gerechtfertigt ist. Stoppen Sie die Person in ihrem Redefluß, um Fakten zu äußern, vorlaute Einwände rein sachlich aufzugreifen bzw. sie als Frage an die Gruppe weiterzugeben. Weisen Sie die Person beim ›Dauerreden‹ in Gruppensituationen darauf hin, daß andere auch gehört werden sollen. Enttarnen Sie das Halbwissen der Person vor anderen nicht allzu offensichtlich, um nicht Zorn und Aggression zu ernten. Zitieren Sie anerkannte Sachinformationen, und lassen Sie die Rede des Vorlauten, wenn möglich, dennoch als Vorschlag gelten. Wählen Sie eventuell ein Gespräch unter vier Augen, um die Person vor anderen nicht zu demaskieren.

Während Kritik nur unter vier Augen angebracht ist, sind Lob und Anerkennung für Mitarbeiter, die ihre Sache gut gemacht haben, vor versammelter Mannschaft auch motivierend für andere

Mitarbeiter führen

Zu Recht gilt heute als eine Führungspersönlichkeit, wer es versteht, seine Mitarbeiter zu Selbständigkeit im Denken und im Handeln anzuleiten, und wer die Sensitivität besitzt, dem einzelnen eine wirkliche Beziehung zu seiner Tätigkeit zu vermitteln. Richtungsweisende Unternehmen haben erkannt, daß mit dem Wertewandel zu einer humaneren Gesellschaft bei vielen Menschen auch eine Bewußtseinsveränderung in bezug auf ihr Verhältnis zur Arbeit stattgefunden hat, und stellen sich in der Art der Mitarbeiterführung zunehmend darauf ein. Durch die Möglichkeit, ›mitzuwissen‹, ›mitzuplanen‹, ›mitzuentscheiden‹ und ›mitzuverantworten‹, werden Mitarbeiter an den Zielsetzungen und Problemlösungen einer Firma beteiligt. Dies sichert den Unternehmen mehr Engagement, mehr Identifikation ihrer Angestellten und somit nicht zuletzt zunehmend bessere Ergebnisse. Es schafft für den Mitarbeiter die Situation, den Beruf stärker als eine Herausforderung betrachten zu können, an der er wächst und sich entwickelt, also als eine Chance, sich in seiner Arbeit zu verwirklichen.

Führen durch Persönlichkeit bedeutet, sich vom alten Stil, lediglich Macht auszuüben, zu entfernen und statt dessen die konstruktive Kooperation zwischen Führungskraft und Mitarbeitern zu praktizieren. Das fordert von der Führungsperson ein Kultivieren ihrer Kommunikationsfähigkeiten, sowohl was ihr sprachliches als auch was ihr Gesamtverhalten betrifft. Und es fordert von ihr, eine Haltung einzunehmen, die den Mitarbeiter als Menschen und daher als das wertvollste Kapital eines Unternehmens in den Mittelpunkt vielfältiger Überlegungen stellt. Ziel ist es, zwischen der Führungskraft und den Mitarbeitern eine Atmosphäre herzustellen, die von einem starken Gemeinschaftsgefühl geprägt ist. Die Vertrauensbasis, die der einzelne auf diese Weise zu seinen Vorgesetzten bekommt, gibt ihm beruflich wie auch zwischenmenschlich einen positiven Rückhalt und wirkt sich entsprechend motivierend auf seine Leistungsbereitschaft aus.

Kooperativ zu führen setzt voraus, daß Führungspersonen genügend sensibilisiert und kommunikativ geschult sind, um zwischen dem gesetzten Leistungsanspruch eines Unternehmens und einem gleichzeitigen Anspruch auf kooperative Mitarbeiterführung bestehen zu können und um – mit dem Spielraum einer Firma mit etwas Unternehmenskultur – beides miteinander effizient koordinieren zu können.

Kooperativ zu führen macht es notwendig, daß Führungspersonen sowohl eine positive Einstellung zum Leben, als auch einen festen Standpunkt zu sich selber haben, um in Problemsituationen einen klaren Kopf zu behalten und um Probleme nicht nur als Drangsal, sondern auch als Chance begreifen zu können, daran zu wachsen sowie seine Persönlichkeit heranzubilden.

Kooperativ zu führen läßt es zu, daß Führungspersonen, ohne negativen Druck ausüben zu müssen, eine Autorität für andere sein können. Durch positive Ausstrahlung, durch bejahenden Umgang mit sich selbst, durch Intuition und Kreativität im Umgang mit den täglichen Anforderungen, anstatt sich nur an Vorschriften zu halten, durch vorbildliches Verhalten auch in Streß- und Konfliktsituationen können Sie die Mitarbeiter zu konstruktivem Gruppenverhalten animieren.

Mitarbeiterführung, die in kooperativer Weise betrieben wird, bedeutet nicht, Führungsaufgaben wie beispielsweise Funktionen verteilen, Arbeitsabläufe organisieren und überprüfen, Entscheidungen treffen, Informationen austauschen und Besprechungen leiten aufzugeben oder abzugeben, sondern eindeutig ›Führung zu übernehmen‹ und dabei im Umgang mit den Mitarbeitern wie mit sich selbst ›6 Maximen‹ zu folgen.

1. Führungsprofil entwickeln

Es ist ein Fehler, zu vergessen, wie wichtig Ergebnisse sind, wie wichtig Gewinn ist. Ein größerer Fehler ist es, zu übersehen, daß zuletzt der Mensch das Maß aller Dinge ist. Wenn Sie kooperativ führen, d. h., wenn andere Menschen mehr Ihrer Persönlichkeit folgen sollen als nur Ihrer Machtstellung, brauchen Sie zu Führungsqualitäten humanitäre Prinzipien. Als Entscheidungsträger in schwierigen Fragen sollten menschliche Moral und ethisches Bewußtsein die Qualität Ihrer Entscheidungen ebenso mitbestimmen wie das Abwägen von Recht und Unrecht, fair oder unfair. Wahres Führungsformat zeichnet sich mit dadurch aus, daß man auch im nachhinein mit seinen Entscheidungen einverstanden sein kann, und daß man sich seine Selbstachtung beim täglichen Blick in den Spiegel reinen Gewissens bewahrt.

2. Mitarbeitern ein Bewußtsein vermitteln

Es ist ein Fehler, seinen Mitarbeitern nicht zu trauen, zu glauben, alles nachprüfen zu müssen und das dann auch noch zu bemängeln. Arbeiten Sie statt dessen in Gesprächen frühzeitig daran, den Mitarbeitern durch klare Information und Aufklärung Richtlinien an die Hand zu geben. Vermitteln Sie allen eine gültige Denk- und Handlungsweise sowie eine Einstellung zu den Dingen. Formulieren Sie Ihre Erwartungen kommunikativ und konstruktiv, aber eindeutig. Haben Sie keine Angst um Ihre Beliebtheit, wenn Sie darauf hinweisen, daß Sie Nachlässigkeiten nicht mögen und auch nicht dulden werden. Treffen Sie mit allen eine Zielvereinbarung, die anspornt, Erfolg zu haben.

3. Mitarbeiter fördern

Es ist ein Fehler, die Entwicklung seiner Mitarbeiter nicht tatkräftig zu unterstützen. Nehmen Sie es in die Hand, sie als produktive Kräfte aufzubauen. Setzen Sie sich für weiterbildende Seminare ein, oder schulen Sie innerbetrieblich auch selbst. Bauen Sie Ihre Leute so auf, daß Sie es sich leisten können, auch einmal der Arbeitsstelle fernzubleiben, ohne daß alles zusammenbricht bzw. Ihre Mitarbeiter nicht wissen, was bei Pannen oder ähnlichem zu tun ist. Aufbauen können Sie Ihre Mitarbeiter auch, indem Sie bei guten Leistungen öffentlich Lob und Anerkennung vergeben. Auch kleine Aufmerksamkeiten wie beispielsweise ein Strauß Blumen auf dem Tisch einer Mitarbeiterin, ein Buch für einen Mitarbeiter oder Geschenke anläßlich von Geburtstagen stärken das Verbundenheitsgefühl.

4. Mitarbeiter respektieren

Es ist ein Fehler, seine Mitarbeiter nicht gut zu behandeln und im täglichen Umgang mit ihnen nicht genügend umsichtig zu sein. Seien Sie kommunikativ, und reden Sie mit Ihren Mitarbeitern nicht nur das Allernötigste. Haben Sie auch schon einmal ein Wort für die Hobbys, manchmal auch zu privaten Krisenmomenten Ihrer Leute übrig. Demonstrieren Sie gute Umgangsformen, und gehen Sie höflich miteinander um. Sich begrüßen, bedanken, zuhören und zuwenden ist ebenfalls wichtig, um zu zeigen, daß Sie Ihre Mitarbeiter als Menschen akzeptieren. Wenn Sie gewillt sind, menschliche Bestätigung auszudrücken, werden Ihre Mitarbeiter Sie dafür respektieren. Wer so auftritt, schränkt weder seine Position als Chef und Führungskraft ein noch wirkt er/sie – was genauso falsch wäre – ›kumpelhaft‹ oder ›anbiedernd‹.

5. Mitarbeiter nicht manipulieren

Es ist ein Fehler, seine Mitarbeiter negativ zu beeinflussen und gegeneinander auszuspielen in dem Glauben, auf diese Weise ihre Leistungen zu steigern. Sinnvoller ist es, seine Führungsaufgabe, die Mitarbeiter zum Erreichen unternehmerischer Ziele zu bewegen, durch eindeutiges Verhalten und aufrichtige Äußerungen zu erfüllen. Die freiwillige Mitarbeit Ihrer Leute ist dann am ehesten gewährleistet, wenn der einzelne von Ihnen als Führungsperson positiv beeinflußt wird und sich in seinem Selbstwertgefühl angenommen und bestätigt fühlt. Mitarbeiter hingegen, die bemerken, daß sie nur benutzt wurden und daß sie in Wahrheit nicht ernstgenommen werden, kommen sich manipuliert vor, sind verletzt, wollen sich rächen und verweigern Leistung.

6. Mitarbeiterführung reflektieren

Es ist ein Fehler, über seine Mitarbeiter nicht nachzudenken und sich anstatt auf besonnene Menschenführung nur auf organisatorische Dinge zu konzentrieren. Vergessen Sie nie, die Mitarbeiter sind das eigentliche, aktive Potential eines Unternehmens. Durch Ihre Art der Behandlung und Ihr Einwirken auf einzelne Individuen kann dieses Potential erst erfolgreich freigesetzt werden. Überlegen Sie vorher gut, wie und wo Sie einzelne Leute einsetzen, wer mit wem produktiv zusammenarbeiten kann. Analysieren Sie nachher, mit wem es Probleme gab. Stellen Sie Fehlverhalten in einem konstruktiven Gespräch unter vier Augen ab. Benutzen Sie Bestätigung und Kritik als direkte Führungsmittel. Achten Sie darauf, sich nicht immer nur um die Besten zu kümmern. Sehen Sie auch die weniger wichtigen Positionen, und machen Sie keine menschlichen Abstufungen. Geben Sie, wenn möglich, allen, auch denen, die einmal in einem Tief stecken, eine reelle Chance. Äußern Sie Ihre Unzufriedenheit in vernünftiger Gesprächsatmosphäre und so, daß die Betreffenden genau begreifen, warum sie kritisiert werden. Betrachten Sie Bestätigung wie Kritik als eine konstruktive Möglichkeit, um auf Mitarbeiter einzuwirken, und um in positiver Weise kooperativ zu führen.

Motivation bewirken

Jeder Mensch möchte von anderen akzeptiert und anerkannt, geschätzt und gemocht werden. Der Wunsch nach Bestätigung und danach, daß man von seinen Mitmenschen geehrt und geliebt wird, gehört zweifelsohne mit zu den charakteristischen Bedürfnissen des Menschen. Solche Bedürfnisse – wie das nach Anerkennung, Sicherheit, Geborgenheit, aber auch das nach Einfluß und Macht – bestimmen nachdrücklich unser tägliches Verhalten, sowohl bei der Arbeit, wenn wir unseren Lebensunterhalt verdienen, wie auch in unserem privaten Bereich. Als Führungsperson seine Mitarbeiter, Geschäftspartner, Kunden oder Kollegen zu motivieren, bedeutet, sie zur Erfüllung ihrer Bedürfnisse zu aktivieren und ihnen einen Beweggrund, ein ›Motiv‹ zu liefern, das sie diesem Ziel näherbringt.

Das Geschick, Gesprächspartner durch die richtige Motivation für das Umsetzen von Ideen und Erreichen von Zielen zu gewinnen, so daß sie bereit werden, sich voll einzusetzen und etwas zu leisten, stellt eine unverzichtbare Führungsaufgabe dar. Gerade zur Mitarbeitermotivation – aber eben nicht nur dann – ist es wichtig, Gespräche so zu gestalten, daß durch den systematischen Aufbau der richtigen Atmosphäre und durch die Berücksichtigung einiger notwendiger Motivationsgrundlagen die Leistungsbereitschaft des Gesprächspartners herausgefordert wird.

Wichtig ist, daß Führungspersonen imstande sind, ihre Gesprächspartner optimal zu motivieren. Optimale Motivation wird bewirkt:

- wenn man es schafft, die unbefriedigten Bedürfnisse des anderen zu erkennen und anzusprechen;
- wenn man dem anderen zugleich aufzeigen kann, durch welches Verhalten er das bekommt, was er sich wünscht;
- wenn man in der Lage ist, dem anderen eine möglichst verlockende Zielvorstellung auszumalen (Zielvereinbarung);
- wenn am Ende der andere und man selbst mit dem erreichten Ziel zufrieden ist, weil die Bedürfnisse von beiden befriedigt wurden.

Nicht optimal ist Motivation dann, wenn auf die Bedürfnisse eines Gesprächspartners in Wahrheit keine Rücksicht genommen wird und hinterher nur die Bedürfnisse desjenigen befriedigt wurden, der den anderen für sein Vorhaben gewann. Auf diese Weise wird ein Gesprächspartner durch eine Falschaussage angespornt und somit manipuliert. Der Effekt ist, daß er sich um die Erfüllung seiner Zielvorstellung betrogen fühlt und sich ohne weiteres kein zweites Mal von dem Betreffenden zu etwas bewegen läßt. Eine fruchtbare Zusammenarbeit und gemeinsame Erfolge in der Zukunft werden damit ausgeschlossen.

Führungspersonen, die ihre Gesprächspartner erfolgreich motivieren wollen, werden nie versuchen, nur kurzfristig, sondern immer auf lange Sicht ihre Wünsche und die ihres Gegenübers zusammenzubringen – so, daß es sich für beide Parteien lohnt. Nur so läßt sich eine optimale Motivation bewirken.

Wer seinen Mitarbeitern vermittelt, daß sie, wenn sie ihre Sache gut machen . . .

- durch Lob und Bestätigung belohnt werden – was angenehm ist, weil dadurch das Selbstwertgefühl steigt,
  oder
- durch Zuteilung von mehr Kompetenzen – was angenehm ist, weil dadurch mehr Selbstverwirklichung ermöglicht wird,
  oder
- durch Prämien, Gewinnbeteiligungen oder Zulagen – was angenehm ist, weil mehr Verdienst mehr materielle Bedürfnisbefriedigung, Ansehen und höheren Status bringt,

. . . der mobilisiert damit die Antriebskräfte seiner Leute. Dazu gehört auch, sie zu bestärken, sie zu fördern und eine Arbeitsatmosphäre zu

Chefs, die durch kleine Gesten – wie z. B. mal beim Aufräumen mitanzupacken – beweisen, daß sie nicht auf einem Podest stehen wollen, wirken menschlicher und stärken allgemein das Bewußtsein, für eine gemeinsame Sache zu arbeiten

schaffen, in der man sich gegenseitig vertrauen kann. Wenn die Mitarbeiter fühlen, daß ihre Persönlichkeit geachtet wird, werden sie ihre Aufgaben besser bewältigen und sich eigenverantwortlich verstärkt engagieren. Dadurch gewinnt die Führungskraft zusätzlich Raum für die Erledigung anderer Aufgaben. Er/Sie spart wichtige Energie und gewinnt Zeit.

Menschen zu motivieren bedeutet also, zwei Schritte zu unternehmen, um ihr Verhalten zu beeinflussen. Der erste ist, den Status quo in Frage zu stellen: »Warum verhalten sich Mitarbeiter so, wie sie sich bisher verhalten?« Der zweite ist, ihnen einen Grund zu liefern, warum sie sich in Zukunft anders verhalten sollen. Dieser Grund kann nur in etwas bestehen, durch das die Erfüllung eines bisher unerfüllten Bedürfnisses in Aussicht gestellt wird.

Nehmen Sie einmal folgenden Fall an:

Frau Meister hat die Leitung des Autohauses übernommen, das bisher von ihrem Vater geführt wurde, der unerwartet verstorben ist.

Sie möchte das Unternehmen mit knapp 30 Beschäftigten erhalten und wieder attraktiv machen. Ansetzen will sie bei der Arbeitseinstellung einiger Mitarbeiter der KFZ-Werkstatt, aber auch bei einigen Leuten vom Verkauf. Schlampige Reparaturen und unfreundliche Beratungen hatten in letzter Zeit dazu geführt, daß mehr und mehr Stammkunden wegblieben. Frau Meister überlegt: Zum momentanen Zeitpunkt Kündigungen auszusprechen und neue Leute einzustellen würde die tägliche Auftragsbewältigung nur noch komplizieren. Sie will sich statt dessen mit den Betreffenden einmal eingehend unterhalten und einen Weg finden, sie zu einem zukünftig anderen Verhalten zu bewegen.

Der erste Schritt: Sie versucht, bei dem Gespräch mit den Mitarbeitern herauszubekommen, warum nachlässig gearbeitet wird. Hierbei fallen Äußerungen auf, wie beispielsweise »... niemand bespricht mit uns mal die Tagespläne« – »... wenn anders eingeteilt würde, klappte vieles besser« – »... wenn mal was nicht klappt, wird man immer gleich kritisiert, doch wurde gut gearbeitet, dankt es einem niemand.«

Ergebnis des Gespräches: Die Frage nach dem ›Warum‹ klärt sich durch die erwähnten Bedürfnisse nach mehr Anerkennung und Bestätigung, mehr Mitsprache und Partizipation.

Der zweite Schritt: Als Führungsperson der Firma hat Frau Meister zwei Möglichkeiten, um ihre Angestellten zu einer Verhaltensänderung zu bewegen und damit für ihre Mitarbeiter ein neues ›Warum‹ als Zielvereinbarung zu definieren. Beide Richtungen haben zum Zweck, bessere Leistungen herauszufordern.

1. Möglichkeit:

Durch negative Zielvereinbarung; das heißt, indem sie ihre Leute unter Druck setzt, bessere Arbeit zu leisten, die von nun ab kontrolliert wird. Hierbei steht das Androhen von Strafe im Vordergrund, beispielsweise die Entlassung einiger Mitarbeiter, wenn die Situation sich nicht bessert.

2. Möglichkeit:

Durch positive Zielvereinbarung; das heißt, indem sie versucht, auf die Bedürfnisse ihrer Leute einzugehen. Hierbei steht die gemeinsame Zielsetzung im Vordergrund, daß für bessere Leistungen und den davon abhängigen geschäftlichen Aufschwung ›Belohnungen‹ verteilt werden. Diese sollen zur Besserung des Selbstwertgefühls der Mitarbeiter und somit zur Motivation beitragen.

Konkret würde dies für Frau Meister bedeuten, ›offiziell‹ und formell Mitarbeiter mehr in Planungen miteinzubeziehen – zum Beispiel bei regelmäßigen Besprechungen Möglichkeiten zur Mitsprache zu schaffen – und für gute Arbeit Prämien oder Gewinnbeteiligungen in Aussicht zu stellen. ›Inoffiziell‹ müßte Frau Meister sich menschlich mehr um ihre Mitarbeiter kümmern, gute Leistungen durch ›verbale Streicheleinheiten‹, sprich, Lob und Anerkennung honorieren, einzelne Leute richtig anleiten und schulen. Als Frau in einer traditionell männlichen Berufssparte wäre die frischgebackene Chefin gut beraten, es zunächst nicht mit Druck zu versuchen. Die Mitarbeiter ihres Betriebes würden wahrscheinlich nur mit Trotz reagieren, und sie erführe keine Unterstützung. Wenn Menschen durch Druck motiviert sind, muß der Druck auch permanent ausgeübt werden. Das bedeutet für Führungskräfte ständige Kontrolle ihrer Mitarbeiter. Läßt die Kontrolle und der Druck nach, ist auch die schlechte Leistung wieder da.

Für Frauen wie für Männer in Führungspositionen, aber auch für diejenigen, die eine solche Position anstreben oder sich darauf vorbereiten, ist es stets sinnvoller, Gesprächspartner durch positive Zielvereinbarungen motivieren zu wollen. Die ›schwierigen‹ Mitarbeiter, die sich nur dann in Bewegung setzen, wenn man sie negativ unter Druck setzt, sollten niemanden daran hindern, es zuerst immer durch positive Motivation zu versuchen. Sprechen diese Personen nicht darauf an, und bewirkt auch ein Gespräch unter vier Augen keine Verhaltensänderung, kommt man nicht umhin, die Zügel so lange etwas straffer zu ziehen, bis ein Lernprozeß eingesetzt hat. Lernprozesse dieser Art brauchen mitunter etwas Zeit. Nur wenige Menschen können ein Verhalten, das sie gewöhnt waren, umgehend durch ein neues ersetzen. Darum braucht, wer motivierend auf andere einwirken will, mitunter etwas Geduld. Der Gewinn aber ist um so größer: echte Bereitschaft zur Aktivität, eigener Ansporn und Spaß an der Arbeit – Grundbedingungen für eine anhaltende Zusammenarbeit und herausragende Leistungen.

Um die Bedürfnisse seiner Mitmenschen zu erkennen und um durch Motivation auf sie einwirken zu können, ist die Kenntnis der ›7 Motivationsansätze‹ von Vorteil. Sie sind aus den Bedürfnissen eines jeden Menschen abgeleitet und spiegeln die fundamentalen Einstellungen und Wünsche wider, die unsere Handlungen lenken. Manchmal äußern sie sich offen, manchmal verdeckt, manchmal stehen sie auch miteinander im Wettstreit, zum Beispiel das Bedürfnis nach Bequemlichkeit und Sicherheit mit dem Wunsch, Erfahrungen zu machen. Das Bedürfnis eines Menschen, das zur Zeit am wenigsten befriedigt wird, gewinnt leicht die Oberhand und ist am anfälligsten für eine Motivation von außen, die aufzeigt, wie man es befriedigen kann.

1. Ansatz

Sicherheitsdenken

Jeder Mensch hat das Bedürfnis nach Schutz, Geborgenheit, Gesundheit und Selbsterhaltung. Alles, was Wege aufzeigt, zu Nahrung, Entspannung und Wohlgefühl zu gelangen, wird einen Menschen zuerst in Aktivität versetzen – wirkt also auf ihn motivierend. Solange diese Grundbedürfnisse, die lebensnotwendige Basis eines Menschen, noch ungesichert sind, ist es kaum möglich, jemanden zu etwas ›Höherem‹ zu motivieren.

2. Ansatz

Vorteilsdenken

Jeder Mensch hat den Wunsch, etwas für sich bzw. seinen Partner, seine Familie oder Gruppe zu erwerben, Gewinn zu machen und anzuhäufen, um sich ein Gefühl der Beruhigung zu verschaffen. Alles, was Wege aufzeigt, dorthin zu gelangen und vor allem auch seine Vorteile lebenslang für sich oder in seinen Reihen zu behalten, kann motivierend wirken.

3. Ansatz

Zugehörigkeitsdenken

Jeder Mensch hat ein Bestreben nach sozialen Kontakten, nach Zuwendung, Zuneigung und Freundschaft, um sich nicht isoliert, sondern zugehörig zu fühlen, bzw. um den Anfeindungen des Lebens organisiert gegenübertreten zu können. Alles, was Wege aufzeigt, so Stärke und Anlehnungsmöglichkeit zu erhalten, kann motivierend wirken.

4. Ansatz

Statusdenken

Jeder Mensch hat ein Begehren nach eigenständiger Geltung vor seinen Mitmenschen, nach besonderer sozialer Stellung, dokumentiert in Form von Privilegien oder Symbolen wie Titeln und speziellen materiellen Gütern, um nach außen hin seine Persönlichkeit – sein Ich – zu festigen. Alles, was Wege aufzeigt, Insignien für Autorität und Ansehen zugeteilt zu bekommen, kann motivierend wirken.

5. Ansatz

Bequemlichkeitsdenken

Jeder Mensch hat einen Hang dazu, es sich leicht zu machen, mühelose Tätigkeiten den mühevollen vorzuziehen, Gewohntes gegenüber dem Ungewohnten und somit auch Unbekanntem zu favorisieren, Auseinandersetzungen aus dem Weg zu gehen oder Erfahrungen, die negativ sein könnten, auszuweichen, um in der Inaktivität wiederum sein Sicherheitsgefühl zu verstärken. Alles, was Wege aufzeigt, über mehr Bequemlichkeit zu verfügen oder sich vor Unbequemem zu bewahren, kann motivierend wirken.

6. Ansatz

Verdrängungsdenken

Jeder Mensch hat den Mechanismus in sich, negative Realitäten innerlich mit konstruierten Ausflüchten und Begründungen zu überdecken, Wahrheiten somit für sich zu verändern und Ereignisse und Eindrücke auf diese Weise zu verdrängen, um unangenehme Gefühle zu vermeiden oder um seinem Selbstbild weiterhin entsprechen zu können. Alles, was Wege aufzeigt, von derartigen Erlebnissen oder Einsichten abzulenken, kann motivierend wirken.

7. Ansatz

Erkenntnisdenken

Jeder Mensch hat ein Verlangen nach Information, Wissen, neuen Erfahrungen und nach Selbstverwirklichung, um seine naturgegebene Neugier zu stillen, um seine Fähigkeiten und Möglichkeiten zu erproben oder um seinen Drang nach Entdeckungen in seiner Umwelt und an sich selbst zu befriedigen. Alles, was Wege aufzeigt, sein Defizit an Auskünften über das, was ihn umgibt, aufzufüllen oder zu ungekannten Erfahrungen und Einsichten zu gelangen, kann motivierend wirken.

Erfolg erzielen

Frauen und Männer in Führungspositionen sind in ihren Unternehmen wie auch im gesellschaftlichen Leben vielfach hohen Belastungen ausgesetzt. Oftmals im Spannungsfeld zwischen den Erwartungen ihrer Vorgesetzten oder Geschäftspartner und dem jeweiligen Leistungsniveau ihrer Mitarbeiter, kann manch einer dem anhaltenden Erwartungsdruck, Erfolge vorzuweisen, nur mit Mühe standhalten. Wer glaubt, seine Mitarbeiter zum Einsatz all ihrer Fähigkeiten anzuleiten, ist vielleicht dennoch nicht in der Lage, die Ergebnisse zu erbringen, die man von ihm verlangt. Hierbei ist die Einsicht von Bedeutung, daß ›führen‹ und ›Erfolg haben‹ nicht allein eine Frage von Handlungen ist, sondern im Endeffekt – und vor allem anderen – eine des Denkens.

Wer Erfolg haben will und keinen hat, muß lernen, umzudenken. Erfolg zu haben beginnt bei der inneren Einstellung. Um Zufriedenheit mit sich selbst und seinen Leistungen zu erreichen, kommt es zuerst darauf an, sich positiv darauf zu konzentrieren (Methoden dazu siehe Kapitel »Trainings«). Eine gute Ausbildung, Disziplin, Fleiß, Durchsetzungsvermögen sowie lernfähige Mitarbeiter und ein ökonomisch optimal einsetzbarer Apparat bilden den Hintergrund. Die Impulse aber, die alles in Aktivität versetzen und die zunächst allein von der Führungskraft ausgehen, sind die eigentliche Energie. Ihre Qualität ist abhängig von den geistigen Programmen, die eine Führungsperson in sich hat und zum Ausdruck bringt. Anders gesagt: Wer darauf programmiert ist, sich mehr auf die gegenwärtigen Probleme zu konzentrieren, statt auf die zukünftigen Ziele, behindert sich selbst und seine Mitarbeiter darin, Erfolg zu haben. Er/Sie steht so bereits nahe am Mißerfolg.

Probleme gehören dazu. Nirgendwo sind sie ganz zu vermeiden. Für denjenigen, der sie hat, sehen sie jedoch meist so aus, als seien sie unüberwindlich – das ist fast schon wie ein Naturgesetz. Erfolgreiche Manager, freie Unternehmer und Führungskräfte verschiedenster Berufssparten haben alle irgendwann einmal eingesehen, daß viele Probleme nur deshalb welche darstellen, weil gedacht wird »Was wird jetzt, oder was soll ich tun?« und nicht in die Richtung: »Wie finde ich Auswege, oder wie verwandle ich die Situation zu meinem, zu unserem Vorteil?« Das ›Was-Denken‹ stellt zur Lösung eines Problems immer eine Sackgasse dar, da man dabei seine Energie am Negativzustand verbraucht. ›Wie-Denker‹ halten sich nicht lange mit dem Hindernis auf ihrem Weg zum Ziel auf, sondern mobilisieren sofort alle Energie, um sich von den negativen Umständen zu unkonventionellen Lösungen inspirieren zu lassen und so dennoch ans Ziel zu gelangen.

Zum Ziel und somit zum Erfolg führen – selbstverständlich neben einem gewissen Quantum Glück, das man ohnedies dazu braucht – immer mehrere Wege. Wer sich von vornherein auf nur eine Möglichkeit festlegt, begibt sich bereits in Gefahr. Mehrere Wege zur Verfügung zu haben oder mobilisieren zu können, das erfordert Kreativität. Ideen zu haben und kreativ zu sein ist für jede Führungskraft von Vorteil, in vielen Berufszweigen sogar absolut notwendig (siehe Kapitel »Der Faktor Kreativität«). Innovation in den Unternehmen ist oft das Verdienst von Führungspersonen, die in der Lage sind, Probleme so umzuwandeln, daß daraus neue Zielsetzungen entstehen, die zudem auch noch positive Ergebnisse erbringen.

Um Widrigkeiten effizient zu meistern und um dorthin zu gelangen, wo man hin möchte, muß dem Mißerfolg Beachtung geschenkt werden. Er ist nicht das Ende, sondern der Anfang auf dem Weg zum Erfolg, wenn man imstande ist, ihn richtig zu behandeln. Wer Mißerfolge anschaut, und das sollten Menschen in Führungspositionen mit mikroskopischer Genauigkeit tun, muß ausgiebig die Ursachen untersuchen, die dazu geführt haben könnten. Wenn eine analytische Fehlersuche die Gründe für den Mißerfolg zutage gebracht hat und die Fehlerquellen abgestellt werden konnten, ist nicht nur ein ›Schwachpunkt im System‹ beseitigt worden, sondern wurde auch wieder ein Stück Stärke dazugewonnen, um seine Ziele zu erreichen. Ohne die Erfahrung jener Mißerfolge und ohne die Auseinandersetzung damit, die oft schmerzlich ist und sinnlos erscheint, sind Erfolge kaum zu erzielen, und wenn doch, dann ohne daß man sie selbst wahrhaftig würdigen kann.

Als Führungsperson in kooperativer Existenz mit den Mitarbeitern Ziele zu erreichen und gemeinsam gut abzuschneiden, dafür braucht man einen Führungsstil, der Mut macht und das Vertrauen untereinander fördert. Wer Erfolg nur als ein Ergebnis von Härte gegen sich selbst und andere versteht, der übersieht dabei, daß jeder Mensch im Grunde nur seinem Bedürfnis folgen möchte, Freude am Leben zu haben und auch bei seiner Arbeit am liebsten mit dem Herzen dabei zu sein. Für die Zusammenarbeit mit Menschen bedeutet das: Ist man dazu bereit, seinen Mitarbeitern diesen Wunsch zuzugestehen und hilft man auch noch mit dabei, daß sie diesen Zustand möglichst häufig erreichen, indem man versucht, sie wenig einzuengen, sie zu fördern und beim Managen ihre Persönlichkeit in Betracht zu ziehen, werden sie sich für das Erreichen von Zielen auch viel stärker einsetzen. Der Druck auf die Führungsperson, die gewünschten Ergebnisse vorzuweisen, kann auf diese Weise gemildert werden, weil die Mitarbeiter zu mehr Eigenkreativität und Problemlösungsvorschlägen animiert werden. Führungskräfte wie Mitarbeiter haben so eine Chance, etwas unbeschwerter und unverbissener ihre Aufgaben zu erfüllen, in ihrer Arbeit glücklicher zu sein und Erfolg wirkungsvoller anzustreben.

Die wesentlichen ›5 Merkpunkte‹, um seine Einstellung zum Erreichen von Zielen zu überdenken und um dem Erfolg den Weg freizumachen, sind folgende:

1. Sich selbst als Verursacher begreifen

Kanalisieren Sie Ihre Gedanken. Denken Sie positiv, und lernen Sie an dem, was geschieht, nicht nur das Negative zu sehen. Begründen Sie den Erfolg durch sich selbst, indem Sie Herausforderungen mit festem Glauben an sich und mit Vertrauen in die Zukunft annehmen.

2. Zieldenken statt Problemdenken

Behalten Sie stets Ihr Ziel vor Augen. Betrachten Sie Probleme als Umwege, die man manchmal gehen muß, um ans Ziel zu gelangen. Benutzen Sie Probleme als unvorhergesehene Umstände, und überwinden Sie diese, indem Sie versuchen, daraus Vorteile und Nutzen zu ziehen.

3. Viele Ideen haben – nicht nur eine

Versteifen Sie sich niemals nur auf einen Weg. Lernen Sie, Ihre Kreativität freizusetzen und mutig einzubringen. Erkennen Sie Kreativität als Schlüssel zu Innovationen.

4. Aus Mißerfolgen Stärke gewinnen

Analysieren Sie genau, warum etwas nicht geklappt hat. Beseitigen Sie gründlich die Fehlerquellen. Beziehen Sie Ihre Erkenntnisse in die Planung neuer Projekte mit ein, und gehen Sie Ihren Weg unverzagt weiter.

5. Mit Menschen positiv zusammenarbeiten

Überschauen Sie, daß viele Ziele nur mit der Unterstützung anderer erreicht werden können. Helfen Sie den anderen, sich zu entfalten, dann werden diese sich für Sie einsetzen. Lassen Sie alle mit teilhaben am schönen Gefühl des Erfolgs, wenn er einmal da ist, und alle werden den Wunsch haben, mit Ihnen zusammen neue Ziele anzustreben.

Übung

Leitsätze · Einzelübung

Denken Sie in einem stillen Augenblick einmal darüber nach, welche Persönlichkeiten Sie kennen, die Ihnen echte Vorbilder waren oder auch heute noch sind. Wenn Sie meinen, nie ein direktes Vorbild gehabt zu haben, dann suchen Sie in Gedanken nach Personen, die Wesenszüge besitzen, die Ihnen gefallen und die Sie auch gerne hätten. Dabei ist es gleichgültig, ob diese Menschen große Männer und Frauen der Geschichte waren oder mehr dem aktuellen Zeitgeschehen zuzuordnen sind. Ebensogut können Sie aus Ihrem Freundes-, Bekannten- oder Kollegenkreis stammen. Überlegen Sie, was genau Sie an diesen Personen so schätzen. Worüber verfügen diese Menschen in Ihren Augen an vorbildlicher Begabung, besonderer Fähigkeit oder Ausstrahlung?

Schreiben Sie die Eigenschaften auf, von denen Sie sich manchmal wünschen, sie auch zu besitzen. Benutzen Sie dazu farbige Karteikarten oder ähnliches, und formulieren Sie pro Karte ein bis zwei Sätze, in denen das Charakteristikum präzise beschrieben ist. Bauen Sie jeden Satz so auf, als wären die Wesenszüge, die Sie bewundern, zu einem Teil von Ihnen selbst geworden.

Zum Beispiel:

»In Konfliktsituationen verliere ich nicht die Fassung, sondern bleibe völlig ruhig, handle besonnen und souverän.«

Oder:

»Bei schwierigen Entscheidungen folge ich, auch wenn dieser Weg viel mehr Geduld, Vertrauen in die Menschheit und positiven Kämpfergeist erfordert, dem Gebot der Menschlichkeit und Gerechtigkeit. Ich möchte anderen darin Vorbild sein.«

Oder:

»Vor Problemen habe ich keine Angst und verliere nie meinen Humor. Irgendwie werde ich's schon meistern. Ich kann über Negatives hinwegschauen, denn ich weiß, hinter allem, was geschieht, steckt auch die Chance, etwas daraus zu lernen.«

Entwerfen Sie sich Ihre Sätze so, daß die darin enthaltenen Wunschmerkmale Ihrer Vorbilder klar zum Ausdruck kommen und sich wie ein einfaches Motto anhören. Legen Sie sich einige in die Schreibtischschublade, tragen Sie sie bei sich im Jackett oder im Aktenkoffer. Rahmen Sie sich Ihren Lieblingssatz ein, und hängen Sie ihn an die Wand Ihres Arbeitszimmers.

Hinweis: Die Wirkung der Übung vertieft sich, wenn Sie sich hin und wieder etwas Zeit nehmen und über einen Leitsatz meditieren. Verstehen Sie dabei, daß alles, was Ihnen an Ihren Vorbildern so gefällt, auch als Anlage in Ihnen vorhanden ist, sonst wären Sie gar nicht in der Lage, diese Wesenszüge an anderen wahrzunehmen. Wenn manches, das Sie bewundern, für Sie zur Zeit vielleicht noch unerreichbar scheint, sollten Sie wissen: »Unsere Wünsche sind Vorgefühle der Fähigkeiten, die in uns liegen, Vorboten desjenigen, was wir zu leisten imstande sein werden.« (Johann Wolfgang von Goethe)

TRAININGS

1. ENTSPANNUNGS-TECHNIKEN

Streß – dieses körperliche und seelische Anspannungsgefühl bedrückt Studenten ebenso wie Dozenten, Angestellte gleichermaßen wie Chefs, den Sportler geradeso wie den Politiker. Das Bedürfnis nach mehr Entspannung, innerer Ruhe und Ausgeglichenheit ist vermutlich zu keiner Zeit so intensiv gewesen wie heute. Dauerstreß, so weiß man, kann zu körperlichen Symptomen führen wie Kopfschmerzen, Engeempfinden in Brust und Hals oder, was gefährlicher ist, zu Bluthochdruck. Nervlich bedingte Probleme wie Konzentrations- und Schlafstörungen werden oft – so wie Störungen im psychischen Bereich in Form von Frustration, Lustlosigkeit oder Angst – weniger definiert wahrgenommen. Um das Druckgefühl zu dämpfen, greifen viele zu Alkohol und Medikamenten, womit sie sich auf Dauer jedoch keine Abhilfe schaffen, sondern nur neue Probleme.

Streß – in diesem Punkt sind die Experten sich einig – wird von jedem Menschen rein subjektiv empfunden. Ausschlaggebend für die körperlich-seelischen Begleiterscheinungen sind im Prinzip nicht die äußeren Umstände wie Zeitmangel oder Termindruck. Das Streßgefühl entsteht erst durch die Einschätzung der eigenen Fähigkeit, mit Situationen fertigzuwerden und dem persönlichen Anspruch sowie den allgemeinen Anforderungen gerecht zu werden. Kernfaktor hierbei ist der Mechanismus muskulärer Anspannung. Ein biologisches Urprinzip im menschlichen Organismus sorgt dafür, daß beim geringsten Anzeichen von Gefahr der Körper sofort in Alarmbereitschaft versetzt wird, dabei die Muskeln hart anspannt und das Herz schneller schlagen läßt, um unverzüglich mit Flucht oder Verteidigung reagieren zu können. Ist die Gefahr vorüber, folgt die Entwarnung normalerweise in Form von Entspannung. Was für den Menschen in der Steinzeit noch sinnvoll war, um zu überleben, führt in der Hetze und Schnellebigkeit unserer Zeit zu

gesundheitlichen Komplikationen. Ein unausgewogenes Verhältnis von Anspannung und Entspannung ist entstanden. Vor allem der berufliche und ausbildungsorientierte Alltag führt bei vielen Menschen verstärkt zu einem Übermaß an körperlich-seelischen Spannungszuständen. Aber auch innerhalb der Familie und in der Freizeit kommt es vor, daß Streß empfunden wird. Mancher ist von den täglichen Beanspruchungen mit ihren großen wie kleinen Problemen so stark aufgeladen, daß er auch beim Joggen, Tennis oder auf dem Golfplatz, bei einem Spaziergang, über einem Buch oder vor dem Fernseher keine ausreichende Beruhigung erfährt. Das Innenleben bleibt in Alarmverfassung, man kann nicht mehr richtig abschalten.

Streß – der weitverbreitete chronische ›Virus‹ läßt sich durch Selbsthilfe-Trainings wirksam bekämpfen. In Unternehmen, Ämtern oder Verbänden werden für Personen in leitender Position regelmäßig Seminare zum Erlernen von Streßbewältigungs-Techniken durchgeführt. Städtische wie private Bildungseinrichtungen bieten ebenfalls für jeden zugängliche Entspannungskurse an. Ansatzpunkt der meisten Anti-Streß-Programme ist die wissenschaftlich erwiesene Wechselwirkung zwischen muskulärer Anspannung und seelischer Erregung. Gemütsregungen wie Ärger, Angst und das Unterdrücken von Gefühlen bewirken die vielfach negativen physischen Reaktionen. Umgekehrt wirkt eine tiefe Muskelentspannung wieder positiv auf die Psyche zurück. Auf dieses Ziel hin lernen dann auch die Teilnehmer an Anti-Streß-Trainings, ihre Spannungszustände voneinander zu unterscheiden (nicht jede Spannung ist schädlich) und durch spezielle Übungen auf bestimmte Auslöser so zu reagieren, daß jede negative Erregung in Streßsituationen direkt abgeleitet wird. Dadurch erlangt der überbeanspruchte Manager, die Dame in der Kundenberatung, der Student im

Examen oder die Referentin vor einer Gruppe eine bessere Fähigkeit, sich auch unter erhöhter Belastung kurzfristig zu entspannen und damit innerlich wie äußerlich angemessener zu reagieren.

Im folgenden stelle ich Ihnen zwei sehr effektive Entspannungstechniken vor, die sich in langjähriger Anwendungspraxis bewährt haben. Ich möchte an dieser Stelle darauf hinweisen, daß es bei bereits vorhandenen psychosomatischen Störungen ratsamer ist, unter Anleitung eines Therapeuten oder Trainers zu üben, damit etwaige Krankheitssymptome gesondert behandelt werden können. In diesem Zusammenhang sind unter anderem physikalische Maßnahmen wie beispielsweise medizinische Massagen zu nennen, des weiteren passive Bewegungsübungen, spezielle Atemtherapien, die Feldenkrais-Methode, Eutonie, Biofeedback oder auch Teilanwendungen des Yoga.

Alle atemlösenden und muskelentspannenden Behandlungs- oder Selbsthilfemethoden setzen voraus, daß sie regelmäßig angewendet werden. Vor allem zu Anfang sollte häufig trainiert werden, bis der Körper gelernt hat, sein bisheriges Verhärtungsmuster abzulegen, nicht mehr so viel Lebenskraft zu verbrauchen, und beginnt, sich mehr und mehr zu entstressen. In turnusmäßigen Abständen durchgeführt, erzeugen die Trainings eine Wiederbelebung der körpereigenen Energien. Die Übungen dazu sind einfach und praktisch überall durchführbar. Man braucht keinerlei Gerätschaften oder Hilfsmittel, nur etwas Disziplin. Wer durch richtige Entspannung gelernt hat, besser mit seinen Energien umzugehen, wird heiterer, lebensfroher, gesünder und aktiver.

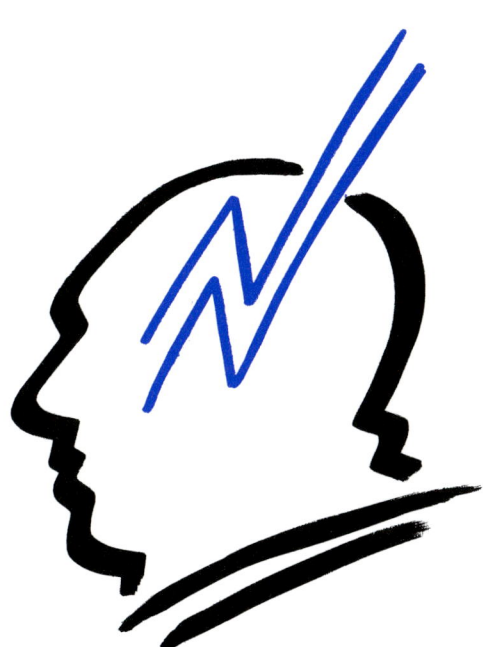

Autogenes Training

Die Methode des autogenen Trainings wurde von Prof. J. H. Schultz in den dreißiger Jahren aus der Hypnose entwickelt. Sie ist nach wie vor die populärste, einfach anzuwendende Entspannungstechnik, wird vielfach an Volkshochschulen oder auch zum Selbststudium in Buchform angeboten und kann jedem Menschen, der die Spannungsverhältnisse in seinem Körper positiv beeinflussen möchte, sofort spürbar Hilfe leisten.

Es existieren heute mannigfaltige Varianten, die zum Teil begleitend bei medizinischen und psychotherapeutischen Behandlungen eingesetzt werden. Signifikant für jede Form ist das beim Training auftretende Schwere- und Wärmegefühl sowie die allgemeine Beruhigung der mentalen Aktivitäten. Das autogene Training (AT) besitzt gegenüber anderen Entspannungsverfahren den Vorteil, daß man es auch im Sitzen (z. B. am Schreibtisch) und in partieller Teilanwendung sogar stehend durchführen kann. Dem Anfänger ist jedoch zunächst die Liegehaltung zu empfehlen.

Beim AT wird mit sprachlichen Formeln trainiert wie zum Beispiel »Mein rechter Arm ist ganz schwer« und »Ich bin ganz ruhig«. Diese Inhalte spricht man jedoch nicht hörbar aus, sondern denkt sie ganz konzentriert. Über das innerliche Aufsagen der Formeln wird das Muskelgeflecht und das Nervensystem systematisch zur Ruhe gebracht und der Körper angenehm durchwärmt. Nach dem Training fühlt man sich erholt und gelöst.

Je nach Durchführung und Dauer der einzelnen Übungen ist AT gleichzeitig gut geeignet, um tagsüber kurzzeitig zur Regeneration abzuschalten und danach für neue Aktivitäten frisch zu sein oder um abends völlig abzuspannen und einzuschlafen. Anfänglich ist es ratsam, sich häufig, in jedem Fall regelmäßig auf Entspannung hin zu trainieren. Denn das Gefühl des ›Loslassens‹ stellt sich in der Regel nicht sofort ein und kann ebensowenig erzwungen werden. Das beste ist, gleich morgens nach dem Aufwachen kurz zu üben, dann ein weiteres Mal am Mittag und in jedem Falle abschließend noch einmal am Abend. Später kann man eher nach Bedarf trainieren, sollte aber dennoch immer einen bestimmten Turnus beibehalten.

Um das AT sinnvoll durchzuführen, ist es günstig, wenn der jeweilige Raum zuvor etwas abgedunkelt wird und etwaige Störungen durch Telefon, Türgong, andere Personen usw. möglichst ausgeschlossen werden können. Man liegt entweder direkt flach auf dem Boden oder auf einer festen Unterlage (z. B. einer Matte). Wer will, kann den Kopf durch ein Kissen leicht erhöhen. Die Beine sind etwas gespreizt, die Fußspitzen zeigen locker nach außen, und die Arme liegen ein wenig angewinkelt neben dem Körper. Alles soll bequem aufliegen, nichts mehr verkrampft sein oder einengen.

Wenn man das AT sitzend betreiben will, benutzt man entweder eine Sitzgelegenheit mit einer Rückenstütze (passive Körperhaltung) oder einen Hocker (aktive Körperhaltung). Angelehnt erfährt die Wirbelsäule einen Halt durch den Stuhl. Der Kopf kann bei hoher Rückenlehne zurückgelegt werden, die Arme liegen bei vorhandenen Seitenlehnen locker auf, und die Füße stehen etwa 20–30 Zentimeter auseinander. Ohne Rücken- und Seitenlehnen muß der Körper aktiv gehalten werden; trotzdem kann man in dieser Position gut entspannen. Dazu streckt man die Wirbelsäule aufrecht, hält so den größten Teil seines Körpergewichts nach oben und stützt den Rest nach vorn über Arme und Beine ab. Der Brustkorb und Bauch ist dabei ein wenig vorgewölbt, die Unterarme liegen auf den Oberschenkeln leicht angewinkelt auf. Die Hände hängen, ohne sich zu berühren, in den Innenbereich des breitbeinigen Sitzes. Der Kopf neigt sich etwas vor, der Unterkiefer ist gelockert (keinen Biß mehr), und der Mund sollte ruhig etwas geöffnet sein.

In allen Fällen schließt man beim AT die Augen, atmet zu Beginn einige Male tief ein und aus und bringt insgesamt erst einmal Ruhe in den Körper. Nichts gibt es in diesem Moment zu tun außer zu liegen (sitzen) und Muskeln wie Gedanken völlig loszulassen. Langsam, ohne Zwang, beginnt man dann mit den Formeln und wartet ab, bis die einzelne Körperpartie mit einem Schwere- und Wärmegefühl reagiert. Die Erfahrung hat oft gezeigt, daß manch einer zu Anfang Probleme damit hat, sich auf die Formeln fest zu konzentrieren. Zu viele Gedanken können noch im Kopf herumschwirren und die Entspannung behindern. Hier heißt es, nicht aufgeben und es immer wieder versuchen, bis beim zweiten oder dritten Anlauf die Wirkung im Körper reflexartig zustande kommt.

Gelegentlich kann es während des Umschaltprozesses auf Entspannung im Körper zu leichten Nebenwirkungen wie beispielsweise Muskelzittern, Schwindel oder Kribbeln kommen. Diese sind in der Regel eine natürliche Folge der allgemeinen Entladung sowie der ungewohnt intensiven Durchblutung und verschwinden meist mit zunehmendem Training wieder.

Wer sich tiefergehend, vielleicht auch nach unterschiedlichen Ansätzen mit AT auseinandersetzen möchte, dem rate ich unbedingt zu einem praktischen Kurs. Das nachstehende Kurzprogramm enthält ein vereinfachtes Grundübungsschema, wonach Sie selbständig trainieren können.

Die optimale Sitzhaltung für das AT: Breitbeiniger Sitz mit aufrechter Wirbelsäule, die das Oberkörpergewicht hält, wenig vorgeneigter Kopf, locker von den Schultern herabhängende Arme, die leicht angewinkelt auf den Oberschenkeln aufliegen

Die Ruheformel

Nach Abschluß der Vorbereitung (liegen und ruhig werden) beginnen Sie das Training mit der intensiven Vorstellung von: »Ich bin ganz ruhig.«

Diese Formel wird einmal gedacht. Als Zwischensatz wird sie nachher immer wiederholt, um die Konzentration auf die jeweilige Körperpartie (z. B. Arm) zu unterbrechen bzw. die Entspannung auf den ganzen Körper auszuweiten.

Die 1. Übung

Fühlen Sie sich nun ausschließlich in Ihren rechten Arm ein. Bemerken Sie, wie dieser immer schwerer und entspannter wird. Konzentrieren Sie sich währenddessen auf die Leitformel: »Mein rechter Arm ist ganz schwer.«

Wiederholen Sie diese Formel zu Anfang insgesamt 18mal. Wenn Ihnen die Armschwere schnell gelingt bzw. Sie bereits eintrainiert sind, reichen 6 Wiederholungen. In der Regel geht das Gefühl der Schwere völlig von selbst auf den linken Arm und dann auf die Beine über. Wer will, kann sich wie den rechten Arm auch die Beine gesondert vornehmen. Hat man die Schwere des Körperteils klar spürbar erreicht, folgt die Zwischenformel: »Ich bin ganz ruhig!« (1mal).

Die 2. Übung

Entspannen Sie den Arm jetzt dahingehend, daß sich ein strömendes Wärmegefühl einstellt. Dazu hilft die Vorsatzformel: »Mein rechter Arm ist ganz warm!« (mind. 6mal).

Wie das Schweregefühl dehnt sich nach einigem Üben auch die Wärme im ganzen Körper aus. Es kann aber auch hier wieder gesondert trainiert werden. Dann folgt nach der Erwärmung des rechten Arms der linke Arm, dann das rechte Bein und danach das linke Bein. Wer auch einmal separat jeden Fuß so entspannt hat, kennt fortan ein wirksames Mittel gegen kalte Füße. Abschluß der Wärmeübung ist wieder der Satz: »Ich bin ganz ruhig!« (1mal).

Die 3. Übung

Richten Sie Ihre Aufmerksamkeit diesmal auf den Atem. Ziel ist, die oft unausgewogene, hektische Atmung zu regulieren. Das erreicht man über die beruhigende Formel: »Mein Atem fließt ruhig und gleichmäßig.« (mind. 6mal).

Beim Loslassen des Atems hebt und senkt sich befreiend die Bauchdecke, der Organismus wird mit mehr Sauerstoff versorgt und der Stoffwechsel angeregt. Damit dies alles wie von selbst und ohne Steuerung geschieht, benutzt man hier die weitere Formel: »Es atmet mich!« (mind. 6mal) und beendet diesen Vorgang wieder mit: »Ich bin ganz ruhig!« (1mal).

Die 4. Übung

Begeben Sie sich in Ihrer Vorstellung in die Körpermitte. Im Bauchbereich (etwas oberhalb des Nabels) befindet sich tief drin das Sonnengeflecht. Wenn Sie dort Wärme erzeugen, nehmen Sie direkt Einfluß auf die sensiblen Nerven der Verdauungsorgane. Deshalb lautet hierfür die heilsame Vorsatzformel: »Mein Leib ist strömend warm!« (mind. 6mal).

Ein ausfüllendes Wärmegefühl im Bauch erzeugt Entkrampfung in Magen, Galle und Darm. Auf diese Weise kann selbst vorhandenen Beschwerden positiv entgegengewirkt werden. Im Anschluß an diese Wärmeentspannung folgt wiederum: »Ich bin ganz ruhig!« (1mal).

Die 5. Übung

Wandern Sie in Gedanken zu den Nackenmuskeln und Schultern. Verspannungen in diesem Bereich sind häufige Ursache für Kopfschmerzen. Auch hier hilft beim Entspannungsvorgang das angenehme Wärmegefühl, bei dem die Blußgefäße sich weiten und die Muskeln sich lockern. Benutzen Sie hierzu die Formel: »Nacken und Schultern sind strömend warm!« (mind. 6mal).

Ist das Übungsziel ›Wärme‹ auch hier erreicht, unterbrechen Sie wie üblich mit: »Ich bin ganz ruhig!« (1mal).

Die 6. Übung

Als letzte Trainingsübung erzeugen Sie eine leichte Kühle auf Ihrer Stirn. Angestrebte Wirkung ist eine belebende, gelassene Einstellung des Kopfbereichs. Dies wird erzielt mit der Formel: »Meine Stirn ist angenehm kühl!« (mind. 6mal).

Daraufhin folgt ein letztes Mal: »Ich bin ganz ruhig!«

Die Zurücknahme

Bevor Sie aus der Entspannung wieder zurückkommen, muß die Muskulatur, der Atem und die Durchblutung unbedingt erst wieder auf Aktivität eingestellt werden. Dies erfolgt am besten schrittweise. Ballen Sie zu diesem Zweck die Hände zu Fäusten, strecken Sie ausgiebig die Arme, und spannen Sie kurz die Beine fest an. Wenn Sie dann einmal tief durchatmen und danach die Augen öffnen, fühlen Sie sich rundum entspannt und herrlich erfrischt. Beim abendlichen Üben vor dem Einschlafen entfällt das Zurücknehmen.

AT im Liegen: Ausgestreckt auf einer festen Unterlage, die Beine leicht gespreizt, die Fußspitzen locker nach außen zeigend, die Arme ein wenig vom Körper abgewinkelt

Anspannung–Entspannung

Der amerikanische Arzt Dr. E. Jacobson entwarf in den zwanziger Jahren ein Entspannungstraining, das nicht wie beim AT über die Vorstellung, sondern rein muskulär durchgeführt wird. Seine Methode, die ›Progressive Relaxation‹, ist ein ähnlich wirksames Verfahren, um das eigene Erregungsniveau aktiv herunterzusetzen und insgesamt gelassener zu werden.

Das ureigene Konzept von Jacobson fand seine Anwendung zu Beginn ausschließlich im psychologischen Bereich, was mit eine Ursache dafür ist, daß es heute allgemein weniger bekannt ist und erst gegen Ende der siebziger Jahre im Zuge des sich überall neu entwickelnden Körpergefühls auf breiteres Interesse stieß. Die Originalmethode wurde inzwischen für den Einsatz außerhalb von psychologischer Behandlung mehrfach verändert und für den Gebrauch als Anti-Streß-Training praktikabler gemacht.

Bei der Durchführung dieses Entspannungstrainings wird, um nervliche und körperliche Anspannung abzubauen, zunächst noch mehr Spannung aufgebaut. Dies geschieht systematisch und nur über die Muskulatur. Dabei werden von Kopf bis Fuß einzelne Körperpartien mehrfach kurz hintereinander fest angespannt und nach einigen Sekunden wieder losgelassen. Der Effekt ist eine plötzliche intensive Durchblutung unterschiedlicher Körperbereiche. Das Ziel ist, muskuläre Verspannungen wahrzunehmen, sie abzureagieren und damit das gesamte Nervenkostüm fortschreitend zu beruhigen.

Ein bestimmtes Maß von Anspannung durch tägliche Anforderungen ist, so hat es die Streßtheorie nachgewiesen, der körperlichen wie seelischen Verfassung eines jeden Menschen durchaus zuträglich. Welche Menge an Gespanntsein vom einzelnen als angenehm empfunden wird, respektive gut für seine Gesundheit ist, ist individuell verschieden. Selbstverständlich spielt die Intensität äußerer Begleitumstände auch eine Rolle. Zudem werden Belastungen im Beruf oder in der Familie unter gewissen Umständen und zu unterschiedlichen Phasen ungleich schwer empfunden. Ebensogut müssen die Spannungen nicht unbedingt ein Resultat von Alltag und Umwelt sein, sondern können lediglich im seelischen Innern eines Menschen aufkommen und sich dort belastend abspielen. Die Hauptsache ist, daß ein selbst empfundenes Zuviel an Spannung auch richtiggehend bewußtgemacht und vor allem regelmäßig abgebaut wird, bevor sich gesundheitliche Störungen ergeben können.

Die Entspannungstechnik der Anspannung-Entspannung (AE) ist eine Möglichkeit, ein ausgewogeneres Verhältnis zwischen Aufladung und Entladung in sich zu spüren. Auch durch körperliche Anstrengung, ausgiebiges Tanzen oder Sport, läßt sich mit dem Aufwenden purer Muskelkraft ›Dampf ablassen‹ und Streß abbauen. Doch ist es am besten, unmittelbar nachdem man wahrgenommen hat, daß man unter Streß steht, reagieren zu können und den Druck abzuleiten. Wer die Technik der AE beherrscht, ist in der Lage, bereits in dem Augenblick, wenn er unter Streß gerät, sich kurzfristig Erleichterung zu verschaffen. Langfristig lernt man damit, Überanspannung zu vermeiden und den eigenen Ärger zu reduzieren.

Die Kurzform der AE kann auf einem Stuhl sitzend durchgeführt werden, die längere Form im Liegen auf dem Boden bzw. einer Unterlage. Bei der kurzen Version wird ein vorhandenes Druckgefühl mit Hilfe der Muskelanspannung noch bewußt verstärkt und danach völlig losgelassen. Dadurch erzielt man einen akuten Druckausgleich, der die Nerven beruhigt und den situativen Streß bewältigt. Mit Hilfe der ausgedehnten Variante wird der Körper insgesamt erst zur Ruhe gebracht, dann folgt ein systematisches Programm des An- und Entspannens, danach wieder Ruhe. Diese Form ist nicht nur zur Streßbewältigung, sondern auch zur Streß-Prophylaxe gedacht, da sie auf län-

Entspannen im Büro: Arme und Beine anspannen, indem sie kraftvoll nach vorne gestreckt werden, die Hände zu Fäusten ballen und die Füße in Richtung Körper hochziehen. Wichtig: Jeweils bis 10 zählen, dann Arme und Beine absinken lassen und wieder bis 10 zählen. Die Übung 3mal wiederholen

gere Zeit betrieben (wie das AT) insgesamt bewirkt, daß man allgemein gelöster und entspannter wird.

Nehmen Sie sich etwas Zeit, um die Technik der AE zunächst im Liegen einmal durchzuführen. Ein gut gelüfteter und temperierter Raum, eine Decke oder Matte als Unterlage (keine Matratze) und möglichst bequeme, nicht einengende Kleidung. Das Prinzip des Entspannungstrainings gründet darauf, Anspannung und Verspannung zuvor bewußt zu machen. Fühlen Sie sich also zuerst eine Weile in Ihren Körper ein, während Sie liegen. Schließen Sie dazu die Augen, und horchen Sie in

sich. Ihre Liegehaltung dazu ist locker, mit leicht gespreizten Beinen und etwas vom Körper entfernt liegenden Armen. Die Handflächen zeigen nach oben.

Gehen Sie in Gedanken durch Ihren Körper wie durch ein großes Haus mit vielen Zimmern, und schauen Sie nach, welche Türen und Fenster verschlossen und verklemmt sind bzw. welche Körperpartien sich hart und verkrampft anfühlen. Richten Sie dann Ihre Aufmerksamkeit nur auf Beine und Füße – und beginnen Sie mit dem eigentlichen Trainingsprogramm der AE, das Sie, wie im folgenden beschrieben, konzentriert systematisch durchführen sollten.

Der linke Fuß als exemplarisches Beispiel

wird zuerst angespannt, indem er fest in Richtung Körper hochgezogen und die Wade mitgespannt wird. Das Anspannen erfolgt wie das jeweilige Loslassen schnell. Während der Anspannungsphase bleibt das andere Bein am Boden und der restliche Körper unbeteiligt. Halten Sie den Fuß angespannt, zählen Sie dabei innerlich bis 10, und lassen Sie dann die Spannung wieder los. Zeit für die Entspannung sind immer 20 Sekunden. Bleiben Sie in der Entspannungszeit ganz ruhig, und bewegen Sie sich nicht. Halten Sie während der Phasen nicht die Luft an, sondern atmen Sie gleichmäßig weiter. Wiederholen Sie die An- und Entspannung hier und in den weiteren Übungen jeweils 3 mal hintereinander.

Der rechte Fuß

ist anschließend nach demselben An- und Entspannungsmuster zu behandeln.

Beide Füße

werden zugleich auf dieselbe Weise wie zuvor ge- und wieder entspannt.

240

Das rechte Bein

wird insgesamt kräftig angespannt und dabei etwas nach innen gedreht. Der Fuß ist während dieser Zeit unbeteiligt. Danach folgt Entspannung.

Das linke Bein

ist danach entsprechend zu behandeln.

Beide Beine

werden zugleich ge- und entspannt.

Die Gesäßmuskeln

werden zugleich ge- und wieder entspannt.

Die Bauchmuskulatur

wird hart gespannt – dabei die Muskeln von allen Seiten zur Mitte hin anspannen und den Bauch leicht einziehen. Danach folgt Entspannung.

Die Rückenmuskulatur

wird weniger hart, dennoch fest angespannt – dabei den Rücken strecken und die Schulterblätter nach unten halten. Danach folgt Entspannung.

Der rechte Arm

wird insgesamt gespannt – dabei die Hand zur Faust ballen und Arm sowie Faust etwas nach innen drehen. Während des Spannungsvorgangs wird der Arm gestreckt und ein wenig vom Boden angehoben. Zur Entspannung den Arm wieder ablassen und die Hand locker öffnen.

Der linke Arm

ist danach entsprechend zu behandeln.

Beide Arme

werden zugleich ge- und entspannt.

Die Gesichtsmuskulatur

wird grimassenhaft fest gespannt – jedesmal mit einem anderen Ausdruck. Danach folgt Entspannung.

Die Ganzkörpermuskulatur

wird zum Abschluß des gesamten Übungsdurchgangs nach demselben Muster behandelt. Dabei werden Hände (Faustschluß), Arme, Gesäß, Beine, Füße zu gleicher Zeit ge- und danach wieder gemeinsam entspannt.

Im Anschluß an das Trainingsprogramm bleiben Sie noch eine Weile liegen und ruhen sich aus. Sollten Sie dabei einschlafen, so tut dies der Wirkung der Entspannungsübung keinen Abbruch. Viele benutzen das Training, um danach schlafen zu können, andere sind im Anschluß daran voller Aktivität und Tatendrang. Finden Sie für sich heraus, ob Sie in einer Pause am Mittag oder eher am Abend so ausgiebig entspannen wollen.

Während dieser Ruhephase nach dem Training sollten Sie in Gedanken noch bei Ihrem Körper bleiben und nicht von anderen Dingen abgelenkt werden. Gehen Sie wiederholt noch einmal durch die Räume Ihres Körpers hindurch, wo nun alle Tore, Türen und Fenster weit geöffnet sein sollten und wo helles, warmes Sonnenlicht alles durchflutet.

Die Nachentspannung sollten Sie Ihrem Gefühl entsprechend lang oder kurz gestalten. Bevor Sie sich wieder erheben, müssen Sie die ganze Muskulatur erst wieder erwecken. Tun Sie dies sehr behutsam und niemals ruckartig. Bewegen Sie dazu langsam stückweise alle Glieder, strecken Sie sich noch einmal herzhaft nach allen Seiten, atmen tief und stehen daraufhin auf.

Wenn Sie zu Hause oder im Büro nur kurz in der Sitzhaltung entspannen wollen, um Unruhe und Aufregung herunterzufahren, wählen Sie einen bequemen, am besten fest gepolsterten Stuhl und führen nachstehendes Kurzprogramm durch.

Sitzen Sie aufrecht und mit dem Gesäß nah an der Rückenlehne Ihres Stuhls. Schließen Sie die Augen. Ballen Sie die Hände zu Fäusten, und strecken Sie die Arme dabei fest angespannt nach vorn aus. Zählen Sie dabei langsam bis 5, und entspannen Sie dann durch Ablegen der Arme auf den Beinen (10 Sek.). Führen Sie insgesamt wieder 3 Wiederholungen durch.

Machen Sie dasselbe mit den Beinen. Dabei die Füße hochziehen und die Beine kräftig angespannt vom Boden abheben und wegstrecken. Zur Entspannung die Beine nach den 5 Sekunden wieder sinken lassen. Danach gestreckte Beine und Arme, hochgezogene Füße und geballte Fäuste zugleich spannen und wieder entspannen. Anschließend auch hier eine kurze Ruhepause im Sitzen einlegen. Zum Beenden wieder strecken, tief atmen und dann aufstehen.

Bleibt anzumerken, daß beim Kurzprogramm intensiver und mit mehr Kraft angespannt werden muß als bei der extensiven Bodenversion. Während der An- und Entspannungsphasen sollte wiederum auf eine ruhige, gleichmäßige Atmung geachtet werden.

2. SELBSTBEEINFLUSSUNGS-METHODEN

Nicht nur unseren Körper müssen wir vor Streß schützen und ihm Gelegenheit geben, sich zu erholen, auch unsere Gedanken brauchen Fürsorge. Um unsere körperliche Gesundheit zu bewahren, nehmen wir vorbeugend Vitaminpräparate oder lassen uns impfen. Was aber tun wir gegen mögliche geistig-seelische ›Infekte‹? Sie können oft viel schwerer zu kurieren sein als körperliche und bleiben nur selten ohne negative Folgen für Partnerschaft, Ehe und Beruf, Familie oder Freundeskreis.

Von vorübergehenden Tiefpunkten bleibt kaum jemand verschont. Sie haben meist eine ganz natürliche Funktion. Wenn man sie als schlechte Tage einfach annimmt und akzeptiert, vergehen sie schneller und helfen, uns begreiflich zu machen, daß kein Mensch andauernd auf Hochtouren laufen, niemand immer nur stark sein kann. Ganz anders ist es mit den schleichenden, andauernden Tiefphasen, die man als solche gar nicht mehr so recht wahrnimmt, weil man sich bereits daran gewöhnt hat. Ihre dauerhaften Symptome sind Versagensängste, Schwermut und Zweifel.

Der verursachende Erreger hierzu kommt nicht angeflogen wie eine Grippe, sondern wird oft nur von uns selbst ausgebrütet. Wenn wir nicht von vornherein auch selbst etwas dagegen tun, kann er sich in unserem Kopf so richtig einnisten und dafür sorgen, daß unsere Einstellung gegenüber dem Leben, den Menschen, den beruflichen Anforderungen immer freudloser wird, bis am Ende gar schwerwiegende Krankheiten daraus entstehen können.

Gemeint ist das eigene negative Denkschema. Es gehört ebenso mit zu den möglichen Streßfaktoren, die der seelischen wie körperlichen Verfassung heftig zusetzen können. Vor allem sensible Menschen mit angegriffenem Selbstwertgefühl sind für negative Gedanken, drangsalierende Grübeleien und Selbstzweifel empfänglich. Wer nicht lernt, umzuden-

ken und sich radikal davon zu befreien, wirtschaftet nicht nur sein Lebensgefühl in ungeahnte Tiefen, sondern behindert damit die positive Entfaltung jeglicher menschlicher Kontakte und Beziehungen ebenso wie sein Vorwärtskommen im Beruf. Er oder sie bleibt in sich selbst gefangen.

"*Bewußtseinstraining ist ein Weg, um aus eigener Kraft von negativen Denk- und Verhaltensmustern wegzukommen.*"

Wie kann man sein Denkschema ändern? Eine Pille dafür gibt es nicht. Auch Seminare und Beratungsstunden können nur Möglichkeiten aufzeigen, jedoch nicht zaubern. Es kann und muß zuletzt aus eigener Kraft geschehen. Vom Umgang mit sich selbst hängt es ab, ob man zu einer Einstellung findet, mit der es sich gut leben läßt, die hilft, gegen Unsicherheit und Versagensängste, Zweifelsucht und Mißmut unanfälliger zu werden. Diese Selbsthilfe beginnt beim Verständnis dafür, daß alles, worauf wir uns konzentrieren, was wir in unser Bewußtsein eindringen lassen, uns auch erfüllt. Was uns aber erfüllt, gewinnt an Macht, sowohl über unser Fühlen und Handeln als auch über unsere Erlebnisse und Erfahrungen. Wenn wir dies erst einmal deutlich erkannt haben, wird es leicht möglich, unsere Gedanken richtig zu beeinflussen, schädigende Einflüsse zuvor auszufiltern und die ungesunden Standpunkte durch gesündere zu ersetzen.

Bewußtseinstraining ist ein Weg, um von negativen Denk- wie Verhaltensmustern wegzukommen und umzuschalten auf etwas mehr Lebensfreude. Die Methoden dazu sind einfach anzuwenden und zeigen schon nach kürzester Zeit Erfolge. Alltagsprobleme und Krisenmomente lassen sich viel leichter bewältigen, neue ungeahnte Energien kommen zum Vorschein. Einzige Voraussetzung ist, daß man von den festgefahrenen Negativ-Programmen wirklich Abschied nimmt und sich strikt an die neuen, heilenden Selbstverordnungen hält.

Die nachstehend beschriebenen mentalen Trainingsmethoden benutzen positive Gedankenformeln und bildhafte Vorstellungen als hochwirksames Abwehrmittel gegen die niederschmetternden Nebenwirkungen des negativen Denkens. Längst gehören sie nicht mehr nur zum Lernprogramm von Anti-Streß-Strategien für Personen, die verstärktem beruflichem Druck ausgesetzt sind. Sie können jedem Menschen helfen, in sich Kräfte zu wekken, die dem Selbstbewußtsein Auftrieb geben und dazu fähig machen, zu dem zu werden, was man sich zuvor erdacht und vorgestellt hat.

Suggestionsformeln

Die Welt unserer Gedanken ist, wie es scheint, undurchdringlich, und doch funktioniert vieles darin nach einem klaren Prinzip. Es klingt wie ein Lehrsatz der Wirtschaft: Der ›Input‹ bestimmt den ›Output‹. Das bedeutet, alles, was immer wir unseren Gedanken zumuten, was wir bewußt aufnehmen und eingeben oder was uns unbewußt erreicht, hat einen Effekt, der sich auswirkt. Ist die ›Eingabe‹ vorwiegend unschön und unangenehm, so ist der ›Ertrag‹ an Gefühlen wie der an unserer körperlichen Verfassung dementsprechend. Ist das, was wir uns zuführen, schön, gut und angenehm, so entspricht das auch dem, was wir an Empfindung und Gesundheit zurückbekommen.

Doch bleibt es nicht nur bei angenehmen Gefühlen, wenn man an etwas Schönes denkt. Jeder Gedanke beeinflußt stark unser Unterbewußtsein. Das Unterbewußtsein, das Intuitive in uns, hat eine rein verstandesmäßig kaum vorstellbare Macht über unser gesamtes Leben. Diese ist größer als all unser erlerntes Wissen. Wird es mit negativen Gedanken gefüttert, ist es blockiert und kann seine Kraft nicht entfalten. Beeinflussen wir unser Unterbewußtsein jedoch mit positiven, konstruktiven, zielorientierten Gedanken, trifft es für uns zukünftig nur noch weise Entscheidungen, ohne daß wir uns großartig anstrengen müßten.

Das Training mit positiven Suggestionen verändert das Denken, die Gefühle, das Verhalten. Die Formeln, die dabei eingesetzt werden, sind kurze, einfach und eindeutig gehaltene Sätze wie beispielsweise: »Mein Leben ist schön!« – »Ich schaffe alles!« – »Wunderbare Dinge erwarten mich!« – »Ich bin vollkommen ruhig und gelassen!« Es gibt unterschiedliche Möglichkeiten, sich eine Formel zu suggerieren. Man kann sie aufschreiben und lesen, vor sich hin sprechen oder singen, kleine Zettel machen und sie in der Wohnung verteilen oder sich nur in Gedanken darauf konzentrieren. Der Gehalt jeder Suggestion wird wie alle anderen Botschaften, die man wahrnimmt, aufgenommen und verarbeitet. Damit sie ihre Wirkung im Unterbewußtsein richtig entfalten kann, muß eine Formel drei Bedingungen erfüllen:

1. Eine Formel muß auf die momentane Situation hin, die Schwierigkeiten, die es zu lösen gilt, die Ziele, die man erreichen will, treffend formuliert sein. Hier kommt es genau auf jedes Wort an. Je präziser Veränderungen oder Wünsche formuliert sind, desto intensiver wirken sie nach. Doch gilt es nicht, sie als fernes Vorhaben auszudrücken, sondern immer bereits als erreichten Zustand – also nicht »Ich möchte« oder »Ich will«, sondern »Ich habe« und »Ich bin«. Die Zielorientierung kann auf allen möglichen Gebieten liegen. Eine Suggestionsformel kann den Zustand ausdrücken, gesund und froh zu sein, eine liebevolle harmonische Beziehung zu haben, erfolgreich im Berufsleben zu stehen oder leicht und problemlos lernen zu können.

2. Eine Formel darf man sich nicht mit ›Biß‹ und Willenskraft suggerieren, sondern nur mit Freude darüber, daß man sein Ziel erreichen wird. Durch berechnende Gedanken, hohe Erwartungshaltung und Zwingen-Wollen entsteht innerlich eine Blockade, die das Wahrnehmen eines Zustands behindert. Ebenso können Ungeduld und Zweifel an der Verwirklichung der Suggestionen den Erfolg stark eingrenzen. Es muß geduldig, vertrauensvoll und ohne eine zu strenge Haltung sich selbst gegenüber mit den Formeln gearbeitet werden. Dann erst haben die Worte eine Chance, ihre Wirkung zu entfalten.

3. Eine Formel soll am besten mit einem entspannten Körper und einer gelösten Geisteshaltung entgegengenommen werden, damit sie tief genug eindringen kann. Das autogene Training bietet als Vorbereitung zum Suggestionstraining gute Voraussetzungen dazu. Im ent-

spannten Zustand – zum Beispiel zum Abschluß der Schwere- und Wärmeübungen – ist die Wirkung vielfach höher als unter normalen Bedingungen. Die Formeln erzeugen, je leerer und gelassener man ist, beim Training einen tranceähnlichen Zustand. Dadurch werden die Inhalte mit jeder Körperfaser regelrecht aufgesogen. Nach dem Suggerieren ist es wichtig, sich durch Zurücknahme wieder ganz dem Hier und Jetzt zu widmen und die Formeln loszulassen bzw. sie ihren selbständig weiterwirkenden Fähigkeiten zu überlassen.

Um mit Suggestionsformeln zu trainieren, rate ich Ihnen zu folgender Vorgehensweise:

1. Erstellen Sie für sich passend zuerst den Inhalt der Formel. Beispiele dazu können Sie der kurzen Auswahlliste auf der nächsten Seite entnehmen.

2. Wählen Sie einen oder gleich mehrere Wege gleichzeitig, sich die Formel am günstigsten einzuprägen. Wie schon erwähnt, ist die Methode der Verinnerlichung während der Entspannung sehr förderlich. Doch auch die Zettelmethode hat bereits einen Effekt. Dazu beschriftet man farbige Karten (Format DIN A 5) in ›Schönschrift‹ (wichtig!) mit seinen Formeln. Rote Buchstaben auf gelbem, hellblauem oder hellgrünem Grund sind der visuellen Aufnahme sehr zuträglich. Die Zettel heftet man sich an die Tür, ans Telefon, an den Badezimmerspiegel oder an die Bürowand. Äußerst effektiv ist auch die Methode, immer einige davon bei sich zu tragen. In dem Augenblick, wo entmutigende Aussagen und böse Worte versuchen, Sie zu demotivieren, beeinflussen Sie Ihr Denken direkt in der Situation mit Hilfe der Formel auf der Karte. Für den akustisch orientierten Menschen ist das Hören von Suggestionskassetten sehr angenehm. Hierbei nehmen Sie die Suggestionsformeln durch die Stimme eines Sprechers ganz bewußt oder in Form von ›Subliminals‹ innerhalb einer Musik unterschwellig auf. Solche Kassetten sind im Buchhandel erhältlich.

3. Trainieren Sie mit Ihren Formeln und nach der jeweiligen Methode regelmäßig und über längere Zeit. Nur dann können die positiven Gedanken auch richtig aufgenommen werden und sich in Ihrem Leben auswirken. Zu Beginn sollten Sie sich 2- bis 3mal am Tag jeweils mindestens 20 Minuten damit beschäftigen. Wenn Sie anfangen zu spüren, daß alle Stellen in Ihrem Kopf wie in Ihrem Herzen mit Positivem besetzt sind, und Sie immer öfter negativen Angriffen jeglicher Art standhalten, haben Sie sich bereits einen Schutzmantel errichtet. Bleiben Sie dann am Ball. Ihr altes Denkprogramm hat sich bereits umgestellt. Bald darauf werden sich erste verblüffende kleinere und später größere Auswirkungen in Ihrem Leben konkret offenbaren.

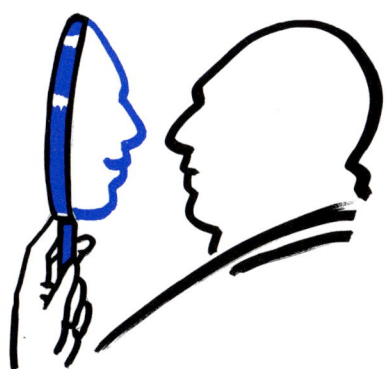

Ausgewählte Beispiele positiver Suggestionsformeln

Ich bin zufrieden und glücklich.

Ich bin voller Kraft und Energie.

Ich bin mutig und stark.

Ich bin frei und unabhängig.

Ich bin vollkommen bewußt.

Ich bin vollkommen gesund, froh und strahlend schön.

Ich bin vollkommen ruhig und rege mich über nichts auf.

Ich brauche keinen Alkohol und keine Zigaretten mehr.

Ich liebe mich selbst, die Menschen und das Leben.

Ich liebe meine Arbeit, lerne leicht und bin erfolgreich.

Ich liebe es, mich zu entspannen, ganz gelöst und gelassen zu sein.

Ich fühle, daß sich alles zum Guten hin entwickelt.

Ich fühle, daß mich noch wunderbare Dinge erwarten.

Ich fühle, daß mein Unterbewußtsein nur richtige Entscheidungen für mich trifft.

Ich habe die Vergangenheit völlig losgelassen und bin glücklich darüber, wie es heute ist. Das Leben ist schön.

Ich kann leicht auf Menschen zugehen und mit ihnen zusammensein.

Ich kann alles, was ich mir vornehme, bewältigen.

Ich kann genießen und habe täglich neue Ideen für mein Leben.

Ich habe überhaupt keine Angst vor der Zukunft und freue mich auf jeden Tag. Ich werde sicher geführt.

Ich habe harmonische Beziehungen zu anderen Menschen. Ich mag sie, kann ihnen etwas geben, und sie mögen mich auch.

Ich nehme von heute an nur noch positive Gedanken in mich auf.

Visualisieren

Am Anfang von allem steht zuerst immer die Idee, die rein geistige Vorstellung. In manchen anderen Kulturen geht man sogar noch weiter und sagt: »Alles ist geistig. Das, was wir sehen, das Äußere, ist ebenfalls nur eine Illusion.« Unserer westlichen Denkart sind Aussagen wie diese trotz lebensphilosophischer Einflüsse aus fernöstlichen Ländern sowie von den Indianern Nordamerikas oder den australischen Ureinwohnern doch überwiegend fremd geblieben. Im Alltag, denkt man, ist so etwas bei uns nicht lebbar. Und doch hat im Grunde jeder Mensch in seinem Leben schon erfahren, wie aus einstigen Vorstellungen, ›Einbildungen‹ und Träumen plötzlich Realität wurde. Nur wenige führen sich dabei einmal klar vor Augen, wie stark rein geistige Kräfte daran beteiligt waren, daß etwas überhaupt hatte wahr werden können.

Die Praktik des Visualisierens ist der konzentrierte Einsatz der eigenen natürlichen Vorstellungskraft, um gesetzte Ziele zu verwirklichen. Dabei geschieht nichts anderes, als daß man fest an etwas glaubt und es sich entschieden bewußt ausmalt. Wie bei der Methode des Suggerierens von Formeln können die zu erreichenden Ziele in jeder erdenklichen Richtung liegen. Es mögen körperliche und geistige Leistungen sein, die man erbringen will, Schwierigkeiten und Probleme, die es zu lösen gilt, oder spezielle Situationen und Stadien, die man erreichen will. Um eine Fähigkeit, einen Zustand, ein Ziel zu realisieren, muß zunächst in der Phantasie ein eindeutiges Bild vom angestrebten Endzustand entworfen werden. In mehreren Verinnerlichungen wird dieses Bild dann dem Unterbewußtsein übergeben, damit von dort aus die Energien freigesetzt werden, um das Bild in die Realität umzusetzen.

Auch wenn wir in unserer Kultur dem rationalen Denken anscheinend immer den Vorrang geben und gerne derartig mentale Vorgehensweisen ganz auf den Boden der Sachlichkeit stellen wollen – mehr oder weniger setzt jeder Mensch die Kraft seiner Phantasie und Vorstellung ein, um etwas zu werden oder zu bekommen. Viele tun es nur völlig unbewußt, undeutlich und ohne ihre natürlich vorhandenen geistigen Möglichkeiten richtig auszuschöpfen. Auf diese Weise können sich Verwirklichungen nur zaghaft und andeutungsweise entfalten. Wer aber in der Lage ist, ganz bewußt bildhafte Vorstellungen einzusetzen, um angestrebte Ergebnisse zu erzielen, dabei ohne Zwang und doch beharrlich und geduldig vorgeht, kann sein wahres Leistungsvermögen vollends entwickeln.

Nicht nur große Sportler fahren im Geiste zuvor ihre Rennstrecke in allen Einzelheiten ab oder sehen in der Vorstellung bereits genau, wie sie das Tennismatch gewinnen – auch erfolgreiche Redner, Sänger oder Schauspieler spielen ihren Auftritt im vorhinein visualisierend durch. Unsere körperlichen Sinne und unsere Psyche reagieren äußerst sensibel auf die Schwingungen und Impulse, die über die Visualisierungen entstehen. Sind diese, verbunden mit negativen Einstellungen, düster und hoffnungslos ausgemalt, so stellt sich alles in uns auch darauf ein. Nachteile, Probleme, Schwierigkeiten werden auf diese Weise geradezu erwartet und herbeigedacht. Positive Bilder hingegen, tief verinnerlicht und mit Freude empfunden, eröffnen alle zur Verfügung stehenden Kraftquellen in uns und machen es möglich, daß wir in ungeahnter Weise über uns hinauswachsen können.

Wählen Sie aus den folgenden Anwendungsmöglichkeiten nach Bedarf eine aus. Integrieren Sie den beschriebenen Weg mit der jeweiligen Visualisierung für eine Weile fest in Ihr Leben. Nehmen Sie die von Ihnen jeweils angewandte Methode genauso ernst wie die etwa zu leistende fachliche Vorbereitung oder den Erwerb von dazugehörigem Wissen. Bringen Sie beides zusammen in Einklang, und Sie werden miterleben können, welche Energien Ihnen von da an zur Seite stehen.

Übung 1

Visualisieren zur Situationsvorbereitung

Bereiten Sie sich auf eine wichtige zukünftige Situation mit all Ihren Fähigkeiten vor. Das kann zum Beispiel eine Prüfung, ein Verhandlungsgespräch, die berufliche Karriere sein oder das Ablegen ungesunder Gewohnheiten, das Befreien von hinderlichen Komplexen, das Loslösen aus deprimierenden Verhältnissen. Malen Sie sich die Situation, die auf Sie zukommen wird und das, was Sie anstreben, in allen Einzelheiten positiv aus. Sehen Sie vor Ihrem geistigen Auge genau, wie Sie beispielsweise alle Fragen der Prüfung leicht beantworten, wie man Ihnen die Urkunde überreicht, Sie beglückwünscht und wie gut Sie sich in diesem Moment fühlen werden.

Erleben Sie vorab Ihr wichtiges Gespräch, in dem Sie sich ruhig und souverän verhalten, leicht und sicher argumentieren und ein zufriedenstellendes Ergebnis erzielen. Genauso den höheren Posten im Beruf: Gehen Sie in Gedanken schon durch Ihr neues Büro, sehen Sie, wie es dort aussieht, hören Sie, wie Sie gut mit den Mitarbeitern zurechtkommen, lösen Sie bereits die anstehenden Probleme mit Bravour.

Spüren Sie während des Visualisierens immer schon, wie Sie sich aus überkommenen oder unangenehmen Lebenslagen in wohltuende, bereichernde und schöne Zustände gebracht haben. Benutzen Sie keine Imaginationen voller Wenn und Aber – nur das positive Gelingen muß gesehen werden. Versuchen Sie, sich auch nicht in Details oder Störfaktoren zu verlieren. Lassen Sie beim Visualisieren Großzügigkeit walten, und überlassen Sie den Weg, wie sich Ihr Ziel offenbaren wird, ganz der Eigendynamik Ihres Unterbewußtseins. Betrachten Sie Ihre mentalen und psychischen Kräfte als einen Partner, auf den man sich vertrauensvoll verlassen kann. Vertiefen Sie sich in entspanntem Zustand so oft es geht in Ihre Vision. Wählen Sie dazu ein Entspannungstraining, hören Sie währenddessen eine ruhige, angenehme Musik, oder visualisieren Sie abends vor dem Einschlafen, und nehmen Sie die positiven Szenen und Bilder mit in die Träume hinein.

Übung 2

Visualisieren zur Problemlösung

Machen Sie sich das Problem, das Sie lösen wollen, zunächst ganz bewußt, und schauen Sie es von allen Seiten an. Es kann ein gefühlsmäßiges Tief sein, Schwierigkeiten in einer Partnerbeziehung oder ein berufliches Hindernis. Versenken Sie sich in völlig entspanntem Zustand tief in das Problem hinein, und löschen Sie es, indem Sie es bildlich aus Ihren Gedanken wegwischen bis es nicht mehr zu erkennen ist. Benutzen Sie zusätzlich die Suggestionsformeln: »Ich vergesse das Problem.« – »Ich sehe es nicht mehr an.« Konzentrieren Sie sich bei einer anderen Visualisierung, an einem anderen Tag nur auf den Zustand, den Sie sich in Zusammenhang mit dem Problem wünschen (z. B. wieder aktiv und heiter zu sein, neue Erfolge im Beruf zu erzielen, eine harmonische Beziehung). Entwerfen Sie in bezug auf die Wunschvorstellung ein klares Bild (Sie können es auch zusätzlich aufschreiben), und meditieren Sie bei den weiteren Visualisierungen nur noch mit dem positiven Leitbild. Wichtig ist, daß Sie all Ihre Kraft nicht mehr darauf verwenden, das Problem mit seinen negativen Aspekten anzuschauen, sondern sich beim Visualisieren (täglich 2- bis 3mal 15 Minuten) nur noch den gelösten positiven Endzustand vorstellen.

Übung 3

Visualisieren zur Ideenfindung

Nehmen Sie während einer Entspannungsübung in Form eines gedanklichen Selbstgespräches Kontakt mit Ihrem inneren Selbst auf. Wenn Sie z. B. eine Inspiration brauchen, wissen wollen, wie es in Zukunft weitergehen soll oder welchen Weg von beiden Sie gehen sollen, regen Sie sich in tief entspannter Verfassung dazu an, aus Ihrem Unterbewußtsein in nächster Zeit eine gute Idee vor Augen geführt und den richtigen Weg gezeigt zu bekommen. Da das Unterbewußtsein über Bilder funktioniert, sollten Sie von da ab Ihre Träume verfolgen. Am besten schreiben Sie sie über eine Zeit hinweg jeden Morgen auf, bis sich aus häufig wiederholten Szenen eine entsprechende Richtung und somit Antwort herauslesen läßt. Um diesen Findungsprozeß zu intensivieren und um möglichst nah mit seinen intuitiven Fähigkeiten in Kontakt zu sein, ist es günstig, den Weg mehrfach begleitend in Form einer Phantasiereise zu visualisieren.

Steigen Sie, wenn Sie ganz entspannt sind, in Ihrer Vorstellung über eine Treppe tief in Ihr Unterbewußtsein hinab. Stellen Sie sich vor, daß Sie mit jedem Schritt Ihrem wahren Kern, der alle Lösungen kennt, ein Stück näherkommen. Währenddessen sehen Sie in der Vorstellung am Ende der Treppe ein Licht. Unten angelangt, werden Sie von diesem angenehm warmen, strömenden Licht umhüllt. Bleiben Sie eine Weile in diesem wohltuenden, nährenden Licht, und wandern Sie darin völlig gelöst umher. Nach einiger Zeit verabschieden Sie sich von dort und beginnen, die Treppe langsam wieder nach oben zu gehen. Oben angelangt, kommen Sie durch die Zurücknahme wieder ganz in Ihr Wachbewußtsein. Wiederholen Sie diese Reise durch sich selbst mehrfach und genießen Sie es völlig, ohne indessen auf eine Idee oder Eingabe zu warten. Wie nach jedem intensiven Visualisieren wird auch hiernach das, was Sie brauchen, was Ihr Weg ist, im Alltag – wenn es soweit ist – selbständig seinen Ausdruck finden.

3. SELBSTTEST-CHECKLISTEN

Ob gegen Streß und die falsche Einstellung oder für wichtige Kommunikationssituationen – im Umgang mit sich selbst und anderen Menschen kann richtiges Verhalten eingeübt werden. Dazu braucht man den Verstand ebenso wie das Gefühl, eine gute Portion Selbst- und Nächstenliebe in gleichem Maße wie ein kritisches Auge für sich und seine Mitmenschen. Nur mit dem Kopf oder mit dem Bauch vorgehen zu wollen, wäre geradeso fatal wie rein artifizielle ›Schmalspur-Strategien‹, deren Ziel es ist, sich selbst zu etwas zu zwingen oder andere um jeden Preis zu etwas zu bringen. Dringend von Vorteil ist der Mut zur eigenen Veränderung sowie Spaß an der positiven Gestaltung seines Lebens und der – in jedem Fall – vorübergehenden Lebenszeit.

Der erste Schritt ist immer die Bewußtmachung, das Bemerken eines körperlichen Mißstandes oder eines negativen Gedankenimpulses. Der zweite sollte ein Lernschritt sein, auf den dann die Handlung folgt: Ungute Wahrnehmungen abstellen bzw. einen Weg finden, ohne Probleme für Gesundheit und Psyche mit den Negativ-Faktoren umzugehen. Wer bewußt die Signale seines Ichs überhört oder wegschiebt, wird mit der Zeit für sich selbst und auch für andere taub werden.

Um einen Lernschritt zu vollziehen, kann verschiedenartig vorgegangen werden. Wenn man spürt, daß es ohne die unterstützende Hilfe von außen nicht zu schaffen ist, darf es kein Zögern geben, diese auch in Anspruch zu nehmen. Alles ist recht und billig, um das Lebensgefühl zu verbessern und um seinen Alltag wieder positiv in die Hand nehmen zu können.

Der letzte Teil dieses Buches gibt Ihnen Checklisten an die Hand als eine Möglichkeit der ›Selbst-Bewußtmachung‹. Auch im Seminar oder in der Einzelberatung werden Listen und Fragebögen, große Plakate oder Karten als Denkhilfen und zum Kenntlichmachen von Fehlverhalten in kommunikativen Augenblicken benutzt. Zudem entwirft man gemeinsam Verhaltens- und Handlungspläne, die man sich später vor bestimmten Situationen immer wieder vornehmen kann. Die Selbsttest-Checkliste ist ebenso eine Art Visualisierungsmittel, um daran sich, seine Einstellung, sein Verhalten oder eine Situation mit Menschen bewußter zu machen und um sich mental zu trainieren und zu konditionieren. Sie können die nachfolgenden Musterlisten ergänzen, verändern oder sich für Ihre ganz eigenen Bedürfnisse völlig neue entwerfen. Schreiben Sie sich wichtige Stellen heraus, und hängen Sie diese für eine Weile an prominenter Stelle in Ihrem Wohn- und Arbeitsbereich auf, nehmen Sie sich zu bestimmten Anlässen die ganze Liste wieder vor und arbeiten Sie damit – an sich selbst, zu Ihrer Entfaltung, für mehr Bewußtheit und Lebensfreude, für konstruktivere Gespräche und den erfolgreichen Umgang mit Menschen.

CHECK-UP

Berufssituationen

Vorbereitung

1 Um welche Situation handelt es sich?
(z. B. ein Verhandlungsgespräch)

....

2 Welcher Tag / welche Uhrzeit?

....

3 Was will ich in dieser Situation erreichen?

....

4 Was muß ich bis zum Termin fachlich vorbereiten/
was ist bis dahin machbar?
(z. B. alle wichtigen Unterlagen studieren)

....

5 Mit welchen anwesenden Personen muß ich rechnen?

....

6 Welche Vorerfahrungen hatte ich mit ihnen?

positiv: ....

negativ: ....

7 Wie kann ich aus den Vorerfahrungen Nutzen ziehen?

....

8 Welches Vorgehen benutze ich, um mit den Negativ-Personen
gut auszukommen bzw. sie zu besänftigen?
(z. B. spez. Material zusammenstellen, Geschenke, Lob)

....

9 Welche Personen sind für das Gelingen der Situation sehr wichtig /
wie kann ich auf sie eingehen?

....

10 Wie baue ich meine Argumente überzeugend auf?

a ....

b ....

c ....

11 Welche Fragen, Einwände, Gegenargumente können kommen?

....

12 Wie reagiere ich auf die Fragen / womit wehre ich
die Einwände ab?

....

13 Welche Bedingungen können vorhanden sein / welche
Störfaktoren könnten auftreten?
(z. B. Leute kommen und gehen)

....

14 Wie bereite ich mich auf die Bedingungen vor?
(z. B. Sitzposition, kurze Sätze gegen Unterbrechungen)

....

15 Wie sollte ich körpersprachlich auftreten, bzw. auf welche meiner
Schwachpunkte muß ich achten?

(z. B. Blickkontakt halten, Leute nicht bedrängen)

....

16 Worauf muß ich sprachlich achten?

(z. B. nicht zu schnell oder zu monoton reden)

....

17 Worauf muß ich rhetorisch achten?

(z. B. anschauliche Beispiele, Leute miteinbeziehen)

....

18 Worauf muß ich bei Kleidung und Accessoires achten?

....

19 In welcher Verfassung muß ich bis zum Zeitpunkt sein /
was kann ich währenddessen für meine Verfassung tun?

(z. B. Suggestionen, Entspannungstraining)

....

20 Wie oft bin ich die Checkliste durchgegangen / habe ich mir die
Argumente eingeprägt / habe ich die Situation geprobt?

....

21 Mit welchen speziell zu bedenkenden Check-Punkten kann ich
diese Liste noch ergänzen?

....

Nachbereitung

1 Wie ist die Situation verlaufen / bin ich zufrieden?

....

2 Was hat dazu geführt, daß die Situation für mich positiv / negativ ausgefallen ist?

....

3 Welche Faktoren haben die Situation positiv / negativ beeinflußt?
Faktor A: Die eigene Kompetenz
(z. B. Was war optimal / wo waren fachliche Lücken?)

....

Faktor B: Die Ansprechpartner
(z. B.: Wie haben sie reagiert / was habe ich übersehen?)

....

Faktor C: Die Argumentation
(z. B. Welche Argumente wurden angenommen / welche wie widerlegt?)

....

Faktor D: Die Bedingungen
(z. B. War zu wenig Zeit / welche Störungen traten auf?)

....

Faktor E: Die Atmosphäre
(z. B. War sie gelockert / wovon wurde sie bestimmt?)

....

4 Wie waren meine Reaktionen auf Einwände?

....

5 Wie war mein Sprechen / wie meine Rhetorik?

....

6 Wie war mein Auftreten / wie meine Körpersprache?

....

7 Wie war meine Verfassung / wie meine innerliche Haltung?

....

8 Was ist mir an den anwesenden Personen in bezug auf sprachliche Äußerungen und an ihrem Verhalten aufgefallen / wie lassen sich diese Anzeichen im nachhinein deuten?

....

9 Was habe ich aus der Situation gelernt?

....

10 Was ich in Zukunft besser machen kann, halte ich stichwortartig fest und beziehe es in die nächste Vorbereitung mit ein!

....

Lebensgestaltung

10 Selbsterkennungshilfen

1 Bin ich mit meinem Leben so, wie es ist, zufrieden?

....

2 In welchen Lebensbereichen bin ich zufrieden / habe ich den
Zustand erreicht, den ich gerne möchte?

....

3 In welchen bin ich unzufrieden / habe ich noch nicht das, was ich
gerne möchte?

....

4 Was kann ich tun, um etwas zu ändern / um das zu erreichen, was
ich gerne möchte?

....

5 Muß ich bei den Veränderungen Konsequenzen mit in Kauf
nehmen / welche sind das?

....

6 Wäre ich traurig, wenn sich die Veränderungen, Wünsche, Ziele bis
zu meinem Lebensende nicht realisiert hätten?

....

7 Bin ich bereit, die Konsequenzen zu tragen, oder zögere ich noch?

....

8 Ich male mir das, was ich gerne noch erreichen, können, bekommen
oder in Ordnung bringen möchte, mit den folgenden Worten genau aus und denke
von nun ab voller Freude daran!

....

9 Ich überlege, was ich aktiv zur Entfaltung meiner Ziele noch alles
tun kann, und führe es schrittweise durch!

....

10 Ich suche mein Leben ab nach Bereichen und Situationen, in
denen ich in Zukunft positiver denken und mich positiver verhalten
werde. Dazu schreibe ich die folgenden Zeilen als einen Brief
an mich selbst.

....

Ideen, Pläne, Perspektiven

Literaturhinweise

Charlotte Bühler. Psychologie im Leben unserer Zeit. München (Droemer/Knaur) 1962

Charles Darwin, Die Entstehung der Arten durch natürliche Zuchtauswahl. Übersetzung von J. Victor Carus. Darmstadt (Wissenschaftliche Buchgesellschaft) o. J.

Charles Darwin, Der Ausdruck der Gemüthsbewegungen bei den Menschen und den Thieren. Übersetzung von J. Victor Carus. Nördlingen (Greno) 1986, Reprint der Ausgabe von 1872

Irenäus Eibl-Eibesfeldt, Grundriß der vergleichenden Verhaltensforschung. München–Zürich (Piper) 1986

Julius Fast, Körpersprache. Reinbek bei Hamburg (Rowohlt) 1979

Carl Gustav Jung, Der Mensch und seine Symbole. Olten und Freiburg im Breisgau (Walter) 11. Auflage 1988

Ernst Kretschmer, Körperbau und Charakter. Berlin–Göttingen–Heidelberg (Springer) 26. Auflage 1977

Peter Marsh/Desmond Morris, Die Horde Mensch. München (Heyne) 1989

Desmond Morris, Der Mensch, mit dem wir leben. München (Droemer/Knaur) 1983

Josef Rattner, Der schwierige Mitmensch. Frankfurt/Main (Fischer) 15. Auflage 1990

Albert E. Scheflen, Körpersprache und soziale Ordnung. Stuttgart (Klett/Cotta) 1976

Gert Ueding, Bernd Steinbrink, Grundriß der Rhetorik. Stuttgart (Metzler) 2. Auflage 1986

Frederic Vester, Denken, Lernen, Vergessen. München (dtv) 1978

Fotonachweis

Focus, Hamburg, Foto: Sepp Seitz/Camp (S. 13)
Focus, Hamburg, Foto: Louie Psihoyos/Contact Press (S. 14)
Associated Press GmbH, Frankfurt/Main (S. 21)
Bildarchiv Preußischer Kulturbesitz, Berlin (S. 24)
Cinetext, Filmarchiv Ulla Reimer, Frankfurt/Main (S. 26)
Focus, Hamburg, Foto: Ian Berry/Magnum (S. 27 o.)
Keystone Pressedienst, Hamburg (S. 27 u.)
Focus, Hamburg, Foto: F. Scianna/Magnum (S. 31)
Visum, Hamburg, Foto: Michael Lange (S. 33)
dpa, Frankfurt/Main, Foto: Keuchel (S. 35)
dpa, Düsseldorf (S. 36)
Verlagsarchiv (S. 39)
Verlagsarchiv (S. 43 o.)
Scotia Film, Hamburg (S. 53)
Horst Conen, Foto: Günter Beer, Köln (S. 55)
RTL plus (S. 57)
documenta archiv, Kassel, Foto: Dieter Schwerdtle (S. 60)
Dieter Schwille (S. 62)
Verlagsarchiv (S. 118)
pandis media, München, Foto: B. Rindoff/Angeli (S. 119)
National Gallery, London (S. 120)
Bildarchiv Preußischer Kulturbesitz, Berlin (S. 144 l.)
Bundesarchiv, Koblenz (S. 144 r.)
Sepp Spiegl, Bonn (S. 145 l.)
dpa, Düsseldorf (S. 145 r.)
Wolfram Jürgen Mehl, Hamburg (S. 171)

Alle übrigen Aufnahmen des Bandes fotografierte Günter Beer, Köln.

Für die freundliche Aufnahmegenehmigung für das Foto auf Seite 17 danken wir dem Besitzer der Delphine, Herrn Eddy v. Stijn.

Dank

allen Mitarbeitern, Kollegen und Freunden, die bei der Realisierung dieses Buches mit Rat oder Tat behilflich waren – insbesondere an Angela Mattler, Gisela Naumann, Hedwig Neven DuMont, Brita Hansen, Claudia Mattler, Peter Schumacher, Karl-Heinz Heiter und Dr. Georg M. Blochmann.